UTB

D1995492

Eine Arbeitsgemeinschaft der Verlage

Böhlau Verlag · Wien · Köln · Weimar
Verlag Barbara Budrich · Opladen · Toronto
facultas.wuv · Wien
Wilhelm Fink · Paderborn
A. Francke Verlag · Tübingen
Haupt Verlag · Bern
Verlag Julius Klinkhardt · Bad Heilbrunn
Mohr Siebeck · Tübingen
Nomos Verlagsgesellschaft · Baden-Baden
Ernst Reinhardt Verlag · München · Basel
Ferdinand Schöningh · Paderborn
Eugen Ulmer Verlag · Stuttgart
UVK Verlagsgesellschaft · Konstanz, mit UVK/Lucius · München
Vandenhoeck & Ruprecht · Göttingen · Bristol
vdf Hochschulverlag AG an der ETH · Zürich

Geschichte der deutschen Literatur

Band 1. Humanismus und Barock

Band 2. Aufklärung

Band 3. Goethezeit

Band 4. Vormärz und Realismus

Band 5. Moderne

Gottfried Willems

Geschichte der deutschen Literatur Band 4

Vormärz und Realismus

BÖHLAU VERLAG KÖLN WEIMAR WIEN · 2014

Gottfried Willems war Inhaber des Lehrstuhls für Neuere und Neueste deutsche Literatur an der Friedrich-Schiller-Universität Jena.

Bibliografische Information der Deutschen Bibliothek:

Die Deutsche Nationalbibliothek verzeichnet diese Publikation in der Deutschen Nationalbibliografie; detaillierte bibliografische Daten sind im Internet über http://dnb.ddb.de abrufbar.

Online-Angebote oder elektronische Ausgaben sind erhältlich unter www.utb-shop.de.

Ursulaplatz 1, D-50668 Köln, www.boehlau-verlag.com

Einbandgestaltung: Atelier Reichert, Stuttgart
Satz: synpannier. Gestaltung & Wissenschaftskommunikation, Bielefeld
Druck und Bindung: AALEXX Buchproduktion GmbH, Großburgwedel
Gedruckt auf chlor- und säurefreiem Papier
Printed in the EU

UTB-Band-Nr. 3874 | ISBN 978-3-8252-3874-2

Inhaltsverzeichnis

1 Einleitung

1.1 Das 19. Jahrhundert in der Literaturgeschichte

„Langes“ oder „kurzes Jahrhundert“?

> Wo beginnt das Jahrhundert? Mit der französischen Revolution, mit Napoleon oder mit dem Wiener Kongreß? Mit der Demokratie, dem Militärdespotismus oder der Diplomatie? (GS 2, 69)

So fragte man bereits im 19. Jahrhundert, fragte etwa schon *Karl Gutzkow*, einer der umtriebigsten und bestinformierten Autoren der ersten Jahrhunderthälfte, in seinen *„Zeitdiagnosen“* von 1837. Wenn der Literarhistoriker heute vom 19. Jahrhundert spricht, dann denkt er dabei im allgemeinen noch nicht an die Zeit der Französischen Revolution von 1789 oder an die Ära des „Militärdespoten“ Napoleon – die Zeit von 1799 bis 1815 – und noch nicht einmal an die Jahre im Umfeld des Wiener Kongresses von 1814/15, mit dem die Epoche der Französischen Revolution und des Revolutionskaisers Napoleon an ihr Ende kommt; dies alles wird er noch der „Goethezeit“, der Epoche von Klassik und Romantik zurechnen. Er läßt das 19. Jahrhundert in der Regel erst um 1830, mit dem Ausgang der „Goethezeit“, beginnen, um es bereits um 1890, an der Schwelle zur ästhetischen Moderne, schon wieder enden zu lassen; so hat es sich jedenfalls in der Germanistik eingebürgert.

Die Literaturgeschichte verfährt hier anders als die *politische Geschichte*, die das 19. Jahrhundert meist als ein „langes Jahrhundert“ behandelt und von der Französischen Revolution von 1789 bis zum Ausbruch des Ersten Weltkriegs 1914 dauern läßt. Denn die *Französische Revolution* hat das gesamte 19. Jahrhundert beschäftigt; an dem, was damals an politischen und gesellschaftlichen Entwicklungen auf den Weg gebracht worden war, hat es sich unausgesetzt abgearbeitet, einschließlich seiner Literatur. Und diese Auseinandersetzung kam erst mit der *deutschen Revolution von 1918* zu einem vorläufigen Ende, als Deutschland nach dem Debakel des Ersten Weltkriegs der Monarchie den Garaus machte und sich die Verfassung einer Republik gab, so wie es das revolutionäre Frankreich bereits 1792 getan hatte.

In der *Literaturgeschichte* hat sich eine andere Einteilung durchgesetzt. Hier hat es sich als günstig erwiesen, das 19. Jahrhundert als ein „kurzes Jahrhundert" zu behandeln und sich bei der Frage nach den epochalen Zusammenhängen mit dem Zeitraum von den dreißiger bis zu den achtziger Jahren zu begnügen. Die Literaturgeschichte ist zwar wie die gesamte Kulturgeschichte eng mit der politischen Geschichte verknüpft, doch verlaufen die Entwicklungen in den verschiedenen Bereichen des gesellschaftlichen Lebens keineswegs synchron; was sich in ihnen jeweils als Epoche abzeichnet, läßt sich nur selten zur Deckung bringen, im Grunde nie. Denn wie die Menschen leben, was sie denken und tun, was sie an Haltungen und Vorstellungen entwikkeln und in ihrer Literatur ausarbeiten und reflektieren, ändert sich nicht mit einem politischen Ereignis, von einem Tag zum andern; solcher Wandel braucht stets einen längeren Atem.

Um *1830* endet für die Literaturgeschichte die Goethezeit, die Epoche von Spätaufklärung, Klassik und Romantik, und sie endet im Grunde ohne einen äußeren Anhaltspunkt in der politischen Geschichte, ohne Bezug auf ein markantes politisches Datum. Und um *1890* erlebt sie einen weiteren tiefen Einschnitt, wiederum ohne einen solchen Bezugspunkt – und gerade hier ist das Auseinanderklaffen von Ereignisgeschichte und kultureller Entwicklung besonders deutlich – insofern nun mit den Bewegungen des Naturalismus und des Symbolismus, mit Arno Holz und Gerhart Hauptmann, Stefan George, Hugo von Hofmannsthal und Rainer Maria Rilke etwas durchaus Neues beginnt: die moderne Literatur im engeren und eigentlichen Sinne, die ästhetische Moderne mit ihrem programmatischen Modernismus und ihren immer neuen Avantgarden.

Vormärz, Realismus, Gründerzeit

Die Zeit von 1830 bis 1890 wird in der Regel wiederum in zwei Epochen unterteilt, in die Jahre vor und nach 1850. Der Abschnitt *vor 1850* umfaßt die späteste Romantik, das Biedermeier und den Vormärz, wie er sein Profil wesentlich der literarisch-politischen Bewegung des „Jungen Deutschland" verdankt. *Vormärz*: so nennt man die Jahrzehnte vor der Märzrevolution von 1848, vor den beiden Revolutionsjahren 1848 und 1849. Aus der Vormärzzeit haben sich vor allem die Namen von

Heinrich Heine (1797–1856) und *Georg Büchner* (1813–1837) im kulturellen Gedächtnis erhalten, und so soll ihr Werk hier denn auch mit besonderer Aufmerksamkeit bedacht werden. Daneben sollen einige Arbeiten des Heine-Freunds *Karl Leberecht Immermann* (1796–1840) und des Büchner-Förderers *Karl Ferdinand Gutzkow* (1811–1878) mit herangezogen werden, als von Autoren, bei denen das Typische des Vormärz besonders deutlich zu greifen ist.

Und die Jahre *nach 1850* gelten als Epoche des *Realismus*, oder, wie vielfach auch zu lesen ist, des „bürgerlichen Realismus" oder „poetischen Realismus". Hier ist in erster Linie an *Adalbert Stifter* (1805–1868), *Friedrich Hebbel* (1813–1863), *Theodor Storm* (1817–1888), *Gottfried Keller* (1819–1890), *Theodor Fontane* (1819–1898), *Conrad Ferdinand Meyer* (1825–1898) und *Wilhelm Raabe* (1831–1910) zu denken, aber auch an Autoren, die heute nicht mehr ganz so bekannt sind, etwa an *Otto Ludwig* (1813–1865), *Gustav Freytag* (1816–1895) und *Friedrich Spielhagen* (1829–1911).

Diese Aufteilung ist freilich nicht ohne Probleme, wie jede Einteilung in Epochen. So gehört zum Beispiel der konsequenteste und radikalste der Realisten, Büchner, bereits der Epoche des Vormärz an und nicht, wie man vermuten möchte, erst der des Realismus; Büchner ist ja schon 1837 im Alter von 23 Jahren gestorben. Mit Epochenbegriffen ist es nun einmal nicht anders: sie sind nicht zu entbehren, wo man sich ein Bild von der Literaturgeschichte machen will, aber wer zu rigide Begriffe von ihnen hat und sich zu starr an bestimmte Daten klammert, den können sie mit Blindheit schlagen.

Für die Zeit *nach 1871* gebraucht man auch gerne den Begriff der *Gründerzeit* oder Gründerjahre. Damit sind die Jahrzehnte nach dem Deutsch-Französischen Krieg von 1870/71 und der Wieder- oder Neugründung des Deutschen Reichs durch Otto von Bismarck mit ihren vielen großen und kleinen Gründergestalten gemeint, wobei nicht nur an politische Größen, sondern auch an solche des Wirtschaftslebens zu denken ist, an die Gründer von Industriebetrieben, Handelshäusern und Banken. Denn es handelt sich um die Zeit eines gewaltigen wirtschaftlichen Aufschwungs, um die Jahre, in denen die Industrialisierung in Deutschland in ihre entscheidende Phase eingetreten und zu einem flächendeckenden Phänomen geworden ist. Die Gründerzeit wird im allgemeinen noch der Epoche des Realismus zugeschlagen, als deren zweite Phase; das Gros der Literatur, die dem „bürgerlichen" oder „poetischen Realismus" zugerechnet wird, ist ja auch erst hier entstanden.

1.2 Literaturgeschichte und Kulturgeschichte

Prinzipien der Darstellung

Damit ist der Zeitraum umrissen, dessen Literatur hier zum Gegenstand einer Einführung werden soll. Mit *Einführung* ist nun keineswegs gemeint – um noch einmal einige der Prinzipien in Erinnerung zu rufen, die im Vorwort zu Band 1 dieser Literaturgeschichte dargelegt worden sind – daß im folgenden auf eine besonders elementare Weise von der Literatur des 19. Jahrhunderts gehandelt werden soll; daß es nur um eine erste Orientierung und Basisinformationen für den Anfänger in der Wissenschaft gehen soll, etwa um einen Überblick über die wichtigsten Daten, Namen und Werke. Vielmehr soll versucht werden, möglichst viel von dem in den Blick zu bekommen, *was diese Literatur „im Innersten bewegt"*; was die Autoren und ihre Leser seinerzeit umgetrieben hat, was für sie die großen Themen, die entscheidenden Fragen und Probleme gewesen sind und was sie für deren Durchdringung und Bewältigung an formalen Lösungen gefunden haben. Der heutige Leser soll damit in die Lage versetzt werden, ein Verständnis, um nicht zu sagen: ein Gefühl für die Texte des 19. Jahrhunderts zu entwickeln, ein Gespür für ihre spezifischen thematischen Obsessionen und formalen Mittel; denn dessen bedarf er vor allem, wenn er mit ihnen ins Gespräch kommen will.

Das kann aber nur gelingen, wenn auf jeden Anspruch der Vollständigkeit verzichtet und eine Auswahl, eine Entscheidung für eine überschaubare Zahl von Autoren und Werken getroffen wird; nur so wird eine Intensität der Auseinandersetzung möglich, die in der Tat ins Zentrum der Verstehensprobleme führt. Dabei kann freilich davon ausgegangen werden, daß das, was sich in solch *exemplarischen Studien* in Erfahrung bringen läßt, dazu verhilft, auch mit anderen Autoren und Werken besser zurechtzukommen. Denn was den einen Autor umgetrieben hat, hat im allgemeinen auch die anderen beschäftigt, wie die Zeitgenossen überhaupt. Das gilt jedenfalls für die Autoren, deren Werke ein breiteres Publikum erreicht haben und in den Kanon der

Literaturgeschichte eingegangen sind; wenn sie nicht den Nerv der Zeit getroffen hätten, hätten sie kaum einen solchen Erfolg haben können.

Den Leser erwartet hier also kein lexikalischer Aufmarsch von literaturhistorischen Daten und Fakten, keine auf Vollständigkeit angelegte Aneinanderreihung von Stichwortartikeln zu literarischen Bewegungen, Autoren und Werken. Er wird nicht über alle literarischen Erscheinungen, Strömungen und Gruppierungen informiert werden, mit denen sich die Literaturwissenschaft beim Blick auf das 19. Jahrhundert zu befassen pflegt und die sie unter diesem oder jenem Gesichtspunkt als bedeutsam einstuft. Wer Vollständigkeit sucht, der möge zu einem der vielen Handbücher greifen, die Entsprechendes bieten, zu Autoren-, Werk- und Begriffslexika. Hier soll es vor allem darum gehen, dem Leser einen Zugang zu dem zu eröffnen, was die Literatur des 19. Jahrhunderts „im Innersten bewegt", ihm möglichst viel von dem mitzugeben, was es ihm erlaubt, ein Verständnis für ihre Texte zu entwickeln und auf eigene Rechnung in das Gespräch mit ihnen einzutreten.

Literatur- und Kulturgeschichte

Dem wird eine Einführung wie diese aber nur genügen können, wenn sie sich an etwas versucht, das man eine Kulturgeschichte der Literatur nennen könnte, oder auch eine Literaturgeschichte der Kultur, genauer: wenn sie beides in einem zu geben versucht, eine Geschichte der Kultur, wie sie sich in der Literatur bezeugt, und eine Geschichte der Literatur, wie sie sich an den kulturgeschichtlichen Gegebenheiten abarbeitet. Denn die *Literatur* bezieht ihre Stichworte, ihre Motive und Fragen sowie die Möglichkeiten zu deren Verhandlung weithin aus den *geschichtlich-gesellschaftlichen Verhältnissen*, in die sie eingelassen ist, und aus dem Repertoire von Vorstellungen, von *Diskursen*, die ihr die zeitgenössische Kultur zur Verfügung stellt. Insofern läßt sich Literaturgeschichte nur als Kulturgeschichte schreiben; ohne das Eingehen auf die weiteren kulturgeschichtlichen Zusammenhänge, in die die Autoren und ihre Werke eingebettet sind, würde die Auseinandersetzung mit ihnen zu einem windigen Unternehmen, bliebe sie notwendigerweise beliebig und oberflächlich.

Die anthropologische Dimension der Literatur

Dabei ist allerdings zu bedenken, daß die Literatur nicht völlig in der Kulturgeschichte und den historischen „Diskurskonstellationen" aufgeht. Es bleibt immer ein Rest, jedenfalls bei den Werken von Bedeutung, und gerade dieser Rest ist für den Leser im allgemeinen von besonderem Interesse. Nicht alle Fragen der Literatur sind gleichermaßen kulturgeschichtliche Fragen. Die Literaturgeschichte weiß von einer Fülle von *Themen, die den geschichtlichen Wandel überdauern*, von einem Grundbestand an Fragen, die mit dem Menschsein überhaupt zu tun haben, die von anthropologischer Bedeutung sind. Gerade diese hat die Literatur seit jeher mit Vorliebe aufgesucht, wie immer die geschichtlich-gesellschaftlichen Verhältnisse ausgesehen haben mögen, unter denen sie ihnen Ausdruck zu verleihen suchte.

Man denke nur an Themen wie Liebe und Tod, wie Begehren, Sehnsucht, Hoffnung, Erfüllung und Enttäuschung, wie Freundschaft und Rivalität, Macht und Ohnmacht, Glück und Unglück, Erfolg und Scheitern, Schuld und Unschuld. Was heißt es, Kind zu sein, heranzuwachsen, sich einen Platz im Leben zu suchen, sich mit anderen Menschen und mit einem gesellschaftlichen Umfeld ins Verhältnis zu setzen, Anerkennung zu gewinnen, Anerkennung zu verlieren, alt zu werden und sein Leben hinter sich zu haben? Was heißen Schicksal, Freiheit, Gerechtigkeit? Was ist der Mensch und was ist ihm die Welt? Die Reihe der Fragen, die die Literatur zu allen Zeiten und in allen Weltgegenden gleichermaßen beschäftigt haben, ließe sich unschwer verlängern.

Der literarische Text als Dokument und Monument

Gerade um solcher und ähnlicher Fragen willen sind literarische Texte der Vergangenheit nicht nur für den Historiker interessant, zählen sie nicht nur als Dokumente, als *historische Quellen* für die Erkenntnis bestimmter kulturgeschichtlicher Verhältnisse und Entwicklungen, gewinnen sie vielfach darüber hinaus auch die Qualität von Monumenten, von Werken, die die Menschen über allen Wandel der Verhältnisse hinweg immer wieder neu anzusprechen und zu erreichen vermögen, kann es zum Beispiel für uns als Menschen des 21. Jahrhunderts interessant sein, uns Werke des 19. Jahrhunderts zu Gemüte zu führen. Solches Dauern-Können, solches Interessantbleiben-Können verdankt die Literatur vor allem ihren ästhetischen Qualitäten; diese machen es ihr möglich, jene ewigen Probleme des Menschen so auszuarbeiten, daß ihre Werke über den Wechsel der Zeiten hinweg faszinierend und aufschlußreich bleiben.

Es ist freilich nicht allein der „monumentale“ Charakter, der uns die Literatur des 19. Jahrhunderts nahebringt; es sind durchaus auch die Züge, die sie zu einem Dokument der geschichtlichen Verhältnisse und Prozesse machen. Denn diese markieren Stationen eines Wegs, auf dem wir heute noch immer begriffen sind. Sie bezeichnen nämlich Etappen in dem Prozeß, den die moderne Sozialwissenschaft Modernisierung nennt. Die geschichtlich-gesellschaftlichen Verhältnisse und Prozesse, die sich in der Literatur des 19. Jahrhunderts bezeugen und mit denen sie sich auseinandersetzt, ergeben sich wesentlich aus dem Projekt und den Problemen der Modernisierung, und diese sind heute im Prinzip noch dieselben wie im 19. Jahrhundert.

1.3 Modernisierung im 19. Jahrhundert

Der Glaube an den Fortschritt

Wenn man die geschichtlich-gesellschaftlichen Rahmenbedingungen, unter denen die Literatur des 19. Jahrhunderts entstanden ist, auf eine kurze Formel bringen wollte, so könnte man sagen: *die Welt wird modern*, sie wird nun ein für allemal, auf unumkehrbare Weise modern. Zwar nimmt sich das meiste von dem, was aus dem 19. Jahrhundert auf uns gekommen ist – Stadtlandschaften, Gebäude, Möbel und andere Gegenstände des täglichen Gebrauchs, Bilder und die Menschen und Dinge, die in ihnen dargestellt sind – in unseren Augen inzwischen reichlich altmodisch aus, trägt es für uns deutlich das Gepräge des Überholten. Doch wissen wir zugleich, daß es dem, was uns selbst zur Zeit gerade als modern gilt, nicht anders ergehen wird; daß man auch darauf binnen kurzem als auf etwas Veraltetes zurückblicken wird. In der modernen Welt ist es nun einmal nicht anders: jeder erlebt nur seine unmittelbare Gegenwart als modern und empfindet alles Frühere als Schnee von gestern. Vor allem an dieser *Dynamik des ständigen Überholens und Überholtwerdens*, genauer: an dem Bewußtsein von solcher Dynamik, an dem allgegenwärtigen Gefühl des Verfallenseins an die Geschichte erkennt man die Moderne.

Die Welt wird modern – das heißt zunächst, daß der Glaube unter den Menschen mehr und mehr an Boden gewinnt, die Gesellschaft bedürfe des Fortschritts, und daß dieser Glaube immer entschiedener ihr Handeln bestimmt; daß er sich in allen Bereichen des gesellschaftlichen Lebens Geltung verschafft, von der großen Politik und dem staatlichen Verwaltungshandeln bis hin zu den Lebensformen, die den Alltag der kleinen Leute bestimmen, von der Wirtschaft und der Arbeitswelt bis hin zu den Bezirken der Kultur im engeren Sinne, bis hin zu Bildung und Erziehung, Religion, Wissenschaft, Kunst und Literatur. In Worten Gutzkows:

> Modern ist es, die Welt anzuerkennen, wie sie geworden ist, aber das Recht zu bezweifeln, ob sie so bleiben darf, wie sie ist. (GS 2, 131)

Eben in diesem Sinne wird die Welt im 19. Jahrhundert modern. Der Begriff des Fortschritts wird zu einem Schlüsselwort in allen gesellschaftlichen Diskursen.

Eine Gesellschaft ist dann eine moderne, wenn in ihr der Glaube zu einer bestimmenden Macht geworden ist, daß sie sich ständig modernisieren müsse, daß sie nur dann etwas tauge und eine Zukunft habe, wenn sie jederzeit und überall am Fortschritt arbeite. Solcher Glaube lebt aus der Überzeugung, daß alles, was der Mensch tut und macht, von Veraltung bedroht sei und deshalb immer wieder durch Neues, Besseres ersetzt werden müsse. Der Glaube an den Modernisierungsbedarf aller menschlichen Dinge ist vor allem von der Aufklärung des 18. Jahrhunderts auf den Weg gebracht worden. In der Französischen Revolution von 1789 ist dann sichtbar geworden, welche Dimensionen die Modernisierung annehmen kann und was ihre Chancen, aber auch ihre Gefahren sind. Und im 19. Jahrhundert ist die Welt schließlich in endlosen Kontroversen um das Wohl und Wehe des Fortschritts in einen Modernisierungswirbel hineingerissen worden, der sich bis heute ständig beschleunigt hat und sich offenbar immer nur weiter beschleunigen kann. So kann Gutzkow schon 1837 feststellen: „Alles ist Hebel für die Zukunft geworden (...)" (GS 2, 119).

Fortschritt und Wissenschaft

Die wichtigste Quelle der Modernisierung ist die *Wissenschaft*, sind vor allem die modernen Naturwissenschaften; die Wissenschaft ist für die moderne Gesellschaft so etwas wie die *zentrale Agentur des Fortschritts*. Denn sie ist dank ihrer eigentümlichen Forschungslogik unausgesetzt damit beschäftigt aufzuzeigen, daß man die Dinge auch anders sehen und machen kann als bis dato üblich, und das heißt, daß sie ständig altgewohnte Vorstellungen und Praktiken für überholt erklärt und damit einen immer neuen Modernisierungsbedarf definiert. Modern ist, „(a)lles durch Rede und Schrift in Erörterung zu ziehen" (GS 2, 146). In eben diesem Sinne ist die Wissenschaft im

19. Jahrhundert zu einem unentbehrlichen Faktor, ja zu einem Eckpfeiler des gesellschaftlichen Lebens geworden.

Man kann das schon äußerlich daran erkennen, daß die Institutionen, die dem Erwerb und der Ausbreitung des wissenschaftlichen Wissens dienen, hier in völlig neue Dimensionen hineinwachsen, von den Universitäten bis hin zu den höheren Schulen und den anderen Einrichtungen von Forschung und Lehre. Das Wissen, mit dem sich die Gesellschaft organisiert und ihre Geschäfte betreibt, erfährt eine durchgreifende *Akademisierung*, ja die Gesellschaft selbst wird mehr und mehr akademisch. Immer mehr Menschen studieren, werden mit einer akademischen Ausbildung ausgestattet, um in den verschiedenen Bereichen der Gesellschaft mit dem neuesten Wissen der Wissenschaft für die Modernisierung tätig zu werden. Das heißt auch, daß man ohne akademische Diplome nun nicht mehr viel werden kann.

Industrielle Revolution

Der wichtigste Transformator für die Modernisierungsenergie, die durch die Wissenschaft erzeugt und freigesetzt wird, ist die Arbeitswelt, und hier wiederum besonders jener Bereich, in dem sich die Organisation der Arbeit vollzieht, die Ökonomie; diese gibt sich zu eben diesem Zweck die Form der modernen kapitalistischen Wirtschaft. So kann das von der Wissenschaft erarbeitete neue Wissen, können insbesondere die von ihr ermöglichten neuen technischen Produktionsverfahren in großem Stil umgesetzt werden. Das 19. Jahrhundert ist die Zeit der „industriellen Revolution", des Übergangs zu der von der Wissenschaft ermöglichten *technisch-industriellen Produktionsweise*, ein Prozeß, der in der ersten Jahrhunderthälfte zunächst vor allem in England Fahrt aufgenommen hat – aus England kommen die Dampfmaschine, die Eisenbahn und viele andere Leittechniken der industriellen Revolution – um in der zweiten Jahrhunderthälfte und insbesondere in den Gründerjahren dann auch weite Teile Deutschlands zu erfassen.

Soziale Dynamik und „soziale Frage"

Die Industrialisierung erzeugt eine soziale Dynamik, die nach und nach von immer mehr Menschen Besitz ergreift. Alle Verhältnisse geraten in Bewegung, „Ruhe wird unmöglich" (GS 2, 119). Modernisierung heißt wesentlich *„Mobilmachung"*, Mobilisierung der Massen. Immer mehr Menschen werden in Bewegung versetzt, werden aus ihrer gewohnten Umgebung, aus der Welt ihrer Herkunft herausgerissen, um an andere Orte und in andere soziale Zusammenhänge verpflanzt zu werden; sie werden, wie man es seinerzeit empfunden hat, ihrer Wurzeln beraubt, erleiden eine *„Entwurzelung"*.

Dank der modernen Landwirtschaft mit ihrer reicheren Produktion von Lebensmitteln und dank der Segnungen der modernen wissenschaftlichen Medizin und Hygiene wächst die Bevölkerung. Dieses Wachstum ist freilich für viele und gerade für weite Teile der Landwirtschaft treibenden Landbevölkerung selbst zunächst mit Verarmung verbunden, da sich zugleich das gesamte Gefüge der Ökonomie im Sinne der kapitalistischen Geldwirtschaft verändert, und damit der Zugang zu den erwirtschafteten Gütern; es kommt zur *Landflucht*, wie sie die Menschen bald in die nahen Städte und bald in ferne Länder führt, etwa in die neuen amerikanischen Staaten auswandern läßt. Um die neuen Produktionsstätten, die Fabriken herum breiten sich die Städte immer weiter aus; es entsteht die moderne *Großstadt*. In ihr wächst ein Industrieproletariat heran, das wie die verarmte Landbevölkerung ständig um das Existenzminimum ringen muß. Man spricht in diesem Zusammenhang auch von *Pauperismus* oder, ins Politische gewendet, von der *sozialen Frage*.

Zugleich werden einige wenige über der Industrialisierung extrem reich, und das müssen sie auch, denn zur Finanzierung der industriellen Massenproduktion bedarf es gewaltiger Mittel, bedarf es neuer Formen der „Akkumulation von Kapital" (Karl Marx). Es bildet sich eine neue Schicht der Gesellschaft, die *Bourgeoisie*, gekennzeichnet durch neue Typen von Besitzbürgertum wie den Kapitalisten, den „Entrepreneur" – den Unternehmer –, den Industriekapitän, den Finanzjongleur und den Börsenspekulanten, Typen, die bald schon eine große gesellschaftliche Bedeutung erlangen und dementsprechend auch in die Literatur einwandern.

Der Kontrast könnte nicht größer sein: hier die neuen Superreichen – da die verarmte Landbevölkerung und das kaum weniger arme Industrieproletariat. „Durch alle unsere Verhältnisse", konstatiert Gutzkow, „zieht sich der gewaltige sociale Riß, diese klaffende Wunde des Jahrhunderts" (GS 2, 169). So hat die Dynamik der Modernisierung im 19. Jahrhundert unausgesetzt sozialen Sprengstoff produziert; die Kollateralschäden des Fortschritts werden unübersehbar.

Progressiv vs. konservativ

Darauf konnte und kann man auf unterschiedliche Weise reagieren. Zwei typische Wege zeichnen sich bereits zu Beginn des

19. Jahrhunderts deutlich ab. Da sind auf der einen Seite diejenigen, die die negativen Folgen des Fortschritts durch ein Noch-Mehr an Fortschritt, durch einen besseren, tiefergreifenden, fortschrittlicheren Fortschritt überwinden wollen – der Weg der Progressiven, der sich alles in allem durchgesetzt hat und bis heute in den meisten praktischen Belangen den Kurs der Gesellschaft bestimmt. Und da sind auf der anderen Seite diejenigen, die den Fortschritt an die Kette legen, im Rückgriff auf die Tradition begrenzen, zähmen, domestizieren wollen, die ihn in altbewährte Strukturen einfangen und so eine gewisse Stabilität in den Wandel bringen wollen – der Weg der Konservativen.

Solche konservativen Gedanken haben das 19. Jahrhundert nicht weniger bewegt als der Fortschritt, weshalb man von ihm auch als von einer Zeit der *„defensiven Modernisierung“* (Hans-Ulrich Wehler) gesprochen hat. Sie haben sich vor allem an den Mobilisierungseffekten der Modernisierung entzündet, an der immer weiter um sich greifenden, immer totaler werdenden Mobilmachung von Natur und Gesellschaft, über der sich die Welt in einen einzigen gewaltigen Verschiebebahnhof für Menschen und Dinge zu verwandeln schien – an eben dem, was man „Entwurzelung“ nannte. Und so ist das 19. Jahrhundert nicht nur ein Jahrhundert der Begeisterung für den Fortschritt geworden, sondern zugleich auch das Jahrhundert des *Historismus*, einer immer intensiveren Beschäftigung mit dem kulturellen Erbe, insbesondere mit überkommenen Modellen einer weniger mobilen, stabiler scheinenden Gesellschaftsordnung.

Nicht jeder vermag bekanntlich bei der Modernisierung gleich gut mitzuhalten. Früher oder später kommt auch der flexibelste Mensch in seinem Leben an einen Punkt, wo ihm der ständige Wandel der Lebensverhältnisse, die permanente Transformation des Wissens, der Anforderungen der Gesellschaft, der sozialen Beziehungen, der Arbeitswelt und des Alltags über den Kopf wachsen und er nicht mehr mitgehen kann und will – *die anthropologische Grenze der Modernisierung*. Denn zur Grundausstattung des Menschen gehört nicht nur die *Neugier*; er ist nicht nur „rerum novarum cupidus“, auf Neues begierig, und insofern auf Erneuerung hin angelegt. Er ist auch ein Gewohnheitstier; *Gewohnheit* ist, wie schon Aristoteles wußte, seine zweite Natur. Und dieses Gewohnheitstier im Menschen beginnt sich zu wehren, wenn es sich durch die Modernisierung überfordert fühlt, beginnt zumindest von der *„guten alten Zeit"* zu träumen, als von einer Zeit, in der noch weniger Bewegung in der Welt gewesen wäre, in der die Welt überhaupt noch in Ordnung gewesen wäre und man sich leichter in solche Ordnung hätte finden können.

Historismus

Und so hat das 19. Jahrhundert wie die Zukunftsvisionen des Fortschrittsglaubens, so auch den Blick zurück in die Geschichte kultiviert,[1] in der Hoffnung, der Gegenwart als einem „System der Unordnung" (GS 2, 71) entkommen und in einer besseren, weniger unruhigen, weniger konfliktgeladenen und bedrohlichen Welt ankommen zu können. Das Interesse richtete sich vor allem auf *Modelle einer stabileren gesellschaftlichen Ordnung*, auf Modelle, deren Wiederbelebung dazu verhelfen sollte, dem Fortschritt Zügel anzulegen und ihn auf Menschenmaß zu bringen, ihn nämlich auf das Maß an Veränderung zu reduzieren, das das Gewohnheitstier im Menschen allenfalls noch würde verkraften können. Das ist das zentrale Motiv des Historismus.

Dieser Historismus wurde zu einer Quelle immer neuer Projekte und Moden, wie er überhaupt seinerzeit die tollsten Blüten trieb. Das 19. Jahrhundert liebte das *historische Kostüm*. Wenn Borsig in Berlin eine neue Fabrik für Lokomotiven baute oder wenn in einer der ständig wachsenden Städte ein neuer Bahnhof errichtet wurde, dann gab man diesen Gebäuden eine Fassade, die bei einem gotischen Dom, einem Palazzo der Renaissance oder einem Lustschloß des Rokoko abgeguckt war. Die Werke des Fortschritts wurden historisch maskiert, damit sie noch irgendwie nach etwas Menschlichem, dem Menschen Gemäßen aussähen. Am deutlichsten zeigt sich dieses eigentümlich zwiespältige Verhältnis zum Fortschritt in der *Architektur* und der *Bildenden Kunst*. Da finden sich nebeneinander sämtliche Stile des alten Europa wieder, Romanik und Gotik, Renaissance und Barock, Rokoko und Klassizismus, und womöglich nicht nur nebeneinander, sondern an ein und demselben Objekt. Man denke nur an Gebäude wie den Reichstag in Berlin oder die alten Hauptbahnhöfe der großen Städte. Ein früher Vertreter dieses Historismus war der preußische Staatsbaumeister

1 Friedrich Jaeger, Jörn Rüsen: Geschichte des Historismus. München 1992. – Annette Wittkau: Historismus. Göttingen 1992. – Moritz Baßler u. a. (Hrsg.): Historismus und literarische Moderne. Tübingen 1996.

Karl Friedrich Schinkel (1781–1841), ein Architekt, der sich sowohl auf die neuesten, fortschrittlichsten Bautechniken verstand als auch die Kunst beherrschte, einem Gebäude jedes gewünschte historische Kostüm anzumessen.

1.4 Literatur und Modernisierung im 19. Jahrhundert

Die Welt wird modern. Die Modernisierung nimmt Fahrt auf und entfaltet eine Dynamik, die nach und nach das gesamte Leben verändert. Hier macht sie es leichter, da erschwert sie es, die einen läßt sie Karriere machen, die anderen stürzt sie ins Elend. So versetzt sie die Menschen bald in Begeisterung und bald in Angst und Schrekken. Und so arbeitet man sich unausgesetzt an ihren Folgen ab, sei es daß man sich im Sinne des Progressismus darum bemüht, den Fortschritt immer fortschrittlicher zu machen, oder daß man ihn im Sinne des Konservatismus mit Mitteln des Historismus einzuhegen und zu zähmen versucht. Damit haben wir nun einen ersten großen Komplex von Fragen vor uns, der die Literatur des 19. Jahrhunderts „im Innersten bewegt". Demgemäß finden sich in ihr auch die beiden Grundhaltungen zur Modernisierung wieder, und zwar, vereinfacht gesprochen, der Progressismus als Realismus und der Konservatismus als Romantizismus.

Romantizismus

Die Ausbildung des Denkens, das die Probleme der Modernisierung im Sinne von Konservatismus und Historismus angeht, ist eng mit der Geschichte der romantischen Bewegung verknüpft. Ein Grundimpuls der Romantik[2] ist die Vorstellung, daß die moderne Welt im Grunde nicht zum Ansehen sei, daß sie in ihrem *Mangel an Schönheit*, in ihrer monströsen Häßlichkeit nur schwer zu ertragen sei und daß Kunst und Literatur dem modernen Menschen vor allem dann etwas würden geben können, wenn sie ihn anderes schauen ließen als diese moderne Welt, wenn sie ihn wenigstens in der *Phantasie* Verhältnisse erblicken

2 Helmut Schanze (Hrsg.): Romantik-Handbuch. Stuttgart 1998. – Detlef Kramer: Romantik. Stuttgart Weimar 2001. – Ernst Müller: Romantisch/Romantik. In: Ästhetische Grundbegriffe. Bd. 5. Stuttgart 2003, S. 315–344.

ließen, die nicht vom Wirbel der Modernisierung erfaßt wären und bei deren Schönheit er sich beruhigen und wieder zu sich kommen könnte.

Solche Verhältnisse will der Romantizismus vor allem in zwei Bereichen entdecken: in der *Natur*, genauer: in der von der Modernisierungsdynamik noch nicht erfaßten, der „unberührten", „freien Natur"; und in der *Geschichte*, wie sie den modernen Menschen mit den wohlgeordneten Verhältnissen einer „guten alten Zeit", mit vormodernen, traditionalen Gesellschaften bekanntmacht. Bei letzterem denkt der romantisch Gestimmte vor allem an das *Mittelalter*, als an eine Zeit, in der das gesellschaftliche Leben noch in eine stabile Ordnung eingegossen gewesen wäre, mit Kaiser und Reich, Gott und Vaterland, und in der die Menschen noch keine Kapitalisten, Karrieristen und Intellektualisten gewesen wären, sondern schlicht, fromm und tugendhaft. So etwa hat *Novalis* das Mittelalter in seiner Rede über *„Die Christenheit oder Europa"* (1799) dargestellt.

Realismus

Demgegenüber läßt sich die Bewegung des „bürgerlichen" oder „poetischen Realismus"[3] als ein Versuch von Kunst und Literatur verstehen, mit der modernen Welt ihren Frieden zu machen, wie immer sie im einzelnen aussehen und zu bewerten sein möge. Die Modernisierung ließ sich ja doch nicht aufhalten, der Fortschritt nicht wieder einfangen; er ließ sich allenfalls kritisch begleiten, und vielleicht mitgestalten und über solcher Mitgestaltung zum Guten wenden. Hier sollte also nicht mehr versucht werden, den Blick gegen die modernen Verhältnisse abzuschirmen und zu Natur und Geschichte hinüberzulenken. Vielmehr sollte ihn die Kunst nun dahin bringen, auf der Gegenwart, auf den „zivilisatorischen Realitäten" (Gottfried Benn) der Moderne zu verweilen, ja sich den neuen Lebensformen – der modernen Arbeitswelt und Ökonomie, dem modernen Leben, den Großstädten, den sozialen Problemen in Stadt und Land, den Problemen einer modernen Bildung – überhaupt zu stellen, sich ihnen in jenen Formen gesteigerter Aufmerksamkeit und Bewußtheit zuzuwenden, die die Sache der Kunst ist.

---

3 Hugo Aust: Realismus. Lehrbuch Germanistik. Stuttgart Weimar 2006. – Bernd Balzer: Einführung in die Literatur des Bürgerlichen Realismus. Darmstadt 2006. – Christian Begemann (Hrsg.): Realismus. Epochen – Autoren – Werke. Darmstadt 2007.

Zu einer solchen *Ausrichtung der Literatur auf die moderne Welt* kam es zuerst in Frankreich und in England, als den beiden avanciertesten Ländern in Europa.[4] Für Frankreich ist hier vor allem *Honoré Balzac* (1799–1850) zu nennen, für England vor allem *Charles Dickens* (1812–1870), von denen der eine um 1830, der andere um 1840 zu einem neuartigen Realismus fand, jeder auf seine Weise. Bei Balzac zieht die Literatur erstmals ohne Wenn und Aber in die *moderne Großstadt* ein, um sich deren Boulevards und Plätze zu erobern und ihre verschiedenen Lebensbereiche zu erkunden, von den Palästen der alten und neuen Reichen bis hin zu den Elendsquartieren der alten und neuen Armen, ja um die gesamte moderne Gesellschaft von oben nach unten und von unten nach oben zu durchmessen. Sie begibt sich in die Zentren der Macht, an die Börse und in die Unterwelt, in die Fabriken und auf das verarmte Land; sie läßt den Minister, die Marquise und den Großkapitalisten ebenso ihre Auftritte haben wie den Kleinkrämer, den Bauern und den Arbeiter. Die deutsche Literatur vermag dem nur mit einer gewissen Verzögerung zu folgen, vor allem weil es in Deutschland erst später als in England und Frankreich zu jenen Formen von Modernisierung kam, die die Literatur des Realismus in den Blick nahm; weil die neuen Realitäten hier noch nicht Gestalt angenommen hatten oder jedenfalls noch nicht mit der gleichen Deutlichkeit sichtbar geworden waren wie dort.

Übergangs- und Zwischenformen

Geht man näher auf die Literatur des 19. Jahrhunderts ein, zeigt sich freilich, daß sich der romantische und der realistische Grundimpuls kaum je in Reinkultur und keineswegs in einem deutlichen Nacheinander Geltung verschafft haben, daß sie vielmehr nebeneinander zur Wirkung gelangt sind und dabei die verschiedensten Verbindungen eingegangen sind. Und wie sollte es anders sein, da Literatur, wenn sie denn wirklich Kunst ist, wenn sie einmal ein gewisses gedankliches und ästhetisches Niveau erreicht hat, nie einseitig ist; was ihre Zeitgenossen an Einseitigkeiten kultivieren, wird von ihr aufgegriffen und in Gebilden verarbeitet, die die unterschiedlichsten Motive in ein spannungsreiches Beziehungsleben einstellen. *So hat der Romantizismus durchaus progressive Züge anzunehmen vermocht, wie sich der*

4 Reinhard Lauer (Hrsg.): Europäischer Realismus. Wiesbaden 1980.

Realismus auch konservativ hat gebärden können. Daraus sind eine Reihe von Übergangs- und Zwischenformen entstanden, die ein Gutteil, wenn nicht das Gros der Literatur des 19. Jahrhunderts ausmachen.

Biedermeier

Zu diesen Übergangs- und Zwischenformen zählen mitunter ganze kulturelle Bewegungen, denen man wie dem Biedermeier oder der „jungdeutschen" Literatur des Vormärz den Status einer epochalen Tendenz zugesprochen hat. Der Biedermeier[5] der Zeit von 1820 bis 1850 zieht seinen Kopf ein, damit er ihm im scharfen Wind der Modernisierung nicht davonfliegt, und verdrückt sich in die geschichtsfernen Zonen seines unmittelbaren Lebensumfelds. Dieser seiner Lebenswelt wendet er sich aber nicht nur zu, um sie im Sinne der Romantik zu „poetisieren"; er faßt sie auch mit einem geschärften Realitätssinn ins Auge, der auf den Realismus der zweiten Jahrhunderthälfte vorausweist. Man denke nur an Autoren wie *Annette von Droste-Hülshoff* (1797–1848), *Eduard Mörike* (1804–1875) und *Adalbert Stifter* (1805–1868), wie sie, jeder auf seine Weise, den Abschied von der Romantik und Übergang zum Realismus markieren.

Vormärz

Etwas Ähnliches findet sich bei den Autoren des Vormärz,[6] beim „Jungen Deutschland"[7] und bei *Heinrich Heine.* Wenn sie auch mit einem unerbittlichen Realismus die Probleme der Gesellschaft ihrer Zeit analysieren und einen Fortschritt einklagen, der diesen Namen verdient hätte, so bleiben sie doch „mit dem Herzen" und mit ihren Ansprüchen der Poesie der Romantik verhaftet. Es ist das blutende Herz des Romantikers, wie es Heine in *„Deutschland. Ein Wintermärchen"* zur Darstellung bringt (HS 7, 592–595), was sie zu Kritikern der Verhältnisse macht.

Historischer Roman

Und auch einige der beliebtesten Gattungen leben gleichermaßen aus romantischen und realistischen Impulsen heraus, so zum Beispiel der Historische Roman seit *Walter Scott* (1771–1832) und die

---

5 Friedrich Sengle: Biedermeierzeit. 3 Bde. Stuttgart 1971–1980.

6 Peter Stein: Epochenproblem Vormärz. 1815–1848. Stuttgart 1974. – Walter Jaeschke (Hrsg.): Philosophie und Literatur im Vormärz. 2 Bde. Hamburg 1995. – Martina Lauster u. a. (Hrsg.): Vormärzliteratur in europäischer Perspektive. 3 Bde. Bielefeld 1996–2000.

7 Helmut Koopmann: Das Junge Deutschland. Eine Einführung. Darmstadt 1993.

Dorfgeschichte seit *Berthold Auerbach* (1812–1882). Im Historischen Roman[8] huldigt der Realismus, der doch eigentlich seinen Frieden mit der Gegenwart machen und die moderne Welt zur Darstellung bringen will, dem Historismus, indem er sich ältere Zeiten zum Schauplatz wählt. Während aber die Romantik bewußt ein poetisch unscharfes Bild von den älteren Zeiten gepflegt hat, ein Bild, das sich in seiner poetischen Unschärfe leichter idealisieren und zur „guten alten Zeit", zum „Goldenen Alter" stilisieren ließe – man denke nur an *Novalis* und seinen Roman *„Heinrich von Ofterdingen"* (1802) – geht der Historische Roman des Realismus den geschichtlichen Verhältnissen mit der faktenbesessen-antiquarischen Attitüde des Historikers nach, bemüht er sich darum, ein möglichst getreues, detailgenaues Bild von der Vergangenheit zu zeichnen – aber eben ein Bild der Vergangenheit und nicht der Gegenwart. In diesem Sinne haben die meisten der großen Realisten auch historische Romane und Erzählungen geschrieben; einer von ihnen, *Conrad Ferdinand Meyer*, hat überhaupt nur Historisches verfaßt.

Dorfgeschichte

Und in der Dorfgeschichte,[9] wie sie mit Auerbachs *„Schwarzwälder Dorfgeschichten"* von 1843 in Mode kam, sucht der Realist in der Landschaft der Gegenwart Lebensformen auf, die noch nicht von der Modernisierung erfaßt und umgekrempelt worden sind, *„grüne Stellen"* (Friedrich Theodor Vischer),[10] die weithin noch durch die Nähe zur Natur und durch traditionale Lebensformen geprägt sind. Da will er des Menschen auf eine Weise ansichtig werden, die ihm in der modernen Großstadt nicht mehr möglich scheint, und er widmet sich diesem im Grunde romantischen Unternehmen durchaus mit dem geschärften Blick des Realisten, ja vielfach mit einer fast schon wissenschaftlich zu nennenden ethnologisch-volkskundlichen Akribie. Dabei muß er sich freilich darüber hinwegsetzen, daß das Landleben inzwischen weithin dem Pauperismus anheimgefallen ist und die Landflucht eingesetzt hat, der Zug der Menschen in die Städte,

8 Hugo Aust: Der historische Roman. Stuttgart Weimar 1994.

9 Jürgen Hein: Dorfgeschichte. Stuttgart 1976. – Uwe Baur: Dorfgeschichte. München 1978.

10 Friedrich Theodor Vischer: Ästhetik. 3 Teile. Reutlingen Stuttgart 1846–1857. Teil 3, S. 1305.

die ihnen ein besseres Leben verheißen. Am Dorfeingang rennen sich sozusagen der moderne Intellektuelle, der die Lebensformen des flachen Landes sucht, und die Landbevölkerung, die vor ihnen davonläuft, wechselseitig über den Haufen.

Auf solche Weise gehen der romantische und der realistische Grundimpuls in der Literatur des 19. Jahrhunderts die unterschiedlichsten Verbindungen ein. Dessen unbeschadet sind sie aber zunächst einmal zu unterscheiden, als literarische Möglichkeiten, die aus zwei grundverschiedenen Einstellungen zur Moderne heraus erwachsen, aus dem Fortschrittszweifel und dem Fortschrittsglauben, aus der konservativen und der progressiven Haltung. Diese Haltungen zeigen sich natürlich auch in anderen Bereichen des gesellschaftlichen Lebens, und sie lassen sich dort oft sehr viel deutlicher greifen als in der Literatur. Das gilt zumal für das politische Leben, dessen Diskurse anders als die literarische Rede zu plakativer Eindeutigkeit neigen. So haben die Begriffe des Progressiven und des Konservativen denn auch hier ihre scharfen Konturen erhalten.

1.5 Literatur und Politik im 19. Jahrhundert

Politisierung der Kultur

Während des gesamten 19. Jahrhunderts ist das gesellschaftliche Leben durch den Kampf zwischen den Kräften des Fortschritts – Demokratiebewegung, Liberalismus, Sozialismus – und den Mächten der Vergangenheit – Monarchie, Adel, Kirche – geprägt, ein Kampf, der sich letztlich in einem *Wechselspiel von Revolutionen und Restaurationsversuchen* niedergeschlagen hat. Darum verhandeln die Historiker das 19. Jahrhundert oder vielmehr seine erste Hälfte auch gerne unter der Überschrift „Revolution und Restauration“.[11]

Zunächst ist freilich festzuhalten, daß das 19. Jahrhundert überhaupt ein Jahrhundert fortschreitender *Politisierung* gewesen ist, der Politisierung sowohl immer größerer Teile der Bevölkerung als auch immer weiterer Bereiche des gesellschaftlichen Lebens, einschließlich

11 Dieter Langewiesche: Europa zwischen Restauration und Revolution. 1815–1849. München 2007.

der Literatur. Politik ist nun nicht mehr allein die Sache einer winzigen Elite, des Adels, der „Standespersonen", der politischen Beamten; sie wird mehr und mehr zu jedermanns Sache. Ein jeder fühlt sich nun „immer mitten in der Agitation der politischen Leidenschaften inne leben" (GS 2, 71).

Das ist vor allem ein Werk der *Presse*, die im 19. Jahrhundert einen gewaltigen Aufschwung erlebt. Es entstehen immer neue „Journale", immer neue Tageszeitungen, wie sie bis heute nicht aus dem politischen Leben wegzudenken sind, und sie werden von immer mehr Menschen gelesen. Die moderne Öffentlichkeit nimmt nun endgültig eine Form an, wie wir sie kennen. Der *Journalist* betritt die Bühne der Geschichte, um sie nicht wieder zu verlassen, und er avanciert rasch zu einer Leitfigur des modernen Lebens. Auch viele Autoren von Literatur haben zumindest zeitweise als Journalisten gearbeitet, denn von der Literatur allein konnten die meisten von ihnen im 19. Jahrhundert noch immer nicht leben. Vor allem die Autoren des Vormärz haben sich als Journalisten versucht – man denke nur an Heine und Gutzkow – aber auch unter den Realisten haben viele noch ihr Brot mit Arbeiten für die Presse verdient, so etwa Fontane.

Politisierung und Modernisierung

Der tiefere Grund für die fortschreitende Politisierung der Menschen und des gesellschaftlichen Lebens ist natürlich die Modernisierung. Schon an der Schwelle zum 19. Jahrhundert hat einer ihrer engagierten Vorkämpfer, einer der größten Mobilmacher, den die Menschheit bis dahin gesehen hatte, der französische Kaiser Napoleon, den Ausspruch getan: „Die Politik ist das Schicksal", und so ist es auch überall gekommen, wo sich die Modernisierungsmaschine in Gang gesetzt hat. Der Fortschritt, die unausgesetzte Mobilisierung von Menschen und Dingen, natürlichen und kulturellen Ressourcen, der große Verschiebebahnhof der Moderne verlangt nach *Organisation und Steuerung*, und er verlangt nach ihnen in einem Maße, das alles in den Schatten stellt, was die Menschheit zuvor an Organisations- und Steuerungsbedarf erlebt hat. Die Folgen zeigen sich zum einen im Anschwellen der Verwaltungsapparate – das 19. Jahrhundert ist auch die Zeit eines exponentiellen Wachstums der *Bürokratie* – und zum andern eben in der Politisierung. Denn Politik ist ja nichts anderes als die Gesamtheit der Diskurse, mit denen eine Gesellschaft die Prozesse zu steuern versucht, in denen sie sich organisiert.

Was es mit alledem auf sich hat, hatte sich in der Zeit der *Revolution von 1789* mit aller wünschenswerten Deutlichkeit gezeigt. Da trat mit einem Schlag das ganze *Panorama der modernen Politik* vor die staunenden Augen der Welt: das große Forum des Parlaments, das Drama der Wahlen, die Parteipolitik, die kritische Begleitmusik der Presse, die professionelle Bearbeitung der Öffentlichkeit, die Typen des Berufspolitikers, des Politingenieurs und des politischen Journalisten. Politik wurde hier für alle sichtbar zum parteipolitischen Kampf zwischen Modernisierern und Modernisierungsgegnern, zwischen Erneuerern und Bewahrern, und hier wiederum zwischen radikalen und moderaten Erneuerern – Revolutionären und Reformern – und zwischen moderaten und radikalen Bewahrern – Konservativen und Reaktionären. Hier entstanden übrigens auch die Begriffe von „linker" und „rechter" Politik, abgeleitet von der Sitzordnung der Französischen Nationalversammlung.

Das Wechselspiel von Revolution und Restauration

Seinen deutlichsten Ausdruck fand der politische Kampf um den Fortschritt aber eben im Wechselspiel der Revolutionen und der Restaurationsversuche. So bezeichnen Revolutionen die wichtigsten Daten im politischen Leben des 19. Jahrhunderts. Die erste in der langen Reihe ist die *Französische Revolution* von 1789, eine Revolution, die auch für Deutschland die größten Folgen gehabt hat, obwohl es hier nur in einem einzigen Fall zur Gründung einer Republik gekommen ist, in Mainz, und im übrigen allenfalls zu Reformen wie zur Abwicklung des „Heiligen Römischen Reichs Deutscher Nation" und zu den inneren Reformen in Preußen und einigen anderen deutschen Fürstenstaaten. Die Epoche der Französischen Revolution ging mit dem *Wiener Kongreß* von 1814/15 zu Ende, der eine Wiederherstellung der alten Mächte Monarchie, Adel und Kirche brachte, die sogenannte *Restauration von Thron und Altar*. Auf dem Boden des Alten Reichs ließ er die Verhältnisse entstehen, die ihre Kritiker nach dem führenden Staatsmann Österreichs, dem Fürsten Clemens von Metternich (1773–1859), das *System Metternich* nannten.

Das Ziel Metternichs und seiner Mitstreiter war es, den Geist, der 1789 aus der Flasche gefahren war, wieder in die Flasche zurückzupraktizieren, und sie scheuten dabei kein Mittel der Gewalt. Spätestens seit den Karlsbader Beschlüssen der deutschen Fürsten von 1819 gab es überall in Deutschland das, was man *Demagogenverfolgung* nannte, gab es eine staatliche Zensur, ein ausgedehntes Spitzelwesen und die ganze Palette repressiver polizeilicher Maßnahmen, wenn sich auch nicht alle Fürstenstaaten mit der gleichen Intensität daran beteiligten. Davon war auch die *Literatur* betroffen, denn gerade die Literaten hörten nicht auf, die Ziele der Französischen Revolution – „Freiheit, Gleichheit, Brüderlichkeit" – und die Ziele der sogenannten Befreiungskriege von 1813/15 – „Einigkeit und Recht und Freiheit für das deutsche Vaterland" – zu bereden, zu besingen und überhaupt in jeder erdenklichen Form präsent zu halten.

Aber der Geist des Fortschritts ließ sich nicht wieder in die Flasche zurückzwingen. Auch politisch war er weiter am Werk, nicht nur in der Literatur, so zum Beispiel in der *Verfassungsbewegung*, also im Ringen darum, daß sich die Fürstenstaaten Verfassungen gäben, die gewählte Parlamente vorsähen. Die Wahlen, an die man dabei dachte, waren allerdings noch keine „freien, gleichen und geheimen Wahlen", wie wir sie kennen; nur ein kleiner Kreis wohlhabender Bürger sollte an ihnen teilnehmen können, insofern das Wahlrecht an einen „Zensus", an Besitz und Einkommen geknüpft blieb.

Bereits 1830 kam es zu einer zweiten Revolution, der sogenannten *Juli-Revolution*, die freilich nur in ihrem Ursprungsland Frankreich zu einer Veränderung der politischen Verhältnisse führte; in Deutschland blieb die Unruhe überschaubar. Dafür war die Reaktion der Machthaber um so heftiger; die Zügel der „Demagogenverfolgung", der Zensur und Repression wurden weiter angezogen, so daß viele namhafte Literaten wie Heinrich Heine und Ludwig Börne (1786–1837) nach Paris ins *Exil* gingen. Denn in Frankreich hatte die Juli-Revolution in der Tat ein Mehr an Freiheit gebracht, eine Stärkung des Parlaments unter dem neuen König, dem „Bürgerkönig" Louis Philippe, und vor allem ein Mehr an Pressefreiheit.

Das dritte große Revolutionsjahr ist das Jahr 1848, das Jahr der *März-Revolution*. Wiederum ging die Revolution von Frankreich aus, aber sie erfaßte nun auch weite Teile Deutschlands, und sie brachte endlich die von den Liberalen ersehnten Wahlen. Das Parlament, das aus ihnen hervorging, das berühmte Parlament in der Frankfurter Paulskirche, hat sich aber nicht auf Dauer etablieren können und seine Macht bald wieder verloren. Frankreich wurde zunächst zum zweiten Mal eine Republik, um sich 1852 erneut in ein Kaiserreich zu verwandeln, mit einem Neffen Napoleons, Napoleon III., an der Spitze. Dieses wurde 1871, nach dem verlorenen Krieg gegen Deutschland, zum Schauplatz einer vierten Revolution und überdies auch des Aufstands der *Pariser Kommune*, einer Revolution in der Revolution, bei der man erstmals mit dem Kommunismus Ernst zu machen suchte. Deutschland hingegen mußte bis 1918 auf die nächste Revolution warten.

Deutschland und Europa

Der Blick auf das Wechselspiel von Revolution und Restauration zeigt, daß man, wenn man von der politischen Geschichte Deutschlands im 19. Jahrhundert spricht, immer auch an *Frankreich* denken muß. Denn das politisch bewegte Deutschland schaute auf Frankreich, so wie das ökonomisch interessierte nach *England*, dem Land der industriellen Revolution und des Kapitalismus. Das künstlerische Deutschland zog übrigens weithin noch immer eine andere Orientierung als die nach Westen vor; es blickte – wie all die Jahrhunderte zuvor seit den Zeiten der Renaissance – nach dem Süden, nach *Italien*, dem Land, auf dessen „klassischem Boden“ (Goethe) man die Antike und deren künstlerisches Erbe studieren konnte. Italienreisen blieben auch im 19. Jahrhundert noch ein fester Programmpunkt in der Ausbildung des Künstlers.

Allerdings kamen nun immer mehr Reisen nach Frankreich und England hinzu, freiwillige Reisen ebensowohl wie politisch erzwungene, und das waren eben keine Reisen zur Antike mehr, sondern Reisen in die Moderne. Gegen Ende des 19. Jahrhunderts, mit dem Durchbruch der ästhetischen Moderne im engeren Sinne, wird *Paris* schließlich vollends zur Hauptstadt der Kunst und löst damit Rom als Ziel von Künstlerreisen ab. Naturalisten wie *Michael Georg Conrad* (1846–1927) und Symbolisten wie *Stefan George* (1868–1933) machen ihre entscheidenden künstlerischen Erfahrungen nicht mehr in Italien, sondern in Paris. Das gilt es festzuhalten, denn auch darin kann man etwas von der Entwicklung von Kunst und Literatur im 19. Jahrhundert greifen; Künstlerreisen haben ja eine eigene Logik und Aussagekraft.

Bürgertum vs. Adel

Zurück zur Politik. Wenn das 19. Jahrhundert nacheinander so viele Revolutionen erlebt hat, so lag das vor allem daran, daß auf jede Revolution ein offener oder schleichender Restaurationsversuch folgte, der die revolutionären Kräfte erneut herausforderte. *Restauration* hieß hier vor allem, die Monarchie, das „Gottesgnadentum“ des

Souveräns zu stärken und die Position des Adels als der politisch-gesellschaftlichen Elite zu sichern. Solche Restauration der „legitimen", durch Erbschaft zur politischen Führung berechtigten Mächte gelang jedoch nur noch in Grenzen. Denn die Dynamik der gesellschaftlichen Entwicklung war längst auf das Bürgertum übergegangen. Im Zuge der *industriellen Revolution* errang es sich vollends die ökonomische Macht, und die wollte es nun auch in politische Macht ausgemünzt sehen, schon allein um die Rahmenbedingungen seines Wirtschaftens mitbestimmen zu können. Das Prinzip der Monarchie wurde durch den Verfassungsgedanken ausgehöhlt, die Fürstenstaaten wurden konstitutionelle Monarchien mit gewählten Parlamenten. Und der Adel, dieses Relikt des mittelalterlichen Feudalwesens, dessen existentielle Basis der Landbesitz und die Gutswirtschaft waren, geriet nicht nur ökonomisch gegenüber dem potenteren Bürgertum ins Hintertreffen.

Schon der *Wiener Kongreß* hatte mit dem Gedanken, die „legitimen" Mächte zurückzubringen, nicht wirklich Ernst gemacht. Von den an die dreihundert staatlichen Gebilden des Alten Reichs blieben gerade einmal 37 übrig, die anderen wurden „mediatisiert", von größeren Nachbarstaaten geschluckt. Viele fürstliche Familien waren also auf Dauer entmachtet und saßen nun frustriert und scheeläugig auf den Schlössern herum, die ihnen geblieben waren; und je weniger sie noch zu sagen hatten, desto mehr bestanden sie auf ihren Privilegien und desto verbissener kultivierten sie ihre Prätentionen. Aber auch so und gerade so blieb der Adel ein gesellschaftlich bedeutsamer Faktor; nach wie vor wurde er bei Hofe, beim Militär und im Staatsdienst bevorzugt und beanspruchte er überall im gesellschaftlichen Leben besondere Beachtung. So stellt sich die Gesellschaft im 19. Jahrhundert zwar nicht mehr als eine *Ständegesellschaft* dar wie noch im 18. Jahrhundert, wohl aber als eine *Dreiklassengesellschaft*, wie sie Karl Marx seinerzeit analysiert und beschrieben hat, bestehend aus den Klassen des Adels, des Bürgertums und des großen Rests, der Bauern, Tagelöhner, Handwerker und Industriearbeiter.

Einen guten Einblick in diese Verhältnisse gewähren die Romane von Karl Immermann. Zugleich erhellt aus ihnen, in welchem Maße und auf welche Weise sie die zeitgenössische Literatur beschäftigt haben. Deshalb sollen sie hier als Leitfaden für eine erste Annäherung an die Lebenswelt des 19. Jahrhunderts dienen.

2 Modernisierungskrisen im Vormärz

2.1 Zeit- und Krisendiagnosen in Immermanns „Epigonen"

Immermann als Chronist des Vormärz

Karl Leberecht Immermann[12] ist heute weithin vergessen. Wer sich mit der Literatur des Vormärz beschäftigt, wird jedoch bald auf seinen Namen stoßen, denn hier gehörte er zu den zentralen Figuren des literarischen Lebens. 1796 in Magdeburg geboren, lebte er seit 1827 als Richter in preußischen Diensten in Düsseldorf, wo er 1840 auch verstarb. Das Schreiben war für ihn also nur eine Nebenbeschäftigung. Das hat ihn freilich nicht daran gehindert, eine ausgedehnte schriftstellerische Tätigkeit zu entfalten, die ihn mit vielen literarischen Größen seiner Zeit in Verbindung brachte, so etwa noch mit dem alten *Goethe*, vor allem aber mit den Literaten im Umkreis des Jungen Deutschland, mit *Karl Gutzkow*, der seinerseits der wichtigste Förderer von *Georg Büchner* war, mit *Heinrich Laube* (1806–1884), *Ferdinand Freiligrath* (1810–1976) und *Christian Dietrich Grabbe* (1801–1836). Eine Zeitlang arbeitete er eng mit *Heine* zusammen, der ja in Düsseldorf beheimatet war; so haben beide in einer bestimmten Phase ihrer Entwicklung wechselseitig ihre Manuskripte durchgesehen.

Immermann hat neben einer Reihe von Trauer- und Lustspielen, einem Komischen Epos, Gedichten und Memoiren vor allem zwei große Romane hinterlassen, *„Die Epigonen"* (1836) und *„Münchhausen"* (1838/39), die durchaus einen höheren Bekanntheitsgrad verdient hätten. Wenn sie vielleicht auch nicht jedem

12 Benno v. Wiese: Karl Immermann. Sein Werk und sein Leben. Bad Homburg 1969. – Peter Hasubek: Karl Leberecht Immermann. Ein Dichter zwischen Romantik und Realismus. Köln Weimar Wien 1996. – Markus Fauser: Intertextualität als Poetik des Epigonalen. Immermann-Studien. München 1999.

ästhetischen Anspruch genügen, so sind sie doch besonders aufschlußreich für die Verhältnisse und die literarischen Interessen der Zeit. Beide versuchen sie sich an einer umfassenden *Bestandsaufnahme der Epoche*, und sie nehmen darüber geradezu den Charakter von Kompendien der sozial-, wirtschafts-, kultur- und literaturgeschichtlichen Entwicklungen an. So können sie hier genutzt werden, um einen Zugang zu den Lebensverhältnissen in der ersten Hälfte des 19. Jahrhunderts und zu den Vorstellungen zu gewinnen, mit denen sie die Menschen zu verarbeiten suchten. Autoren aus der zweiten Reihe machen derlei dem Leser mit ihren Werken oftmals leichter als die großen „Originalgenies", die in den Olymp der Kunst eingegangen sind. Das Zeittypische wird bei ihnen vielfach deutlicher als bei diesen, wo es bald hinter der originellen Verarbeitung verschwindet und bald über dem Ringen um zeitlose Wahrheit, um die „monumentalen" Qualitäten der Kunst in den Hintergrund tritt.

Grundzüge von Immermanns Zeitdiagnose

Immermann begreift seine Zeit als eine *„Übergangsperiode"* (IW 3, 416). Das Alte ist nicht mehr zu halten, und worauf es mit dem Neuen hinauswill, vermag noch niemand zu sagen. Aber mit dem Gedanken des „Übergangs" hat sich Immermann getäuscht, wie so viele seiner Zeitgenossen. Denn von einem „Übergang" zu reden meint ja doch, daß das Neue das Alte irgendwann abgelöst und sich stabilisiert, eine feste, dauerhafte Form angenommen haben wird. Die moderne Welt kennt jedoch nur einen Wandel, der nicht wieder zum Stillstand kommt. Modern sein heißt, in einen Prozeß eingetreten zu sein, in dem jede Neuerung früher oder später durch eine weitere abgelöst wird. Die Modernisierung kennt, wenn sie denn einmal in Gang gekommen ist, kein Halten, sie weiß nur von einem Immerweiter-Müssen.

In seinen Romanen versucht Immermann, sich Rechenschaft davon zu geben, was der Wandel der Verhältnisse mit dem Menschen, mit seinem Kopf und seinem Herzen macht. Er sieht sich und seine Zeitgenossen von einem „öden Wanken und Schwanken" ergriffen, das er eine *„moralische Seekrankheit"* nennt (IW 3, 135). Auf hoher See ist alles in Bewegung, da gibt es nichts Festes, so daß sich nach und nach ein Gefühl existentieller Unsicherheit breitmacht. Von diesem durch den Modernisierungswirbel ausgelösten existentiellen Schwindelgefühl handelt im Grunde die gesamte Literatur des Vormärz.

Immermann und die Dorfgeschichte

Mit seinem *„Münchhausen“*[13] ist Immermann übrigens auch zu einem Wegbereiter der Dorfgeschichte geworden. Nebeneinander werden von ihm hier zwei Welten zur Darstellung gebracht, von denen die eine dann eben ein Muster für die Dorfgeschichte abgegeben hat. Da ist auf der einen Seite die Welt des titelgebenden Herrn von Münchhausen, eine Welt, in der alles, was modern ist oder als modern gilt und was zumal das Leben des modernen Intellektuellen ausmacht, in gedrängter, zugespitzter Form zur Darstellung gebracht wird, um mit den Mitteln der Satire auf Herz und Nieren geprüft zu werden. Und da ist als deren idyllisches Gegenbild die Welt des *„Oberhofs“*, eines alten westfälischen Bauernguts, wo die Menschen noch in den überkommenen Formen, auf vormodern-traditionale Weise leben; diese wird von Immermann keineswegs satirisch, vielmehr mit großem Ernst und Respekt zur Darstellung gebracht.

Die Oberhof-Kapitel des Romans sind bald schon ohne die Münchhausen-Passagen separat zum Druck gebracht worden und in dieser Gestalt zu einem der populärsten Bücher des 19. Jahrhunderts geworden – ein postumer Erfolg, der viel über den Geschmack des breiten Publikums in der zweiten Jahrhunderthälfte sagt. Von Immermanns grundkritischen Zeitdiagnosen wollte es bald nichts mehr wissen; die Idylle hingegen war ihm willkommen. Daß durch die Auslösung der Oberhof-Kapitel die Struktur des Münchhausen-Romans und damit das gesamte Projekt Immermanns zerstört wurde, scheint kaum jemanden unter seinen Lesern gestört zu haben, so kunstbeflissen sie sich auch gaben.

Immermanns „Epigonen“

Hier soll zunächst von den „Epigonen“[14] die Rede sein, auch weil der Begriff des Epigonentums für die Literatur des 19. Jahrhunderts

13 Siegfried Kohlhammer: Resignation und Revolte. Karl Immermanns Roman „Münchhausen“. Stuttgart 1973. – Günther J. Holst: Das Bild des Menschen in den Romanen Karl Immermanns. Meisenheim 1976. – Günter Oesterle: Arabeske und Zeitgeist. Karl Immermanns Roman „Münchhausen“. In: Martina Lauster (Hrsg.): Deutschland und der europäische Zeitgeist. Bielefeld 1994, S. 215–239.

14 Markus Schwering: Epochenwandel im spätromantischen Roman. Köln Wien 1985. – Waltraud Maierhofer: Wilhelm Meisters Wanderjahre und der Roman des Nebeneinander. Bielefeld 1990.

zentrale Bedeutung hat. „Die Epigonen" sind ein *Entwicklungs- und Bildungsroman* in der Nachfolge von Goethes Roman „Wilhelm Meisters Lehrjahre", des großen Musters aller Entwicklungs- und Bildungsromane, die die deutsche Literatur im 19. Jahrhundert hervorgebracht hat. Der Held, ein junger Mann von ungewisser Herkunft mit Namen Hermann – ein Name mindestens so deutsch wie Wilhelm, wenn nicht noch ein wenig deutscher – ist in der Welt des frühen 19. Jahrhunderts unterwegs auf den Spuren des Geheimnisses seiner Herkunft und auf der gattungstypischen Suche nach einem „Platz im Leben".

Dabei bewegt er sich unausgesetzt zwischen dem Lebensraum des alten Adels und dem der neureichen Bourgeoisie hin und her, zwischen Schlössern und Fabriken, Landgütern und städtischen Zirkeln und nicht nur zwischen den Klassen und ihren unterschiedlichen Milieus, sondern *zwischen dem Alten und dem Neuen* überhaupt sowie zwischen den verschiedenen Haltungen, in denen deren Gegeneinander verarbeitet wird, zwischen Fortschrittsglauben und Historismus, Romantizismus und Realismus. Gegen Ende des Romans wird sich das Rätsel der Herkunft schließlich lösen, wird sich symbolischerweise herausstellen, daß Hermann das uneheliche Kind eines Adligen und einer Bürgerlichen ist – kein Wunder also, wenn er sich weder in dem einen noch in dem anderen Lebensraum zu Hause fühlt.

Zwischen Adel und Bourgeoisie

Da gibt es auf der einen Seite eine weitverzweigte Adelssippe, die Familie eines Herzogs, dessen kleiner Fürstenstaat wie so viele andere in der „Franzosenzeit" „mediatisiert", von einem größeren geschluckt worden ist und der diesen Absturz, dieses Herausfallen aus der Macht nicht verwinden kann. So läßt er denn auf seinem Schloß Ritterspiele aufführen, mit denen er an die große Vergangenheit seines Hauses erinnert, was Hermann allerdings nur noch mit Gefühlen der Peinlichkeit quittieren kann. Hier zeigt sich bereits, daß die *romantische Ritterherrlichkeit* in den Augen Immermanns durchaus nicht so naiv und unschuldig ist, wie sie sich gibt; daß sie alles andere als die Ausgeburt eines rein poetischen und poetisch reinen Sinnes ist. Wie Heine acht Jahre später in „Deutschland. Ein Wintermärchen" sucht sie Immermann hier bereits als *Ideologie zur Legitimation der Ansprüche des Adels* zu entlarven, der sich ja vom mittelalterlichen Rittertum herleitet und von ihm aus die „Legitimität" seiner Privilegien behauptet. Und da gibt es auf der anderen Seite einen bürgerlichen Onkel Hermanns, den „Oheim“, einen neureichen Unternehmer, einen „Entrepreneur“ neuen Stils, der Fabriken baut, Kapital aufhäuft und dem überschuldeten Adel seine Schlösser und Ländereien abkauft.

Hermann wollen beide Welten nicht gefallen. Den Adel kann er nur noch als eine „Ruine“ (IW 3, 158) begreifen, in der die Gespenster der Vergangenheit umgehen. Da findet er nichts Überzeugendes, Lebensfähiges mehr, nurmehr noch eine hochproblematische Mischung von Überlebtem und von Prätentionen, die durch nichts gerechtfertigt scheinen. Aber die *neue Welt der Industrie und des Kommerzes* gefällt ihm auch nicht viel besser. Er beobachtet mit großer Aufmerksamkeit, wie die Industrialisierung und der Kapitalismus die Natur und die alte Kulturlandschaft zerstören, wie sie die Menschen „entwurzeln“, der Scholle entfremden, in eine mörderische Arbeitswelt hineinstoßen und über solcher verzehrenden Arbeit auch noch verelenden lassen. Nichts von dem, was sich an *„Kollateralschäden“ des Fortschritts* zeigt, entgeht seinem Blick, und er träumt davon, als Erbe des „Oheims“ die Fabriken wieder zu schließen und die Menschen aus den Industriestädten auf das Land zurückzubringen, zurück in gesündere, stabilere, menschlichere Verhältnisse.

Die Landschaft der Industrialisierung

Der eigentümlich aufgebrochene, durch schroffe Gegensätze geprägte, konfliktschwangere Handlungsraum, in dem sich Hermann bewegt, wird von Immermann bei Gelegenheit in die folgende Szenerie gefaßt; es handelt sich dabei um eine der frühesten Darstellungen der durch die Industrialisierung veränderten Landschaft, die sich in der deutschen Literatur finden.[15]

> Abermals sah Hermann das tiefe, gewundene Tal vor sich liegen, aus welchem die weißen Fabrikgebäude des Oheims hervorleuchteten. Die Maschinen klapperten, der Dampf der Steinkohlen stieg aus engen Schloten und verfinsterte die Luft; Lastwagen und Packenträger begegneten ihm und verkündigten durch ihre Menge die Nähe des rührigsten Gewerbes. Ein Teil des Grüns war durch bleichende Garne und Zeuche (Zeuge) dem Auge entzogen; das Flüßchen, welches mehrere Werke trieb, mußte

15 Heinrich Schauerte: Die Fabrik im Roman des Vormärz. Köln 1983.

sich zwischen einer Bretter- und Pfosteneinfassung fortzugleiten bequemen. Zwischen diesen Zeichen bürgerlichen Fleißes erhoben sich auf dem höchsten Hügel der Gegend die Zinnen des Grafenschlosses, in der Tiefe die Türme des Klosters. Beide Besitzungen nutzte der Oheim zu seinen Geschäftszwecken. Auch die geistliche hatte er unter der Fremdherrschaft (der Franzosen zur Zeit Napoleons) zu billigem Preise erworben. Lange Gebäude, mit einförmigen Trockenfenstern versehen, unterbrachen die Linien der gotischen Architektur auf der Höhe und in der Tiefe; der Wald, welcher die Hügel bedeckte, war fleißig gelichtet.

Gräfin Theophilie kam ihm entgegen, in einem Buche lesend. – „Was führt Sie her?" fragte sie ihn. Er gab eine allgemeine, ausweichende Antwort, und da er von ihr manches über den Oheim zu erfahren wünschte, so trug er sich ihr zum Begleiter an. Sie gingen über angenehme Busch- und Wiesenplätze. Die Bleichen und Betriebsamkeitsstätten vermied sie; nach anderen Gegenden strebte sie mit einer gewissen Leidenschaftlichkeit hin. Er sah an solchen Stellen Rasenbänke oder Überbleibsel ehemaliger Pavillons und Tempel.

Sie stiegen den Berg hinauf und standen nach einer kurzen Wendung vor dem Seitenflügel des Schlosses. „Wenn meine Gesellschaft Sie nicht langweilt und die enge Wendeltreppe Sie nicht abschreckt, so kommen Sie immerhin noch ein wenig zu mir", sagte sie.

Als er sich oben nach kurzem Gespräch von ihr beurlauben wollte, hielt sie ihn angelegentlich zurück und rief: „Sie sehen ein, wie wohl es mir tut, mit jemand mich zu unterhalten, auf dessen Stirne nicht der Wechselkurs geschrieben steht, oder dessen Kleider nicht vom Rauche der Maschinen duften!" (…)

Sie ging hinaus, um einige Bestellungen für das Abendessen zu geben, welches er mit ihr einnehmen sollte, und er benutzte diese Pause, sich in ihrem Zimmer umzuschauen. Eine Menge sehr sauber gezeichneter Geschlechtstafeln (Ahnentafeln, Stammbäume) der ersten Familien des Landes hing an den Wänden umher; zwischen denselben sah man viele vornehme Gesichter in Miniaturporträts. Als er den Inhalt eines kleinen Bücherschranks musterte, erblickte er sämtliche Jahrgänge des „Gothaer Historisch-Genealogischen Kalenders" (eines Kompendiums der adligen Familien) in Reihe und Glied aufgestellt, damals einundsechzig an der Zahl, welche in solcher Vollständigkeit sich wohl schwerlich in der Bibliothek einer zweiten Dame versammelt haben mögen.

> „Das ist mein Zirkel“, sagte sie lächelnd, als sie ihn in die Betrachtung dieser Dinge versenkt fand. „Die Stammbäume habe ich selbst gezeichnet und mich dabei im Gedächtnis der Personen erfreut, die ich gekannt, und wenn ich die Blätter der Kalender aufschlage, so blühen mir bei jeder Familie Geschichten entgegen. Die Gegenwart kann mir nicht gefallen, Zukunft hat ein armes Fräulein bei Jahren nicht mehr; da suche ich denn an der Vergangenheit, in der das Leben etwas wert war, meine Tage zu fristen.“ (IW 4, 7–9)

Die Gräfin ist auf dem Schloß ihrer Väter nur noch geduldet, denn es gehört inzwischen einem neureichen Fabrikanten, eben dem „Oheim“, dem Onkel Hermanns. Der hat es dem Vorbesitzer, dem Vater der Gräfin, in der Franzosenzeit abgekauft. Der alte Graf hatte sich wie viele seiner Standesgenossen zur Aufrechterhaltung seiner aufwendigen adligen Lebensführung mehr und mehr verschuldet, hatte am Ende die Zinsen nicht mehr zahlen können und sich von seinem Besitz trennen müssen – seinerzeit ein gar nicht so seltener Vorgang.

Großbürgerliches Selbstbewußtsein

Die Einstellung des „Oheims“, der auf solche Weise von der Mißwirtschaft des Adels profitiert, das neue bürgerliche oder vielmehr großbürgerliche, bourgeoise Selbstbewußtsein äußert sich in einem Gespräch mit Hermann wie folgt:

> „Auch ist es endlich einmal Zeit, daß eine beßre Ordnung in der Welt gestiftet wird. Das Herz blutet einem, wenn man sieht, wie sie (die Adligen) mit dem Ihrigen wirtschaften. So erfuhr ich im Vorüberfahren, daß der Herzog einen herrlichen Kalkbruch, der ihm jährlich die sicherste Rente abwerfen würde, aus bloßem Eigensinne nicht aufbrechen läßt. Weil sie nie etwas zu erringen brauchten, so denken sie auch nicht an das Vermehren, kaum an das Bewahren.
>
> Man spricht so viel von der vergeltenden Gerechtigkeit Gottes, und wenn sie sich einmal an einem deutlichen Beispiele zeigt, so ist des Verwunderns kein Ende. Du weißt es nicht, denn du bist noch zu jung, wie uns andre dieses bevorzugte Geschlecht drückte, peinigte, verdrängte, wie es sein Gift in das Innerste unserer Häuser spritzte! Ja, mir kann groß zu Mute werden, wenn ich an manches, was vorgefallen ist, mich erinnere und nun bedenke, daß ich es bin, der das Messer in der Hand hat, um …“
>
> Seine Augen blitzten, die hagre Gestalt wurde länger, seine Gebärde hatte etwas Erhabnes. Doch besann er sich, vollendete den Satz nicht und fuhr

in gleichgültigem Tone fort: „Es ist noch nicht so gar lange her, daß wir nur mit dem Beisatze Bürgerkanaille genannt wurden, wenngleich das jetzt schon wie veraltet klingt. Wir Mittelleute (Leute der Mittelklasse) haben ein unbeschreiblich kurzes Gedächtnis für unsre Kränkungen und halten alle Gefahr der Wiederkehr für so entlegen, wie die Sündflut oder den Untergang der Welt durch Feuer, obschon manche Zeichen dahin deuten, daß man an tausend Ecken und Orten mittelbarer- oder auch unmittelbarerweise versucht, die Zeit der Junker, ihrer gnädigen Öhme und Basen zurückzuführen. Was mich betrifft, ich will mich wenigstens an meinem Platze bestreben, die alten Feudaltürme und Burgverließe zu sprengen." (IW 3, 296–297)

Die Frage nach der Zukunft des Schönen

Hermann und sein Freund Wilhelmi sehen den *Adel* im Grunde nicht viel anders als der Oheim.

„(...) der Adel ist (...) eine Ruine", sagte Hermann. „Ich muß immer lächeln, wenn ich sie noch mit ihren Titeln und Würden sich brüsten sehe. Was macht den Adel? Die Abgeschlossenheit, das Kastenmäßige. Nun aber haben die Bessern sich längst mit dem gebildeten Mittelstande vermischt. Nirgends finden Sie noch in der guten Gesellschaft den Unterschied der Stände." (...)

Wilhelmi lachte bitter. – „Sie Neuling Sie in der Welt, trotz aller Reisen und Bekanntschaften!" spottete er. „Ja freilich ist der Adel im Kern verwest; aber das Gehäuse steht noch aufrecht, und man kann sich daran noch immer die Stirn einrennen. Die Lebensluft der Aristokratie ist der Egoismus. Andre Menschen sind selbstsüchtig aus Not, böser Gewöhnung, angeeigneter Maxime. Der Edelmann ist es von Natur, er muß es sein; mit der Muttermilch saugt er, wie etwas sich von selbst Verstehendes, die Überzeugung ein, daß er da sei um seiner selbst willen und daß er die Kräfte andrer von Rechts wegen benutzen dürfe." (IW 3, 158–159)

Aber diese bürgerliche Perspektive auf den Adel ist bei den beiden Freunden nicht alles. Anders als der „Oheim" sehen sie auch, *daß mit der adligen Lebensweise eine ästhetische Kultur verlorengeht, um die es schade ist*; daß der Fortschritt auch hier negative Folgen hat. Das deutet sich etwa in einer Szene wie der folgenden an:

> Teils Wilhelmi, teils der Herzog hatten ihn (Hermann) im Schloß und in den Umgebungen, die nicht leicht ansprechender gefunden werden konnten, umhergeführt. Überall stieg ihm das Bild eines würdigen, stillprächtigen Daseins entgegen, welches auf den Erwerb verzichtet, weil es in seiner Fülle genug hat. Und wie in einer schönen Landschaft ein klarer Wasserspiegel die reizende Natur ringsumher noch einmal verklärt wiedergibt, so erhielt dieses Bild adligen Lebens zuletzt sein seelenvolles Auge in der Anmut der Herzogin. (...)
>
> Bei ihr angemeldet, war er nach einem Gartenkabinette beschieden worden. Himmelblaue Tapeten bedeckten die Wände dieses Zimmers, weiße Meubles mit goldnen Leisten standen umher, von Konsolen herab sahen die Büsten der großen Dichter. Heitre und doch ernsthafte italiänische Landschaften füllten die Zwischenräume aus; auf einem runden Tische lagen rote vergoldete Bände. Der Advokat schlug einige derselben auf und fand (Goethes) „Hermann und Dorothea“, „Tasso“, „Iphigenia“, Homer, die Gesänge unsres Schiller. (...)
>
> Er war eine geraume Zeit lang allein, und seine Empfindungen wurden immer trüber, je länger er diese gewölbten Marmorstirnen, diese Prospekte (Ausblicke) auf Felsen und Palmen, Himmel und Meer betrachtete oder in die glühenden Georginenbeete der holden Fürstin schaute. (...)
>
> Schon erblickte er hier, wo das Schöne gute Menschen beseligt hatte, ein ödes rechnendes Comtoir (Kontor, Büro); schon sah er dort draußen, quer über die armen Blumen, über den samtnen Rasen einen Weg für Karren und Schleifen zu irgend einer trostlosen Fabrikhütte führen. Er kam sich selbst hassenswürdig und niedrig vor, daß er zu solchem Beginnen die mithelfende Hand bieten wollte. (IW 3, 109–110)

Die Industrialisierung zerstört die Schönheit, macht mit der Lebensform des Adels einer Kultur den Garaus, die sich überall zur Heimstatt des Schönen zu gestalten suchte – eine Entwicklung, die Hermann nur mit Gefühlen des Trübsinns quittieren kann.

Die Folgen der Industrialisierung

Noch bedrängender werden die zwiespältigen Erfahrungen, die Hermann auf seiner Reise macht, als er die *moderne kapitalistische Wirtschaft* des Oheims näher kennenlernt. Das Bild, das Immermann von dieser Wirtschaft zeichnet, vermittelt einen guten Eindruck davon, in welchen Formen sich in der ersten Hälfte des 19. Jahrhunderts die Industrialisierung auf dem flachen Land vollzog und wie sich die

Lebensverhältnisse der Bevölkerung darüber veränderten. Immermann mag dabei an die Regionen um Wupper und Ruhr gedacht haben, die besonders früh von der Industrialisierung erfaßt worden waren und die man von Düsseldorf aus gut im Blick hatte.

> In den folgenden Tagen durchstreifte er (Hermann) mit einem erfahrenen Führer, welchen der Oheim ihm beigegeben hatte, die Gegend und besah die Fabriken. Fast alle Zweige dieser Art menschlicher Tätigkeiten hatten sich hier im Umkreise weniger Stunden abgelagert. Man mußte wirklich über den Geist des Mannes erstaunen, der in verhältnismäßig kurzer Zeit eine ganze Gegend umzuformen verstanden hatte. Aus einfachen Landbauern waren Garnspinner, Weber, Bleicher, Messer- und Sägenschmiede, Glasbläser, Töpfer, Vergolder, ja sogar Zeichner und Maler gemacht worden.
>
> Als er sich bei einigen Vorstehern nach den Mitteln erkundigte, welche diese Verwandlung bewerkstelligt hatten, sagten sie, daß nichts leichter gewesen sei. Man habe von fernher geschickte Leute des Fachs kommen lassen, welche ihre Kunststücke anfangs wie zum Scherz auf Tanzböden und in Schenkstuben vorgewiesen hätten. Alsobald sei der Nachahmungstrieb besonders bei den jüngeren Leuten rege geworden, da man denn hauptsächlich auf die zweiten und dritten Söhne der Hofbesitzer Augenmerk genommen habe, welche, zum Dienen bestimmt, unzufriednen Geistes, sehr froh gewesen wären, einen lohnenderen und ehrenvolleren Erwerb zu finden. (…)
>
> Mußte Hermann diesen Ausweg für eine Menge durch die Geburt hintangesetzter Menschen sehr ersprießlich finden, und sah er auf allen Maschinenstätten, in jedem Lager und Speicher die größte Ordnung und Nettigkeit, wurde es ihm hier recht klar, welch ein großes Ding das Geld und ein diese Weltkraft bewegender verständiger Geist sei, so fehlte auf der andern Seite viel, daß ihn alle die nützlichen und lehrreichen Anschauungen, welche er auf dieser Wanderung einsammelte, erfreut hätten. Vielmehr empfand er einen tiefen Widerwillen gegen die mathematische Berechnung menschlicher Kraft und menschlichen Fleißes, gegen die Verdrängung lebendiger Mittel durch tote, und er konnte dieses Gefühls nicht Herr werden, so bedeutende Resultate er auch vor Augen sah, so große Achtung er vor dem Oheim und seinen Helfern haben mußte.
>
> Abschreckend war die kränkliche Gesichtsfarbe der Arbeiter. Jener zweite Stand, von welchem die Vorsteher geredet hatten, unterschied sich auch

> dadurch von den dem Ackerbau Treugebliebenen, daß seine Genossen bei Feuer und Erz oder hinter dem Webstuhle nicht nur sich selbst bereits den Keim des Todes eingeimpft, sondern denselben auch schon ihren Kindern vermacht hatten, welche, bleich und aufgedunsen, auf Wegen und Stegen umherkrochen. Wie die beiden Beschäftigungen, die natürliche und die künstliche, dem Menschen zuschlagen, sah Hermann in diesem Gebirge oft im härtesten Gegensatze. Während er hinter den Pflügen Gesichter erblickte, die von Wohlsein strotzten, nahm er bei den Maschinen andre mit eingefallenen Wangen und hohlen Augen wahr, deren Ähnlichkeit die Brüder oder Vettern jener Gesunden erkennen ließ. (...)
>
> Wenn er mit diesem Zustande das Leben auf dem Schlosse des Herzogs verglich, so fühlte er sich nur noch unbehaglicher erregt. Es ist wahr, hier gehörte alles tätig der Gegenwart an, und dort zehrte man von Erinnerungen, bestrebte sich umsonst, der Vergangenheit neues Leben einzuhauchen; aber jene Örtlichkeiten und ihre Bewohner erzeugten doch in der Seele eine Stimmung, während er hier vergeblich danach rang, den Knäuel der dumpfen und niederdrückenden Wirklichkeit sich zum Gespinste zu entfalten. Entschieden war es ihm, wenn diese Bestrebungen weiter um sich griffen, so war es in ihrem Umkreise um alles getan, weswegen ein Mensch, der nicht rechnet, leben mag.
>
> Der Sinn für Schönheit fehlte hier ganz. Die Stunde regierte und die Glocke; nach deren Schlage füllten und leerten sich die Arbeitsplätze, traten die Träger ihre täglichen Wege immer in der nämlichen Richtung an, versammelten sich die Hausgenossen zu den gemeinschaftlichen Mahlzeiten. (IW 4, 21–23)

Diese Erfahrungen mit dem Übergang zur technisch-industriellen Produktionsweise, zu Formen der Arbeit, die auf der *„mathematischen Berechnung menschlicher Kraft“* und der *„Verdrängung lebendiger Mittel durch tote“* beruhen und die demgemäß für Schönheit keinen Platz mehr lassen, ja die Verhältnisse heraufführen, die durch und durch unmenschlich scheinen, suchen Hermann und Wilhelmi in langen Gesprächen in jenen weiteren Entwicklungszusammenhang einzuordnen, der hier mit Begriffen wie Modernisierung, Mobilisierung und Entwurzelung umschrieben worden ist – freilich immer unter der Voraussetzung, daß es sich dabei um Erscheinungen einer bloßen „Übergangsperiode“ handeln würde.

Romantischer Historismus

In der folgenden Szene entzündet sich ein solcher Versuch an einer der Aktivitäten, wie sie typisch für den Historismus sind, an dem Sammeln von Antiquitäten. Wilhelmi ist ein Liebhaber von Altertümern und hat unter anderem das Statut einer Bauhütte aus dem Mittelalter an sich gebracht, eine jener *Zunftordnungen*, in denen nicht nur das Arbeitsleben, sondern die gesamte Lebensführung der Zunftgenossen aufs genaueste und strengste geregelt war. Es war noch gar nicht so lange her, daß die Zünfte, die alten Zwangsgenossenschaften der Handwerker, der Geschichte anheimgefallen waren; erst in der Revolutionsepoche waren sie weithin aufgehoben worden, im Namen einer *Gewerbefreiheit*, die es jedermann erlauben sollte, an jedem Ort jedes beliebige Gewerbe zu betreiben.

Gewöhnlich brachte Hermann, wenn die Gesellschaft auseinandergegangen war, noch einige Stunden bei Wilhelmi zu. Dieser war ein erklärter Liebhaber alles Alten und Veralteten; er besaß die seltensten Sachen und Pergamente. In einer solchen Zusammenkunft holte er eine Urkunde herbei, woraus sich das schönste Licht über die großen Bauverbrüderungen des Mittelalters verbreitete. Alles war darin bestimmt: wie der Gesell dienen soll, wie jeder verpflichtet sei, sein Zeichen zu führen, wie Hader, Schimpf und Unzucht in der Hütte (Bauhütte) zu meiden, wie, wenn einer der Bauleute mit einer anrüchigen Person notwendig sprechen müsse, er sich mit ihr über Hammerwurfsweite vom Bauplatze zu entfernen habe, und was dergleichen Vorschriften mehr waren, welche alle auf die strengste, sittlichste Geschlossenheit des Handwerks Bezug hatten. (...)

„Schöne Denkmale einer untergegangnen Zeit!" rief Hermann. „Man verwundert sich weniger über jene Riesengebäude (die mittelalterlichen Kathedralen), wenn man dergleichen Urkunden durchliest. Und noch klarer begreift man, daß sie jetzt nicht mehr nachzuahmen sind, und daß alle Versuche dieser Art schwach und kindisch ausfallen. Aber was hilft es, Unwiederbringliches zu beklagen? Wir müssen doch vorwärts! Niemand kann in den Leib seiner Mutter zurückkehren."

„Und doch müssen die Zünfte wiederhergestellt werden, wenn wir künftig vor Wind und Wetter geschützt wohnen wollen", sagte Wilhelmi. „Jetzt, wo jeder baut, wie er Lust hat, sind wir nahe an den Stand der Nomaden zurückgeführt. Das ist auch eine von den Früchten der gepriesenen Gewerbefreiheit, die denn wieder zu den Blüten unsrer Kultur gehört! Aber

> diese sogenannte Kultur scheint mir nur eine andre Barbarei zu sein, der wir entgegengehn, oder vielleicht schon verfallen sind. Denn, wenn die frühere darin bestand, daß niemand oder wenige etwas wußten, so ist die jetzige wohl nicht minder beklagenswürdig, wo alle zu verstehn glauben, was kaum einer oder der andre überwältigt (bewältigt). Das ist eben das traurige Gefühl, was man gar nicht los wird, daß man die Nichtsnutzigkeit der Gegenwart immer empfinden muß und mit seinem Verstande sich doch vorhält, wie schwierig eine Restauration dessen sein möchte, was vor der Welt freilich zur Ruine geworden ist.“ (IW 3, 157–158)

Hermann und Wilhelmi sind von der Unaufhaltsamkeit des Fortschritts überzeugt – „Wir müssen doch vorwärts! Niemand kann in den Leib seiner Mutter zurückkehren“ – und huldigen doch zugleich dem romantischen Interesse an „allem Alten und Veralteten“, wohl wissend, daß dessen „Restauration“ auf intellektuell redliche Weise kaum noch möglich wäre. Zugleich bekunden sie ihr *Unbehagen gegenüber der Mobilität der Moderne*, wie sie die Menschen vollends zu „entwurzeln“ und erneut zu „Nomaden“ zu machen scheint, *gegenüber dem Individualismus*, der damit einhergeht und der dem Raum zu geben scheint, wozu ein jeder „Lust hat“, sowie *gegenüber der Halbbildung*, die ihnen in der modernen „Wissensgesellschaft“ an die Stelle wahrer Bildung zu treten scheint.

Der „flexible Mensch“

Wie auf das Mittelalter, so blicken sie auch mit Interesse auf die jüngst vergangenen Zeiten, insbesondere auf die Epoche der *Empfindsamkeit* – die Zeit von Lessing und Wieland – zurück, und auch hier entdecken sie Lebensformen, die sie nur ungern im Zuge der Modernisierung verschwinden sehen.

> „Wenn ich die Dokumente jener verspotteten empfindsamen Zeiten betrachte, so muß ich sagen, daß diese schwärmerischen Freundschaften auf Leben und Tod, diese leidenschaftlich-platonischen Liebesverhältnisse, diese begnügten Familienglückseligkeiten, wie sie damals gang und gäbe waren, jetzt fast aufgehört haben. Das Gemüt hat die Fähigkeit verloren, sich in so traulicher Enge zu regen; alle Kräfte und Sinne der Menschen streben weiteren und höheren Zwecken zu. Das wäre recht schön, wenn wir nur schon ein Vaterland oder große öffentliche Einrichtungen hätten. Aber alle diese erhabnen Tröstungen zeigen sich bei näherer Betrachtung denn doch meistens als Schein, höchstens als ziemlich schwache Versuche.

> Und so darbt unser Herz über den Mangel eines Freundes, einer Geliebten, eines Hauses sich zu Tode, und wenn es sich auf einem anderen Altare opfern möchte, so fehlt eben dieser." (...)
>
> „Ja, wir leben in einer Übergangsperiode", sagte Wilhelmi. „Das ist ein trivial gewordenes Wort, welches alle Schulknaben jetzt nachplappern. Schwieriger ist es, die ganze Bedeutung desselben zu fühlen, sympathisch nachzuempfinden, wie viele Menschen an einem solchen Übergange zu Grunde gehn. Wohl befinden sich in der Gegenwart eigentlich nur die oberflächlichen Naturen, welche von Schatten und Klängen genährt werden, während jede tiefer gehöhlte Brust ein heimliches Verzagen erfüllt. Auf alle Weise sucht man sich zu helfen; man wechselt die Religion oder ergibt sich dem Pietismus; kurz, die innere Unruhe will Halt und Bestand gewinnen und löst in diesem leidenschaftlichen Streben gemeiniglich noch die letzten Stützen vom Boden."
>
> „Wunderbare Gedanken und Träume beherrschen die Menschen", sagte Hermann. „Trotz alles Redens von der praktischen Richtung des Zeitalters laufen die Vorstellungen und Dinge weit auseinander, und der Wahn hat eine furchtbare Macht gewonnen." (...)
>
> „Wiederum sind auch die außerordentlichsten Glücksfälle gedenkbar", versetzte Wilhelmi. „Eigentum und Besitz haben ihre schwere tellurische Natur aufgegeben; sie streichen, gasartig verflüchtigt, durch die Lüfte, und niemand von uns weiß, ob nicht auch er in den Bereich eines solchen ziehenden Schwadens kommen werde. Kurz, Freund, es kann an deiner und es kann an meiner Stirn mit unsichtbarer Schrift das Wort Millionär geschrieben stehn, so wenig Anschein die Sache auch jetzt für sich haben mag." (IW 3, 415–417)

Die „Übergangsperiode" versetzt den Menschen auf eine Weise in Bewegung, die ihn daran hindert, tieferreichende *emotionale Bindungen* auszubilden und zu pflegen; er soll nach dem Urteil Immermanns hier schon zu dem werden, was der moderne Soziologe Richard Sennett im Blick auf die Verhältnisse am Ende des 20. Jahrhunderts den „flexiblen Menschen" genannt hat.[16] Zugleich lösen sich die *religiös-weltanschaulichen Bindungen*; eine „innere Unruhe" macht sich breit, über der noch der letzte „Halt" verlorengeht. An ihre Stelle tritt die Verheißung

16 Richard Sennett: Der flexible Mensch. Die Kultur des neuen Kapitalismus. Berlin 1998.

des ökonomischen Erfolgs; da im Zeichen des neuen Kapitalismus „Eigentum und Besitz" ihren „tellurischen" Charakter – ihre Bindung an Grund und Boden – verloren haben und nicht weniger mobil geworden sind als alles andere, scheint nun jedem die Karriere vom Tellerwäscher zum Millionär offenzustehen.

Epigonentum als Leben aus zweiter Hand

„Wir können nicht leugnen, daß über unsre Häupter eine gefährliche Weltepoche hereingebrochen ist. Unglücks haben die Menschen zu allen Zeiten genug gehabt; der Fluch des gegenwärtigen Geschlechts ist aber, sich auch ohne alles besondre Leid unselig zu fühlen. Ein ödes Wanken und Schwanken, ein lächerliches Sichernststellen und Zerstreutsein, ein Haschen, man weiß nicht, wonach, eine Furcht vor Schrecknissen, die um so unheimlicher sind, als sie keine Gestalt haben! Es ist, als ob die Menschheit, in ihrem Schifflein auf einem übergewaltigen Meere umhergeworfen, an einer moralischen Seekrankheit leide, deren Ende kaum abzusehen ist.

Man muß noch zum Teil einer andern Periode angehört haben, um den Gegensatz der beiden Zeiten, deren jüngste die (Französische) Revolution (von 1789) in ihrem Anfangspunkte bezeichnet, ganz empfinden zu können. Unsre Tagesschwätzer sehen mit großer Verachtung auf jenen Zustand Deutschlands, wie er gegen das letzte Viertel des vorigen Jahrhunderts sich gebildet hatte und noch eine Reihe von Jahren nachwirkte, herab. Er kommt ihnen schal und dürftig vor; aber sie irren sich. Freilich wußten und trieben die Menschen damals nicht so vielerlei als jetzt; die Kreise, in denen sie sich bewegten, waren kleiner, aber man war mehr in seinem Kreise zu Hause; man trieb die Sache um der Sache willen, und, daß ich bei der Schutzrede für die Beschränkung mit einem recht beschränkten Sprüchlein argumentiere: der Schuster blieb bei seinem Leisten. Jetzt ist jedem Schuster der Leisten zu gering, woher es auch rührt, daß kein Schuh mehr uns bequem sitzen will.

Wir sind, um in *einem* Worte das ganze Elend auszusprechen, Epigonen und tragen an der Last, die jeder Erb- und Nachgeborenschaft anzukleben pflegt. Die große Bewegung im Reiche des Geistes, welche unsre Väter von ihren Hütten und Hüttchen aus unternahmen, hat uns eine Menge von Schätzen zugeführt, welche nun auf allen Markttischen ausliegen. Ohne sonderliche Anstrengung vermag auch die geringe Fähigkeit wenigstens die Scheidemünze jeder Kunst und Wissenschaft zu erwerben. Aber es geht mit geborgten Ideen wie mit geborgtem Gelde: wer mit fremdem Gute leichtfertig wirtschaftet, wird immer ärmer. Aus dieser Bereitwilligkeit der himmlischen Götter gegen jeden Dummkopf ist eine ganz eigentümliche Verderbnis des Worts entstanden. Man hat dieses Palladium der Menschheit, dieses Taufzeugnis unsres göttlichen Ursprungs, zur Lüge gemacht, man hat seine Jungfräulichkeit entehrt. Für den windigsten Schein, für die hohlsten Meinungen, für das leerste Herz findet man überall mit leichter Mühe die geistreichsten, gehaltvollsten, kräftigsten Redensarten. Das alte schlichte Überzeugung ist deshalb aus der Mode gekommen, und man beliebt, von Ansichten zu reden. Aber auch damit sagt man noch meistenteils eine Unwahrheit; denn in der Regel hat man nicht einmal die Dinge angesehn, von denen man redet und womit beschäftigt zu sein man vorgibt." (...)

„Ich muß Ihnen gestehn, daß mich die Betrachtung der allgemeinen Schwätzerei oft der Verzweiflung nahe gebracht hat. Wenn ich rings um mich nichts als das lose, lockre Plaudern vernahm, wenn ich Kunstvereine mit pomphafter Ankündigung von Leuten stiften sah, die kalt an den Werken des Raffael vorübergehn würden, zeigte man ihnen diese, ohne den Namen des Meisters zu nennen; wenn ich hörte, da habe wieder einmal einer, vom innern Drange getrieben, das katholische Glaubensbekenntnis abgelegt, von dem ich recht wohl wußte, daß es mit dem religiösen Bedürfnisse bei ihm betrübt stand, daß er nur ein leichter, nachgiebiger Weltcharakter war; wenn die Schneeflocken des politischen kalten Brandes mir aus dem Munde solcher entgegenstäubten, von denen ich voraussehen konnte, sie würden nicht der kleinsten Aufopfrung für ein Gemeinwesen fähig sein: dann, mein junger Freund, hatte ich Momente, in denen ich mir hätte das Leben nehmen können! Ich betastete mich und fragte: Bist du nicht auch ein Schemen, der Nachhall eines andern selbständigen Geistes? Ich grub in die letzten Tiefen meiner Seele und suchte nach der Affektation (Affektiertheit), die, das wußte ich wohl, in irgend einem verborgnen Winkel bei mir ebenfalls lauern mußte. Ich sah ja alles verfälscht, vom armseligen Journalisten und seinem Handlanger an, die beide mit entwendetem Tiefsinn und geraubtem Scharfblick nur ihr trostloses Leben fristen und ihre winzige Persönlichkeit bemerkbar machen wollen, bis hinauf zum Fürsten, dem ein faselnder Minister allerhand unregentenhafte Kostbarkeiten in den Mund legt. Sollte ich denn allein eine Ausnahme machen?"

„Sie sind eine!" rief Hermann begeistert, Wilhelmin feurig die Hand drückend. „Wir leben in einer erbärmlichen Welt, und man möchte mit Feuer und Schwert darein wüten!" (IW 3, 135–137)

Immermanns Krisendiagnose

In solchen Szenen entwirft Immermann in den „Epigonen" ein weitgespanntes, aspektreiches Panorama der Prozesse, die wir heute unter den Begriff der Modernisierung zusammenfassen. Was er dabei an Phänomenen des sozialen Wandels benennt, ist für ihn durchweg krisenhafter Natur, gilt ihm als Ausdruck einer einzigen großen Krise, die alle Bereiche des menschlichen Lebens erfaßt hat. Sie betrifft in seiner Sicht nicht nur die *politisch-gesellschaftliche Sphäre*, äußert sich nicht nur in den Kämpfen zwischen den Kräften des Fortschritts und den Mächten der Beharrung, zwischen der neureichen Bourgeoisie und dem alten Adel, den Vorkämpfern der Revolution und den Zwingherrn der Restauration, den Progressiven und den Konservativen. Sie reicht für ihn bis in das *seelisch-geistige Leben des Individuums* hinein, um es in seinen Vorstellungen von der Welt und von sich selbst zu verunsichern und in seinen Beziehungen zu den anderen Individuen und zur Gesellschaft insgesamt zu verstören, um seine Welt- und Selbstverhältnisse in all ihren Dimensionen von Grund auf zu erschüttern, bis dahin, daß es auch sich selbst nur noch als einen „Schemen" erleben kann. Und sie prägt und bestimmt damit nach seiner Auffassung auch die Entwicklung von *Kunst und Literatur*: „Alle diese Übel hat die Kunst mitgelitten" (IW 4, 52).

Im folgenden soll Immermanns Zeitdiagnose unter drei Aspekten vertieft werden, die für die Literatur von besonderer Bedeutung sind. Der erste Aspekt ist das *Bewußtsein, ein Epigone zu sein*, der Gedanke, sich als Mensch des 19. Jahrhunderts nurmehr als Nachfahre einer gerade vergangenen „großen Bewegung im Reiche des Geistes", als „Nachhall eines andern selbständigen Geistes" begreifen zu können, eben jenes Moment, das von Immermann bereits im Titel seines Romans als zentral herausgestellt wird. Sodann soll näher untersucht werden, was man die *Ambivalenz der Individualisierung* nennen könnte. So wie Immermann den Prozeß der Modernisierung darstellt, eröffnet dieser dem Einzelnen zwar immer größere Spielräume für seine Selbstverwirklichung, gibt er ihm mehr und mehr die Möglichkeit zu leben, „wie er Lust hat", setzt er ihn damit zugleich aber den Gefahren eines neuen „Nomadentums" aus, den Gefahren der Entwurzelung, der äußeren Bindungs- und inneren Haltlosigkeit.

Und schließlich soll dem weiter nachgegangen werden, was Immermann „moralische Seekrankheit" nennt. Die „Restauration von Thron und Altar" – so Immermanns Diagnose – hat den Prozeß der Säkularisation nicht aufhalten können, hat nicht verhindern können, daß sich die alten religiösen Bindungen weiter lockerten und eine eigentümliche Beweglichkeit in allen Fragen der Weltanschauung und der Ethik aufkam, die ein permanentes Wechselspiel mehr oder weniger beliebiger „Ansichten" an die Stelle fester „Überzeugungen" treten ließ. Näherhin will Immermann eine ständig wachsende Skepsis gegenüber dem beobachten, was in der abendländischen Tradition „Geist" und „Seele" genannt wird, und damit gegenüber allem, was die Zeitgenossen und die Erben von Goethe und Schiller in die Formel vom „Wahren, Guten und Schönen" zu fassen pflegten, ein Prozeß, den er als *Weg vom Idealismus zu Materialismus und Nihilismus* begreift und den die Philosophiegeschichte im Rückblick als Weg „von Hegel zu Nietzsche" beschrieben hat.[17]

2.2 Klassikglaube und Epigonenbewußtsein

„Wir sind Epigonen." Wenn Immermann den *Begriff des Epigonen*[18] in den Mittelpunkt seiner Zeitdiagnose rückt, so benennt er damit ein Moment, das in der Tat als ein *Schlüssel zum Selbstverständnis des 19. Jahrhunderts* gelten kann. Das Bewußtsein, ein Epigone, ein Nachgeborener von Zeiten zu sein, die in allen Bereichen der Kultur Erstklassiges geleistet und Vorbilder von unübertrefflicher Vollkommenheit aufgestellt hätten, und der Zweifel daran, mit den eigenen Leistungen dem Niveau dieser Vorbilder entsprechen zu können, findet sich bei fast allen kreativen Köpfen des 19. Jahrhunderts. Er findet sich auch und gerade bei den Autoren, auf deren Werke wir heute als auf die Spitzenleistungen seiner Literatur zurückblicken. Hiervon ist allenfalls Georg Büchner auszunehmen, der zu wenig mit der Kunst der Vergangenheit und zu sehr mit den Fragen der Gegenwart beschäftigt

17 Karl Löwith: Von Hegel zu Nietzsche. Der revolutionäre Bruch im Denken des neunzehnten Jahrhunderts. 8. Aufl. Hamburg 1981.

18 Matthias Kamann: Epigonalität und ästhetisches Vermögen. Stuttgart 1994. – Burkhard Meyer-Sickendiek: Die Ästhetik der Epigonalität. Immermann, Keller, Stifter, Heine. Tübingen Basel 2001.

war, um sich lange bei dem Gedanken aufzuhalten, er sei womöglich ein Epigone.

Das Verhältnis des 19. Jahrhunderts zur Kunst

Das 19. Jahrhundert war zwar ein kunstgläubiges Jahrhundert, aber es hat an die Kunst, die es selbst hervorbrachte, nicht recht glauben können. Die Kunst stand im Zenit ihres gesellschaftlichen Ansehens. Die Eliten der Gesellschaft, insbesondere weite Teile des Bildungsbürgertums huldigten dem, was die Romantik und die idealistische Ästhetik „*Kunstreligion*“[19] genannt hatten, verbrachten so viel Zeit wie möglich mit Bildender Kunst, Musik und Literatur, und das ersetzte ihnen vielfach das Leben in den Formen einer an die alten christlichen Kirchen gebundenen Religiosität. Der Wunsch nach „*Erhebung*“ über die Malessen und Quisquilien des Alltags, nach Selbstvergewisserung, Bildung und Orientierung, nach Auskunft in den letzten Fragen des Menschenlebens, das Verlangen nach „Glauben, Hoffnung und Liebe“ suchte man nun nicht mehr so sehr in der Religion als vielmehr in der Kunst zu stillen.

So war denn jeder, der es sich leisten konnte, bestrebt, seinen Lebensraum – seine Wohnung, sein Anwesen, seine Stadt – so reich wie möglich mit Werken der Bildenden Kunst und des Kunstgewerbes auszustatten. Man trieb Hausmusik, versammelte sich zu Chorgesang, pflegte literarische Zirkel, legte – so wie die Herzogin in Immermanns „Epigonen“ – in den Gesellschaftsräumen seines Hauses Bücher aus und machte sie zum Gegenstand kultivierter Konversation, unterhielt einen ausgedehnten, ästhetisch ambitionierten Briefverkehr, schrieb Tagebücher und Gedichte und nutzte jede Gelegenheit, um ein Theater, eine Oper oder ein Konzert zu besuchen. In manchen Kreisen gewöhnte man sich daran, jeden Abend ins Theater oder in die Oper zu gehen, so wie in früheren Zeiten jeden Morgen in die Messe. Es wurde üblich, schon seine Kinder, zumal seine Töchter, durch Zeichen- und Klavierlehrer in die Anfangsgründe der Malerei und des Musizierens einführen und damit eine Art ästhetischer Konfirmation durchmachen zu lassen. Und so wurden nun überall Theater-,

19 Bernd Auerochs: Die Entstehung der Kunstreligion. Göttingen 2006. – Albert Meier u. a. (Hrsg.): Kunstreligion. Bd. 1: Der Ursprung des Konzepts um 1800. Berlin NewYork 2011.

Opern- und Konzerthäuser, Museen, Bibliotheken, Kunstakademien und Konservatorien errichtet, Bauten, für deren repräsentative Ausgestaltung kein Aufwand groß genug schien. Keine Zeit hat der Kunst so viele Tempel gebaut wie das 19. Jahrhundert.

Ausrichtung auf das „klassische Erbe"

Dieser Kult der Kunst hat sich aber eben weniger an der Kunst der Gegenwart als an der der Vergangenheit entzündet, suchte sich vor allem auf die große Kunst früherer Zeiten zu gründen, auf das, was man als das klassische Erbe der Nation begriff. Bei der Literatur war das in erster Linie das Erbe der jüngstvergangenen „Goetheschen Kunstperiode" (Heine), einer Epoche, die im Laufe des 19. Jahrhunderts immer entschiedener zur *Deutschen Klassik* stilisiert wurde. Schon in den neunziger Jahren des 18. Jahrhunderts war der Gedanke aufgekommen, die deutsche Literatur sei mit dem Auftreten von Autoren wie Goethe und Schiller in eine „Blütezeit", ein „Goldenes Alter" eingetreten, ihre Entwicklung habe mit ihnen eine Phase „klassischer Vollendung" erreicht, die sich kaum noch übertreffen ließe und die sich mit dem „Goldenen Alter" jeder anderen Nationalliteratur messen könne. Diese Vorstellung hatte sich in den ersten Jahrzehnten des 19. Jahrhunderts weiter befestigt, und sie wurde für viele vollends zur Gewißheit, als der letzte lebende Protagonist und Inbegriff der „großen Bewegung im Reiche des Geistes", als Goethe 1832 starb.[20]

Denn beim *Tod Goethes* ging eine Welle der Betroffenheit durch die Nation, über der sich jeder, der am kulturellen Leben teilhatte, dessen bewußt wurde, daß eine große Zeit unwiderruflich vorbei war und daß diese womöglich das Beste umfaßte, was die deutsche Literatur bis dahin gesehen hatte. Aus dem Wunsch, nichts von dem, was da an geistigen Schätzen zusammengekommen war, wieder zu verlieren und sich ein möglichst umfassendes Bild von ihnen zu machen, erwuchsen erste Arbeiten zur Neueren Deutschen Literatur, Werke, die sich wie die *„Romantische Schule"* von *Heine* schon ein Jahr nach Goethes Tod an einem Überblick über die „Goethesche Kunstperiode" versuchten oder diese wie die *„Geschichte der poetischen Nationalliteratur der*

20 Hans Robert Jauß: Das Ende der Kunstperiode. Aspekte der literarischen Revolution bei Heine, Hugo und Stendhal. In: ders.: Literaturgeschichte als Provokation. Frankfurt 1970, S. 107–143.

Deutschen" von *Georg Gottfried Gervinus* (1805–1871), die ebenfalls seit 1833 entstand und in fünf Bänden von 1835 bis 1842 erschien, sogar als triumphales Schlußtableau in ein Gesamtbild der Geschichte der deutschen Literatur einzustellen suchten, das eigens zu diesem Zweck entworfen wurde.

Damit waren die Weichen für eine Erinnerungskultur gestellt, die das Erbe der Goethezeit unter das Vorzeichen des Klassischen rückte und mit den entsprechenden Verheißungen und normativen Ansprüchen im kulturellen Leben präsent hielt. Gemäß der Tendenz des 19. Jahrhunderts zur Akademisierung allen gesellschaftlichen Wissens wurde dieser Erinnerungskultur bald schon ein wissenschaftliches Rückgrat eingezogen. Das Ergebnis war eine neue akademische Disziplin, die *Neugermanistik*, die Wissenschaft von der Neueren Deutschen Literatur, die es denn auch lange Zeit als ihre erste und vornehmste Aufgabe begriff, den Nachgeborenen das Erbe der „Deutschen Klassik" nahezubringen.

Eine ähnliche Bedeutung wie Goethes Tod für die Literatur hatte der *Tod Ludwig van Beethovens* (1770–1827) für die Musik und der *Tod Georg Wilhelm Friedrich Hegels* (1770–1831) für die Philosophie. Mit Beethoven war nach Wolfgang Amadeus Mozart (1756–1791) und Joseph Haydn (1732–1809) die letzte Größe der *Wiener Klassik*, mit Hegel nach Immanuel Kant (1724–1804) und Johann Gottlieb Fichte (1762–1814) der letzte bedeutende Kopf der *klassischen deutschen Philosophie* gestorben, genauer gesagt: der vorletzte, denn der jüngste der Großen, Friedrich Wilhelm Joseph Schelling (1775–1854), lebte noch; dieser schien sich allerdings bereits überlebt zu haben, spielte in den aktuellen philosophischen Debatten kaum noch eine Rolle, jedenfalls keine, die sich mit der Hegels messen konnte. Gerade daß drei so unterschiedliche Persönlichkeiten wie Goethe, Beethoven und Hegel, die jede auf einem anderen Feld der Kultur über viele Jahrzehnte hindurch eine führende Stellung innegehabt hatten und da jeweils zur Leitfigur einer „Blütezeit" geworden waren, hintereinander weg von der Bühne des kulturellen Lebens abgetreten waren, überzeugte die Zeitgenossen von dem Gedanken, am *Ende einer Epoche* angelangt zu sein.

Klassikglaube und Epigonenbewußtsein

Die alte Zeit war vorbei, eine große Zeit, wie jeder zu wissen meinte, eine Zeit schier unfaßbarer Produktivität, die in fast allen Bereichen des kulturellen Lebens Großartiges geleistet und der Entwicklung neue, zukunftsweisende Impulse gegeben hatte, die eine kaum zu überblickende Menge von hochbedeutsamen „klassischen" Werken hervorgebracht hatte; nun konnte Neues kommen und mußte Neues kommen. Und da stellte sich eben heraus, daß es mit dem Neuen schwierig wurde, nachdem man sich von der jüngsten Vergangenheit einmal eine so hohe Meinung gebildet hatte.

Zunächst mochte man es freilich als komfortabel empfinden, eine große Zeit hinter sich zu wissen und mit ihren Schätzen wirtschaften zu können. Für jedes kulturelle Bedürfnis schien sich hier zu finden, was ihm Befriedigung verschaffen konnte, für jedes Anliegen ein autoritatives Sprachrohr, für jedes Vorhaben ein Vorbild und für jedes Problem eine Lösung. Die Wege schienen gebahnt; man schien auf einem festen Fundament zu stehen und sich dem Gefühl sicheren Besitzes hingeben zu dürfen. Auf die Dauer konnte jedoch nicht verborgen bleiben, daß man sich selbst, eben indem man die jüngste Vergangenheit in den Rang einer Klassik erhoben hatte, die undankbare Rolle eines Nachgeborenen zugewiesen hatte, ja daß man – wie bei Immermann zu sehen – damit die eigene Existenz geradezu durch das Nachgeborensein definiert hatte. *Das Bewußtsein, ein Epigone zu sein, war der Preis, der für den Glauben an eine Klassik zu entrichten war, die sich durch Erbschaft in Besitz nehmen ließe.* Und zu solchem Epigonenbewußtsein gehörte nun einmal die Allgegenwart der bangen Frage, ob die eigenen Leistungen vor dem Maß der klassischen Vorbilder bestehen und es an innovativer Kraft mit ihnen aufnehmen könnten.

Idealisierung und Harmonisierung der Goethezeit

Diese Frage verlor nun keineswegs mit den ersten Erfolgen der neuen Generation an Bedeutung, wurde vielmehr im Laufe des 19. Jahrhunderts immer dringlicher, insofern die große Zeit mit der wachsenden Distanz immer größer und ihr Erbe immer klassischer wurde. Hatte man in den dreißiger Jahren noch eine Vorstellung davon, daß Männer wie Goethe, Beethoven und Hegel zu ihrer Zeit durchaus umstritten waren, daß gar nicht so wenige ihrer Werke zunächst auf Widerstand gestoßen und beim breiten Publikum durchgefallen waren, daß die *Goethezeit* überhaupt *eine Zeit widersprüchlicher Bestrebungen* gewesen war, die sich in endlosen Kontroversen aneinander gerieben hatten – so hatten etwa die Romantiker eine Dauerfehde mit Goethe und seinem Kreis ausgetragen, hatten sie zuletzt noch versucht, das

Erbe des Sturm und Drang und selbst des Goethefreunds Schiller gegen Goethe in Stellung zu bringen, und waren viele der späten Werke Goethes, zum Beispiel der „West-östliche Divan" (1819), der zweite Teil des „Wilhelm Meister", die „Wanderjahre" (1821), und der zweite Teil des „Faust" (1833), sowohl bei der Literaturkritik als auch beim breiten Publikum auf Unverständnis, wenn nicht auf offene Ablehnung und Spott getroffen – so war all das bis zur Jahrhundertmitte weithin vergessen. Der Lärm der Schlachten war verklungen, die Kontrahenten rückten im Blick aus der Ferne immer näher zusammen, und ihre in so unterschiedliche Richtungen weisenden Aktivitäten wurden mehr und mehr im Sinne eines in sich *geschlossenen Gesamtbilds der Epoche* harmonisiert, so als hätten seinerzeit alle an einem Strang gezogen, alle das gleiche große Projekt verfolgt.

Das gilt vor allem für die Bestrebungen von *Weimarer Klassik und Romantik.* Selbst wer um deren jahrzehntelangen Streit noch wußte wie die Vertreter der allmählich sich formierenden Neugermanistik, ging davon aus, daß man hier wie dort letztlich ein und dasselbe große Ziel vor Augen gehabt hätte, das Ziel einer spezifisch deutschen, alle Möglichkeiten des Ästhetischen ausschöpfenden quasireligiösen Kunst, und war allenfalls bereit zuzugeben, daß man jeweils auf verschiedenen Wegen in das eine Himmelreich der Kunst- und Nationalreligion gelangt wäre – kein Wunder, wenn die Konturen der beiden literarischen Bewegungen mehr und mehr verschwammen, zumal beim breiten Publikum! So meinte man zum Beispiel, die romantische Dichtung nun von jenem *pantheistischen Naturgefühl* her verstehen zu können, das Goethe und die Spätaufklärung kultiviert hatten und das gerade die Romantik im Namen des Übernatürlichen hatte überwinden wollen, ja dieses Naturgefühl wurde nun überhaupt zum Inbegriff des Romantischen. Und so sah man überall bei Goethe eben die *Kunst- und Nationalreligion* am Werk, die das Spezifikum der Romantik gewesen war und die Goethe immer abgelehnt hatte, mit dem Ergebnis, daß Goethe schließlich als deren Inbegriff dastand.

Folgen für die Kunst des 19. Jahrhunderts

Mit dieser Harmonisierung der Kultur der Goethezeit tat man freilich sich selbst ebensowenig einen Gefallen wie dem Verständnis von Klassik und Romantik, denn damit machte man sich allererst wirklich zu Epigonen. Indem man der Epoche ihre innere Widersprüchlichkeit nahm, ihre Kontroversen einebnete und all das nach Kräften aus dem

Blick entfernte, was auch sie in all den Kämpfen an Schiefem und Unfertigem, Halbheiten und Mißerfolgen gesehen hatte, hob man sie auf einen Sockel, auf dem man nun in der Tat nicht mehr an sie heranreichte, beraubte man sich der *Möglichkeit, sich auf produktive Weise mit ihrem Erbe auseinanderzusetzen*, nämlich ihr Unausgetragenes aufzugreifen und auf eigene Rechnung, mit eigenen Mitteln zu bearbeiten.

Wo man sich vollends diesem Klassik-Kult ergab, blieb im Grunde nur noch der Weg, das in den klassischen Mustern Niedergelegte zu wiederholen, es zu variieren und zu kombinieren. Daß die Texte, die auf dieser Basis entstanden, hinter den Vorbildern zurückblieben, daß sie nach all den Harmonisierungsbemühungen im Vergleich zu diesen blaß und spannungsarm ausfielen, kann nicht verwundern. Literarhistorisch interessant sind an ihnen oftmals nur die unfreiwilligen Risse und Brüche, an denen kenntlich wird, daß hier zusammenwachsen sollte, was nicht zusammengehörte.

„Epigonenlyrik"

Das alles läßt sich wohl nirgendwo besser studieren als am Werk des Autors, der in der zweiten Jahrhunderthälfte zum beliebtesten deutschen Lyriker wurde und in dem man schon bald nach seinem Tod den Inbegriff dessen erblickte, was nun ausdrücklich „Epigonenlyrik" oder auch „Professorenlyrik" genannt wurde, am Werk von *Emanuel Geibel* (1815–1884).[21] Obwohl die meisten seiner Gedichte im *Gestus des Goetheschen Erlebnisgedichts* daherkommen, also so tun, als seien sie spontan dem ureigensten Erleben des Autors entsprungen, verdanken sie sich letztlich vor allem der gelehrten Lektüre, dem versierten *Arbeiten aus einem Fundus*. Dieser Fundus umfaßt sämtliche Möglichkeiten der klassischen und romantischen deutschen Lyrik vom jungen Goethe bis zum alten Eichendorff, ja selbst noch solche aus vorklassischen Zeiten, wie sie etwa im protestantischen Kirchenlied konserviert sind. Fast für jedes Motiv, jede sprachliche Wendung, jedes Bild und jedes formale Mittel läßt sich bei Geibel ein Vorbild nachweisen.

Von diesen Vorbildern unterscheidet sein Gedicht vor allem eines: der *selbstsichere, selbstgewisse Ton*; die tiefe existentielle Unruhe, der so viele große Gedichte ihre Wirkung verdanken, ist in ihnen wie

21 Johannes Mahr: Emanuel Geibel. In: Gunter E. Grimm, Frank Rainer Max (Hrsg.): Deutsche Dichter. Bd. 6. Stuttgart 1989, S. 38–44.

weggeblasen. Solche Selbstsicherheit erwächst offensichtlich zunächst aus dem Bewußtsein, mit lyrischen Schätzen zu wirtschaften, die ihre Bedeutung schon längst und auf allgemein anerkannte Weise unter Beweis gestellt hätten, und sodann aus dem Zutrauen, deren Qualitäten im eigenen Gedicht zusammenführen, ja eine Art Quintessenz aller Möglichkeiten der deutschen Lyrik geben zu können.

Morgenwanderung

Wer recht in Freuden wandern will,
Der geh' der Sonn' entgegen;
Da ist der Wald so kirchenstill,
Kein Lüftchen will sich regen;
Noch sind nicht die Lerchen wach,
Nur im hohen Gras der Bach
Singt leise den Morgensegen.

Die ganze Welt ist wie ein Buch,
Darin uns aufgeschrieben
In bunten Zeilen manch ein Spruch,
Wie Gott uns treu geblieben;
Wald und Blumen nah' und fern
Und der helle Morgenstern
Sind Zeugen von seinem Lieben.

Da zieht die Andacht wie ein Hauch
Durch alle Sinnen leise,
Da pocht ans Herz die Liebe auch
In ihrer stillen Weise,
Pocht und pocht, bis sich's erschließt,
Und die Lippe überfließt
Vor lautem, jubelndem Preise.

Und plötzlich läßt die Nachtigall
Im Busch ihr Lied erklingen,
In Berg und Tal erwacht ihr Schall
Und will sich aufwärts schwingen,

Und der Morgenröte Schein
Stimmt in lichter Glut mit ein:
„Laß uns dem Herrn lobsingen!“[22]

Bei aller Virtuosität im Formalen, insbesondere in den Fragen der Metrik, kann Geibels Gedicht nicht verbergen, daß ein *Kombinieren von lyrischen Modellen, über dem sich deren Konturen auflösen*, noch kein Zusammenführen und Vereinigen ist; daß ein Erlebnisgedicht im Stil Goethes eher an Kraft und Plausibilität verliert, wenn es wie hier immer wieder ins Romantisch-Stimmungslyrische, Aufklärerisch-Gedankenlyrische oder Kirchenliedhafte changiert oder wenn sich das Reden von den „ew'gen Dreien Gott, Natur und Liebe“ bald pantheistisch, bald kunstreligiös, bald nationalreligiös und bald religiös im überkommenen kirchlich-christlichen Verständnis gebärdet, handelt es sich dabei doch jeweils um Optionen, die im Grunde einander ausschließen.

Trotzdem oder vielmehr gerade so sind Geibels Gedichte aber zu einem großen *Erfolg* geworden; so erreichten die *„Gedichte“* von 1840 bis 1905 130 Auflagen. Das Publikum konnte mit ihnen seinen kunst- und nationalreligiösen Neigungen frönen, konnte sich in ihnen dem Geist der Großen nahefühlen, ohne sich der Radikalität des Fragens aussetzen und in die beunruhigenden Auseinandersetzungen hineinbegeben zu müssen, aus denen deren Werke hervorgegangen waren und die diese selbst ihren Lesern zugemutet hatten. Dank des Klassikglaubens sind bei Geibel alle Kämpfe von Anfang an bereits gewonnen, ist alles „Wahre, Gute, Schöne“ immer schon zu sicherem Besitz geworden – „Erhebung“ light.

Bildende Kunst

Bei der Bildenden Kunst liegen die Verhältnisse übrigens etwas anders als bei der Literatur, der Musik und der Philosophie. Hier war das 19. Jahrhundert keineswegs auf die Goethezeit fixiert. Das heißt freilich nicht, daß man nicht auch hier seine klassischen Vorbilder gehabt und mit ihnen einen Kult getrieben hätte, der geeignet war, das Epigonenbewußtsein zu nähren. In der Malerei zum Beispiel

22 Emanuel Geibel: Gesammelte Werke. 2. Aufl. 8 Bde. Stuttgart 1888. Bd. 1, S. 140–142.

hatte man gleich zwei Epochen vor Auge, ohne deren Vorbild man nicht meinte auskommen zu können, die *italienische Renaissance*, die Zeit Raffaels (1483–1520), dessen Name auch in Immermanns „Epigonen“ als Inbegriff großer Kunst figuriert, und das *„Goldene Alter“ der Niederländer*, die Zeit von Rubens (1577–1640) und Rembrandt (1606–1669). Diese beiden Epochen der Kunstgeschichte waren in der Kultur des 19. Jahrhunderts so präsent, daß sie geradezu zu Namensgebern für allgemeine Stilbegriffe wurden. So wurde der Begriff des „Italienischen“ auch in der Literatur zu einem Synonym für einen Darstellungsstil, der die Gegenstände idealisiert und verschönert, und der des „Niederländischen“ zu einem Synonym für alle Formen eines Realismus, der das Häßliche nicht scheut.

Der Widerspruch von Epigonenbewußtsein und Fortschrittsglauben

Aus heutiger Sicht ist kaum noch nachzuvollziehen, wie sehr das 19. Jahrhundert vom Epigonenbewußtsein angefochten war, in welchem Maße es sich dem Klassikglauben hingab und an seiner eigenen Kunst zweifelte. Was die erste Garde seiner Autoren, was ein Heine oder Büchner, Stifter, Keller oder Fontane schrieb, bleibt ja doch keineswegs an Originalität und innovativer Kraft hinter den Werken von Klassik und Romantik zurück, läßt wohl überhaupt kaum etwas von dem vermissen, was man von großer Literatur erwarten mag. Und dennoch haben selbst Autoren dieses Kalibers sich immer wieder gefragt, ob sie mit ihrer eigenen Kunst vor den Klassikern bestehen könnten, mit unabsehbaren Folgen für ihr Schreiben, wenn auch anderen als bei Geibel. Im übrigen hat natürlich die Goethezeit schon ihre Geibels gehabt und nicht nur Goethes und Schillers hervorgebracht; epigonale Dichtung ist keineswegs ein Sonderproblem des 19. Jahrhunderts.

Die Frage, die sich uns heute vor allem stellt, ist, wie das Epigonenbewußtsein mit dem Fortschrittsglauben zusammengegangen sein mag, den das 19. Jahrhundert in so vielen anderen Bereichen der Kultur an den Tag legte. In Sachen Kunst blickte man seinerzeit immer nur zurück, huldigten nicht allein die Konservativen und die Reaktionäre, sondern selbst die entschiedensten Fortschrittler dem *Historismus*. Daß hier ein Problem lag, ein Problem nicht nur für das literarisch-ästhetische Leben, sondern für das Selbstverständnis der Gesellschaft insgesamt als einer Gesellschaft, die sich als modern begriff, haben die führenden Köpfe der Zeit von Anfang an gesehen, und es hat sie unausgesetzt beschäftigt. Vor allem die *philosophische*

Ästhetik hat sich mit großem Einsatz darum bemüht, die Vorstellung von einem allgemeinen geschichtlich-gesellschaftlichen Fortschritt mit einem Denken in den Kategorien von Klassik und Epigonentum zusammenzubringen, ja man sagt wohl nicht zuviel, wenn man behauptet, daß sie hierin eine ihrer vornehmsten Aufgaben erkannte.

Die These vom Ende der Kunst

Hegel war es, der in seinen *„Vorlesungen über die Ästhetik"* (1817–1829, aus Vorlesungsmitschriften 1835–1838 in Buchform herausgegeben) mit der These vom Ende der Kunst der Diskussion das entscheidende Stichwort geliefert hatte: „Uns gilt die Kunst nicht mehr als die höchste Weise, in welcher die Wahrheit sich Existenz verschafft"[23] – ein Satz, der wie ein Menetekel über dem Kunstkult des 19. Jahrhunderts schwebt.[24] Und Hegel hatte auch bereits die meisten der Argumente zusammengetragen, mit denen man sich an die Bearbeitung des Problems machte. Diese gehen zum Teil noch auf die *„Querelle des Anciens et des Modernes"* zurück, in der die Aufklärer des 18. Jahrhunderts die Vorzüge und Nachteile der neuzeitlichen Kunst und Literatur im Vergleich mit dem Erbe der klassischen Antike herausgearbeitet hatten, und sodann vor allem auf die Theorie der *Entfremdung*, die *Jean-Jacques Rousseau* (1712–1778) in das Selbstbild der Moderne eingebracht und die *Friedrich Schiller* (1759–1805) in seinen Abhandlungen *„Über die ästhetische Erziehung des Menschen"* (1795) und *„Über naive und sentimentalische Dichtung"* (1795/96) zu einer Grundlage der Theorie der modernen Kunst gemacht hatte.

Auf dieser Basis suchte die Ästhetik des 19. Jahrhunderts in immer neuen Anläufen zu zeigen, daß und *warum die Kunst der Gegenwart keine Werke von klassischer Vollendung mehr zuwege bringen könne*. Im Rahmen weitgespannter geschichtsphilosophischer Theorien wurde dargelegt, daß die Entwicklung der Menschheit an einem Punkt angelangt sei, an dem die Kunst weder einen Stoff, ein „Objekt" mehr vorfände, noch über die „subjektiven" Mittel mehr verfügte, die es

23 Georg Wilhelm Friedrich Hegel: Vorlesungen über die Ästhetik. In: ders.: Werke in zwanzig Bänden. Hrsg. v. Eva Moldenhauer u. Karl Markus Michel. Frankfurt 1970. Bd. 13, S. 141.

24 Willi Oelmüller: Hegels Satz vom Ende der Kunst und das Problem der Philosophie der Kunst nach Hegel. In: Philosophisches Jahrbuch 73 (1965), S. 75–94.

ihr erlauben würden, Bilder von wahrer Schönheit und von schöner Wahrheit zu schaffen.

Was den Stoff, das „Objekt" anbelangt, so sollte der Fortschritt von „Kunst und Wissenschaft" zu Lebensformen geführt haben, die zu weit von der Natur und dem „Naturschönen" entfernt, zu künstlich, technisch, bürokratisch, zu kompliziert und unübersichtlich wären, um noch in eine künstlerische Darstellung eingeholt zu werden, die nicht immer wieder dem *unpoetisch-prosaischen Grundcharakter der Verhältnisse* Tribut zollen und ins Dröge verfallen müßte. Und was die „subjektiven" Mittel, die Möglichkeiten der Kunst betrifft, einen solch widerspenstigen Stoff zu bewältigen, so sollte es um sie auch nicht viel besser bestellt sein. Denn gehörte das „Subjekt", gehörte das Bewußtsein des Künstlers nicht ebenfalls diesen vertrackten Verhältnissen an, war es nicht immer schon von einer entsprechend hochgetriebenen, *durch- und überreflektierten Bildung* durchdrungen, so daß es nur noch mit Vorstellungen hantieren konnte, die für die Kunst bald zu abstrakt und bald zu speziell, bald zu theorielastig und bald zu einzelkrämerisch waren? Mochte die Kunst der Gegenwart dank des Fortschritts auch mehr und anderes wissen können als die der Vergangenheit – das machte ihre Werke allenfalls wahrer, aber keineswegs schöner. „Jeder Fortschritt der Cultur (ist heute) ein Rückschritt der Schönheit" (Friedrich Theodor Vischer).[25]

Mit dieser Diagnose stellte die Ästhetik des 19. Jahrhunderts dem Fortschritt nun aber ein mehr als zwiespältiges Zeugnis aus. Die Verhältnisse sollten dem Menschen im Zuge der Modernisierung auf eine Weise über den Kopf gewachsen sein, die es ihm nicht mehr erlaubte, sich mit Hilfe seiner ästhetischen Vermögen als Person, als Individuum und Subjekt zu ihnen ins Verhältnis zu setzen, jedenfalls nicht in einer Form, die ihn vollends befriedigen könnte. Denn was heißt hier *Schönheit*? Es heißt, mit Eindrücken, mit Gegenständen oder der Darstellung von Gegenständen konfrontiert zu sein, die gefallen können, und zwar ganz und gar gefallen, an denen rein gar nichts auszusetzen ist und die insofern dazu angetan sind, ein Gefühl der Befriedigung, ja des Glücks zu verschaffen. Es heißt letztlich eine

25 Vischer: Ästhetik (Anm. 10), Teil 2, S. 268; vgl. ebenda, S. 288–298.

Erfahrung zu machen, durch die man sich zumindest zeitweise im Einklang mit der Welt und mit sich selbst fühlen kann.

Eben solche Erfahrungen, solche „Schönheit" sollte die Kunst nun nicht mehr vermitteln können, sie sollte keine Mittel und Wege mehr finden können, um der Überforderung durch eine immer komplizierter und unübersichtlicher werdende Welt Herr zu werden. Sie sollte allenfalls noch dem Gefühl der *„Zerrissenheit"*, des *„Weltschmerzes"*, dem *„unglücklichen Bewußtsein"* (Hegel)[26] Ausdruck verleihen können, das solche Überforderung mit sich brachte. Die Lage der Kunst so einzuschätzen, hieß aber nichts anderes, als die Frage zu stellen, ob der Prozeß der Modernisierung, soviel er auch in anderen Bereichen des gesellschaftlichen Lebens an Fortschritt gebracht haben mochte, die Menschen letztlich wirklich glücklicher machen würde. So wird von der Ästhetik aus deutlich, daß *das Epigonenbewußtsein* noch mehr und anderes war als nur der Preis, der für das Postulat einer Klassik und den Glauben an diese Klassik zu zahlen war, daß es auch so etwas wie der Selbstzweifel, um nicht zu sagen: *das schlechte Gewissen des Fortschritts* war.

Abrechnung mit den Epigonen an der Schwelle zur Moderne

Es dauerte lange, dauerte im Grunde bis in die späten achtziger Jahre, bis Kunst und Literatur aus dem Bann des Epigonenbewußtseins heraustraten. Erste Angriffe gab es allerdings schon in den siebziger Jahren. Hier sind vor allem *Friedrich Nietzsche* (1844–1900) und seine *„Unzeitgemäßen Betrachtungen"* (1873–1876) zu nennen, und hier wiederum besonders die Abhandlung *„Vom Nutzen und Nachteil der Historie für das Leben"*. Da versucht sich Nietzsche an einer Generalabrechnung mit dem Historismus, insbesondere mit der Akademisierung der Bildung, die sich unter seinem Vorzeichen vollzogen hatte. In ihr will er die wichtigste Ursache für den Kleinmut der zeitgenössischen Kunst und Kultur erblicken. Und so fordert er die Jugend auf, rückhaltlos mit ihnen zu brechen, nicht mehr mit schülerhafter Ängstlichkeit auf die Klassiker zurückzuschauen, sondern den Blick nach vorne, in die Zukunft zu richten und dabei auf nichts anderes zu setzen als auf sich selbst und auf das Leben, das jeder immer schon in sich hat. Wenn die Jugend nur erst zu einem

26 Hegel: Phänomenologie des Geistes. In: ders.: Werke (Anm. 23). Bd. 3, S. 163.

solchen Wagnis bereit wäre, würde auch eine große, selbstbewußte neue Kunst nicht ausbleiben.

In einem Punkt gibt Nietzsche allerdings der Ästhetik Hegelscher Prägung indirekt Recht: er rechnet nicht mehr mit einer Kunst, die zugleich schön und wahr sein würde; *Schönheit und Wahrheit würden in Zukunft getrennte Wege gehen müssen.* Und so hat es die Jugend, die sich von Nietzsche zu einem Neuaufbruch in Kunst und Literatur inspirieren ließ, hat es die Generation der *Symbolisten und Naturalisten*, die in den achtziger Jahren die Bühne betrat, in der Tat auch gehalten. Während die Symbolisten ganz auf Schönheit ausgingen und nicht anstanden, sich dabei über all das hinwegzusetzen, was die moderne Welt um sie herum an Wahrheit ausbrütete, setzten die Naturalisten ganz auf Wahrheit, auch und gerade dann, wenn sie häßlich war.

Was immer Symbolisten und Naturalisten aber auch trennen mochte – darin waren sie sich einig, daß mit dem Epigonenbewußtsein ein für allemal Schluß sein sollte. So tritt der Naturalist *Arno Holz* (1863–1929) 1886 in der Einleitung zu seinen *„Liedern eines Modernen"* mit der hochgemuten Erklärung vor sein Publikum, er wolle „unter allen Epigonen (...) der allerletzte" sein,[27] und so setzt sich der Symbolist *Hugo von Hofmannsthal* (1874–1929) 1891 in einem Sonett mit dem Titel *„Epigonen"* von den Vorgängern mit den Worten ab: „Und richtend wird es euch entgegendröhnen: / Verfluchte Schar von Gegenwartsverächtern!"[28] „Ihr möchtet wohl was Klassisches gern", heißt es nun, „Allein vom Scheitel bis zum Fuße / Bin ich modern, modern, modern!" (Otto Julius Bierbaum).[29]

Epigonenbewußtsein und Individualisierung

Damit sind wir am Ende des 19. Jahrhunderts, an der Schwelle zur Moderne im engeren und eigentlichen Sinne angelangt. Wenn wir von hier aus den Blick zu *Immermann* und dem Roman zurücklenken, mit dem er dem Epigonendiskurs das Stichwort gab, so können wir noch einen weiteren Grund für das Epigonenbewußtsein in Erfahrung

27 Arno Holz: Zum Eingang. In: ders.: Das Werk. Hrsg. v. Hans W. Fischer. Bd. 1: Buch der Zeit. Berlin 1924, S. 3–12, hier S. 3.

28 Hugo von Hofmannsthal: „Epigonen". In: ders.: Gesammelte Werke. Hrsg. v. Bernd Schoeller. Gedichte Dramen I. Frankfurt 1979, S. 119.

29 Otto Julius Bierbaum: Die moderne Muse. In: Walter Schmitz (Hrsg.): Die Münchner Moderne. Stuttgart 1990, S. 134–138, hier S. 134.

bringen, ein Moment, das für dessen Ausbildung womöglich eine noch größere Bedeutung hatte als der Historismus mit seiner Fixierung auf Klassiken und seinem latenten Zweifel am Fortschritt: die Individualisierung, wie sie überall mit der Modernisierung einhergeht, die Emanzipation des Individuums und die damit verbundene Aufwertung alles Individuellen, Persönlichen, Subjektiven.

Zunächst fällt auf, daß Immermanns Protagonisten dort, wo sie gegen ihre Umwelt und gegen sich selbst den Verdacht des Epigonentums erheben, gar nicht in erster Linie an die *Kunst* denken, an jenen Bereich der Kultur, in dem der Epigonendiskurs dann vor allem Platz gegriffen hat, daß sie vielmehr alle möglichen Aspekte des zeitgenössischen Lebens ins Visier nehmen, also auf das moderne *Leben* insgesamt zielen. Und sodann wird deutlich, welchen Maßstab sie anlegen, wenn sie sich und ihren Zeitgenossen attestieren, nurmehr ein Leben aus zweiter Hand zu führen, nur noch als „Nachhall eines andern selbständigen Geistes" zu agieren und mit „entwendetem Tiefsinn", „geraubtem Scharfblick" und „geborgten Ideen" zu wirtschaften, mit „Ideen", die sie sich weder gründlich angeeignet noch vollends verstanden hätten und mit denen sie sich auch nicht wirklich identifizierten, so daß sich niemand mehr „in seinem Kreise zu Hause" fühle. Es ist das *Maß des authentischen Selbstseins*, der Grundwert der Individualisierung; denn ein solches Leben aus zweiter Hand kann ja erst dort zu einem existentiellen Problem werden, wo das authentische Selbstsein die Qualität eines obersten Werts gewonnen hat.

Daß die Nachfolger Immermanns die Diagnose der epigonalen Existenz anders als Immermann selbst vor allem auf Kunst und Literatur bezogen haben, läßt sich freilich unschwer verstehen, wenn man sich die *Geschichte der Individualisierung seit dem 18. Jahrhundert* in Erinnerung ruft. Da zeigt sich nämlich, daß die Entfaltung des modernen Individualismus und die Entwicklung von Kunst und Literatur auf dem Weg in die Moderne von Anfang an aufs engste verknüpft waren. *Kunst und Literatur* waren der Raum, in dem sich die Gesellschaft der Individualisierung bewußt wurde, in dem sie sich erste Begriffe von ihr bildete und ihre Möglichkeiten und Grenzen erkundete. Und zugleich gestalteten sich Kunst und Literatur auf eine Weise um, durch die sie sich mehr und mehr zum *Sprachrohr des Individuums* machten, bemühten sie sich zunehmend um Formen, die es ihnen erlauben würden, dem Leben des Einzelnen nachzugehen und die je eigene, besondere Perspektive dieses Einzelnen auf die Welt zur Darstellung zu bringen.

Der deutlichste Ausdruck dieses Wandels war die Forderung der *Originalität.* Das Kunstwerk sollte nun zunächst und vor allem originell sein; in seinen Themen und Formen sollte sich die je eigene, besondere Kreativität seines Autors, sollte sich eine durch und durch individualisierte Autorschaft bezeugen. Originalität galt als das Siegel des authentischen Selbstseins, und an solcher Authentizität war nun alles gelegen.

Dabei ist es übrigens bis heute weithin geblieben, trotz alles dessen, was die Wissenschaft dagegen meinte vorbringen zu müssen; auch heute noch will die Literatur ihren Beitrag zum kulturellen Leben wesentlich darin erkennen, daß sie mit originellen Inhalten und formalen Lösungen der Stimme des Einzelnen im alles beherrschenden Getöse der anonymen gesellschaftlichen Diskurse Gehör verschafft. Kein Wunder also, wenn Immermanns Leser bei der Rede vom Epigonentum vor allem an den Bereich der Kultur dachten, der auf dem Weg in die Moderne mehr und mehr zum Sachwalter des Individuums und seines Verlangens nach authentischem Selbstsein geworden war, an Kunst und Literatur.

2.3 Die Ambivalenz der Individualisierung

Daß die Literatur in erster Linie ein Sprachrohr des Individuums sei, daß sie mehr als jede andere Form kultureller Aktivität die Möglichkeit eröffne, das besondere Lebensgefühl und die je eigenen Erfahrungen, Ansichten und Probleme eines einzelnen Menschen zur Geltung zu bringen, und daß ein literarisches Kunstwerk demgemäß zunächst und vor allem ein authentischer Ausdruck von Individualität, eben „originell" und keinesfalls „epigonal" zu sein habe, ist eine Erwartung, die auf dem Weg in die Moderne mehr und mehr den Zugang zur Literatur bestimmt hat und die schließlich ins Zentrum der literarischen Kommunikation gerückt ist – wohlgemerkt: erst in der Moderne; es handelt sich um eine Vorstellung, die so erst seit dem 18. Jahrhundert mit der Literatur verknüpft wird.

Das Individuum in der Literatur der Frühen Neuzeit

Davon kann man sich unschwer überzeugen, wenn man auf die vormoderne Literatur, etwa auf die Literatur der Frühen Neuzeit zurückblickt. Da zeigt sich, wie spät die Literatur erst zu einem Medium der Individualisierung geworden ist und daß sie zuvor vor allem die Aufgabe hatte, den Besitz einer Gesellschaft an Wahrem-Gutem-Schönem zu sichern, wie er sich wesentlich der Überlieferung verdankt, und dieses kollektive Gut dem Einzelnen nahezubringen.

Wenn es denn eine Zeit gab, in der die Autoren allen Grund gehabt hätten, gegen sich selbst den Verdacht des Epigonentums zu hegen, dann war es die Zeit des Humanismus und des Barock. Denn die Literatur hatte sich hier ganz der „imitatio veterum", der „Nachahmung der Alten" verschrieben. Die Autoren orientierten sich an Vorbildern der klassischen Antike und suchten in ihren Werken soviel wie möglich von dem Wissen und den ästhetischen Qualitäten ihrer antiken „Muster" wiederzubringen. Und dennoch findet sich bei ihnen keine Spur von den Selbstzweifeln, mit denen das Epigonenbewußtsein die Autoren des 19. Jahrhunderts plagte – im Gegenteil: man konnte einem Autor keinen größeren Gefallen tun, als ihn einen zweiten Homer oder Vergil, einen zweiten Pindar oder Horaz, Euripides oder Seneca zu nennen.

Es fehlte hier eben noch der Maßstab des authentischen Selbstseins; man wußte noch nichts von Individualisierung. Natürlich waren die Menschen auch damals schon Individuen, aber sie lebten in einer *Kultur, die nicht auf das Individuelle, sondern auf das Typische*, auf kollektive Standards, und das heißt: auf Traditionen und Konventionen *fokussiert war.* Denn es war die Kultur einer Gesellschaft, die als eine Ständegesellschaft im Kern noch immer eine traditionale Gesellschaft war, die sich jedenfalls trotz alles dessen, was sie bereits an Modernisierungsschritten erlebte, noch immer als eine traditionale Gesellschaft begriff.

In einer solchen Gesellschaft ist *das Leben des Einzelnen durch die Überlieferung vorgezeichnet*; man lebt in dem Glauben und der Sitte der Väter. Wie sich der Lebensweg des Einzelnen gestaltet, ist in seinen Möglichkeiten durch seine Herkunft, durch den Stand vorherbestimmt, in den er hineingeboren ist. Wer von adligen Eltern abstammt, wird in der Regel das typische Leben eines Adligen führen, der Sohn eines Kaufmanns wird auch wieder ein Kaufmann werden, der Sohn eines Handwerkers ein Handwerker, der eines Bauern ein Bauer oder ein Knecht, und jeder von ihnen wird sich dabei mit aller Selbstverständlichkeit an den Üblichkeiten seines Stands orientieren. Was wir heute Selbstverwirklichung nennen, ist hier weithin auf den Versuch begrenzt, die Möglichkeiten seines Stands auszuschöpfen und dabei dessen Standards gerecht zu werden. Ein individuelles Profil ergibt sich vor allem aus dem Grad, in dem das dem Einzelnen gelingt.

Die *Literatur* hat nun keineswegs dagegen Einspruch erhoben, wie man von heutigen Vorstellungen von Kunst aus annehmen möchte, hat es keineswegs als ihre ureigenste Aufgabe begriffen, im Namen des Individuums an dem Gefüge von Traditionen und Konventionen Kritik zu üben, das die Basis der Ständegesellschaft war – im Gegenteil: sie hat alles dafür getan, um dieses Gefüge zu sichern, erblickte sie in ihm doch einen Ausdruck der gottgegebenen Weltordnung, so wie es die zeitgenössische Theologie und Wissenschaft lehrten. Wie sie selbst aus der „Nachahmung der Alten", aus dem Fundus der Überlieferung lebte, so wollte sie es ihren Lesern ermöglichen, ihr Leben am Leitfaden altehrwürdiger Traditionen und Konventionen zu gestalten. Demgemäß hat sie die Figuren, die sie zur Darstellung brachte, im allgemeinen vor der Folie durch die Tradition geheiligter *idealtypischer Bilder der Stände* entwickelt, hat sie sich überall darum bemüht, ihren Lesern an *Tugendexempeln* die konventionellen „Tugenden" dieser Stände vorzurücken, und die individuelle Abweichung von solchen „Tugenden" als „Laster" gegeißelt.

Aufklärung und Individualisierung

Das änderte sich erst im 18. Jahrhundert, in der Zeit, in der die Modernisierung und mit ihr die meisten der politischen, sozialen, ökonomischen und kulturellen Entwicklungen Fahrt aufnahmen, die Immermann in seinen „Epigonen" auf einem ersten Höhepunkt zeigt, und in der sich zugleich und in engem Zusammenhang damit eine Aufklärung formierte, die ihre vornehmste Aufgabe darin sah, dem Menschen die *Emanzipation von der Autorität der Überlieferung* zu ermöglichen. Die Modernisierung brauchte die Individualisierung, sie brauchte das „individualisierte Ich" (Fritz Mauthner), das sich aus eigenem Antrieb und auf eigene Rechnung in Bewegung setzte, das mit neuen Ideen und originellen Vorhaben aus dem Gefüge der Traditionen und Konventionen ausbrach und damit eben die Dynamik in die Welt brachte, von der sie lebte. Kein Wunder also, wenn im

Zuge der Modernisierung die *Spielräume für die Selbstverwirklichung*, für das Zimmern eines Lebensgebäudes, das ganz auf die Bedürfnisse und Vorstellungen eines bestimmten Individuums zugeschnitten wäre, immer größer wurden.

In ebendiesem Sinne veränderte sich nun auch die *Literatur*. Sie verschrieb sich mehr und mehr der Individualisierung, und es dauerte nicht lange, bis sie sich an die Spitze der Bewegung gesetzt hatte und zur zentralen Plattform des Individualisierungsdiskurses geworden war. Das gelang ihr vor allem durch die Art und Weise, wie sie die antike Vorstellung vom *Genie*, von genialer Autorschaft zu neuerlicher Geltung brachte. Im Nachdenken über die „original composition" (Edward Young) von Kunstwerken, über das „Originalgenie" und seine „Originalwerke" wurde erkundet, bis zu welchen Graden von Besonderheit, ja Absonderlichkeit sich die Individualisierung treiben ließe und wie gerade solche Besonderheit zur Quelle von Kreativität, zur Basis kultureller Produktivität zu werden vermöchte.[30]

Als typisch kann hier das Werk des Engländers *Laurence Sterne* (1713–1768) gelten, der mit verschiedenen Arbeiten, insbesondere mit dem Roman *„The Life and Opinions of Tristram Shandy"* (1760–1767), den Inbegriff exzentrischer Individualität, den *Spleen*, also das genaue Gegenteil konventioneller ständischer „Tugend", zu literarischen Ehren brachte. Solche Vorstöße in das Terrain individueller Besonderheit waren einer Gesellschaft mehr als willkommen, die sich anschickte, den Weg der Modernisierung einzuschlagen, wurden jedenfalls überall dort begrüßt, wo man sich der Modernisierung verschrieb, und das hat nicht wenig zu dem Aufstieg von Kunst und Literatur zu höchster gesellschaftlicher Wertschätzung beigetragen, der sich in der zweiten Hälfte des 18. Jahrhunderts vollzog.

Rousseaus Philosophie der Selbstverwirklichung

Einen ersten Höhepunkt des Individualisierungsdiskurses bezeichnet das Werk von *Jean-Jacques Rousseau*. Rousseau verstand es, die verschiedenen Ansätze, die in den Diskussionen des 18. Jahrhunderts erprobt worden waren, auf eine Weise zusammenzuführen und zuzuspitzen, die ihnen die größtmögliche Wirkung verschaffte, eine

30 Jochen Schmidt: Die Geschichte des Genie-Gedankens 1750–1945. 2 Bde. Darmstadt 1985.

Wirkung, die bis heute angehalten hat. Wo immer seither die Sache des Individuums verhandelt wird, da ist auch Rousseaus Philosophie der Selbstverwirklichung nicht weit.

Rousseau war einer der ersten, die die neuen Begriffe von Individualität geradezu in den Mittelpunkt der Anthropologie rückten, die Vorstellung vom Menschen ganz auf den Begriff des Individuums gründeten. Für ihn ist *der Mensch zunächst und vor allem ein Individuum* und erst in zweiter Linie ein „zoon politikon", ein soziales Wesen. Als Individuum kam er aus der Hand der Natur, um sich in der Frühphase der Menschheitsgeschichte, in den glücklichen Zeiten des *Naturzustands* ganz dem Leben eines Einzelgängers hinzugeben.

Erst der Prozeß der Zivilisation brachte ihn dann in dauerhafte soziale Zusammenhänge. Dafür hatte er freilich einen hohen Preis zu entrichten, den Preis einer immer engeren und festeren Einbindung in jenes Gefüge von Institutionen, Traditionen und Konventionen, in dem sich eine *bürgerliche Gesellschaft* konstituiert, einer Domestikation im Namen einer Unzahl von Regeln, Dogmen und Normen, die ihm mehr und mehr die Luft zum Atmen nahmen. Am Ende, in der Gegenwart Rousseaus, sollte er sich schließlich unter Verhältnissen wiederfinden, unter denen die Spielräume der Selbstverwirklichung auf ein Minimum geschrumpft wären, die kein authentisches Selbstsein mehr zuließen, Verhältnisse, zu deren Kennzeichnung Rousseau den Begriff der *Entfremdung* prägte. Dieses Bild steht zwar in Widerspruch zu allem, was wir über den Weg von der traditionalen zur modernen Gesellschaft wissen, doch kam es eben dem neuen Willen zum authentischen Selbstsein entgegen.

Mit dem Begriff der Entfremdung schuf Rousseau einen *Kampfbegriff*, der sich bald schon als eine besonders effektive Waffe *im Dienst der Individualisierung* bewähren sollte. Wo immer jemand auf dem Weg der Selbstverwirklichung an Grenzen stieß, da mußte er die Ursache nun nicht mehr bei sich selbst suchen, konnte er seine Mißerfolge mit Hilfe des Begriffs der „Entfremdung" Fehlentwicklungen der Gesellschaft anlasten und Veränderungen einklagen, die ihm neue, weitere Spielräume eröffnen würden.

Goethe als „Befreier" des Individuums

Auch in der deutschen Literatur hat die Individualisierung ihre entschiedenen Vorkämpfer gehabt. An erster Stelle ist hier Goethe zu nennen. Es gibt von Goethe einen späten Text, eine letzte Äußerung zu poetologischen Fragen, die man geradezu sein literarisches Testament nennen könnte, den Aufsatz *„Noch ein Wort für junge Dichter"* (1832), und da spricht er beim Rückblick auf sein Leben als Autor nicht etwa von seinem Beitrag zur Ausbildung einer klassischen deutschen Literatur, sondern einzig von seinem Einstehen für die Individualisierung. Ja die *Rubrizierung als Klassiker* wird von ihm hier wie auch früher schon ausdrücklich *zurückgewiesen, weil sich die Vorstellung von klassischen Vorbildern* für ihn *nicht mit den Zielen der Individualisierung verträgt.*

Denn was ist ein Klassiker? Es ist, mit dem Philosophen Kant zu reden, ein „Genie", das „der Kunst die Regel gibt",[31] dessen Werke mithin für die, die nach ihm kommen, eine normative Bedeutung erlangen, in Worten Goethes: ein „Meister (...), unter dessen Anleitung wir uns in einer Kunst fortwährend üben und welcher uns (...) stufenweise die Grundsätze mitteilt, nach welchen handelnd wir das ersehnte Ziel am sichersten erreichen".

> In solchem Sinne war ich Meister von niemand. Wenn ich aber aussprechen soll, was ich den Deutschen überhaupt, insbesondere den jungen Dichtern geworden bin, so darf ich mich wohl ihren Befreier nennen; denn sie sind an mir gewahr geworden, daß, wie der Mensch von innen heraus leben, der Künstler von innen heraus wirken müsse, indem er, gebärde er sich wie er will, immer nur sein Individuum zutage fördern wird. (...) jeder (muß nur) sich selbst kennen lernen, weil hier kein fremder, äußerer Maßstab (z. B. ein klassisches Vorbild) zu Hülfe zu nehmen ist. (...) Zu (...) den jungen Dichtern sprech' ich (...): Ihr habt jetzt eigentlich keine Norm, die müßt ihr euch selbst geben; fragt euch nur bei jedem Gedicht, ob es ein (selbst) Erlebtes enthalte und ob dieses Erlebte euch gefördert habe. (HA 12, 360–361)

Goethe hatte alles Recht, sich in diesem Sinne einen „Befreier" zu nennen. Bereits bei seinen ersten Auftritten auf der Bühne der Literatur hatte er sich auf den Spuren seines Vorgängers und Vorbilds Rousseau für die Belange des Individuums stark gemacht, und er hatte dabei

31 Immanuel Kant: Kritik der Urteilskraft. Hrsg. v. Karl Vorländer. Hamburg 1968, S. 160.

Töne angeschlagen, wie sie bis dahin in der deutschen Literatur noch nicht zu hören gewesen waren. So wagte er sich in der frühen Rede *„Zum Shakespeares-Tag“* (1771) mit Worten vor, die man geradezu eine *Unabhängigkeitserklärung des Individuums* nennen könnte:

> Ich! Der ich mir alles bin, da ich alles nur durch mich kenne! So ruft jeder, der sich fühlt, und macht große Schritte durch dieses Leben (...). Auf die Reise, meine Herren! (HA 12, 224)

Und in der Hymne *„Prometheus“* (1774) läßt er ein lyrisches Ich auftreten, das den Göttern als den obersten Autoritäten der Gesellschaft, als Inbegriff ihrer Traditionen und Konventionen, Dogmen und Normen mit den Worten den Kredit aufkündigt:

> Hast du's nicht alles selbst vollendet,
> Heilig glühend Herz? (HA 1, 45)

Mit diesen und ähnlich markanten programmatischen Interventionen wurde Goethe zum Stichwortgeber und Wortführer einer Generation von Autoren, die die Sache des Individuums zu ihrem ureigensten Anliegen machte – ein Aufbruch zu neuen Ufern, der die Literatur nach und nach von Grund auf veränderte. Und auch einige der folgenreichsten literarischen Vorstöße in das neue Terrain gehen auf Goethe zurück. So hat er etwa mit den *Sesenheimer Liedern* und dem *Wilhelm-Meister-Roman* die lange Erfolgsgeschichte der beiden Gattungen begründet, die in besonderem Maße der Individualisierung Raum gaben, die des Erlebnisgedichts und des Entwicklungs- und Bildungsromans, zweier Gattungen, die seinerzeit durchaus neu, die jedenfalls ohne antikes Vorbild waren und die bald schon in den Mittelpunkt der literarischen Produktion rücken sollten. Im *Erlebnisgedicht* geht es um den authentischen Ausdruck von individuellem Erleben, und zwar so, daß die erlebnishafte Zuwendung zur Welt zugleich als ein Innewerden des Selbstseins begreiflich wird, als erlebnishafte Selbstvergewisserung eines durch und durch „individualisierten Ichs“. Und der *Entwicklungs- und Bildungsroman* dient nichts anderem als dem Versuch, das Drama der Selbstverwirklichung durchzuspielen und zu durchdenken.

Die Gefahren der Individualisierung

Bei allem Engagement für die Sache des Individuums hat sich Goethe aber anders als Rousseau nie mit dem Propagieren der Individualisierung begnügt. Gerade weil ihm das Schicksal des Individuums ein besonderes Anliegen war, hat er nicht nur nach den Möglichkeiten, sondern auch nach den Grenzen der Individualisierung gefragt, hat er wie von ihren Chancen, so auch von ihren Gefahren gehandelt. Spätestens seit „*Götz von Berlichingen*" (1773) und „*Die Leiden des jungen Werthers*" (1774) hat er seinem Leser immer wieder vor Augen geführt, daß ein Individuum, das sich von den dogmatischen und normativen Fesseln der Gesellschaft freispricht und für autonom erklärt, über dem Versuch, sich ganz auf die eigenen Füße zu stellen, unweigerlich *Gefahr* laufe, *die Fühlung mit der Wirklichkeit zu verlieren*, aus allen natürlichen und sozialen Zusammenhängen herauszufallen und damit eben die Mit- und Gegenspieler, die Kontakt- und Reibungsflächen einzubüßen, ohne die so etwas wie Selbstverwirklichung nicht zu haben ist, mit dem Ergebnis, daß es ganz auf sich selbst zurückgeworfen werde, sich mehr und mehr in sich selbst verschließe und verrenne, um schließlich in der Weltlosigkeit seiner Isolation vollends nach innen, in sich selbst hinein abstürzen und in zwanghafter Beschäftigung mit sich selbst gleichsam in sich selbst zu verbrennen. Allein aus sich heraus – so Goethes Überzeugung – vermag niemand sich selbst zu gewinnen. Was als Selbstverwirklichung beginnt, ist immer in der Gefahr, als „Selbstentwirklichung" zu enden – die *Ambivalenz der Individualisierung.*

In dieser Sicht der Dinge hat Goethe sich beim Blick auf die Generation von Autoren, die nach ihm kamen – die Generation von *Jean Paul* (1763–1825), *Friedrich Hölderlin* (1770–1843) und *Heinrich von Kleist* (1777–1811) – immer wieder bestätigt gefühlt. Denn das waren Autoren, für die die ersten Schritte in Richtung Individualisierung, die die Generation Goethes getan hatte, bereits eine pure Selbstverständlichkeit waren und die nun alles unternahmen, um ihnen weitere, noch radikalere Schritte folgen zu lassen. Goethe sah in ihren Arbeiten einen *Subjektivismus* sich Bahn brechen, der nichts von den Gefahren der Individualisierung wissen wollte, und so hat er alles versucht, um diese Autoren und ihre Leser wieder „aus sich heraus zu bringen" und an das „Objekt", die Realität, an die Natur und die real existierende

Gesellschaft zu verweisen, einschließlich des zivilisatorischen Erbes, der Institutionen, Traditionen und Konventionen, die die geschichtlich-gesellschaftliche Welt ausmachen.

Subjektivismus im Vormärz

So kam es, daß eine nächste Generation von Autoren, die Generation des Vormärz, Goethe gar nicht mehr mit dem Projekt der Individualisierung in Verbindung brachte, an dem er doch, wie „Noch ein Wort an die jungen Dichter" zeigt, bis zuletzt mit großer Entschiedenheit festgehalten hatte, und daß sie eben um dieser Individualisierung willen – in Worten von *Heine* – eine „Insurrektion gegen Goethe" startete. Was „neue frische Geister" als „die schöne objektive Welt" begriffen, die Goethe „durch Wort und Beispiel gestiftet" habe, das „zivilisierte Goethentum", sollte „über den Haufen (geworfen)" werden, um „an dessen Stelle *das Reich der wildesten Subjektivität* (zu) begründen"; so Heine in einer Rezension von 1828 (HS 1, 455). Die Individualisierung sollte über Goethe hinaus und immer weiter vorangetrieben werden, und die Literatur sollte dabei weiterhin als ihre Speerspitze fungieren.

„Kein Mensch will noch etwas befolgen, was er von seinen Ältern ererbt hat", konstatiert auch *Karl Gutzkow* in seinen *„Zeitdiagnosen"* von 1837, „ jeder strebt darnach, sich seine eigenen Grundsätze zu bilden" (GS 2, 161).

> Hat auch die moderne Welt nichts, das dem Individuum einen Theil seiner moralischen Zurechnung tragen hilft (...)? Oder ist Alles schon individuell geworden, (...) alles persönliches Risiko und eigene Verantwortung vor dem Throne Gottes? Ich glaube, das Letztre. Ich glaube, daß wir immer mehr für uns einstehen müssen und nur in uns selbst einen Anhaltspunkt finden dürfen. (...) Warum sind die Institutionen, die die alten Tage uns überlieferten, so schwankend und hinfällig? Aus keinem andern Grunde, als weil sie nichts mehr für uns thun, (...) weil sie keinen (...) schützenden Mantel (mehr) über unsre Blößen ausbreiten, sondern Alles uns selbst überlassen, die wir denn freilich so anfangen müssen, sie für gleichgültig und nutzlos zu halten. (GS 2, 133–134)

Subjektivismus und „Weltschmerz"

Das „Reich der wildesten Subjektivität", in das die Vormärzdichter ihre Leser führen, ist freilich ganz dazu angetan, Goethes Befürchtungen im Blick auf die problematischen Seiten der Individualisierung nachträglich ins Recht zu setzen. In ihm nimmt nämlich ein Individuum Gestalt an, das keineswegs, wie man nach Heines hochgemuter Ankündigung annehmen möchte, in vollen Zügen das Glück der Autonomie genießt, das vielmehr völlig von dem beherrscht ist, was man seinerzeit „Weltschmerz" oder „Zerrissenheit" nennt und was bei *Hegel* „unglückliches Bewußtsein", bei *Heine* „der große Weltriß" (HS 3, 405) heißt.

„Weltschmerz": damit meint man eine Lebensstimmung, die aus dem Gefühl erwächst, daß „Subjekt" und „Objekt" nicht mehr zusammenfinden und schon gar nicht mehr harmonisch ineinander aufgehen würden. Das „Subjekt" soll sich so sehr in sich selbst vertieft, in die künstlichen Welten einer überreflektierten und überbildeten Kultur eingesponnen und dabei so weit vom „Objekt", von den Realitäten der Natur und der Gesellschaft entfernt haben, daß es sich bei keiner Gelegenheit mehr im Einklang mit der Natur erleben könnte und daß es auch das Gefüge von Institutionen, Traditionen und Konventionen, in dem ihm die Gesellschaft begegnet, nur mehr noch als etwas ihm ganz und gar Fremdes, als Ausdruck von Entfremdung im Sinne Rousseaus erfahren würde.

Die klassischen Formulierungen für diesen „Weltschmerz" finden sich übrigens auch schon bei *Goethe*, vor allem in den Eingangsszenen des *„Faust"*. Da heißt es etwa:

> Der Gott, der mir im Busen wohnt,
> Kann tief mein Inneres erregen;
> Der über allen meinen Kräften thront,
> Er kann nach außen nichts bewegen;
> Und so ist mir das Dasein eine Last,
> Der Tod erwünscht, das Leben mir verhaßt. (HA 3, 53)

Weite Teile der Vormärzliteratur lesen sich wie endlose Variationen solcher und ähnlicher Passagen aus den Eingangsmonologen „Fausts" – ein Befund, der mehr über die Eigenart und Bedeutung von Goethes Werk aussagt als das meiste von dem, was ihm die Klassik-Doktrin zugeschrieben hat.

Die Ambivalenz der Individualisierung

Mit ihrer „wilden Subjektivität" und ihrer weltschmerzlichen „Zerrissenheit" gibt sich die Literatur im Vormärz eine Form, in der die Ambivalenzen der Individualisierung besonders deutlich zum

Vorschein kommen. Wenn der Mensch auf dem Weg in die Moderne mehr und mehr *aus der Bindung an die Mächte des Herkommens*, an den Glauben und die Sitte der Väter und eine festgefügte traditionale Gesellschaft wie die Ständegesellschaft *entlassen* und auf seine eigenen zwei Füße gestellt wird, dann heißt dies nicht nur – so zeigt sich nun überall –, daß er sich in *freier Selbstbestimmung* ein ganz auf seine individuellen Bedürfnisse und Vorstellungen abgestimmtes Lebensgebäude zusammenzimmern kann. Es heißt auch, daß ihm gar nichts anderes mehr übrigbleibt, als es mit einem solchen individualisierten Lebensentwurf zu versuchen, ob ihm das gefällt oder nicht und ob er dem gewachsen ist oder nicht; daß er sich immer weniger darauf verlassen kann, von den Traditionen und Konventionen eines Kollektivs – einer Familie, eines Stands, einer dörflichen oder städtischen Gemeinschaft, einer Landsmannschaft, einer kirchlichen Gemeinschaft – durch das Leben getragen zu werden.

Und das wiederum bedeutet, daß es für ihn in den Sternen steht, ob er sich jemals in einem Lebensumfeld wiederfinden wird, dem er sich wahrhaft zugehörig fühlen kann, von dem er sagen kann: das ist meine Welt, das sind meine Menschen, hier bin ich „in meinem Kreise zu Hause", zumal ja auch die Dinge und die Menschen um ihn herum zunehmend von der Dynamik der Moderne erfaßt und durcheinandergewirbelt werden. Mit einem Wort: es wird unübersehbar, daß der Weg in die Autonomie ein Weg ist, auf dem sich dem Individuum keineswegs nur neue Perspektiven der Selbstverwirklichung eröffnen, auf dem es zugleich *Gefahr* läuft, *aus allen äußeren Bindungen herauszufallen und innerlich jeden Halt zu verlieren.*

Der Prozeß der Individualisierung

Von alledem hat sich *Immermann* in einem Brief Rechenschaft zu geben versucht, in dem er sich gegen frühe Kritik an seinen „Epigonen" zur Wehr setzt. Im Mittelpunkt des Briefs steht der Versuch, den Prozeß der Individualisierung dadurch begreiflich zu machen, daß er auf ein *Dreistufenmodell der Weltgeschichte* projiziert wird, auf die Abfolge Altertum – Mittelalter – Moderne. Dabei geht Immermann wie die meisten seiner Zeitgenossen davon aus, daß die Individualisierung bereits im christlichen Mittelalter begonnen habe; er versteht also nur die Gesellschaft der Antike als eine traditionale Gesellschaft. Demgegenüber gilt es festzuhalten, daß auch die christliche Ständegesellschaft der Frühen Neuzeit noch das Gepräge einer traditionalen

Gesellschaft trägt und daß sich die Individualisierung erst von ihr aus und gerade in der Gegenwendung gegen sie in Gang gesetzt hat.

> Das Alterthum hatte seine geschlossenen Grenzen (...). Das Individuum, wollte es überhaupt existiren(,) fiel zusammen mit dem Staat, dem Volksglauben, der Sitte (...).
> (...)
> Mit dem Christenthum tritt die Persönlichkeit, das Individuum in seinen eigentlichen weitgreifenden Berechtigungen ein, der Mensch ist nur für sich da, der beste Theil seiner Existenz beginnt erst mit der Loslösung seines Selbst von dem allgemeinen irdischen Substrate; das Gemeinsame war eigentlich nur die Kirche – ein Staatenleben gab es kaum; der Feudalismus, das einzig politische Institut, spiegelte das besonderste Verhältniß ab.
> (...)
> Was ist nun das Charakteristische der modernen Zeit? Das Individuum hat sich mit seinen Ansprüchen bis zur eigensinnigsten, ja krankhaftesten Spitze heraufgetrieben, aber eben darum ist (es) auch über den Punct der Befriedigung in sich selbst schon hinweg. Alle Menschen empfinden jetzt ein Bedürfniß nach allgemein gültigen Unterlagen des Daseyns, nach organischen, objectiven Lebensformen, ohne gleichwohl zur Ergreifung derselben schon geschi(c)kt zu seyn; weil es dabey immer auf eine starke Entäusserung des Egoistischen Individuellen ankommt. Eine Kirche gibt es kaum noch, der Feudalismus hat ganz aufgehört, u(nd) etwas Analoges, wie der Staat des Alterthums, erblicken wir nur erst in der Zukunft in dämmernden Umrissen. Dieser noch nicht geschlichtete Zwiespalt giebt allen Charakteren der Gegenwart etwas Halbes u(nd) Doppeltes zugleich, allen Ereignissen etwas Zweideutiges (...).[32]

Während sich Immermann in den „*Epigonen*" noch darauf beschränkt, die „Zweideutigkeit der Zeit" zum Vorschein zu bringen, unternimmt er in seinem nächsten Roman, dem „*Münchhausen*", dann auch einen Versuch, dem „Bedürfnis nach allgemeingültigen Unterlagen des Daseins" entgegenzukommen und mit der Welt des Oberhofs

32 Immermann am 29.6.1836 an Ferdinand Deycks. In: ders.: Briefe. Hrsg. v. Peter Hasubek. Bd. 2. München Wien 1979, S. 616–621, hier S. 617–618.

ein Bild von den ersehnten „organischen, objektiven Lebensformen" zu zeichnen.

2.4 Die Krise der Religion

Wie wir gesehen haben, schenkt *Immermann* den Schattenseiten der Individualisierung, den Gefahren der äußeren Bindungs- und inneren Haltlosigkeit, in seinen *„Epigonen"* besondere Aufmerksamkeit. Wie das „individualisierte Ich" in der „nomadischen" Form der Existenz, in die es die Dynamik der Moderne versetzt habe, äußerlich mehr und mehr den „Mangel eines Freunds, einer Geliebten, eines Hauses" zu verkraften habe, so innerlich ein „ödes Wanken und Schwanken", eine „moralische Seekrankheit", die statt gefestigter „Überzeugungen" nur noch wechselnde „Ansichten" zulassen würde. Als besonders markanten Ausdruck solcher „inneren Unruhe" führt Immermann an: „man wechselt die Religion oder ergibt sich dem Pietismus", man hat, angeblich „von einem inneren Drange getrieben", „wieder einmal das katholische Glaubensbekenntnis abgelegt", obwohl „es mit dem religiösen Bedürfnis betrübt (steht)" und man eigentlich „ein leichter, nachgiebiger Weltcharakter (ist)".

Damit gibt Immermann zu erkennen, daß das „individualisierte Ich" in der Welt des Vormärz auch in der *Religion* vielfach keinen Halt mehr findet, da selbst diese inzwischen *von der Mobilität der Moderne ereilt* worden und der allgemeinen weltanschaulichen Unruhe anheimgefallen ist. Der Prozeß der Säkularisation, der im 17. Jahrhundert begann und im 18. Jahrhundert unter der Ägide der Aufklärung Fahrt aufnahm, geht nach Immermanns Zeugnis im 19. Jahrhundert unvermindert weiter. Er geht weiter trotz des religiösen Roll back der Romantik, ihres Salto rückwärts in die Glaubenswelt des Mittelalters, und trotz der „Restauration von Thron und Altar", mit der die alten Mächte einen Schlußpunkt hinter das Zeitalter der Französischen Revolution setzen wollten, und er treibt die Religion in eine immer tiefere Krise hinein: „eine Kirche gibt es kaum noch".

2.4.1 Modernisierung und Säkularisation

Säkularisation und Konfessionsstreit

Unter *Säkularisation*[33] versteht man bekanntlich den Prozeß, in dem sich die Gesellschaften Europas von den Dogmen, Normen und Lebensformen der christlichen Religion lösten. Diese Säkularisation ist nicht etwa, wie ihre Kritiker im 18. und 19. Jahrhundert behaupteten, aus einem Nachlassen des „religiösen Bedürfnisses", einer zunehmenden Gleichgültigkeit in Glaubensfragen erwachsen – im Gegenteil: an ihrer Wiege stand gerade ein besonders energischer Versuch, mit dem „religiösen Bedürfnis" Ernst zu machen, stand nämlich jene Erneuerung des religiösen Lebens, die sich im 16. Jahrhundert im Widerspiel von *Reformation und Gegenreformation* vollzog. Denn sie brachte eine Pluralität von Konfessionen, und mit ihr den Konfessionsstreit, den Dauerkonflikt zwischen Katholiken, Lutheranern und Calvinisten, zwischen Orthodoxie und Pietismus, und dieser erfaßte in eben dem Maße sämtliche Bereiche des gesellschaftlichen Lebens, in dem man sich um dessen Fundierung in den Dogmen und Normen der christlichen Lehre bemühte, von der großen Politik bis zum Alltag der kleinen Leute. Daß der Konfessionsstreit Dimensionen anzunehmen vermochte, in denen er geradezu die Grundlagen des menschlichen Zusammenlebens zerstörte, wurde spätestens im Dreißigjährigen Krieg (1618–1648) offenbar.

So suchte man denn seither die Bereiche, die für das schiedlich-friedliche Zusammenleben der Menschen von zentraler Bedeutung waren, mehr und mehr aus dem Konfessionsstreit herauszunehmen und auf ein neues Fundament zu stellen, und das konnte natürlich kein religiöses mehr, konnte nur noch ein säkulares sein. Eine solche Grundlage wollte man nun vor allem in der *Natur* erkennen, als dem Inbegriff alles dessen, was ohne Zutun des Menschen in der

33 Hermann Lübbe: Säkularisierung. 2. Aufl. Freiburg München 1975. – Hans Blumenberg: Die Legitimität der Neuzeit. 2. Aufl. Frankfurt 1988. – Anton Rauscher (Hrsg.): Säkularisierung und Säkularisation vor 1800. München u. a. 1976. – Thomas Nipperdey: Religion im Umbruch. Deutschland 1870–1918. München 1988. – Manfred Jakubowski-Tiessen (Hrsg.): Religion zwischen Kunst und Politik. Aspekte der Säkularisierung im 19. Jahrhundert. Göttingen 2004. – Martin Friedrich: Kirche im gesellschaftlichen Umbruch. Das 19. Jahrhundert. Göttingen 2006.

Welt ist und in seinem Dasein und Sosein nicht von dem Glaubens- und Meinungsleben des Menschen abhängt. Dieses Fundament zu sichern und zu exponieren wurde zur Aufgabe neuer, säkularer Formen von *„Wissenschaft und Kunst"*, wie sie der Humanismus auf den Weg gebracht und die Aufklärung kultiviert hatte: der modernen Naturwissenschaft, der Anthropologie und der Medizin als der Wissenschaften von der „allgemeinen Menschennatur", der Naturrechtslehre und nicht zuletzt auch einer Kunst, die sich selbst als „Nachahmung der Natur" verstand. Ja man versuchte sich nun sogar an natürlichen Begriffen von Religion, fragte nach einem „natürlichen Gottesbegriff" als einem Begriff, der frei von den Dogmen und Normen der christlichen Theologie – der Theologie gleich welcher konfessioneller Couleur – wäre.

Die Wissenschaft als Motor der Säkularisation

Zum wichtigsten Rückhalt und Motor der Säkularisation wurde die moderne Wissenschaft, wie sie mit ihrem *„doute méthodique"* (Descartes), ihrem methodischen Zweifel, und ihren *empirischen Methoden* der Überlieferung zu Leibe rückte und nach und nach sämtliche Bestandstücke der christlichen Tradition einer *kritischen Prüfung* unterzog. Da sie immer wieder zeigen konnte, daß Vorstellungen der überlieferten Glaubenswelt einer solchen Prüfung nicht standhielten, solche, die das Bild der Erde, des Sonnensystems und des Kosmos betrafen, nicht weniger als solche, die sich auf die Natur des Menschen und auf den Aufbau und die Entwicklung der geschichtlich-gesellschaftlichen Welt bezogen, geriet schließlich das gesamte Gebäude der christlichen Lehre in ein schiefes Licht. Die *Elite der Gebildeten*, die mit der neuen, aufgeklärten „Wissenschaft und Kunst" lebte, rückte mehr und mehr von der christlichen Religion und dem kirchlichen Leben ab; nur die bildungsfernen Schichten, die freilich nach wie vor den größten Teil der Bevölkerung ausmachten, hielten der alten Religion die Treue – eine Entwicklung, die am Ende des 18. Jahrhunderts auf einem vorläufigen Höhepunkt angekommen war.

Als typisch für die Einstellung der gebildeten Welt in jener Phase der Entwicklung mag hier einmal mehr *Goethe* stehen, der gesagt hat:

> Wer Wissenschaft und Kunst besitzt,
> Hat auch Religion;
> Wer jene beiden nicht besitzt,
> Der habe Religion. (HA 1, 367)

Was der Ungebildete in der Religion sucht, das findet der Gebildete in „Wissenschaft und Kunst". Goethe hat sich überhaupt bereits ein recht *distanziertes Verhältnis zum Christentum* geleistet. So stand er nicht an, immer wieder erkennen zu lassen, daß ihm das Kreuz, das zentrale Symbol des Christentums, zuwider sei, so hat er die christliche Religion bei Gelegenheit „eines Gassenvolkes Windesbraut" (HA 1, 286) und seine Bildwelt einen „apokalyptischen Wahnsinn"[34] genannt, ja es findet sich bei ihm sogar der Vers „Freyen Menschen geziemet es nicht, Christ (...) zu seyn".[35] Freilich hat er sich als ein Mann in exponierter politischer Position – er war ja Mitglied der Weimarer Regierung – gehütet, derlei allzu offensiv in die Öffentlichkeit zu tragen; der Ärger war vorhersehbar.

Romantische Kritik an der Säkularisation

Bei diesem distanzierten Verhältnis der gebildeten Schichten zur Religion ist es allerdings nicht lange geblieben. Es waren gerade die Kinder der Aufklärung, die Intellektuellen, und hier wiederum gerade die jungen unter ihnen, für die die Aufklärung bereits ein fester Bestandteil der Väterwelt war, die sich um die Wende vom 18. zum 19. Jahrhundert erneut für religiöse Fragen zu interessieren begannen. Dieses Interesse verdankte sich vor allem dem kritischen Blick auf das, was die *Politik* inzwischen an Säkularisation veranstaltet hatte. Denn das revolutionäre *Frankreich* hatte mit der Säkularisation in jeder Hinsicht Ernst zu machen versucht und nicht nur die Trennung von Staat und Kirche durchgesetzt und die Kirchen enteignet, sondern diesen auch einen kuriosen Staatskult der Vernunft entgegengestellt; und *Deutschland* hatte unter der Herrschaft Napoleons erleben müssen, daß die geistlichen Fürstentümer aufgelöst und von weltlichen geschluckt, die Klöster aufgehoben und die Kirchengüter von den Fürstenstaaten eingezogen wurden. Die Kirchen waren inzwischen so geschwächt, daß die Bedrängnisse des Konfessionsstreits kaum noch eine Rolle spielten. An deren Stelle waren die Probleme getreten, die die Epoche der Revolution mit ihren gewaltsamen Modernisierungsschüben über die Menschen gebracht hatte.

---

34 Goethe: Venezianische Epigramme. In: ders.: Sämtliche Werke nach Epochen seines Schaffens. Münchner Ausgabe. Hrsg. v. Karl Richter. Bd. 3/2. München 1990, S. 83–151, hier S. 96.

35 Ebenda, S. 151.

Und da hieß es nun eben, *gerade in den Turbulenzen der Moderne bedürfe der Mensch der Religion*; nur sie könne in dem permanenten Streit der Parteien und Interessen den Zusammenhalt der Gesellschaft garantieren und nur sie dem Einzelnen in einem Umfeld Halt geben, in dem alles in Bewegung geraten und von Auflösung bedroht sei. In Deutschland wurde diese neuerliche Hinwendung zur Religion vor allem von der Romantik vorangetrieben. *Novalis* verfaßte 1799 die bereits erwähnte Rede über *„Die Christenheit oder Europa"*, in der er den verunsicherten Zeitgenossen die christliche Gesellschaft des Mittelalters als Modell für eine bessere Zukunft andiente. Im selben Jahr veröffentlichte *Friedrich Schleiermacher* (1768–1834), ein protestantischer Theologe, der den Frühromantikern nahestand, Reden *„Über die Religion"*, die eine Erneuerung der protestantischen Theologie aus dem Geist der Romantik, nämlich eine „Herzreligion", einen neuen Kult der Innerlichkeit zum Ziel hatten. Wie der Untertitel seiner Schrift – „Reden an die Gebildeten unter ihren Verächtern" – anzeigt, dachte er bei seinen Bemühungen vor allem an jene Intellektuellen, die wie Goethe im Zuge der Aufklärung auf Distanz zum Christentum gegangen waren.

Auch außerhalb der Zirkel deutscher Romantiker wollten nun manche aufgeklärte Intellektuelle so wie Novalis wieder einen „heiligen Sinn" in sich entdecken. Hier sei nur der französische Autor *François René de Chateaubriand* (1768–1848) genannt, der 1802 mit einem monumentalen Werk hervortrat, in dem er *„Le Génie du Christianisme"* und „la Beauté de la Religion Chrétienne", den Genius des Christentums und die Schönheiten der christlichen Religion feierte. Wie der Protestant Schleiermacher wollte auch der Katholik Chateaubriand das Christentum vom religiösen Gefühl her neu begründen; bei ihm ging es allerdings weniger um einen Kult der Innerlichkeit als um das ästhetisch Faszinierende des kirchlichen Ritus und um das poetisch Wunderbare der religiösen Überlieferung. Die katholische Kirche dankte ihm sein Engagement, indem sie sein Werk wegen theologischer Unkorrektheit auf den Index verbotener Bücher setzte.

Einige der deutschen Romantiker, die ja überwiegend Nord- und Mitteldeutsche und als solche protestantischer Herkunft waren, gingen noch einen Schritt weiter als Novalis und vollzogen gleich ganz die *Rückkehr in den Schoß der katholischen Kirche*, wo sie sich dem mittelalterlichen Christentum am nächsten fühlen konnten. An erster Stelle ist hier *Friedrich Schlegel* (1772–1829) zu nennen, der Wortführer der Jenaer Frühromantik, der 1808 unter großer Anteilnahme der Öffentlichkeit gemeinsam mit seiner Frau Dorothea im Kölner Dom zum Katholizismus übertrat. Die Konversion erlaubte es ihm, im folgenden Jahr in die Dienste des katholischen Kaiserhofs zu Wien zu treten und zur Edelfeder einer Kriegspropaganda zu werden, die die Französische Revolution und ihren Erben Napoleon im Sinne einer „Restauration von Thron und Altar" bekämpfte. Viele Romantiker gingen einen ähnlichen Weg wie Schlegel, aber nicht alle. So haben sich zwei der produktivsten Köpfe der Romantik, *Ludwig Tieck* (1773–1853) und *E. T.A. Hoffmann* (1776–1822), nicht an dem religiösen Roll back beteiligt; ihre Religion war und blieb die romantische „Kunstreligion".

„Restauration von Thron und Altar"

Mit dem *Wiener Kongreß* wurde die Erneuerung der Religion, wie sie die Romantiker zunächst als persönliches Anliegen und ganz auf eigene Rechnung betrieben hatten, schließlich zu einem offiziellen Projekt der großen Politik. Die alten Monarchien schlossen sich, soweit sie das Fegefeuer der Revolutionszeit und der Herrschaft Napoleons überlebt hatten, zu einer *„Heiligen Allianz"* zusammen, die sich auf die Werte des christlichen Abendlands berief, und betrieben mit der „Restauration des Throns" zugleich auch die des „Altars". Von der Förderung des religiösen Lebens und der Stützung der geschwächten Kirchen erhofften sie sich eine Stabilisierung der eigenen Machtposition, nach dem Motto: wer regelmäßig in die Kirche geht, lernt dort den Respekt vor höheren Mächten und damit auch den Respekt vor der weltlichen Obrigkeit; wer ins Gebet vertieft ist, macht keine Revolution. Die Kirchen haben sich dem nicht verweigert, erkannten sie darin doch eine Chance, nach den Anfechtungen von Aufklärung und Revolution wieder auf die Füße zu kommen; ohnehin waren sie seit jeher aufs engste mit den oberen Etagen der Ständegesellschaft verbandelt.

Erneuerung der Religionskritik im Vormärz

Auf die Dauer hat der Religion ihre Inanspruchnahme für die Ziele der Restauration aber wohl mehr geschadet als genutzt. Die Generation, die auf die der Romantiker folgte, die Generation des Vormärz, erfuhr *Religion als eine Macht, die immer schon mit den Kräften der Reaktion im Bunde wäre*, ja sie konnte sie gar nicht anders erleben, so daß sich ihr Aufbegehren gegen diese Reaktion wie von selbst auch auf die Religion ausweitete. Damit ging die Religionskritik in eine neue Runde. Kritik hieß nun nicht mehr nur, Lehrstücke der christlichen Tradition auf den Prüfstand der modernen Wissenschaft zu stellen wie zu Zeiten der Aufklärung; es wurde nun auch verstärkt nach der *gesellschaftlichen Bedeutung der Religion* gefragt, nach den sozialpolitischen Funktionen der Institution Kirche und den sozialpsychologischen Wirkungen des religiösen Lebens. Dabei machten sich unter den Intellektuellen Vorstellungen wie die breit, die Karl Marx in das Wort vom „Opium des Volkes" faßte: Religion als ein Rauschmittel, das es dem „Volk" ermöglicht, sich über die elenden Lebensbedingungen hinwegzuphantasieren, denen es in der Realität ausgesetzt ist, das es freilich zugleich davon abhält, die gesellschaftlichen Verhältnisse zu verändern.

Die Mittel für eine solche soziologische und psychologische Analyse des Phänomens Religion besorgte sich die Generation des Vormärz vor allem bei der Philosophie Hegels, die inzwischen die akademische Szene beherrschte. So wurde die Religionskritik nun eine Sache der sogenannten *Linkshegelianer*, also derer, die versuchten, die Instrumente der Hegelschen Philosophie für eine „linke", eine ganz auf Fortschritt getrimmte Gesellschaftspolitik zu nutzen. Die wichtigsten Namen sind hier die von *Arnold Ruge* (1802–1880), *Ludwig Feuerbach* (1804–1872), *David Friedrich Strauß* (1808–1874) und *Bruno Bauer* (1809–1882) und sodann die zweier Nachzügler im Reich des Linkshegelianismus: *Karl Marx* (1818–1883) und *Friedrich Engels* (1820–1895).

Von der „Christusreligion" zur „Humanitätsreligion"

Eine große Wirkung hatten zunächst vor allem zwei Schriften, die aus diesem Kreis hervorgingen: *„Das Leben Jesu"* (1835/36) von *David Friedrich Strauß* und *„Das Wesen des Christentums"* (1841) von *Ludwig Feuerbach*, zwei Werke, die auf heftigen Widerspruch von Seiten der Kirchen und ihrer staatlichen Protektoren trafen, die dank ihrer skandalumwitterten Aura aber bald schon zu regelrechten Bestsellern wurden und die auch in der Literatur ihre Spuren hinterließen, etwa im Werk des Realisten Gottfried Keller. Wie sehr sie einen Nerv der Zeit trafen, mag man aus den Vorgängen um die Berufung von Strauß nach Zürich, den sogenannten *„Straußschen Händeln"*, ersehen. Zürich war im 19. Jahrhundert ein Hort des Liberalismus in Europa, eine Insel im Meer der Reaktion, auf die sich viele politische Verfolgte flüchteten.

Als Strauß, der nach dem Erscheinen des „Leben Jesu" seine Stelle am Tübinger Stift verloren hatte, 1839 in Zürich eine Professur erhalten sollte, kam es in der Schweiz geradezu zu einem Bürgerkrieg, einem Aufstand von Bauern aus den katholischen Kantonen gegen das liberale Zürich; Strauß mußte seinen Ruf zurückgeben.

Strauß und Feuerbach[36] verfolgen beide das gleiche Programm, das einer „Fortbildung der Christusreligion zur Humanitätsreligion". In diesem Sinne nimmt sich Strauß die biblische Geschichte von Jesus vor, um sie „kritisch zu betrachten", um sie nämlich einer *Entmythologisierung* zu unterziehen. Er will in ihr keinen historischen Bericht mehr erblicken, wie es der christlichen Tradition entspricht, sondern eine mythologische Dichtung; er trennt also den historischen Jesus von dem Bild ab, das die Autoren der Bibel von ihm gezeichnet haben, einem Bild, das für ihn nurmehr noch den Status eines Symbols hat. Dabei bedient er sich der avanciertesten Formen von *Quellenkritik*, wie sie von der zeitgenössischen Geschichtswissenschaft kultiviert worden sind, wendet er mithin Methoden, die für die Auswertung historischer Dokumente entwickelt worden sind, auf die „Heilige Schrift" an – für viele gläubige Christen seinerzeit noch immer ein Sakrileg.

Straußens Ziel ist es nicht so sehr aufzuzeigen, wo der *Mythos* den Boden des Historisch-Faktischen verläßt, als vielmehr ihn *als Dichtung*, als kulturelle Leistung eigenen Rechts und eigenen Ranges zu würdigen. Letztlich verfährt er mit der biblischen Geschichte genauso wie die Aufklärer des 18. Jahrhunderts mit den Götter- und Heldengeschichten der alten Griechen; auch da ging es nicht allein darum zu demonstrieren, wo sich der Mythos von der historischen Wahrheit und dem natürlich Möglichen entfernt, sondern immer auch darum begreiflich zu machen, daß er seine eigene Wahrheit habe, eine Wahrheit, die eben nicht in der Weise der Historiographie und der anderen Wissenschaften, sondern mit dichterischen Mitteln entfaltet werde, die nämlich *in symbolischer Form Einblick in die „allgemeine Menschennatur"* gewähre und die insofern als eine höchst bedeutsame Quelle

36 Christine Weckwerth: Ludwig Feuerbach. Zur Einführung. Hamburg 2002. – Josef Winiger: Ludwig Feuerbach. Denker der Menschlichkeit. 2. Aufl. Darmstadt 2011.

der Anthropologie zu gelten habe. In ebendiesem Sinne interpretiert Strauß den Jesus der Bibel als ein Symbol der „Idee der Menschheit", als Idealbild alles dessen, was den Menschen ausmacht, als Vergegenwärtigung der „Humanität" in einem Bild, das sich anschauen läßt und den Menschen so mit sich selbst und seinen besten Möglichkeiten bekanntmachen kann.

Ähnlich wie Strauß mit der biblischen Geschichte verfährt Feuerbach mit der christlichen Theologie. Nicht Gott schuf den Menschen nach seinem Bilde, wie es in der Bibel heißt, sondern *der Mensch schuf Gott nach seinem Bilde*, und er tat es, um sich ein Bild von sich selbst zu machen, *um sich eine „Idee" von der „Humanität" zu geben*, die ihm in seinem Streben nach Selbstverwirklichung zur Orientierung dienen könnte. „Das göttliche Wesen ist nichts andres als das menschliche Wesen oder besser: das Wesen des Menschen, gereinigt, befreit von den Schranken des individuellen Menschen, verobjektiviert, d. h. angeschaut und verehrt als ein andres, von ihm unterschiednes, eignes Wesen – alle Bestimmungen des göttlichen Wesens sind darum menschliche Bestimmungen".[37] In seinen Gottesbildern stellt sich der Mensch vor Augen, was seine besten Seiten, seine wahrhaft „humanen" Züge sind: das Streben nach Wahrheit, die Kraft, das Gute zu tun, und die Fähigkeit, Schönes zu schaffen. Dank des Fortschritts von Wissenschaft und Kunst ist er in der Moderne aber inzwischen dahin gelangt, daß er dem auch ohne den Umweg über die alten Religionen und ihre Mythen und Symbole nachkommen kann, daß er die „Christusreligion" hinter sich lassen und sich mit einer säkularen „Humanitätsreligion" begnügen kann, die bei der Feier des Wahren, Guten und Schönen ohne mythologische Maskerade auskommt.

Materialismus und Religion

Was Strauß und Feuerbach Religion nennen, ist in der Tat nicht mehr das, was orthodoxe Christen darunter verstehen, aber es ist doch immer noch mehr und anderes als nur „Opium des Volkes"; es ist für sie auch eine kultur- und gesellschaftsbildende Kraft, die es zu würdigen gilt. Insofern fällt die Religionskritik bei ihnen noch vergleichsweise moderat aus. Neben und nach ihnen haben sich freilich

37 Ludwig Feuerbach: Das Wesen des Christentums. In: ders.: Werke. Hrsg. v. Erich Thies. 6 Bde. Frankfurt 1976. Bd. 5, S. 32.

andere zu Wort gemeldet, die am Christentum, seinen Kirchen und Priestern kein gutes Haar mehr lassen wollten. Radikalere Töne finden sich vor allem bei denen, die sich unter dem Einfluß der modernen Naturwissenschaften eine materialistische Weltanschauung zulegten.

Unter *Materialismus*[38] versteht man bekanntlich ein Denken, das einzig in der Welt der Körper, in dem, was sich mit den Sinnen wahrnehmen und mit den Händen anfassen und bearbeiten läßt, etwas Substantielles erkennen will, etwas, was sich immer gleichbleibt und worauf sich setzen läßt. Das aber heißt nichts anderes, als daß *dem Bewußtseinsleben*, dem, was in der europäischen Tradition „Seele" und „Geist" heißt, daß den Prozessen des Seelenlebens und der Welt der Ideen *eigene Formen der Subsistenz und Kohärenz abgesprochen* werden; daß nun alles, was im Bewußtsein vorgeht, auf irgendetwas Materielles zurückgeführt werden soll, so etwa Gefühle auf physiologische Vorgänge und Ideen auf Instinkte oder auf materielle Interessen.

Daß ein solcher Materialismus einer Religion, die von der *Unsterblichkeit der Seele* und der *Herrschaft des Geistes über den Körper* handelt, nichts mehr abgewinnen kann, liegt auf der Hand. Da wird der Seele eine Substantialität und Kohärenz zugesprochen, die noch die der Materie übertreffen soll, da macht man sich vor, man könne den Lauf der Dinge mit der Kraft des Geistes unter Kontrolle halten – für einen konsequenten Materialisten sind das nur noch Hirngespinste; er kann daran nichts mehr finden, was als ein irgendwie relevanter Beitrag zur kulturellen Entwicklung zu würdigen wäre.

2.4.2 Religionskritik in Immermanns „Epigonen"

Das Bild eines Materialisten

Einem solchen Materialisten begegnen wir nun auch in den „Epigonen" von Immermann, und es will wohl etwas besagen, daß gerade er in der Welt des Romans die Rolle des großen Religionskritikers zugewiesen bekommt. Es handelt sich bei ihm natürlich um einen Vertreter der *Naturwissenschaften*, genauer gesagt, um einen Arzt, aber eben um einen, der sich ganz dem modernen naturwissenschaftlichen Denken verschrieben hat.

38 Werner Post, Alfred Schmidt: Was ist Materialismus? München 1975.

Der Arzt hatte seine Wissenschaft mit Geist und Freiheit studiert, die verwandten Naturgebiete waren von ihm in den Kreis der Betrachtung gezogen worden; er teilte sich gern und ausführlich mit. Aber freilich hatten diese Studien die gewöhnliche Folge gehabt. Dem Eingeweihten war das animalische Leben die Hauptsache geworden. Von Natur zweiflerisch gesinnt, hatte er durch ein wundes Verhältnis, welches ihn heimlich peinigte (eine unglückliche Liebe), einen noch schärferen Blick für den Zwiespalt der einzelnen Dinge bekommen. Alles Geistige und Gemütvolle fand an ihm einen entschiednen Verneiner, der die ätzendsten Einwürfe im ruhigsten Tone vortrug.

Jene trostlose Meinung, daß der Mensch sich nur durch eine Art von höherem Instinkt über das Tier erhebe, trat hier in reiner ausgeprägter Gestalt auf. Der Arzt war unerschöpflich in Beispielen, welche beweisen sollten, daß alles ideelle Streben der Menschheit und des Menschen immer nur zur Torheit oder zum Verbrechen geführt habe, daß der Kreis, in welchem sich die Geschlechter umherdrehn, ein überaus kleiner sei, und daß nur die unermüdliche Einbildung der Selbstgefälligkeit ihn zu einem großen erweitre oder seine Peripherie in die beliebte grade Linie nach dem sogenannten Ziele der Vollkommenheit (Perfektibilität) verwandle.

Hermann hatte sich (...) selbst für einen frühreifen Propheten des Nihilismus gehalten. Wie aber das Licht der Kerze neben der Strahlenglut der Sonne erbleicht, so schmilzt die Spielerei eines angeeigneten Wahns am Feuer einer echten Gesinnung. Er bestritt den Arzt mit allen Waffen, die ihm zu Gebote standen, und führte die Sache der Begeisterung so gut er konnte. (IW 3, 128–129)

Das Studium der Naturwissenschaften und die damit verbundene Fokussierung auf das „animalische Leben“ haben aus dem Arzt nicht nur einen „Materialisten“, sondern geradezu einen „Propheten des Nihilismus“ gemacht, nämlich einen „entschiedenen Verneiner“ „alles Geistigen und Gemütvollen“, „allen ideellen Strebens“ und der „Sache der Begeisterung“, also einen, der *das Eigenleben und die Eigenbedeutung der „Seele“ und des „Geistes“ prinzipiell in Frage stellt, und damit zugleich jede Form von „Idealismus“ und „Romantik“*. Wenn der Erzähler dies die „gewöhnliche Folge“ eines solchen Studiums nennt, so läßt er erkennen, daß der Arzt in der Welt des Vormärz längst kein Einzelfall mehr ist, daß das Welt- und Menschenbild, das an der Figur des Arztes festgemacht wird, hier bereits eine gar nicht so kleine Zahl von Anhängern hat, daß sich unter den Gebildeten ein Antiidealismus und eine Antiromantik auszubreiten beginnen.

Die Frage nach dem Status von „Seele" und „Geist"

Dieser Arzt nun wird mit einem katholischen Geistlichen, einem Domherrn, ins Gespräch gebracht, den er mit seiner ärztlichen Kunst zu versorgen hat. Da die Gesundheit des Domherrn aufs äußerste angegriffen ist, kommt die Rede bald auf ein zentrales Bestandstück der christlichen Lehre: auf die *Vorstellung von einem Leben nach dem Tode*. Damit ist eine Frage aufgerufen, die nicht nur einen Kernpunkt der Theologie, sondern zugleich auch eine Schlüsselfrage der Anthropologie bezeichnet, eben die Frage nach dem ontologischen Status der „Seele" und des „Geistes", nach dem Ort des menschlichen Bewußtseins in der Welt, eine Frage, die sich überall dort noch einmal neu und mit besonderer Dringlichkeit stellte, wo man sich anschickte, den Boden der Religion zu verlassen und sich am Leitfaden der modernen Wissenschaft in ein säkulares Welt- und Menschenbild hineinzubegeben.

Solange sich eine Mehrzahl von Menschen gläubig im Raum einer Religion bewegt, für die die Seele unsterblich ist, steht die Bedeutung alles Seelischen und Geistigen außer Zweifel, läßt sich mit größter Selbstverständlichkeit von dem inneren Reich der Vorstellungsbildung und von der Welt der Ideen handeln. *Mit dem Glauben an die Unsterblichkeit der Seele entfällt das metaphysische Widerlager für einen* solchen *fraglosen Umgang mit dem Bewußtseinsleben* und es wird für viele zum Problem, an der Vorstellung von einem Eigenleben, einer Eigenbedeutung und Eigenlogik des Seelisch-Geistigen festzuhalten, zumal die moderne Wissenschaft ihren ganzen Ehrgeiz dareinsetzt aufzuzeigen, wo überall Seelisch-Geistiges von physikalischen, chemischen und biologischen Gegebenheiten abhängig sei – jener latente Materialismus und Nihilismus der modernen Wissenschaft, den Immermann in der Figur des Arztes zum Vorschein bringen will.

So ist denn der *Weg in die säkulare Moderne* auch durch den permanenten *Kampf zwischen denen, die das Bewußtsein im Namen der Wissenschaft zum bloßen Schein erklären, und denen* geprägt, *die ihm immer noch eine eigene Form des Seins zuerkennen wollen*, wenn vielleicht auch mit anderen Mitteln als denen der Religion, ein Kampf, der natürlich für Kunst und Literatur von größter Bedeutung ist, da er mit dem Bewußtseinsleben das Fundament all ihrer Aktivitäten betrifft, und der heute etwa im Blick auf die Prätentionen und Insinuationen der Gen- und Hirnforschung ausgetragen wird. Schon die Autoren der Goethezeit haben mit der Herausforderung durch den latenten Materialismus und Nihilismus der modernen Wissenschaft gerungen – man denke nur an Goethes „Faust" – und erst recht hat er die Autoren des Vormärz bewegt, hatten sie doch nun eine Religionskritik zu verarbeiten, die weiter und tiefer reichte als alles bislang Dagewesene.

> An jenem Abende nun versuchte zwar der Arzt zuvörderst den Domherrn über seine Gesundheitsumstände zu trösten, ließ jedoch ein entscheidendes Wort über die Lebensdauer gewisser Konstitutionen fallen, wobei er ihn bedenklich ansah. Dieser Blick konnte den andern wenig vergnügen, und seine Stimmung wurde nicht gebessert, als der Arzt ein treffendes Bild der Auflösung (des Körpers) entwarf, worin deren einzelne Erscheinungen und Stadien mit schauderhafter Lebendigkeit hervortraten, so daß man froh sein mußte, wenn dieses widerliche Gären endlich im grauen Staube sich beruhigte.
>
> Der Domherr ging im Zimmer auf und nieder und sagte „Possen! Wer an Fortdauer (der Seele) glaubt, läßt sich durch dergleichen nicht schrecken."
>
> Der Arzt versetzte hierauf, daß der Glaube und die Wissenschaft allerdings zwei gesonderte Gebiete beherrschten, wovon nur das eine den Vorzug habe, daß man wisse, wo es liege, während dies von dem andern sich nicht so ganz behaupten lasse. Er wollte hierauf das Gespräch abbrechen und sich entfernen, womit aber dem Domherrn durchaus nicht gedient war. Dieser hielt ihn vielmehr mit schlecht verhüllter Ängstlichkeit zurück und rief: „Ihr seid Materialist, Doktor, ich weiß das; aber ein innerstes Gefühl sagt dem Menschen, daß seine Seele etwas Grundverschiednes sei von dem Zucken der Muskeln und dem Umlaufe des Bluts. Sprecht eure Zweifel nur aus; es ist mir nichts unerträglicher als dieses Halten hinter dem Berge."
>
> „Man hat", sagte der Arzt, „auch lange von den vier Elementen gesprochen, und nun wissen wir denn doch, daß diese für Grundstoffe gehaltnen Dinge aus verschiednen andern bestehn, welche erst zusammengefügt das bilden, was wir Erde, Wasser, Luft und Feuer nennen. Und wer weiß, wie weit die Chemie die Scheidung noch treiben kann! Hievon die Anwendung auf die menschliche Seele zu machen, scheint mir leicht. Zum Beweise ihrer ewigen Dauer ist viel von ihrer Einfachheit gesprochen worden. Dabei wurde nur vergessen, daß derselbe Mensch unter verschiednen

Umständen oft als ein ganz andrer erscheint, daß Grundsätze, Meinungen und Überzeugungen in demselben Individuo einander widersprechen, und daß daher in dem Dinge, welchem wir so gerne eine vornehme Selbständigkeit beilegen möchten, manche gar nicht so notwendig zueinander gehörende Potenzen wirksam sind, die ja auch die empirische Psychologie längst aufgezählt und nachgewiesen hat."

„Also sollte sich die Seele bei dem Tode gewissermaßen in Verstand, Vernunft und Urteilskraft zerlegen?" fragte der Domherr, froh, seinen Gegner zum Absurden geführt zu haben.

Der Arzt versetzte: „Wie die Auflösung des Seelischen von statten gehe, weiß ich nicht; ich habe es hier nur mit einem Irrtume zu tun. Sind Sie derselbe noch, der Sie als Kind und Jüngling waren? Entschwanden nicht ganze Regionen von Erinnrungen und Empfindungen aus Ihrem Geiste? Wechselten nicht Liebe und Neigung in ihnen? Wollen Sie noch, was Sie wollten? Können Sie einen einzigen Moment in sich nachweisen, wo Ihre Seele anders als zeitlich, räumlich, hinfällig, leiblich dachte und fühlte? Welchen Teil, welche Stufe dieses Etwas wollen Sie also für jene Ewigkeit retten?" (IW 3, 254–256)

Die Frage nach der Kontinuität der Person

Immermann läßt seinen Arzt hier eine Frage aufwerfen, die für die *Literatur* auf ihrem Weg in die Moderne noch große Bedeutung erlangen wird: die Frage nach der Konsistenz und Kontinuität der Person. Schreiben heißt wesentlich *Menschen darstellen*, Bilder von Menschen zeichnen, Figuren entwerfen. Die gängige Methode solcher literarischen Menschenbildnerei war und ist die Ausstattung der Figuren mit einem *Charakter*, mit einem fixen Kostüm von Eigenschaften – aber heißt das wirklich den Menschen zur Darstellung bringen? Ist der Mensch nicht gerade darin Mensch, daß er immer wieder ein anderer ist und damit jedem Versuch einer Charakterisierung immer schon voraus, ist er nicht wesentlich ein „Mann ohne Eigenschaften" (Robert Musil), wie der Titel eines berühmten Klassikers der Moderne lautet? Und wie kann die Literatur dem gerecht werden, die doch auf die Sprache angewiesen ist und demgemäß vom Menschen nur in der Weise des Fixierens sprachlicher Aussagen handeln kann?

Bei Immermann ist die Frage nach der Konsistenz und Kontinuität der Person noch keine Frage an die Literatur selbst und ihre Verfahren zur Darstellung des Menschen, wird sie zunächst einmal nur im Dialog der Figuren dem Unsterblichkeitsglauben als Stolperstein in den Weg geworfen. Aber sie tritt damit doch schon in den Horizont der Literatur, und es ist kein Zufall, daß dies gerade hier geschieht, wo zentrale Fragen des Menschenbilds wie die nach dem Status der „Seele" und des „Geistes" im Licht der fortschreitenden Verwissenschaftlichung der Welt erörtert werden.

Die Vorstellung vom „Himmel auf Erden"

Immermanns Arzt begnügt sich freilich nicht damit, den Glauben an die Unsterblichkeit der Seele mit Argumenten wie dem geschilderten zu bestreiten. Er will *die Hoffnung auf ein Leben nach dem Tode* keineswegs mit Stumpf und Stiel ausgerissen, will sie lediglich in andere Bahnen als die des christlichen Glaubens gelenkt, nämlich von der Transzendenz auf die Immanenz, *vom Jenseits des Christentums auf das Diesseits umdirigiert* wissen. Der Mensch soll seinen „Himmel" nicht mehr in irgendwelchen „Hinterwelten", sondern „auf Erden", in dem „gegenwärtigen irdischen Leben selbst" suchen. Da soll er dann erkennen können, daß ihm schon hier sehr viel mehr an Leben zuteil werde als nur das, was er in seiner kurzen Lebensspanne auf Rechnung seiner individuellen „Seele" erfahre, daß er nämlich als Mensch unter Menschen an dem *Leben* der gesamten Menschheit partizipiere, und dies gleich in doppelter Hinsicht: *als Glied sowohl in der natürlichen als auch in der geschichtlich-kulturellen Reproduktion der Gattung.* In dem einzelnen Menschen lebt die Geschichte der ganzen Menschheit fort, wie er selbst in seinen Kindern fortlebt.

Leben in und mit der Geschichte

Das mag nun immer noch ein Materialismus heißen, aber es ist durchaus kein Nihilismus mehr. Der Materialismus, für den die Figur des Arztes steht, ist offenbar einer, der sich mit seiner Kritik an der Macht und Herrlichkeit des Geistes keineswegs im Nihilismus ankommen sehen will, der sich vielmehr der Hoffnung hingibt, aus sich selbst heraus Perspektiven entwickeln zu können, die eine echte Alternative zu den Verheißungen der Religion darstellen würden. Dabei werden Vorstellungen erprobt, die so gar nicht zu dem Rationalismus passen wollen, mit dem der alte Unsterblichkeitsglaube kritisiert worden ist. So spricht der Arzt bei der Ausführung des Gedankens vom Leben in und mit der Geschichte etwa von Wiedergängerei und *Seelenwanderung*, ersteres ein Lieblingsmotiv der romantischen Dichtung, letzteres eine Vorstellung indischer Religionen, die seinerzeit auch von dem Philosophen *Arthur Schopenhauer* (1788–1860) erwogen worden ist.

Immerhin räumt er ein, daß es sich dabei um Vorstellungen handele, von denen sich nur schwer sprechen lasse und die überhaupt eine höchst persönliche Angelegenheit seien.

Aufwertung der Sexualität

Anders die Passagen, in denen er auf das Weiterleben in der natürlichen Reproduktion zu sprechen kommt; da äußert er sich mit der größten Bestimmtheit, und er spart nicht mit Worten, die das „Geschäft" der Zeugung im wunderbarsten Licht erstrahlen lassen. Damit zielt er natürlich auf *das schwierige Verhältnis des Christentums zur Leiblichkeit* des Menschen, auf jenes fundamentale Mißtrauen gegenüber der menschlichen Sexualität, das in der zölibatären Lebensweise katholischer Priester und im Keuschheitsgelübde katholischer Mönche und Nonnen zum Ausdruck kommt. Immermann läßt damit einen Diskurs wieder aufleben, den bereits die *Aufklärung* des 18. Jahrhunderts angesponnen hatte und der über dem religiösen Roll back der Romantik abzureißen drohte, den der *Erkundung und Neubewertung der menschlichen Triebnatur als etwas Natürliches*, als integraler Bestandteil der „allgemeinen Menschennatur", der als solcher zunächst einmal zu würdigen und nicht immer schon verdächtig zu machen sei.

> „Man hat auch von Nektar und Ambrosia gesprochen, und gewiß hat mancher nach dieser Götterspeise, wie Tantalus, ein Gelüsten empfunden; gleichwohl, hat sie jemand gekostet? Mußte nicht jeder sich mit gemeiner menschlicher Kost begnügen? Und so ist es mit dem Unsterblichkeitsglauben. Ein lügenhaftes, schwärmendes Etwas in uns verlangt nach Nektar und Ambrosia, während die wahre, innige und viel tröstlichere Befriedigung überall uns nahegestellt worden ist, ohne daß unsre blöden Sinne sie wahrnehmen."
>
> „Und die wäre?" fragte der Domherr.
>
> „Das gegenwärtige irdische Leben selbst", versetzte der Arzt. „Auch ich sage in meinem Sinne: Der Mensch ist ewiger Dauer. Aber ich setze hinzu: Der Himmel ist auf Erden, und mit dem Tode ist es nicht aus, sondern es beginnt aufs neue. Wie Feuer von oben ergreift das Psychische den Ton, bildet und wirkt ihn aus, und wenn es ihn abgenutzt hat, sucht es sich frischen Stoff. Wir sind alle Revenants (Wiedergänger), und dieser Erscheinung der Geister oder des Geistes ist kein Ziel in der Zeit gesetzt."
>
> „Das ist eine schlechte Fortdauer", seufzte der Domherr. „Was hilft es mir zu vermuten, ich habe schon irgendwo einmal gesteckt, wenn ich nicht weiß, wo und in welcher Haut ich steckte!"

„Und wenn nun jene Vermutung sich bis zur klarsten Anschauung steigern ließe? Im ahnenden Vortraume ist letztre schon gesetzt: er heißt Geschichte. Diese in allen so lebendig zu machen, daß jeder sich auf Jahrtausende zurück wiederfinden kann, ist eigentlich die geheimnisvoll verhüllte Aufgabe der Gegenwart. Wir reifen einer Periode entgegen, worin die Menschen ebensosehr Bürger der Vergangenheit sein werden, als sie eine Zeitlang in der durch das Christentum angewiesenen Richtung Anwärter der Zukunft waren. Das ist der heilig zuckende Wille des Weltgeistes unter der Decke der politischen Bestrebungen unsrer Zeit, welche eben dieses, von ihrer bewußten Absicht ganz verschiedne Resultat hervorzubringen bestimmt sind. Hin und wieder ist dieser Unsterblichkeitsglaube oder vielmehr dieses Wissen schon vorhanden; es gibt Vorboten der neuen Epoche. So glaube ich von mir sagen zu können, daß ich mit Bestimmtheit sehe, wo ich da und dort schon aufgetaucht bin."

„Ist es möglich?" rief der Domherr. „Entdecken Sie mir..."

„Diese Kunde gehört nur mir", erwiderte der Arzt. „Allein ich glaube, daß jeder nicht ganz Verwahrlosete sie in sich erzeugen könnte."

„Und wie?"

„Man kommt zu Mysterien bekanntlich erst nach vielen Vorbereitungen. Auch wird nur der eine höhere Seelenerfahrung recht besitzen, der sie selbsttätig sich hervorbringt. Um aber auf Ihre Angst und Not, die ich mit Bedauern wahrnehme, zurückzukommen – es gibt ein sehr einfaches Mittel, sie zu heben, Sie von aller Unruhe über die Dinge jenseits des Grabes zu heilen und Ihnen dieses so zu zeigen, wie es ist, nämlich als einen unschuldigen, harmlosen Hügel Erde."

„Nun? dieses Mittel?"

„Heiraten Sie und zeugen Sie einen Sohn! Wenn wir uns einigermaßen an die Natur halten wollen – und das ist wohl in jedem Falle das Sicherste – so müssen wir erkennen, daß mit jener wunderbaren Funktion, worin der ganze Mensch zu einer belebenden Flamme auflodert, auch der ganze Mensch im natürlichen und im höheren Sinne fortgesetzt wird. Nur eine verdorbne Phantasie hat um sie ihr lüsternes Unkraut gewoben; sie ist für den wahren Priester des Universums etwas so Ernstes und Schweres wie die Bewegung der Himmelskörper, die Reise des Lichts, der Drang der Voltaischen Säule. Hier ist uns auf die liebreichste Weise das Mittel in die Hand gegeben, alle kranken Schrecken abzuschütteln, und ich habe immer die Weisheit der alten Indier bewundert, welche aus dem Geschäfte, zu

> welchem ich Sie aufmuntern möchte, einen Punkt ihrer Pflichtenlehre machten. Meine Beobachtungen lehrten mich auch fast immer, daß Personen, welche die Zeit nach ihnen verkörpert vor sich sahn, aufhörten, dieselbe zu fürchten (...). Es ist keine Redensart, es ist eine Wahrheit, daß die Eltern in den Kindern fortleben. So aber geht es; der Mensch sucht über den Sternen, was zu seinen Füßen liegt (...)." (IW 3, 256–259)

Es zeigt sich, daß der Domherr gegen solche Vorstellungen keineswegs immun ist. Weist er sie anfangs noch empört zurück, mit einer nervösen Unruhe freilich, die seinem Christentum kein gutes Zeugnis ausstellt, so bricht sein Widerstand gegen sie bald völlig zusammen, um einem ebenso überstürzten wie naiven Versuch gläubiger Aneignung Platz zu machen. Bereits am nächsten Morgen weiß er dem Arzt von einem Traum zu berichten, in dem er sich selbst als Wiedergänger eines Ahnherrn gesehen haben will, und zwar eines Ahnherrn auf Freiersfüßen, und er will dies als ein Zeichen begreifen, um bei seinen Oberen um die „Erlassung der Zölibatspflicht" einzukommen und sich selbst ebenfalls auf Brautschau zu begeben. Die Bereitwilligkeit und Geschwindigkeit, mit der Immermann den Kirchenmann auf die Linie des Arztes einschwenken läßt, machen einmal mehr deutlich, wie es nach seinem Urteil um die Glaubenswelt des Christentums bestellt ist.

2.4.3 Die Vorstellung vom „Himmel auf Erden"

„Der Himmel ist auf Erden". Mit diesem Gedanken stehen Immermann und sein Arzt seinerzeit keineswegs alleine da. Gerade im Vormärz wird er mehr und mehr zum Fluchtpunkt der Perspektiven, die sich im Zuge der Säkularisation und der Verwissenschaftlichung der Welt eröffnen, die sich überhaupt mit dem Weg in die Moderne verbinden. Wer von dem Glauben Abschied nimmt, daß sich das Dasein des Menschen erst im Jenseits ganz erfülle, der kann nur noch *im Diesseits auf Erfüllung ausgehen*, der wird sich ein Bild vom Leben „auf Erden" machen wollen, das es ihm erlaubt, die Erwartungen, die der Christ in seine Vorstellung vom „Himmel" investiert, auf das irdische Dasein zu übertragen. Und er wird sich dazu um so mehr berechtigt fühlen, als er sich davon überzeugen kann, daß es sich bei ihnen um Erwartungen handele, die allesamt gleichermaßen aus dem Leben

„auf Erden", aus irdischen Bedürfnissen und Nöten entsprungen seien und deren Erfüllung deshalb auch nur im Kontext des Lebens „auf Erden" Sinn mache.

Pantheismus, Humanitätsreligion, Kunstreligion

Bei der Ausgestaltung der Vorstellung vom „Himmel auf Erden" setzten die Autoren des Vormärz vor allem auf drei Bereiche, die bereits in einer früheren Phase der Säkularisation, in der *Aufklärung* des 18. Jahrhunderts, in den Fokus der Aufmerksamkeit gerückt waren und die darüber ein Ansehen gewonnen hatten, dessen sie sich in der christlichen Welt der Frühen Neuzeit noch nicht hatten erfreuen können: auf die *„lebendige Natur"*, auf die *„allgemeine Menschennatur"*, die „Humanität", und auf die *Kunst*. Die Art und Weise, wie diese Komplexe von den Aufklärern zu weltanschaulichen Auffangstationen der säkularisatorischen Tendenzen der Moderne ausgebaut worden waren, hatte ihnen eine Aura, eine *quasi-religiöse Bedeutung* zuwachsen lassen, die es den Autoren des Vormärz leicht machte, ihre Vorstellungen von einem „Himmel auf Erden" auf sie zu gründen.

Denn die „lebendige Natur" war hier zum Kultobjekt des Pantheismus geworden, die „allgemeine Menschennatur" zum Kultobjekt der Humanitätsreligion und die Kunst zum Kultobjekt der Kunstreligion. Dem *Pantheismus*[39] des 18. Jahrhunderts galt die „lebendige Natur" als „göttlich", weil sie es dem Menschen erlaubte, sich in ihr zumindest zeitweise in einem „Himmel auf Erden" zu fühlen, sich nämlich in einem vollkommenen Einklang mit der Welt und mit sich selbst zu erleben. Die *Humanitätsreligion* wollte in der „allgemeinen Menschennatur" etwas „Göttliches" erblicken, weil sie die Wunder der selbstlosen Wahrheitssuche und der Erkenntnis, des selbstlosen Einstehens für das Wahre und Gute und das Wunder der Kreativität, der schöpferischen kulturellen Produktivität, weil sie das Wahre-Gute-Schöne aus sich hervorbrachte. Und die *Kunstreligion* nannte die Kunst „göttlich", weil sie ebensowohl in der Lage war, die Schönheit der Welt zum Vorschein zu bringen und sie damit als Ort eines glück-

39 Otto Rüdiger: Studien zur Spinoza-Rezeption in Deutschland im 18. Jahrhundert. Frankfurt 1994. – Siegfried Wollgast: Deus sive natura. Zum Pantheismus in der europäischen Philosophie und Religionsgeschichte. In: Sitzungsberichte der Leibniz-Sozietät 27 (1998), H. 8, S. 5–40.

lichen Lebens zu erweisen, wie sie über die Mittel verfügte, auf eigene Rechnung Bilder des Schönen zu schaffen, Bilder, die es erlaubten, sich über allfällige Abgründe des Sinnentzugs zu „erheben“ und sich zumindest in der Phantasie in ein erfülltes Dasein hineinzuversetzen. Daran ließ sich anknüpfen.

Vitalismus

Immermanns Arzt bezieht sich bei seiner Rede vom „Himmel auf Erden“ freilich auf keinen dieser drei Bereiche, auch nicht auf den der „lebendigen Natur“. Er spricht lediglich von dem *„gegenwärtigen irdischen Leben“*. Damit zielt er zwar einerseits auch auf das natürliche, *das „animalische Leben“*, wie es unter anderem die Glückspotentiale des Sexuallebens, „jene wunderbare Funktion“ bereithält, „worin der ganze Mensch zu einer belebenden Flamme auflodert“; andererseits meint er damit zugleich *das Leben in und mit der Geschichte*, die lebendige Teilhabe an den Segnungen der Kultur. Dieser zwiegesichtige, eigentümlich zwischen Natur und Kultur changierende Lebensbegriff wird in den weltanschaulichen Debatten des 19. Jahrhunderts bald schon Karriere machen, wird zur Basis einer „Lebensreligion“ und „Lebensphilosophie“, eines „Vitalismus“ werden, der nach und nach an die Stelle des Pantheismus tritt.[40]

Der *Pantheismus* gerät nämlich *im 19. Jahrhundert* in eben dem Maße in Bedrängnis, in dem die Natur zur Beute der modernen *Naturwissenschaft und Technik* wird. Wer sich erst einmal daran gewöhnt hat, sich mit dem Wissen des Naturwissenschaftlers und den Interessen des Technikers in der Natur umzutun, wer sich ihr zunächst und vor allem als einem Objekt der Analyse, des Messens, Rechnens und der technischen Manipulation nähert, den kann es irgendwann nicht mehr überzeugen, wenn sie ihm als eine Stätte quasireligiöser Einheits- und Harmonieerlebnisse angedient wird. Nichts anderes zeigt Immermann an der Figur des Arztes. So hat sich der Pantheismus bald nur noch in einer Epigonenlyrik halten können, wie sie Geibel kultiviert hat,

---

40 Hans-Joachim Lieder: Kulturkritik und Lebensphilosophie. Studien zur deutschen Philosophie der Jahrhundertwende. Darmstadt 1974. – P. Hadot u. a.: Leben. In: Historisches Wörterbuch der Philosophie. Bd. 5. Basel Stuttgart 1980, Sp. 52–103, insbesondere Sp. 71–97. – Karl Albert: Lebensphilosophie. Von den Anfängen bei Nietzsche bis zu ihrer Kritik bei Lukács. Freiburg 1995.

um an der Schwelle zur ästhetischen Moderne, in der Zeit der großen Wirkung Nietzsches, schließlich vollends einem *Vitalismus* zu weichen, der ohne einen pantheistischen Naturbegriff auskommt.

Da heißt es dann: *„Der Sinn des Lebens ist das Leben"*. Will sagen: wer sich ganz dem „gegenwärtigen irdischen Leben" hingibt, wer es in all seinen Möglichkeiten wahrnimmt, in all seinen Höhen und Tiefen durchmißt und mit größtmöglicher Intensität durchlebt und durchdenkt, für den erübrigt sich die Frage nach einem „Sinn des Lebens", der braucht sich von einem „lügenhaften, schwärmenden Etwas" im Menschen nichts mehr in Sachen Sinn vormachen zu lassen. Damit nimmt die Vorstellung vom „Himmel auf Erden" eine Form an, in der sie sich noch der letzten Reste des Christenhimmels entledigt hat.

Vom Himmel der Religion zum Himmel der Utopie

Das bekannteste Beispiel für die Gestaltung der Idee des „Himmels auf Erden", das die Literatur des Vormärz hervorgebracht hat, stammt aus der Feder von *Heine*: das Eingangsgedicht von *„Deutschland. Ein Wintermärchen"* (1844), überschrieben „Caput I", lateinisch für „erstes Kapitel"; die einzelnen Gedichte des Zyklus haben ja keine besonderen Titel. Heine setzt in ihm vor allem auf die *Humanitätsreligion*, wie er sich in dem gesamten Zyklus darum bemüht, seinem Leser die entsprechenden Vorstellungen nahezubringen. Schon in dem Vorwort, das den Gedichten vorangestellt ist, bekennt er sich zu einer Position, die er einen „Patriotismus" der „Humanität" nennt. Dabei weist er der „Humanität" ausdrücklich eine quasi-religiöse Bedeutung zu, spricht er von ihr nämlich als von dem „Gott, der auf Erden im Menschen wohnt" (HS 7, 575).

Zugleich arbeitet er die *politischen Aspekte der Religionskritik* heraus, der die Humanitätsreligion – wie bei den Linkshegelianern besonders deutlich zu sehen – ihre Entstehung verdankt. Der „Himmel" des Christentums wird für ihn vor dem Hintergrund der sozialen Frage und des Bündnisses der Kirchen mit den Mächten der Reaktion zu einem „letzten Schlupfwinkel" der „Dienstbarkeit", zu einem ultimativen ideologischen Mittel der Unterdrückung, mit dem Linkshegelianer Marx zu reden: zu „Opium des Volkes". Es gilt, den „Himmel" vom Jenseits ins Diesseits umzusiedeln und damit den „Gott, der auf Erden im Menschen wohnt", „aus seiner Erniedrigung (zu) retten", will sagen: dem „freien Menschentum" seine „Würde" zurückzugeben (HS 7, 574–575). In diesem Sinne wird im Eingangsgedicht von

„Deutschland. Ein Wintermärchen“ aus dem Himmel der Religion der Himmel der politischen Utopie.[41]

Ausgangspunkt ist die Begegnung mit einem „Harfenmädchen“, einer Straßensängerin, wie wir ihr heute noch in einer Fußgängerzone oder Kneipe begegnen mögen. Solche Straßensänger pflegten ihr Publikum seinerzeit mit Volksballaden und Moritaten, mit Geschichten von Liebesglück und Liebesleid, Mord und Totschlag zu unterhalten und sich dabei auf einer schlichten Version der Harfe zu begleiten; deshalb heißt zum Beispiel auch der Straßensänger in Goethes „Wilhelm Meister“ „der Harfner“.

Ein kleines Harfenmädchen sang.
Sie sang mit wahrem Gefühle
Und falscher Stimme, doch ward ich sehr
Gerühret von ihrem Spiele.

Sie sang von Liebe und Liebesgram,
Aufopfrung und Wiederfinden
Dort oben, in jener besseren Welt,
Wo alle Leiden schwinden.

Sie sang vom irdischen Jammertal,
Von Freuden, die bald zerronnen,
Vom Jenseits, wo die Seele schwelgt
Verklärt in ewgen Wonnen.

Sie sang das alte Entsagungslied,
Das Eiapopeia vom Himmel,
Womit man einlullt, wenn es greint,
Das Volk, den großen Lümmel.

Ich kenn die Weise, ich kenne den Text,
Ich kenn auch die Herren Verfasser;

---

41 Karlheinz Fingerhut: Heinrich Heines „Deutschland. Ein Wintermärchen“. Frankfurt 1992.

Ich weiß, sie tranken heimlich Wein
Und predigten öffentlich Wasser.

Ein neues Lied, ein besseres Lied,
O Freunde, will ich euch dichten!
Wir wollen hier auf Erden schon
Das Himmelreich errichten.

Wir wollen auf Erden glücklich sein,
Und wollen nicht mehr darben;
Verschlemmen soll nicht der faule Bauch,
Was fleißige Hände erwarben.

Es wächst hienieden Brot genug
Für alle Menschenkinder,
Auch Myrten und Rosen, Schönheit und Lust,
Und Zuckererbsen nicht minder.

Ja, Zuckererbsen für jedermann,
Sobald die Schoten platzen!
Den Himmel überlassen wir
Den Engeln und den Spatzen.

Und wachsen uns Flügel nach dem Tod,
So wollen wir Euch besuchen
Dort oben, und wir essen mit Euch
Die seligsten Torten und Kuchen.

Ein neues Lied, ein besseres Lied,
Es klingt wie Flöten und Geigen!
Das Miserere ist vorbei,
Die Sterbeglocken schweigen. (HS 7, 577–578)

3 Vormärz und „Weltschmerz“

Die Dynamik der Moderne

Die erste Annäherung an die Epoche des Vormärz und ihre Literatur hat vor einen eigentümlichen Befund geführt: die Welt wird modern, aber niemand scheint darüber so recht glücklich zu sein. Der Optimismus, mit dem sich die gebildeten Schichten im Zeitalter der Aufklärung einer „Wissenschaft und Kunst“ verschrieben hatten, die die Menschheit in eine Welt des Fortschritts führen sollte, ist weithin verflogen, und dies, obwohl inzwischen für alle sichtbar geworden ist, daß „Wissenschaft und Kunst“ in der Tat die Kraft haben, die Verhältnisse umzukrempeln, und in welchem Maße sie dazu in der Lage sind; man denke nur an die Französische Revolution, oder an die Anfänge der Industrialisierung, wie sie von Immermann in den „Epigonen“ geschildert werden. Alle Bereiche des geschichtlich-gesellschaftlichen Lebens – Gesellschaftsordnung, Staat und Politik, Besitzverhältnisse, Wirtschaftsformen, Arbeitswelt, Kultur und Bildung – sind in Bewegung geraten, mit ihnen zusammen freilich auch der gesamte seelisch-geistige Hausrat, mit dem man solchen Wandel zu bestehen hoffte, und das hat eine weltanschauliche Unruhe und eine existentielle Unsicherheit aufkommen lassen, hat ein *Grundgefühl der Orientierungslosigkeit* erzeugt, das bis in den hintersten Winkel der Gesellschaft gedrungen ist.

Weltanschauliche Unruhe

Denn die Dynamik der Moderne hat nicht nur die äußeren Lebensbedingungen, hat nicht nur die „Außenwelt“, sondern auch die „Innenwelt“ erfaßt, die Welt der Ideen, das Welt- und Menschenbild, den Einstellungshaushalt, eben die kulturellen, die seelisch-geistigen Ressourcen, mit denen man in den Prozeß der Modernisierung hineingegangen war. Das betrifft, wie wir gesehen haben, zunächst und vor allem das Leben in und mit der *Religion*. Wo immer die Modernisierung hindringt, da reißt sie die Menschen aus den angestammten traditionalen Lebensformen und damit aus den Formen religiösen Lebens, die diesen zugehören, um sie in einen Raum zu versetzen, wo

„Wissenschaft und Kunst“ die Dogmen und Normen der Religion mit bohrenden Fragen überziehen.

Und auch was *„Wissenschaft und Kunst“* an deren Stelle zu setzen und von sich aus an Orientierung zu geben versuchten, auch das, was man nun mit formelhafter Kürze die „Ideale“ nennt – wir würden heute eher von Werten sprechen – ist inzwischen ins Gerede gekommen, verfällt, wie Immermann an der Figur des Arztes zeigt, mehr und mehr der Kritik, und zwar im Namen eben der Wissenschaft, die solchen „Idealismus“ selbst wenn schon nicht hervorgebracht, so jedenfalls doch eine Zeitlang gefördert hatte. Denn diese Wissenschaft offenbart nun mehr und mehr ihre *immanente Tendenz zum Materialismus*, entpuppt sich als Motor eines Antiidealismus und einer Antiromantik, die alles, was man bis dato der „Macht und Herrlichkeit des Geistes“ zugeschrieben hatte, auf Materielles, auf Instinkte und Interessen zurückführen wollen. Ein Gespenst geht um in Europa: der *Nihilismus.*[42]

Zukunftsängste

Da ist es kein Wunder, daß viele nur noch mit Bangen in die Zukunft blicken. Denn müssen solcher Materialismus und Nihilismus nicht die gravierendsten Folgen für den Zusammenhalt der Gesellschaft und für die Selbstverhältnisse des Individuums zeitigen? Was soll aus der *Gesellschaft* werden, wenn immer weniger Menschen, zumal unter den Gebildeten, in den Eliten, an Gott und seine Gebote, an die Unsterblichkeit der Seele und die Perspektive von Himmel und Hölle, die Perspektive des Jüngsten Gerichts glauben, wenn sich einige von ihnen noch nicht einmal mehr zu irgendwelchen „Idealen“ bekennen mögen? Muß die Gesellschaft so nicht zur *Beute eines Individualismus* werden, der sich nicht mehr durch irgendeine Form von Moral gebunden weiß, *der nur noch die rücksichtslose Verfolgung egoistischer Begierden und Interessen kennt*?

Und wie soll das *Individuum* in dem weltanschaulichen Durcheinander, *im Pluralismus der Moderne* noch mit sich selbst zurechtkommen?

---

42 Dieter Arendt (Hrsg.): Nihilismus. Die Anfänge von Jakobi bis Nietzsche. Köln 1970. – Thomas Immelmann: Der unheimlichste aller Gäste. Nihilismus und Sinndebatte in der Literatur von der Aufklärung zur Moderne. Bielefeld 1992. – Federico Vercellone: Einführung in den Nihilismus. München 1998. – Ludger Lütkehaus: Nichts. Frankfurt 2003.

Ein Leben in „freier Selbstbestimmung" – alles schön und gut, aber ist der Einzelne nicht überfordert, wenn er sich im Dauerstreit zwischen Religionsverfechtern und Religionsverächtern, Idealisten und Materialisten, in dem endlosen Gewoge der Meinungen seinen Weg suchen und auf eigene Rechnung ein Welt- und Menschenbild zimmern soll, das ihn befriedigen, als irgendwie sinnhaft überzeugen und durchs Leben tragen könnte, wenn die ganze Last der Sinnproduktion auf ihn als Individuum zukommt? Muß er nicht darüber an sich selbst und an der Welt verzweifeln? Und kann sich die Gesellschaft auf eine solch prekäre Basis der Sinnstiftung gründen?

Weltanschauliche Perspektiven

Wir kennen nun schon einige der Antworten, die man im Vormärz auf diese Fragen zu geben versuchte. Da sind auf der einen Seite die, die meinen, nur die *Erneuerung der Religion* und des kirchlichen Lebens könne in all dem Wandel den Zusammenhalt der Gesellschaft und die Integrität des Individuums sichern, die Romantiker und ihre politischen Erben, dank derer die „Restauration des Altars" zum wichtigsten kulturpolitischen Projekt der wiedererstarkten Monarchien wird. Neben ihnen stehen die, die sich darum bemühen, aus der „Wissenschaft und Kunst" der gerade vergangenen „Goetheschen Kunstperiode" eine *Deutsche Klassik* zu destillieren, und die das „klassische Erbe" dabei auf einen „Idealismus" trimmen, der zwar, wie wir gesehen haben, an den Bestrebungen der „Klassiker" durchaus vorbeigeht, der aber eben dem Bedürfnis der Nachgeborenen nach einem *Bollwerk der „Ideale"* entgegenkommt.

Diesen wiederum treten andere entgegen – sie finden sich vor allem im Umkreis des „Jungen Deutschland" – die weder einer Religion Vertrauen entgegenbringen, die im Bund mit der Macht auf sie zukommt, ja ihre Wiederauferstehung überhaupt nur der künstlichen Beatmung durch die Politik zu verdanken scheint, noch einem Klassikkult, der den Zeitgenossen die undankbare Rolle von Epigonen zuweist. Beides können sie nur als Rückkehr zu überständigen Formen von Autorität und „Dienstbarkeit", als *Anschlag auf die „freie Selbstbestimmung" des Individuums* begreifen, und dieser soll nun stets der Vorrang gebühren, und sei es auch in Gestalt der „wildesten Subjektivität".

Solche „Selbstbestimmung" kann aber nur mit einer schonungslosen Bestandsaufnahme der Lage beginnen, wie Immermann sie versucht, und wenn diese ohne Begriffe von *Materialismus und Nihilismus* nicht auskommt, dann hat sie sich ihrer ohne Wenn und Aber zu bedienen. Und zeigt sich nicht überall, daß die Gesellschaft in der Moderne in einem Zustand angelangt ist, der ohne die analytischen Potentiale materialistischer Theorien nicht zu begreifen ist? Geben nicht gerade die, die mit der Erneuerung der Religion, dem Klassikkult und dem „Idealismus“ Karriere gemacht haben – die, die „öffentlich Wasser predigten“ und „heimlich Wein tranken“ – die besten Beispiele ab für die Macht der Instinkte und Interessen? Bezeugt sich nicht in jedem denkenden Menschen, daß das Individuum unter den Verhältnissen der Gegenwart nur noch in Formen „unglücklichen Bewußtseins“, der „Zerrissenheit“ und des „Weltschmerzes“ zu sich selbst zu kommen vermag, daß der Nihilismus in der Bildungselite Realität geworden ist?

Die meisten von denen, die so denken, geben sich freilich trotz allem der Hoffnung hin, daß der Nihilismus nicht das letzte Wort sein müsse. Was sie dabei an neuen, zukunftsweisenden Perspektiven entwickeln, kristallisiert sich wesentlich um das Bild des „Himmels auf Erden“, und zwar in eben den Formen, die wir bereits erörtert haben, in denen der *Humanitätsreligion*, der *Kunstreligion* und des *Vitalismus*. Im Laufe des 19. Jahrhunderts wird sich herausstellen, daß von diesen dreien der Vitalismus die größten Zukunftspotentiale hat. Der Grund dafür dürfte sein, daß er sich am besten neben der modernen Wissenschaft und dem durch sie beförderten Materialismus behaupten kann, weil er gänzlich ohne „Ideale“ auskommt oder zumindest den Anschein erweckt, ohne sie auskommen zu können, was in diesem Fall auf das Gleiche hinausläuft. Die Humanitätsreligion will ja noch immer „Ideale“ kultivieren, wenn auch auf einem anderen Boden als dem der Religion, und die Kunstreligion zumindest das eine „Ideal“ der „idealen Schönheit“.

Der Beitrag der Literatur

„Alle diese Übel hat die Kunst mitgelitten“. Zumal die Literatur hat sich mit nicht nachlassender Energie und in jeder erdenklichen Form mit alledem auseinandergesetzt, hat sich immer neue Szenarios und Figuren einfallen lassen, an denen sie die Problematik des Nihilismus durchspielen und in ihren Konsequenzen durchdenken konnte. So führt sie ihre Leser in eine Welt, in der der naive auf den sentimentalen Christen, die schlichte Frömmigkeit auf die raffinierte Frömmelei trifft und beide auf den wissenschaftlich gestählten Religionskritiker, den Religionsverächter und den bekennenden Atheisten, in der der schwärmerische Idealist dem desillusionierten Idealisten, dem „Zerrissenen" mit dem unauslöschlichen „Weltschmerz" begegnet, und diese wiederum dem „coolen" Materialisten, dem Praktiker ohne Theoriebedarf, dem Egozentriker ohne Moral und dem abgebrühten, zynischen Nihilisten; kaum ein Roman, eine Novelle, ein Drama, in dem nicht an entscheidender Stelle *Anfälle von Lebensüberdruß und Weltekel* geschildert würden, bis hin zu Selbstmordgedanken. Dabei erscheint der Selbstmord als geheimer Koinzidenzpunkt von Modernisierung und Individualisierung, als ultimative Möglichkeit der „freien Selbstbestimmung" in einer Moderne, die alle Formen der äußeren Bindung und des inneren Gehaltenseins zur Disposition stellt.

Das alles läßt sich an dem Roman besonders gut greifen, der zum Anlaß des größten Literaturskandals der Epoche wurde, an *Gutzkows „Wally, die Zweiflerin"* aus dem Jahr 1835. Skandale können ja wie Blitze sein, die mit einem Schlag die innere Befindlichkeit einer Gesellschaft erhellen. Das gilt jedenfalls für die Zeiten, die noch nichts von der routinierten Skandalwirtschaft der Gegenwart wissen, wo der Skandal vielfach nicht mehr als eine PR-Aktion ist, die auf den Event-Bedarf der Medien berechnet ist.

3.1 Gutzkows „Wally, die Zweiflerin"

Gutzkow und das Junge Deutschland

Karl Ferdinand Gutzkow[43] (1811–1878) hatte im literarischen Leben des Vormärz eine ähnlich bedeutende Position inne wie Immermann. Ja in manchem kann er wohl als noch profilierter gelten, da er anders als Immermann keine publizistische Kontroverse scheute; er war freilich auch kein preußischer Beamter. So wuchs er bereits in jungen

43 Eitel Wolf Dobert: Karl Gutzkow und seine Zeit. Bern München 1968. – Rainer Funke: Beharrung und Umbruch 1830–1860. Karl Gutzkow auf dem Weg in die literarische Moderne. Frankfurt 1984. – Roger Jones, Martina Lauster (Hrsg.): Karl Gutzkow. Liberalismus – Europäertum – Modernität. Bielefeld 2000. – Ute Promies: Karl Gutzkow – Romanautor und kritischer Pädagoge. Bielefeld 2003. – Wolfgang Lukas, Ute Schneider (Hrsg.): Karl Gutzkow. Publizistik, Literatur und Buchmarkt zwischen Vormärz und Gründerzeit. Wiesbaden 2013.

Jahren in die Rolle eines Wortführers des „Jungen Deutschland" hinein. Wie so viele Literaten des 18. und frühen 19. Jahrhunderts hatte er zunächst Theologie studiert, nebenbei freilich auch Philosophie gehört, bei *Hegel*, der selbst ein entlaufener Theologe war, und das hatte seinen Interessen eine andere Richtung gegeben. Er zählt mithin zu der Gruppe von Intellektuellen, die die preußische Obrigkeit mit dem Titel der „Hegelschen Drachensaat" beehrte. Durch das Erlebnis der Juli-Revolution von 1830 endgültig politisiert, warf er sich auf den Journalismus und die Literatur, um alsbald zu einer zentralen Figur des literarischen Lebens zu werden. So war er unter anderem für *Büchner* das wichtigste Bindeglied in den Literaturbetrieb hinein; denn er war es, der dessen Dramen „Dantons Tod" und „Leonce und Lena" zum Druck beförderte. Was Säkularisation seinerzeit konkret bedeutete, kann man gerade auch an Lebensläufen wie dem von Gutzkow erkennen.

Ein Literaturskandal im Vormärz

Nach allem, was wir wissen, ist Gutzkow mit „Wally, die Zweiflerin"[44] in der Tat auf einen Skandal ausgegangen; jedenfalls hat er ein halbes Jahr nach deren Erscheinen bekannt, er habe mit ihr „in einer Kirche, wo ich meine heuchlerischen Freunde beten sahe, eine Rakete aufsteigen (…) lassen"[45] wollen. Das Ausmaß des Skandals scheint ihn freilich überrascht zu haben. Nicht nur daß sein eigener Roman in den Staaten des Deutschen Bunds verboten und konfisziert wurde – die Schriften aller anderen Autoren des „Jungen Deutschland" wurden gleich mit verboten, und Gutzkow selbst wurde wegen *Verunglimpfung der Religion* zu zweieinhalb Monaten Gefängnis verurteilt, die er auch hat absitzen müssen – ein Bruch in seiner Biographie, den er niemals recht hat verwinden können.[46]

---

44 Gert Vonhoff: Vom bürgerlichen Individuum zur sozialen Frage. Romane von Karl Gutzkow. Frankfurt u. a. 1994. – Gabriela Scherer, Rolf Tarot: Karl Gutzkow, „Wally, die Zweiflerin". In: Rolf Tarot u. a. (Hrsg.): Erzählkunst der Vormoderne. Bern u. a. 1996, S. 127–144. – Gisela Richter: Karl Gutzkow. Erzähltheoretische Untersuchungen. Bern u. a. 2007.

45 Zitiert nach Günter Heintz: Nachwort. In: Karl Gutzkow: Wally, die Zweiflerin. Hrsg. v. Günter Heintz. Stuttgart 1979, S. 448–463, hier S. 450.

46 Erwin Wabnegger: Literaturskandal. Studien zur Reaktion des öffentlichen Systems auf Karl Gutzkows „Wally, die Zweiflerin". Würzburg 1987.

Religionskritik in der „Wally“

Religionskritik ist allerdings nur ein Aspekt bei dem sehr viel umfassender angelegten Versuch, das „Gemälde einer traurigen Haltlosigkeit der Seele“ [47] zu geben und damit das „zerrissene Prinzip unserer Zeit“ (GW 20) zur Darstellung zu bringen, aber sie ist eben ein Aspekt, der besonders herausgestellt wird. Unmittelbar vor dem Ende des Romans läßt Gutzkow Cäsar, den wichtigsten Mann im Leben der Heldin, dieser ein langes Manuskript mit dem Titel *„Geständnisse über Religion und Christentum“* (GW 106–124) überreichen, dessen Lektüre ihrer „Haltlosigkeit“ den Rest gibt und damit eine letzte Station auf dem Weg in die Katastrophe bezeichnet. Über dem bösen Ende waltet mithin der Religionsdiskurs, wodurch er im Gefüge des Romans noch einmal einen besonderen Nachdruck erhält. Mit den „Geständnissen“ ordnet sich Gutzkows „Wally“ in die lange Reihe von Romanen ein, die mit essayistischen Einschüben zum Thema Religion die Geschichte der Säkularisation begleiten, eine Reihe, die mit *Rousseau* und dem *„Glaubensbekenntnis des savoyischen Vikars“* beginnt, das in seinen „Emile“ (1762) eingelegt ist.

Religion im Spannungsfeld von Politik und Ökonomie

Wie die Linkshegelianer und wie Heine in „Deutschland. Ein Wintermärchen“ zielt Gutzkow mit der Kritik, die er seinem Cäsar in die Feder diktiert, zunächst einmal auf

> die Unverschämtheit (...), welche die hungernden Arbeiter auf das himmlische Brot des ewigen Lebens anweist. Die Religion der Entsagung mag für Jahre passen, wo die Ernte nicht geraten ist; aber wo Fülle und Verschwendung rings ihre Feste feiern, da murrt die Menschheit über eine Religion, welche immerfort an das Sichschicken, an die Demut, an den Ratschluß Gottes appelliert. Von dieser Seite des Christentums überhaupt, die sich dem Zeitgeiste entgegenstellt, kann nicht mehr die Rede sein. (GW 123)

Und allgemeiner noch heißt es in den „Geständnissen“:

> Unser Zeitalter ist politisch, aber nicht gottlos. Wie gern verbände es die Freiheit der Völker mit dem Glauben an die Ewigkeit! Aber unchristlich ist unser Zeitalter, denn das Christentum scheint sich überall der

47 Zitiert nach Heintz (Anm. 45), S. 453.

> Emanzipation in den Weg zu stellen. Daher jene merkwürdigen Erscheinungen, welche die neuere Zeit auf dem Gebiete, man weiß nicht, soll man sagen, der Politik oder der Religion hervorgebracht hat. Überall Sektengeist, Religionsstifter, Religionen auf Aktien, Religionen auf Subskription, jede Religion, nur kein Christentum. Man spricht von Priestern, von einer Theokratie, von Gottesdienst, nur nichts Christliches. (GW 122)

Hier beschwört Gutzkow noch einmal eine Lieblingsidee des 18. Jahrhunderts, die von einem wahren, einem ursprünglich-natürlichen Christentum jenseits der kulturellen Ausformung in kirchlichen Institutionen, Dogmen und Normen. Mit diesem wahren Christentum scheint es niemand mehr ernst zu nehmen. Die Religion ist zur *Beute des politischen Kalküls und der ökonomischen Spekulation* – „Religionen auf Aktien, Religionen auf Subskription“ – geworden, mit dem Ergebnis, daß man überall nur noch ihre institutionelle Seite im Auge hat. Das Zitat zeigt übrigens auch, daß Gutzkow wie so viele andere die Pluralität der Weltanschauungen, der „historischen Religionen“ und der modernen Ersatzreligionen, der politischen und philosophischen „Sekten“ noch nicht als Chance für das Individuum und seine „freie Selbstbestimmung“ begreifen kann, daß sie ihm mit ihrem Durcheinander nur Unbehagen bereitet.

Religion und Aufklärung

Die Grundthese der „Geständnisse“ lautet:

> Religion ist Verzweiflung am Weltzweck. Wüßte die Menschheit, wohin ihre Leiden und Freuden tendieren, wüßte sie ein sichtbares Ziel ihrer Anstrengungen, einen Erklärungsgrund für dies wirre Durcheinander der Interessen, für die Tapezierung des Firmaments, für die wechselnde Natur, für Frost, Hitze, Regen, Hagel, Blitz und Donner, sie würde an keinen Gott glauben. In progressiver Entwicklung folgt hieraus dreierlei: der natürliche Ursprung der Religion, die Accomodation (Angleichung) der göttlichen Begriffe an den jedesmaligen Bildungsgrad (des Weltalters, der Gesellschaft) und zuletzt die Unmöglichkeit historischer Religionen bei steigender Aufklärung. (GW 107)

Wo erst die rechte Form von Aufklärung Platz gegriffen hat, da ist das *Ende der „historischen Religionen“* nicht mehr fern, und zwar dadurch, daß solche Aufklärung die Menschheit mit dem „Weltzweck“ bekannt macht und sie damit in die Lage versetzt, einen Fortschritt zu veranstalten, der sie diesem „Weltzweck" nahebringt.

Es folgt ein kurzer Abriß der Geschichte des Christentums, der in seinen Grundzügen auf die Religionsphilosophie Hegels zurückgeht und dessen Kernstück ein Versuch zur *Entmythologisierung* der Geschichte Jesu ist, wie ihn zur gleichen Zeit auch David Friedrich Strauß unternommen hat.

> In Judäa, einem sehr barocken Lande, trat ein junger Mann namens Jesus auf, der durch eine bedenkliche Verwirrung seiner Ideen auf den Glauben kam, er sei schon seinen Vorfahren als Befreier der Nation, der er angehörte, (als Messias) verkündigt worden. (GW 109)

> Dies ist der historische Kern eines Ereignisses, aus welchem spätere Zeiten ein episches Gedicht machten mit Wundern und einer ganz fabelhaften Göttermaschinerie. Eine kleine Anekdote wurde welthistorisch. (GW 110–111)

Das Fazit der „Geständnisse" lautet:

> Wir leben in der Zeit des Heiligen Geistes, von dem Christus selber sagt, daß er uns in alle Wahrheit führen und freimachen würde. So scheint es sogar jener Mann gewußt zu haben, daß die Geschichte immerdar ihre eigne Autorität bleibt, daß der Weltgeist rastlos wirkt und in uns schafft und die Wahrheit zuletzt nur der Gottesdienst im Tempel der Freiheit ist. Wir werden keinen neuen Himmel und keine neue Erde haben; aber die Brücke zwischen beiden, so scheint es, muß von neuem gebaut werden. (GW 124)

Die neue Religion, *die Religion der Zukunft* soll *der „Gottesdienst im Tempel der Freiheit"*, soll mithin eine gesellschaftspolitische Utopie sein, und diese soll eine Religion ersetzen, die bis in ihren Himmel hinein ein Rückhalt der „Dienstbarkeit" „auf Erden" ist.

Die Integration der Religionskritik in die Handlung

Hier müssen wir uns nun freilich klarmachen, daß diese „Geständnisse" einer Romanfigur in den Mund gelegt werden, und zwar einer äußerst problematischen Figur, wie wir noch sehen werden, eben jenem Cäsar, und daß ihre Stellung im Gefüge der Handlung die ist, der Heldin Wally einen letzten Stoß auf dem Weg in den Selbstmord zu geben. Solche erzähltechnische Positionierung will ja bei der Interpretation stets mit bedacht sein, entscheidet sie doch vielfach über die Frage, welchen Wahrheitsgehalt der Autor einer bestimmten Passage zuerkannt wissen will. Im Fall der „Geständnisse“ kann freilich kein Zweifel daran sein, daß der Autor hinter ihnen steht. Denn am Ende des Buchs findet sich ein *Essay über „Wahrheit und Wirklichkeit“* (GW 128–132), der außerhalb des fiktionalen Zusammenhangs, also auf eigene Rechnung des Autors präsentiert wird, und da werden Gedanken formuliert, die ganz auf der Linie der „Geständnisse“ liegen.

> Man verwirft mit Recht das Experimentieren mit der Menschheit (im Stil der Französischen Revolution), aber man geht darin weiter, als man darf, ohne die Menschheit zu beleidigen. Wir fürchten uns, den Zeitgenossen etwas zu entziehen, wovon wir uns einbilden, daß es zu ihrem Leben nötig ist. Wir glauben an die Institutionen in Sitte, Meinung und politischer Einrichtung wie an die unerläßlichen Lebensbedingungen der Jahrhunderte. Als wenn die Menschheit keine innern Quellen hätte! Als wenn sie unterginge, wenn ihr sie aus dieser ganzen Sündflut ihrer Existenz plötzlich nackt und noch triefend auf den Ararat versetztet! Als wenn die Menschheit nicht immer die erste sein wird, die sich hilft, und diejenige, welche für sich den besten Rat weiß! Sie zucken die Achseln wie unvorsichtige Ärzte, sie fürchten für das Leben des Patienten und quacksalbern an den alten Schäden herum; aber nehmt der Menschheit ein Bein ab: sie wird sich ein neues machen; nehmt ihr, um nur eines, was unmöglich scheint, zu nennen, z. B. das Christentum: glaubt ihr, daß sie untergehen wird? Nehmt ihr eure Gesetzbücher, eure Verfassungen – nehmt ihr zuletzt das, worauf gleichsam alles ankommen soll, nehmt ihr euch selbst! – und die Menschheit wird doch fortbestehen. Sie wird alles ertragen und durch Felsen vom stärksten Granit noch immer einen Weg finden, der sie zu ihrem Ziele führt. (GW 131–132)

Nicht auf „historische Religionen“ wie das Christentum und auf deren „Institutionen“ kommt es an, sondern einzig auf die „Menschheit“ und ihre „inneren Quellen“ – das ist nichts anderes als jene *Humanitätsreligion*, durch die auch Strauß, Feuerbach und Heine die „Christusreligion“ ersetzt sehen wollen.

Der Essay „Wahrheit und Wirklichkeit" ist übrigens bereits vor dem Erscheinen der „Wally" in einer Zeitschrift veröffentlicht worden. Gutzkow scheint ihn nur deshalb in den Roman aufgenommen zu haben, weil er das Manuskript auf einen größeren Umfang bringen wollte, denn ab einer bestimmten Seitenzahl mußte ein Buch nicht schon vor der Publikation der Zensur vorgelegt werden; er konnte so also die Vorzensur umgehen. Mit der separaten Veröffentlichung des Essays hat er zunächst noch keinen Ärger gehabt; der kam erst mit dem Roman. Was den Skandal auslöste, waren offensichtlich weniger *die religionskritischen Reflexionen* selbst als vielmehr die Art und Weise, wie sie *in den Austausch zweier „problematischer Naturen" eingebracht* wurden, wie Gedanken, die nach allgemeiner Auffassung an die Grundfesten der Gesellschaft und die letzten Sicherungen des menschlichen Daseins rührten und die deshalb den größten Ernst verdienten, mit Figuren verbunden wurden, deren Leben durch die bedenklichsten Formen von Exzentrizität und Frivolität gekennzeichnet war.

Ein neuer sozialer Typus: Der Dandy

„Problematische Naturen" – so lautet ein Goethe-Wort, dessen sich *Friedrich Spielhagen* (1829–1911) 1861 bei der Wahl des Titels für seinen ersten großen Erfolgsroman bediente, ein Werk, in dem wie bei Gutzkow die prekären Verhältnisse in Zeiten des Vormärz ausgelotet werden, nunmehr allerdings im Rückblick. Cäsar und Wally sind solche „problematischen Naturen", und sie sind es in besonderem Maße. Gutzkows Cäsar ist das Resultat eines ersten Versuchs der deutschen Literatur, einen neuen sozialen Typus zu gestalten, der gerade damals, in den dreißiger Jahren, in England und Frankreich in Mode kam und von dem man in Deutschland noch keine rechte Vorstellung hatte, ein Spitzenprodukt der zivilisatorischen Entwicklung, das die Literatur bis zum Ende des Jahrhunderts nicht wieder aus den Augen verloren hat und das gerade einige ihrer besten Köpfe – von *Balzac* über *Baudelaire* bis hin zu *Oscar Wilde* – immer wieder beschäftigt hat: den Dandy.[48]

Dandy und Gesellschaft

Was die Literatur am Dandy faszinierte, war vor allem zweierlei: zum einen die Art und Weise, wie er unter den Bedingungen der

48 Hiltrud Gnüg: Kult der Kälte. Der klassische Dandy im Spiegel der Weltliteratur. Stuttgart 1988.

Moderne ein Leben in „freier Selbstbestimmung“ zu führen versuchte, und zum andern die Bedeutung, die er dabei dem Ästhetischen und Formfragen überhaupt beimaß. Der Dandy lebt *zugleich im Einklang mit der Gesellschaft und im Widerspruch zu ihr*, ist zugleich konventionell und unkonventionell. Seine Opposition ist keine, die sich in offener Rebellion, in politischer Aktion und Kritik zeigt, die sich überhaupt in irgendwelchen Formen eines leidenschaftlichen Engagements, mit Schaum vor dem Mund äußert. Denn der Dandy schwitzt nicht, schon allein um sein Outfit nicht zu verderben; er bleibt stets „voll cool“, bewährt überall und immer die gleiche „impassibilité“, zu deutsch: Lässigkeit, Kaltblütigkeit. Der Begriff der „Coolness“ zeigt übrigens an, daß das Dandytum noch immer lebt und inzwischen bis zum unteren Ende der sozialen Hierarchie, in die Subkultur der amerikanischen Ghettos vorgedungen ist.

Auf den ersten Blick scheint der klassische Dandy durchaus angepaßt, ja überangepaßt. Er bewegt sich mit größter Sicherheit und Ungeniertheit – französisch: „désinvolture“ – in der „Gesellschaft, die man die gute nennt“ (Goethe); nichts kann ihn in Verlegenheit bringen. Denn er beherrscht die Konventionen und Umgangsformen der „guten Gesellschaft“ bis in die letzten Feinheiten hinein, beherrscht ihren Lifestyle und ihre Moden, und er legt bei ihrer Pflege eine Hingabe und Ausdauer an den Tag, die er überall sonst vermissen läßt, ja er entwickelt dabei geradezu eine Art *Virtuosität*. Und eben auf diese Virtuosität kommt es ihm an; in ihr vergewissert er sich der Möglichkeit, mit den Spielregeln der „guten Gesellschaft“ zu spielen, vergewissert er sich einer Souveränität, die es ihm erlaubt, in solchem Spiel die Distanz zu wahren und ganz bei sich selbst zu bleiben. Letztlich dienen seine sozialen Aktivitäten nur einem „culte du moi“, einer Selbstbehauptung im Kultivieren des eigenen Ich. Die „gute Gesellschaft“ läßt ihn gewähren, auch wenn sie gelegentlich über seine Exzentrizität und Blasiertheit die Nase rümpft; sie akzeptiert ihn, weil er ihr nicht wirklich wehtut und sie vor dem Übel bewahrt, das sie mehr fürchtet als jedes andere: vor dem „Ennui“, der Langeweile.

Die Lebenskunst des Dandys

Um die Karriere eines Dandys einschlagen zu können, muß man von Hause aus mit drei Gaben gesegnet sein: mit finanzieller Unabhängigkeit, guter Erziehung und Intelligenz. Der Dandy nutzt sie aber eben nicht, um mit Taten des Geistes oder anderen gesellschaftlich relevanten Leistungen zu glänzen; er wendet sie ganz an Fragen des Lifestyle, verschwendet sie an die Verfeinerung von Geschmack und Genuß, an ein *Leben im Zeichen der Schönheit.* Er ist mithin ein Ästhet, aber keiner im Sinne der „Kunstreligion", denn er sucht die Kunst nicht um ihrer selbst willen, sondern nur um ihrer Fähigkeit willen, das Leben zu verschönern, sozusagen als „angewandte Kunst".

In solchem Ästhetentum hat man gerne einen Versuch gesehen, sich dem *Nützlichkeitsdenken* zu verweigern, das im Zuge der Modernisierung mehr und mehr von der Gesellschaft Besitz ergriff, jenem Utilitarismus, der in unseren Tagen mit dem Schreckensregime der Betriebswirte auf einem vorläufigen Höhepunkt angekommen ist, aber es bedeutet wohl noch mehr. Es ist auch ein Ausdruck des Abschieds von der Religion, von „Idealismus" und Romantik, ein Ausdruck des *Nihilismus*, der in den gebildeten Schichten grassiert. Der Dandy kann um sich her nichts Sinnhaftes mehr entdecken, für das es sich zu kämpfen lohnte, und so versucht er, auf andere Weise das Beste aus seinem Leben zu machen. Das Dandytum gehört dem Nihilismus des 19. Jahrhunderts zu; insofern hat es keinen Sinn, im 18. Jahrhundert, in der Renaissance oder gar in der Antike nach Dandys Ausschau zu halten, wie das die Forschung gelegentlich getan hat.

Antiidealismus und Antiromantik zeigen sich nicht zuletzt im *Liebesleben* des Dandys. Mit der romantischen Liebe und ihrem sentimentalen Gebarme kann er nichts anfangen, denn die romantische Liebe ist eine Liebe, die schwitzt. So kennt er im Grunde nur Affären, davon allerdings eine ganze Menge. Bei ihrer Gestaltung stellt er die gleiche „impassibilité" und „désinvolture" unter Beweis, die er auch sonst überall an den Tag legt; er bleibt auch in der Liebe letztlich ganz bei sich.

Um einen solchen Dandy also handelt es sich bei Gutzkows *Cäsar.* Allerdings entspricht er dem Typus noch nicht ganz – er ist ja auch ein besonders frühes Exemplar – denn „Geständnisse über Religion und Christentum" sind von einem Dandy eigentlich nicht zu erwarten. Da gibt es mithin Restbestände eines romantisch-idealistischen deutschen Bekenntnisdrangs, die noch nicht vollends ausgeschwitzt worden sind. In allem übrigen aber ist Cäsar auf der Höhe des zeitgenössischen europäischen Dandytums, hat sein Lifestyle Weltniveau.

Eine Lebedame mit Weltschmerz

Die Titelheldin *Wally* ist das weibliche Pendant zu solchem Dandytum. Sie ist ein Vollweib und eine Lebedame, eine überaus „elegante“, „brillante“ Erscheinung, schön, verführerisch, gesellschaftlich gewandt, gebildet, geistreich, raffiniert, kokett, ist also das genaue Gegenteil der Unschuld vom Lande, wie sie zuvor so gerne von der Literatur gestaltet worden ist. Daß eine solche Figur nun zur Heldin eines Romans wird, ist ein besonders deutliches Signal dafür, welche Veränderungen sich im Vormärz anbahnen. Wallys Leben besteht vor allem aus Gesellschaften, Bällen, Theater- und Opernbesuchen, Shopping und Aufenthalten in den angesagtesten Bädern; das 19. Jahrhundert war ja die Blütezeit einer Badekultur, die die große Welt immer wieder in Luxus-Bädern wie Karlsbad, Baden-Baden, Wiesbaden, Bad Ems und Bad Kissingen zusammenführte. Die Prachtbauten, die damals entstanden, können vielfach heute noch mit ihrer Eleganz beeindrucken.

In einem Punkt allerdings unterscheidet sich Wally von Cäsar. Sie ist zwar wie er ein großer Skeptiker, zweifelt wie er an den Verheißungen der Religion, des „Idealismus“ und der Romantik, aber ihr fehlt dabei die „Coolness“ Cäsars, sie leidet immer einmal wieder unter ihrem Zweifeln-Müssen. Der Zweifel ist die große Wunde ihres Lebens. Sie ist mithin anders als der Dandy eine „Zerrissene“, ein von Anfällen von „Weltschmerz“ heimgesuchtes, mit sich selbst überqueres Ich, und sie ist es als eine Frau. Gerade dies scheint die zeitgenössischen Leser besonders irritiert zu haben, zumal die Vertreter der Zensur. Von Männern war man derlei ja inzwischen fast schon gewohnt, aber eine Frau, eine potentielle Mutter von Kindern und Hüterin der Hausfrömmigkeit eine „Zerrissene“? Ein Abgrund tat sich auf.

Liebe und Ehe in Zeiten des Weltschmerzes

Diese „zerrissene“ Lebedame also wird in Gutzkows Roman mit dem Dandy Cäsar zusammengebracht. Was sie zueinander finden läßt, ist nicht etwa die Liebe; sie kommen zusammen, weil sie die Stars der „guten Gesellschaft“ sind und weil sie als solche in deren Augen irgendwie zusammengehören, so wie in modernen College-Filmen aus Hollywood der Quarterback der Football-Mannschaft und die Cheerleader-Queen. Demgemäß verbringen sie zwar die meiste Zeit miteinander, und in jeder erdenklichen Form, heiraten am Ende aber jeweils einen anderen. Wally reicht ihre Hand einem wohlhabenden Diplomaten, nicht zuletzt, um ihren aufwendigen Lebensstil aufrechterhalten zu können, und zieht mit ihm ins Zentrum der schönen Welt, nach Paris. Doch die Ehe scheitert. Wally langweilt sich ohne Cäsar, selbst in Paris, und die Aussicht auf Mutterschaft und Kinder kann sie dafür schon gar nicht entschädigen. Überdies verliebt sich der Bruder ihres Ehegemahls in sie und gibt sich unangenehmerweise, nachdem er von ihr abgewiesen worden ist, die Kugel. Davon ist Wally denn doch einigermaßen erschüttert, und so kehrt sie nach Deutschland zurück. Hier muß sie allerdings erleben, daß sich Cäsar inzwischen auf die Ehe mit einer anderen Frau kapriziert hat, und genau da meint sie zu erkennen, daß sie ihn wirklich liebt. Nachdem Cäsar mit seinen „Geständnissen über Religion und Christentum" ihren Zweifeln am Glauben in eben dem Moment neue Nahrung gegeben hat, in dem sie seiner besonders bedürfte, verfällt sie vollends der Verzweiflung und greift zum Dolch, um sich das Leben zu nehmen.

Zwischen Vitalismus und Humanitätsreligion

Dem Leser wird auf den 120 Seiten des Romans also einiges geboten. Damit sind aber noch nicht die größten „Aufreger" benannt. Diese verdanken sich wesentlich jenen ersten Vorstößen in das Neuland des Vitalismus, die sich wie in Immermanns „Epigonen", so auch in Gutzkows „Wally" finden. Die Annäherung an die Vorstellungswelt des Vitalismus erfolgt hier wie dort von zwei Seiten aus. Zum einen ist es die Frage, was dem Menschen im *Hinschwinden von Religion, Idealismus und Romantik* überhaupt noch bleibe, die wie von selbst zum „animalischen Leben" und dessen spezifischen Möglichkeiten führt, sich einen „Himmel auf Erden" zu bereiten, den Möglichkeiten vor allem eines sinnlichen Genießens, einer elementaren Lebenslust jenseits aller geistigen Ansprüche. Und zum anderen nährt *die hochgetriebene Künstlichkeit und Kompliziertheit der modernen Verhältnisse*, die bis ins Mondäne gesteigerte Kultiviertheit der Lebensformen den Wunsch, einmal wieder des ursprünglich-natürlich Menschlichen ansichtig zu werden, das sich unter der Schminke der Zivilisation und hinter dem Kulissenwirbel der Moden verbirgt, *sich des Animalisch-Kreatürlichen am Menschen zu vergewissern*, dem Menschen „ganz nackt und bloß" zu begegnen.

Besonders weit gelangt Gutzkow hier allerdings noch nicht. Denn die vitalistischen Motive verschwimmen ihm immer wieder mit den Ansätzen zur Humanitätsreligion, und das sind, wie spätestens bei Nietzsche deutlich wird, zwei Paar Schuhe. Der *Vitalismus* will die Kultur durch die Rückbindung an die Natur erneuern, und zwar an eine Natur, die nicht mehr die des Pantheismus, die schon die der modernen Naturwissenschaften ist; die *Humanitätsreligion* hingegen will die Kultur aus sich selbst heraus weiterentwickeln und sucht deshalb ihr Heil in der Geschichte, im geschichtlichen Fortschritt. In der folgenden Szene werden sowohl die Ansätze zum Vitalismus als auch ihr Verschwimmen ins Humanitätsreligiöse, wird das Unentschiedene, der weiteren Klärung Bedürftige besonders deutlich, ja es wird am Ende geradezu als solches benannt; da ist nämlich von „unglücklicher Verwechslung“ und „Lüge“ die Rede.

Jetzt lag Cäsar zu Wallys Füßen, wahrhaftig, ohne Bewußtsein, von einem ungeheuchelten Gefühle übermannt. Aber was warf ihn nieder? Nicht die Liebe, sondern der Gedanke an eine Humanitätsfrage, die niemanden von euch fremd ist: der Gedanke an jene Augenblicke, wo wir, überdrüssig der konventionellen Formen des Lebens, zu aller Welt herantreten möchten und ihr zurufen: „O warum dies Gehäuse von Manieren, in welches du Spröde dich zurückziehst? Warum diese Verhüllung des Menschen in und an dir? Warum Zurückhaltung, du, mein Bruder, du, meine Schwester, da du doch gleichen Wesens mit mir bist, eine Hand wie ich zum Drucke, einen Mund wie ich zum Kusse hast? Ach, wie seh' ich rings um mich her eine so reife Ernte von Liebe und Schönheit! Warum zögern bis auf Jahre, daß ich sie breche? Warum nicht das Entzücken, daß wir alle Menschen sind, schwach und stark, sterblich und unsterblich! Diese unsichtbaren Barrieren, welche die Menschen trennen, welche auch den Jüngling vom Mädchen trennen, müssen fallen; denn ich kenne dich, dein alles, dein Gehen und Stehen, deine Schwächen und Tugenden: siehe! hier ist meine offne Brust, hier schlägt mein Herz, ich bin nichts, was noch etwas anderes wäre, als es ist, nichts, was du für etwas anderes halten dürftest. Weib, in deinen Augen, in den Formen deines Körpers bist du überreif zur Liebe; und wenn ich dich heut zum ersten Male sähe, so pflückt' ich dich, denn wir sind die Kinder eines und desselben Planeten, ich Mensch wie du, beide alternd, beide den Tod fürchtend, beide elend. Was weichst du mir aus?“

Wally zerfloß in Tränen. So fast hatte Cäsar zu ihr gesprochen, und sie fühlte das Entzücken, statt eines Weibes Mensch zu sein. Sie zitterte bei dieser echt philanthropischen Vorstellung, welche, wenn sie allgemein würde, die Welt durchaus umgestalten und ihre schwierigen Fragen im Nu lösen müßte. Sie ließ die Umarmung Cäsars zu: nicht, weil sie ihn liebte,

> oder aus Egoismus, aus Stolz, einen Mann überwunden zu haben, sondern weil sie sich als das schwache Glied der großen Wesenkette fühlte, die Gott erschaffen hat, weil sie wußte, daß sie ja vor der Wahrheit und Natur ganz nackt und bloß und mitleidswürdig war, weil sie zuletzt glaubte, daß diese heißen Küsse, welche Cäsar auf ihre Lippen drückte, allen Millionen gälten unterm Sternenzelt.
>
> Sehet da eine Szene, wie sie in alten Zeiten nicht vorkam! Hier ist Raffiniertes, Gemachtes, aus der Zerrissenheit unsrer Zeit Gebornes: und was ist die Wahrheit Romeos und Juliettens gegen diese Lüge! Was ist die egoistische Geschlechtsliebe gegen diesen Enthusiasmus der Ideen, der zwei Seelen in die unglücklichsten Verwechselungen werfen kann! Ich zittre vor einem Jahrhundert, das in seinen Irrtümern so tragisch, in seinem Fluche so anbetungswürdig ist. (GW 34–35)

Das Skandalon der „Wally“

Cäsar wäre nicht Cäsar, wenn er mit dem „philanthropischen Gedanken“ des „ganz nackt und bloß“ „vor der Wahrheit und Natur“ stehenden Menschen nicht die handfestesten Proben aufs Exempel machte. So bittet er die schöne Wally unmittelbar, bevor sie sich von ihm trennt, um ihrem reichen Lover nach Paris zu folgen, sich ihm zum Abschied noch einmal „ganz nackt und bloß“ zu zeigen, eine Aktion oder vielmehr ein Akt, ein Lebendes Bild, das er als Symbol der kreatürlichen Verbundenheit aller Menschen verstanden wissen will, als Zeichen dafür, daß es dem Menschen durchaus möglich sei, seine „Verhüllung“ in ein „Gehäuse von Manieren“ zu durchbrechen. Und Wally tut ihm den Gefallen, und sie tut es eben am Morgen ihrer Hochzeit mit dem anderen. Es war vor allem diese Szene, was das Faß zum Überlaufen brachte und den Skandal perfekt machte. Die *Verbindung* derartiger *vitalistischer Frivolitäten mit dem Religionsdiskurs* war einfach zuviel für die meisten Zeitgenossen, und so riefen sie die Zensur und die Justiz auf den Plan.

Perspektiven der Literatur

Gutzkows kurzer Roman ist wie eine Büchse der Pandora oder auch wie eine Wundertüte, die vollgestopft ist mit Motiven, in denen die Zukunft der Literatur beschlossen liegt – die Problematisierung von Religion, „Idealismus“ und Romantik, die Perspektive von Materialismus und Nihilismus, die Ansätze zu „Humanitätsreligion“, Ästhetizismus und Vitalismus – und die nur darauf warten, aus einer Enge entlassen zu werden, in der sie sich gegenseitig die Luft zum Atmen nehmen. Man braucht freilich nicht lange zu suchen, um vor, neben und nach Gutzkow auf Werke zu treffen, in denen sie sich breiter haben entfalten und deutlicher ihr Gesicht haben zeigen können. Sie finden sich nicht von ungefähr gerade bei den drei Autoren des Vormärz, die sich am besten im kulturellen Gedächtnis erhalten haben: bei Heine, Platen und Büchner.

3.2 Nihilismus und Vitalismus bei Heine

3.2.1 „Weltschmerz“ bei Heine

Vor dem „Rätsel des Lebens“

Fragen

Am Meer, am wüsten, nächtlichen Meer
Steht ein Jüngling-Mann,
Die Brust voll Wehmut, das Haupt voll Zweifel,
Und mit düstern Lippen fragt er die Wogen:

„O löst mir das Rätsel des Lebens,
Das qualvoll uralte Rätsel,
Worüber schon manche Häupter gegrübelt,
Häupter in Hieroglyphenmützen,
Häupter in Turban und schwarzem Barett,
Perückenhäupter und tausend andre
Arme, schwitzende Menschenhäupter –
Sagt mir, was bedeutet der Mensch?
Woher ist er kommen? Wo geht er hin?
Wer wohnt dort oben auf goldenen Sternen?“

Es murmeln die Wogen ihr ewges Gemurmel,
Es wehet der Wind, es fliehen die Wolken,
Es blinken die Sterne, gleichgültig und kalt,
Und ein Narr wartet auf Antwort. (HS 1, 208)

Ein „Jüngling-Mann“, ein Mensch an der Schwelle zum Erwachsensein, steht am „nächtlichen, wüsten Meer“ und hält eine „Lebensabiturienten-Rede" (HS 3, 252), legt sich in eben dem Moment, in dem sich die Weite der Welt vor ihm auftut und sich ihm die Möglichkeiten des menschlichen Daseins und zum Begreifen dieses Daseins erstmals voll und ganz erschließen, die Frage aller Fragen vor, die Frage nach dem Sinn des Lebens. Er macht sich bewußt, daß die Menschheit seit jeher über dem „Rätsel des Lebens" gebrütet hat und daß sie es besonders in den Formen von *Religion* und *Wissenschaft* getan hat; mit den „Häuptern in Hieroglyphenmützen", „in Turban und schwarzem Barett" sind ägyptische Priester, islamische und christliche Theologen, mit den „Perückenhäuptern" Gelehrte gemeint.

Die Ergebnisse von deren Bemühungen können den „Jüngling-Mann" offenbar nicht mehr überzeugen, denn er richtet sich mit seinen Fragen an die Natur, wie er es in der Begegnung mit pantheistischer Naturlyrik der Goethezeit gelernt haben mag – und muß erfahren, daß auch die Hoffnungen des *Pantheismus* trügen, muß begreifen, daß die *Natur weder beseelt noch „begeistet"* (Goethe) ist und daß zumal die so oft als letzte Orientierung, Regenten des Schicksals und Wohnsitz der Götter beschworenen *Sterne* „keine liebende mitfühlende Wesen sind", wie es an anderer Stelle heißt, sondern „gleichgültig und kalt", daß sie „nur glänzende Täuschungen der Nacht" sind, „ewige Trugbilder in einem erträumten Himmel, goldne Lügen im dunkelblauen Nichts" (HS 1, 518). Dank der modernen Physik weiß man eben inzwischen, was der Himmel und was die Sterne sind und daß alles, was ihnen Mythos, Religion und Kunst angedichtet haben, bloße „Trugbilder", bloße Wunschprojektionen sind. Nur ein „Narr" wird da noch „auf Antwort warten".

Heines frühe Erfolge

Das Gedicht „Fragen" gehört zu dem zweiteiligen Zyklus *„Die Nordsee"*, den Heine sowohl in das „Buch der Lieder" als auch in die „Reisebilder" aufgenommen hat, die beiden Werke, die seinen Ruhm begründen.[49] Im *„Buch der Lieder"* (1827) hat er einen Großteil seiner frühen Lyrik zusammengetragen, in große Zyklen geordnet, wie er als

49 Jeffrey L. Sammons: Heinrich Heine. Stuttgart 1991. – Ralf Schnell: Heinrich Heine. Zur Einführung. Hamburg 1996. – Edda Ziegler: Heinrich Heine. Leben, Werk, Wirkung. Düsseldorf 1997. – Gerhard Höhn: Heine-Handbuch. Zeit, Person, Werk. 3. Aufl. Stuttgart Weimar 2004. – Peter Uwe Hohendahl: Heinrich Heine. Europäischer Schriftsteller und Intellektueller. Berlin 2008.

Lyriker überhaupt vor allem ein Gestalter von Zyklen ist. Es wurde zu einem Lieblingsbuch des lyrikversessenen 19. Jahrhunderts; allein bis zum Tod Heines 1856 hat es zwölf Auflagen erlebt, dem bis zum Ende des Jahrhunderts zahlreiche weitere folgen sollten. Zunächst wurde der Ruhm des „Buchs der Lieder" freilich noch von dem der *„Reisebilder"* (1826–1831) überstrahlt, einer Folge von zeitkritischen Reisefeuilletons, in denen Heine eine deutlichere Sprache führt, was die politischen, sozialen und kulturellen Fragen anbelangt, und die ihm deshalb zunächst in noch weiteren Kreisen Gehör verschafften.

Heines Lyrik

Daß Heine gerade mit diesen beiden Werken bekanntgeworden ist, kommt nicht von ungefähr, treten in ihnen die Möglichkeiten und Besonderheiten seines Schreibens doch erstmals in voll entfalteter Gestalt vor die Augen der Welt. Denn diese kristallisieren sich vor allem in die beiden Formen, die er hier kultiviert hat. Da ist zum einen ein Gedicht, das mit vollen Händen aus dem *Fundus der hoch- und spätromantischen Dichtung* schöpft, das in die Maske von deren Volkston und Volksliedstrophen schlüpft, um wie sie die Wunder der Natur und der Geschichte, das romantische Naturerlebnis, die romantische Liebe, die Ritterherrlichkeit und den Zauber von Sagen und Märchen zu beschwören; dies freilich nur, um sie alsbald mit harten Schnitten *auf die Realitäten des modernen Lebens zu beziehen* und über die Klinge der Ironie springen zu lassen, um sie zu entzaubern, wenn nicht vollends als faulen Zauber zu brandmarken.[50]

Was diese Realitäten des modernen Lebens sind, wissen wir bereits von unserer Lektüre Immermanns und Gutzkows her. Besonders wichtig sind für Heines Gedicht jene Paroxysmen der Liebe, wie sie Gutzkow in seiner „Wally" als typisch für die Moderne schildert, ist für es mithin *eine Liebe, bei der der romantische Liebestraum auf die sozialpsychologischen Realitäten der „Zerrissenheit" trifft.* Immer wieder meldet sich in ihm ein lyrisches Ich zu Wort, das in Liebe zu einer schönen Frau entbrannt ist und mit den romantischen Erwartungen, die sie in ihm weckt, Schiffbruch erleidet, weil diese Frau eine

50 Rolf Lüdi: Heinrich Heines „Buch der Lieder". Frankfurt 1979. – Johann Jokl: Von der Unmöglichkeit romantischer Liebe. Heinrich Heines „Buch der Lieder". Opladen 1991.

„Zerrissene" ist, weil der schönen Außenseite kein schönes Inneres entspricht, weil in der reizvollen Hülle statt eines liebenden Herzens nur der Instinkt und das Interesse, der Wankelmut, die Raffinesse und die Berechnung wohnen – so daß es sich am Ende mit ihren handfesten körperlichen Reizen zufrieden gibt.

> Wenn ich in deine Augen seh,
> So schwindet all mein Leid und Weh;
> Doch wenn ich küsse deinen Mund,
> So werd ich ganz und gar gesund.
>
> Wenn ich mich lehn an dein Brust,
> Kommts über mich wie Himmelslust;
> Doch wenn du sprichst: Ich liebe dich!
> So muß ich weinen bitterlich. (HS 1, 76)

Das lyrische Ich muß weinen, weil das „Ich liebe dich!" nicht der Realität entspricht, weil es im Mund der Geliebten nur eine Phrase ist, die zur Routine jenes Gesellschaftsspiels gehört, das Liebe heißt.

> O schwöre nicht und küsse nur,
> Ich glaube keinem Weiberschwur!
> Dein Wort ist süß, doch süßer ist
> Der Kuß, den ich dir abgeküßt!
> Den hab ich, und dran glaub ich auch,
> Das Wort ist eitel Dunst und Hauch. (HS 1, 80)

Heines „Reisebilder"

Neben dieser Form von Lyrik steht als zweite Säule im Werk Heines eine Prosa, wie er sie in den „Reisebildern" entwickelt hat. Da werden *Streifzüge durch die kulturelle Landschaft der Zeit* unternommen – ob nun in Gestalt wirklicher Reisen oder auch nur in der von Besuchen in Salons und Galerien oder gar von bloßen Lektüren – und sie werden in einer Sprache ausgearbeitet, die die ganze Bandbreite vom sachlichen Bericht über die Reportage und andere Formen journalistischer Rede bis zum autobiographischen Bekenntnis und zur epischen, lyrischen und dramatischen Gestaltung persönlichen Erlebens umfaßt, die immer wieder das Faktische mit der „wildesten Subjektivität" kurzschließt, Subjektivität hier in jener doppelten Bedeutung zu verstehen, in der auch Hegel von ihr spricht, als Inbegriff sowohl des Gefühlslebens als auch der Reflexion. Das Ergebnis ist eine Prosa, die auf ihre Weise noch einmal das romantische Konzept der *„Universalpoesie“* realisiert, die nämlich versucht, sämtliche Möglichkeiten literarischen Sprechens in ein und demselben Textzusammenhang auszuspielen, wobei sie solchem poetischen Universalismus allerdings eine durchaus neue Richtung gibt, ihn mit Hilfe der Ironie *vom Kopf des Romantizismus auf die Füße des Realismus stellt.*[51]

Lied und Reisebild

Daß Heine den Nordsee-Zyklus sowohl in das „Buch der Lieder“ als auch in die „Reisebilder“ aufgenommen hat, läßt erkennen, daß die beiden Grundformen, in denen sich sein Werk entfaltet, für ihn nur *die beiden Seiten einer Medaille* sind, auch wenn sie sich auf den ersten Blick deutlich voneinander unterscheiden. Wie seine Reisebild-Prosa bis an die Möglichkeiten lyrischen Sprechens heranreicht, so sein Gedicht bis an die der journalistischen Rede. Die Gedichte der *„Nordsee“* bezeichnen auf ihre Weise die Zone des Übergangs. Denn sie sind keine Lieder, sind in freien Rhythmen und nicht in jenen liedhaften Strophen gestaltet, die Heine sonst überall in seiner Lyrik kultiviert hat, und zwar mit einer Ausschließlichkeit und Regelmäßigkeit, die ihr Teil dazu beigetragen hat, daß das Lied um die Mitte des Jahrhunderts zum Inbegriff von Lyrik überhaupt, zur „wahren lyrischen Mitte“ (Friedrich Theodor Vischer)[52] wurde.[53] Die freien Rhythmen erlauben es Heine, sich von dem Volkston, der Naivität und Sentimentalität des Lieds zu lösen und dem Gedanklichen, dem Wissen und der Reflexion mehr Raum zu geben, so daß sich das Resultat dann auch unter die „Reisebilder“ einreihen läßt.

Bildungserlebnisse der Generation Heines

Die Formensprache, die Heine im „Buch der Lieder“ und in den „Reisebildern“ entwickelt hat, war seinerzeit in Deutschland weithin

51 Klaus Pabel: Heines „Reisebilder“. München 1977. – Gerd Heidemann: Heinrich Heine, Reisebilder. München 1981. – Ralf H. Klinkenberg: Die Reisebilder Heinrich Heines. Frankfurt u. a. 1981. – Olaf Hildebrand: Emanzipation und Versöhnung. Aspekte des Sensualismus im Werk Heinrich Heines unter besonderer Berücksichtigung der „Reisebilder“. Tübingen 2001.

52 Vischer: Ästhetik (Anm. 10), Teil 3, S. 1351.

53 Erich Mayser: Heinrich Heines „Buch der Lieder“ im 19. Jahrhundert. Stuttgart 1978.

neu, aber sie hat ihm sogleich große Erfolge beschert, so als habe man nur auf eine solche Sprache gewartet. Offenbar ist es ihm mit ihr gelungen, nicht nur seinen eigenen Erfahrungen und Erwartungen Ausdruck zu verleihen, sondern denen seiner ganzen Generation. Heine ist 1797 geboren, ein Jahr jünger als Immermann und vierzehn Jahre älter als Gutzkow; er gehört mithin der Generation an, deren geistiges Erwachen und kulturelle Sozialisation in die bewegten, aufs äußerste *politisierten Zeiten Napoleons und der Befreiungskriege* fiel, die zugleich in den Genuß eines kulturellen Milieus kam, das mit großer Entschiedenheit dem Glauben an die *Idee der Bildung*, an „Wissenschaft und Kunst" anhing, und für die die *hoch- und spätromantische Dichtung*, etwa die Lyrik von *Ludwig Uhland* (1787–1862) und *Wilhelm Müller* (1794–1827), der letzte Schrei im Reich der schönen Künste war. Es war eine Generation, die fest entschlossen war, sich nichts mehr von dem entgehen zu lassen, was der politisch, wissenschaftlich und ästhetisch geschärfte Blick an harten gesellschaftlichen Realitäten wahrzunehmen vermochte, und die doch zugleich noch immer den romantischen Traum leben wollte.

Zu diesen Erfahrungen kamen weitere prägende Bildungserlebnisse hinzu, vor allem solche, die die *Individualisierung* weiter vorantrieben. Bei Heine selbst reichen diese von der Begegnung mit *Laurence Sterne* (1713–1768), dem Autor der englischen Aufklärung, mit dem die Literatur in das „Reich der wildesten Subjektivität" eintrat, bis hin zu der mit dessen Landsmann *Lord Byron* (1788–1824), der zentralen Figur der neuen Kultur des „Weltschmerzes". In Sternes *„A Sentimental Journey through France and Italy"* („Eine empfindsame Reise durch Frankreich und Italien", 1768) – einem Werk, dessen subjektivistischer Stil in Deutschland seinerzeit vor allem noch von *Jean Paul* (1763–1825) gepflegt wurde – und in Byrons *„Childe Harold's Pilgrimage"* („Junker Harolds Pilgerfahrt", 1812–1818) fand Heine nicht zuletzt die Muster für seine Reisebild-Prosa, auch bei Byron, obwohl dieser seine Reiseerlebnisse im „Harold" in fiktionaler Form und in epischen Stanzen niedergelegt hat.

Wie sehr Heine von Byron beeindruckt war, zeigen unter anderem einige frühe Versuche, Passagen aus dessen berühmtesten Werken, eben aus dem „Harold" sowie aus dem Drama *„Manfred"* (1817), ins Deutsche zu übertragen. Der Einfluß Byrons läßt sich vor allem in den beiden Erstlingen Heines, in den Tragödien *„Almansor"* (1823) und

„*William Ratcliff*“ (1823), mit Händen greifen. Denn Heine hat sich zunächst auch in der Gattung der Tragödie erprobt, übrigens auch in epischen Formen, Versuche, die er bald wegen des geringen Erfolgs und, wie es scheint, auch aus Ungeduld wieder aufgegeben hat, die er wohl auch deshalb nicht weiter verfolgte, weil er sich inzwischen mit dem Gedicht und der Reisebild-Prosa zwei Formen erobert hatte, in denen er alles sagen konnte, was er sagen wollte.

Weltschmerz im „Almansor“

In jenem „Almansor“ nun findet sich an zentraler Stelle ein langer Monolog des Helden, der auf besonders eindrückliche Weise von jener Berührung durch den Nihilismus zeugt, von der auch das Gedicht „Fragen“ spricht. In „*Fragen*“ geht das Angefaßtsein durch den Nihilismus ja nicht über eine gewisse sanfte *Melancholie* hinaus, die sich überdies vor eben der Natur, die dem Menschen jede Antwort auf seine Fragen verweigert, vor dem „Murmeln der Wogen“, dem „Wehen des Winds“ und dem „Fliehen der Wolken“ am Ende wieder beruhigt: nur ein „Narr“ wird über dem „Rätsel des Lebens“ den Kopf verlieren. Im „*Almansor*“ hingegen steigert sich die Erschütterung bis zu Formen äußerster Verzweiflung, bis hin zu jenen *Selbstmordgedanken*, die für die Literatur des Vormärz so typisch sind. Die Situation ist freilich auch eine andere: Almansor hat gerade aus dem Mund seiner geliebten Zuleima erfahren, daß sie einen anderen heiraten wird. Und so wird er im letzten Akt mit den Selbstmordgedanken Ernst machen, wird er die Geliebte entführen und mit ihr gemeinsam in den Tod gehen.

Entzauberung des Zaubers der Romantik

Es gibt ein berühmtes Gedicht von *Joseph von Eichendorff* (1788–1857), in dem man gerne eine aufs äußerste verdichtete Kurzfassung der romantischen Poetik gesehen hat; es lautet:

Wünschelrute

Schläft ein Lied in allen Dingen,
Die da träumen fort und fort,
Und die Welt hebt an zu singen,
Triffst du nur das Zauberwort.[54]

---

54 Joseph von Eichendorff: Werke. Hrsg. v. Wolfdietrich Rasch. München 1971, S. 103.

Diesem „Zauberwort“ der Romantik setzt Heine mit Almansor sein großes „Entzaubrungswort“ entgegen.

> In alten Märchen gibt es goldne Schlösser,
> Wo Harfen klingen, schöne Jungfraun tanzen,
> Und schmucke Diener blitzen, und Jasmin
> Und Myrt und Rosen ihren Duft verbreiten –
> Und doch ein einziges Entzaubrungswort
> Macht all die Herrlichkeit im Nu zerstieben,
> Und übrig bleibt nur alter Trümmerschutt,
> Und krächzend Nachtgevögel und Morast.
> So hab auch ich mit einem einzgen Worte
> Die ganze blühende Natur entzaubert.
> Da liegt sie nun, leblos und kalt und fahl,
> Wie eine aufgeputzte Königsleiche,
> Der man die Backenknochen rot gefärbt
> Und in die Hand ein Scepter hat gelegt.
> Die Lippen aber schauen gelb und welk,
> Weil man vergaß sie gleichfalls rot zu schminken,
> Und Mäuse springen um die Königsnase
> Und spotten frech des großen, goldnen Scepters.
>
> Es ist das eigne Blut, das uns hinaufsteigt
> Ins Aug, wodurch mit schönem roten Schimmer
> Bekleidet werden all die Rosenblätter,
> Jungfrauenwänglein, Sommerabendwölkchen,
> Und gleiche Spielerein, die uns entzücken.
> Ich hab die rote Brille (die „rosa Brille“) abgelegt –
> Und sieh! welch schlechtes Machwerk ist die Welt!
> Die Vögel singen falsch; die Bäume ächzen
> Wie alte Mütterchen; die Sonne wirft,
> Statt glühnder Strahlen, lauter kalte Schatten;
> Schamlos, wie Metzen (Prostituierte), lachen dort die Veilchen;
> Und Tulpen, Nelken und Aurikeln haben
> Die bunten Sonntagsröckchen ausgezogen,
> Und tragen ihr geflicktes, graues Hauskleid.
> Ich selbst hab mich verändert noch am meisten;

Kaum kann ein Mädchensinn sich so verändern!
Ich bin nur noch ein knöchrichtes Skelett;
Und was ich sprech, ist nur ein kalter Windstoß,
Der klappernd zieht durch meine trocknen Rippen.
Das kluge Männlein, das im Kopf mir wohnte,
Ist ausgezogen, und in meinem Schädel
Spinnt eine Spinn ihr friedliches Gewebe.
Auch wein ich einwärts jetzt; denn als ich schlief,
Stahl man die Augen mir, und glühnde Kohlen
Hat man gefugt in meine Augenhöhlen. (...)

(...) Ich bin recht müd,
Und krank, und kranker noch als krank, denn ach!
Die allerschlimmste Krankheit ist das Leben;
Und heilen kann sie nur der Tod. Das ist
Die bitterste Arznei, doch auch die letzte,
Und ist zu haben überall, und wohlfeil. (HS 1, 318–319)

Die Bilder des Schönen, die das „Zauberwort“ der romantischen Poesie erschafft, sind nur „glänzende Täuschungen“, nur „Trugbilder in einem erträumten Himmel“ – „goldne Lügen im dunkelblauen Nichts“.

Nihilismus bei Heine

Heines Dichtung hat mehrfach die Situation am Rande des Selbstmords aufgesucht, hat sich immer wieder mit dem Abgrund des Nihilismus, des vollkommenen Sinnentzugs konfrontiert, freilich nicht oder vielmehr nur ausnahmsweise, um wie im „Almansor“ vor ihm stehenzubleiben und zu verstummen. Im allgemeinen wird er für sie zu einer Art Nullpunkt, an den sie sich nur begibt, um von ihm aus zu neuen Ufern aufzubrechen, um sich jenseits alles dessen, worin man zuvor die Macht und Herrlichkeit des Geistes und die Schätze der Kultur hat erkennen wollen, *jenseits der Verheißungen der Religion, der „Ideale“ und des Romantisch-Wunderbaren*, jenseits des Wahren-Guten-Schönen *eine neue Basis* zu suchen.

3.2.2 „Ideen. Das Buch Le Grand"

Vom Nihilismus zum Vitalismus

Ein besonders aufschlußreiches Beispiel dafür findet sich in den ersten Kapiteln des Reisebilds „Ideen. Das Buch Le Grand" (1827). Da wird der Blick in den Abgrund zum Ausgangspunkt für eine Entdeckungsreise, die zu einem bis dato noch kaum bekannten Kontinent, in die Vorstellungswelt des Vitalismus führt. Die Konfrontation mit der Hamlet-Frage „Sein oder Nichtsein" setzt Energien frei, die es dem epischen Ich möglich machen, jenen *kreatürlichen Lebenswillen* in sich zu entdecken, der allen Aktivitäten des menschlichen Geistes und aller Kultur vorausliegt, und mit ihm elementare Möglichkeiten des Genießens und *das „sinnlich glühende Leben"* selbst, um hier schon eine Formulierung von Gottfried Keller aufzunehmen. Der Blick in das Auge des Todes wird zum Ausgangspunkt einer Rückkehr in das Leben, bei dem sich das Leben erstmals in seiner vollen Bedeutung und in allen seinen Dimensionen erschließt.

Die „Ideen" als Reisebild

Auf den ersten Blick scheint „Ideen. Das Buch Le Grand" nicht so recht in die Reihe der „Reisebilder" zu passen. Denn da geht es nicht um Reiseerlebnisse, geht es allenfalls im übertragenen Sinne um eine Reise, nämlich um eine Reise in die Welt der Erinnerung. Diese bringt einen Abschnitt aus Heines Leben zum Vorschein, den er als zentrales Kapitel seiner Biographie verstanden wissen will: die *Kindheit* zu Zeiten des Kaisers Napoleon und in dem noch nicht der Knute Preußens unterworfenen, noch ganz Napoleon und den Zielen der Revolution ergebenen Rheinland. In den Mittelpunkt der Darstellung rückt er eine Begegnung, die er zu seinem entscheidenden Bildungserlebnis stilisiert, den Verkehr mit des Kaisers kleinem Tambourmajor Le Grand. In ihm will er erstmals der *Idee der Freiheit* ansichtig geworden sein, und zwar nicht als einem Intellektuellenthema, sondern auf eine ebenso schlichte und handfeste wie liebenswürdige Weise, als fleischgewordenem Willen zur Emanzipation, so daß er sich sein eigenes Leben seither nur mehr noch als ein Leben im Zeichen der Freiheit vorstellen kann. In diesem Sinne bezeichnet „Ideen. Das Buch Le Grand" geradezu das Herzstück der „Reisebilder", und wenn man bedenkt, daß das Leben des Menschen seit jeher in das Bild der Reise gefaßt worden ist, so mag auch seine Subsumtion unter den Begriff des Reisebilds hingehen.

Widerruf des Weltschmerzes

Was die „Ideen“ für die Erkundung von Heines Auseinandersetzung mit dem Nihilismus so aufschlußreich macht, ist, daß er in ihren ersten Kapiteln ausdrücklich noch einmal die Position des *„Almansor“* aufruft, noch einmal an den Rand jenes Abgrunds tritt, der den Helden seiner Tragödie verschlungen hat, um sodann vorzuführen, wie er selbst und seine Literatur ihm entkommen seien. Von der Kindheit ist hier zunächst noch nicht die Rede; vielmehr wird das unglückliche Ende einer Liebesaffäre des erwachsenen Heine beschworen, von dem er berichtet, daß es ihn wie seinen Almansor in Selbstmordgedanken gestürzt habe. Die Katastrophe, die am Ende des „Almansor“ eintritt, droht hier also schon am Anfang: „Ich (…) dachte schon im ersten Akte dem Spiel ein Ende zu machen, und die Schellenkappe mitsamt dem Kopfe herunter zu schießen (…)“ (HS 3, 250).

So kauft er sich Pistolen, Kugeln und Pulver, spendiert sich selbst in einem Feinschmeckerrestaurant, einem Kellerlokal, eine exquisite Henkersmahlzeit, bestehend aus Austern und Rheinwein, und bestärkt sich selbst, während er auf die Straße tritt – die Szene ist mit Bedacht in der romantisch-schönsten aller Städte und dem Ziel aller wahren Hochzeitsreisen, in Venedig angesiedelt – in seinem finsteren Vorhaben, indem er einige Verse aus dem Monolog Almansors memoriert.

> Als ich die Kellertreppe wieder hinaufstieg, hörte ich das Armesünderglöckchen läuten, die Menschenmenge wogte vorüber; ich aber stellte mich an die Ecke der Strada San Giovanni und hielt folgenden Monolog:
>
> In alten Märchen gibt es goldne Schlösser,
> Wo Harfen klingen, schöne Jungfraun tanzen,
> Und schmucke Diener blitzen, und Jasmin
> Und Myrt und Rosen ihren Duft verbreiten –
> Und doch ein einziges Entzaubrungswort
> Macht all die Herrlichkeit im Nu zerstieben,
> Und übrig bleibt nur alter Trümmerschutt,
> Und krächzend Nachtgevögel und Morast.
> So hab auch ich mit einem einzgen Worte
> Die ganze blühende Natur entzaubert.
> Da liegt sie nun, leblos und kalt und fahl,
> Wie eine aufgeputzte Königsleiche,

Der man die Backenknochen rot gefärbt
Und in die Hand ein Scepter hat gelegt.
Die Lippen aber schauen gelb und welk,
Weil man vergaß sie gleichfalls rot zu schminken,
Und Mäuse springen um die Königsnase
Und spotten frech des großen, goldnen Scepters. –

Es ist allgemein rezipiert, Madame, daß man einen Monolog hält, ehe man sich totschießt. Die meisten Menschen benutzen bei solcher Gelegenheit das hamletsche „Sein oder Nichtsein". Es ist eine gute Stelle, und ich hätte sie hier auch gern zitiert – aber, jeder ist sich selbst der Nächste, und hat man, wie ich, ebenfalls Tragödien geschrieben, worin solche Lebensabiturienten-Reden enthalten sind, z. B. den unsterblichen „Almansor", so ist es sehr natürlich, daß man seinen eignen Worten, sogar vor den Shakespeareschen, den Vorzug gibt. Auf jeden Fall sind solche Reden ein sehr nützlicher Brauch; man gewinnt dadurch wenigstens Zeit – Und so geschah es, daß ich an der Ecke der Strada San Giovanni etwas lange stehen blieb – und als ich da stand, ein Verurteilter, der dem Tode geweiht war, da erblickte ich plötzlich *Sie*!

Sie trug ihr blauseidnes Kleid, und den rosaroten Hut, und ihr Auge sah mich an so mild, so todbesiegend, so lebenschenkend – Madame, Sie wissen wohl aus der römischen Geschichte, daß, wenn die Vestalinnen im alten Rom auf ihrem Wege einem Verbrecher begegneten, der zur Hinrichtung geführt wurde, so hatten sie das Recht, ihn zu begnadigen, und der arme Schelm blieb am Leben. – Mit einem einzigen Blick hat sie mich vom Tode gerettet, und ich stand vor ihr wie neubelebt, wie geblendet vom Sonnenglanze ihrer Schönheit, und sie ging weiter – und ließ mich am Leben.

Und sie ließ mich am Leben, und ich lebe, und das ist die Hauptsache.

Mögen andre das Glück genießen, daß die Geliebte ihr Grabmal mit Blumenkränzen schmückt und mit Tränen der Treue benetzt – O, Weiber! haßt mich, verlacht mich, bekorbt mich! aber laßt mich leben! Das Leben ist gar zu spaßhaft süß; und die Welt ist so lieblich verworren; sie ist der Traum eines weinberauschten Gottes, der sich aus der zechenden Götterversammlung à la française fortgeschlichen, und auf einem einsamen Stern sich schlafen gelegt, und selbst nicht weiß, daß er alles das auch erschafft, was er träumt – und die Traumgebilde gestalten sich oft buntscheckig toll, oft auch harmonisch vernünftig – die Ilias, Plato, die Schlacht bei Marathon, Moses, die mediзäische Venus, der Straßburger Münster, die französische Revolution, Hegel, die Dampfschiffe usw. sind einzelne gute Gedanken in diesem schaffenden Gottestraum – aber es wird nicht lange dauern, und der Gott erwacht, und reibt sich die verschlafenen Augen, und lächelt – und unsre Welt ist zerronnen in Nichts, ja, sie hat nie existiert.

Gleichviel! ich lebe. Bin ich auch nur das Schattenbild in einem Traum, so ist auch dieses besser als das kalte, schwarze, leere Nichtsein des Todes. Das Leben ist der Güter höchstes, und das schlimmste Übel ist der Tod. Mögen berlinische Gardeleutnants immerhin spötteln und es Feigheit nennen, daß der Prinz von Homburg zurückschaudert, wenn er sein offnes Grab erblickt – Heinrich Kleist hatte dennoch eben so viel Courage wie seine hochbrüstigen, wohlgeschnürten Kollegen, und er hat es leider bewiesen. Aber alle kräftige Menschen lieben das Leben. Goethes Egmont scheidet nicht gern „von der freundlichen Gewohnheit des Daseins und Wirkens“. Immermanns Edwin hängt am Leben „wie'n Kindlein an der Mutter Brüsten“ und obgleich es ihm hart ankömmt, durch fremde Gnade zu leben, so fleht er dennoch um Gnade:

„Weil Leben, Atmen doch das Höchste ist.“

Wenn Odysseus in der Unterwelt den Achilleus als Führer toter Helden sieht, und ihn preist wegen seines Ruhmes bei den Lebendigen und seines Ansehens sogar bei den Toten, antwortet dieser:

„Nicht mir rede vom Tod ein Trostwort, edler Odysseus!
Lieber ja wollt ich das Feld als Tagelöhner bestellen
Einem dürftigen Mann, ohn Erbe und eigenen Wohlstand,
Als die sämtliche Schar der geschwundenen Toten beherrschen.“

Ja, als der Major Duvent den großen Israel Löwe auf Pistolen forderte und zu ihm sagte: „Wenn Sie sich nicht stellen, Herr Löwe, so sind Sie ein Hund“: da antwortete dieser: „Ich will lieber ein lebendiger Hund sein, als ein toter Löwe!“ Und er hatte Recht – Ich habe mich oft genug geschlagen, Madame, um dieses sagen zu dürfen – Gottlob! ich lebe! In meinen Adern kocht das rote Leben, unter meinen Füßen zuckt die Erde, in Liebesglut umschlinge ich Bäume und Marmorbilder, und sie werden lebendig in meiner Umarmung. Jedes Weib ist mir eine geschenkte Welt, ich schwelge in den Melodien ihres Antlitzes, und mit einem einzigen

> Blick meines Auges kann ich mehr genießen als andre, mit ihren sämtlichen Gliedmaßen, Zeit ihres Lebens. Jeder Augenblick ist mir ja eine Unendlichkeit; ich messe nicht die Zeit mit der Brabanter, oder mit der kleinen Hamburger Elle, und ich brauche mir von keinem Priester ein zweites Leben versprechen zu lassen, da ich schon in diesem Leben genug erleben kann, wenn ich rückwärts lebe, im Leben der Vorfahren, und mir die Ewigkeit erobere im Reiche der Vergangenheit. (HS 3, 251–254)

Die *Wendung von Todesgedanken zum unbedingten Lebenswillen* gründet in einer einzigen kurzen Begegnung inmitten der „wogenden Menschenmenge", in einem ebenso kurzen wie intensiven Blickwechsel, der sich ohne jede Vorbereitung ereignet und ohne konkrete Folgen bleibt, der nur für sich steht, als eine Art „Augenfest" (Feuerbach),[55] als ein *Moment intensiven sinnlichen Genießens.*

Keine Rückkehr zum Wahren-Guten-Schönen

Dieser bedeutet nun nicht etwa, daß das *„Rätsel des Lebens"* mit einem Schlag gelöst wäre – im Gegenteil: das Rätsel wird immer rätselhafter. Der „Zweifel" an dem, was der Mensch im Laufe seines Lebens an Erscheinungen zu fassen bekommt, der Verdacht, daß das alles letztlich ohne Substanz, ohne innere Kohärenz und Dauer sei, daß es sich dabei nur um *„Traum-", „Trug-" und „Schattenbilder"* handele, *die jederzeit „in Nichts zerrinnen" können*, wird im Bild vom Traum des „weinberauschten Gottes" ausdrücklich bestätigt. Die „Welt" ist und bleibt eine zutiefst „verworrene"; mit dem naiven Glauben an die große Ordnung und das Wahre-Gute-Schöne ist es für Heine ein für allemal vorbei.

Vitalismus

Der „Zweifel" bleibt, aber die „Wehmut" vergeht, und sie löst sich eben darüber in Luft auf, daß das in seinen Grundfesten erschütterte Ich den kreatürlichen Lebenswillen in sich entdeckt, daß es erkennt oder vielmehr auf eine durchaus körperliche, sinnliche Weise dessen innewird, daß „Leben, Atmen doch das Höchste ist". Heine zitiert hier einen Vers von *Immermann*, einen frühen Beleg für den Gedanken, der zur Keimzelle des Vitalismus werden wird, für *das Ja zum Leben, wie immer es sei*, das Ja „trotz alledem". Und auch die Überlegungen, mit denen er diesen Gedanken ausführt, gehören bereits ganz der

55 Feuerbach: Christentum (Anm. 37), S. 22.

Vorstellungswelt des Vitalismus an, ja sie bezeichnen geradezu den Grundbestand dessen, was in der zweiten Hälfte des 19. Jahrhunderts, etwa bei *Nietzsche*, die Gestalt einer ausgearbeiteten Philosophie des Lebens annehmen wird – nicht umsonst hatte Nietzsche, der nur wenige der approbierten Geistesgrößen gelten ließ, eine besondere Vorliebe für Heine.

Wo das Leben zu einem „Höchsten“ und Letzten, zum obersten aller Werte wird, da wird die Frage nach der *Wahrheit*, nach unbezweifelbaren Gewißheiten zweitrangig. Dem Leben ist es gleich, ob die Vorstellungen, mit denen es hantiert, wirklich wahr sind oder bloße „Traum-“, „Trug-“ und „Schattenbilder“ – Hauptsache, mit ihnen und durch sie läßt sich leben. Ein „Schattenbild“ ist doch auch etwas, ist doch immer noch mehr als das „kalte, schwarze, leere Nichtsein des Todes“, das kann und muß genügen. *Nur der Lebensschwache*, das existentielle Weichei *bedarf letzter, absolut sicherer Wahrheiten*, braucht ein vom Weltanschauungs-TÜV der Gesellschaft geprüftes ideologisches Geländer, um sich in aufrechter Haltung durch die Welt zu bewegen. Es gehört also auch eine gewisse individuelle Stärke, eine elementare Vitalität zu dem Ja „trotz alledem“. „Alle kräftige Menschen lieben das Leben“, aber eben nur sie.

Diese Stärke manifestiert sich vor allem in der *Fähigkeit zu genießen*, in der Gabe, Situationen des Genießens besonders intensiv zu durchleben und an ihnen ein Genüge zu finden. Daß eine Begegnung wie die in den „Ideen“ geschilderte zum lebensrettenden Ereignis wird, wird allenfalls einem Menschen widerfahren, der von sich sagen kann: „mit einem einzigen Blick meines Auges kann ich mehr genießen als andre mit ihren sämtlichen Gliedmaßen Zeit ihres Lebens“. Wer so zu genießen vermag, für den gilt, wie Heine, ein bekanntes Goethe-Wort variierend, für sich in Anspruch nimmt: *„der Augenblick wird Ewigkeit“*, der wird mithin seinen „Himmel“ bereits „auf Erden“ finden können.[56] Insofern braucht er auch keinen „Priester“ mehr, der ihm „ein zweites Leben“, ein Leben nach dem Tode verspricht. Wie für Immermanns Arzt umfaßt der säkulare *„Himmel auf Erden“*, der

56 Kai Neubauer: Heinrich Heines heroische Leidenschaften. Anthropologie der Sinnlichkeit von Bruno bis Feuerbach. Stuttgart Weimar 2000.

an die Stelle des von der Religion verheißenen Himmels im Jenseits treten soll, für den Heine der „Ideen" nicht nur die leiblichen Genüsse des *„animalischen Lebens"*, sondern auch die geistigen Genüsse eines *„Rückwärts-Lebens"*, eines Lebens in und mit Geschichte und Kultur.

Weltschmerz – ein Problem des deutschen Bürgertums?

Wenn wir hier für einen Moment innehalten und die Zeugnisse noch einmal Revue passieren lassen, an denen wir uns Heines *Auseinandersetzung mit dem Nihilismus* vergegenwärtigt haben, so tritt uns ein Moment in den Blick, das bei einem so eminent politischen Kopf wie Heine besonders auffallen muß: von gesellschaftspolitischen Fragen ist in ihnen nirgends die Rede, weder dort, wo es um die Ursachen von „Zerrissenheit" und „Weltschmerz" geht, noch dort, wo von deren Überwindung gehandelt wird. Da heißt es nicht etwa: die politische Lage ist so verzweifelt, daß ich nicht mehr leben mag, oder: wer weiß, daß er für die gute Sache kämpft, der wird sich auch dann nicht der Verzweiflung ergeben, wenn die Lage aussichtslos scheint. Die Problematik des Nihilismus wird *an Schauplätzen ausgetragen, die so weit von der politischen Sphäre entfernt sind wie nur irgend möglich: vor der Natur und in der Liebe.*

Das gilt es festzuhalten, hat doch die Literaturwissenschaft bis in die jüngste Zeit hinein immer wieder versucht, das Phänomen des „Weltschmerzes" mit den gesellschaftlichen Verhältnissen in Deutschland zu erklären, es nämlich darauf zurückzuführen, daß das deutsche Bürgertum angesichts der Machtverhältnisse in Zeiten des Vormärz zu politischer Untätigkeit verdammt gewesen und in solcher Lähmung seines Tatendrangs in eine Art kollektiver Depression verfallen wäre. Daß mit dieser These etwas nicht stimmt, hätte man schon allein daran erkennen können, daß der *Weltschmerz-Diskurs ein gemeineuropäisches Phänomen* war und daß dessen Leitfigur und Spiritus rector, *Lord Byron*, alles andere als ein von der Politik ausgeschlossener deutscher Bürger, nämlich ein Mitglied des englischen Oberhauses war. Dazu hätte man freilich über den Tellerrand der deutschen Literatur hinaussehen müssen.

Im übrigen zeigen Figuren wie der Oheim in *Immermanns „Epigonen"*, daß das deutsche Bürgertum seinem Tatendrang sehr wohl Felder zu erschließen wußte, auf denen es sich Luft verschaffen konnte, hier eben das Feld des technischen Fortschritts und der Ökonomie, und daß es die Erfolge, die ihm auf diesem beschieden waren, durchaus vor Depression bewahren konnten. Und schließlich und vor allem kam der Nihilismus-Diskurs keineswegs mit der März-Revolution an sein Ende – im Gegenteil: er ging in eine neue Runde, wiederum europaweit, und er erreichte erst hier, in der zweiten Jahrhunderthälfte, seinen Höhepunkt, mit Werken wie dem Roman *„Väter und Söhne"* (1862) des russischen Realisten *Iwan S. Turgenjew* (1818–1883) und Gestalten wie *Friedrich Nietzsche*, der sich selbst zugleich als Vollender und als Überwinder des europäischen Nihilismus sah.

Bei Heine jedenfalls findet sich nichts, was die Erklärung des „Weltschmerzes" mit der Lage des deutschen Bürgertums stützen könnte, gerade bei ihm, der in so hohem Maße mit gesellschaftspolitischer Sensibilität ausgestattet war – das will wohl etwas besagen. Die Auseinandersetzung mit dem Nihilismus weist bei ihm überall weit über die politische Sphäre hinaus, weist in jenen weitesten, freilich nur sehr viel schwerer zu fassenden *Horizont* hinein, der durch den Prozeß *der Modernisierung* in allen seinen Dimensionen umrissen ist, also in jene erweiterte Kampfzone, in der sich das Individuum mit der Verwissenschaftlichung der Welt, der Säkularisation und der durch diese ausgelösten weltanschaulichen Unruhe, mit der Verflüssigung der überkommenen Lebensformen und einem neuartigen Pluralismus und Individualismus konfrontiert und deswegen vor die Aufgabe gestellt sieht, sein Verhältnis zur Welt, zu den anderen und zu sich selbst von Grund auf neu zu definieren.

Vor diesem Hintergrund erweist sich die Erklärung des „Weltschmerzes" mit einer politisch motivierten kollektiven Depression des deutschen Bürgertums als eine der ebenso oberflächlichen wie wohlfeilen Scheinrationalisierungen, wie sie mancherorts mit Wissenschaft verwechselt werden. Was die literarischen Texte an Beunruhigung in die Welt gesetzt haben, wird mit einem interpretatorischen Gewaltakt über den Leisten eines Erklärungsmusters geschlagen, bei dem man sich wieder beruhigen kann, mit dem man den literarischen Unruhestifter in der Tasche zu haben meint. Literaturwissenschaft ist leider oft nicht mehr als die Entsorgung der Kunst durch ihre Übersetzung ins Spießige.

3.3 Nihilismus und Ästhetizismus bei Platen

3.3.1 Platen und Heine

Eine Kontroverse zwischen Heine und Platen

August von Platen[57] – mit vollständigem Namen: Karl August Georg Maximilian Graf von Platen-Hallermünde – gilt seit jeher als der Antipode Heines in der literarischen Welt des Vormärz. Dazu hat eine Kontroverse nicht wenig beigetragen, die von den beiden Autoren in den Jahren 1829/30 in aller Öffentlichkeit und mit großer Lautstärke ausgefochten wurde,[58] eine Auseinandersetzung, die auch für uns noch immer aufschlußreich ist, und dies nicht nur dort, wo die Kontrahenten einander zu packen wissen, sondern auch da und gerade da, wo sie einander verfehlen. Dieses Einander-Verfehlen erwächst vor allem daraus, daß sie bei ihrem Streit auf ein *überholtes Muster literarischer Polemik* bauen, das seinerzeit zwar immer noch allgegenwärtig war, das aber kaum noch taugte, um die Verhältnisse im Vormärz zu klären: auf die *Opposition Klassik – Romantik.*

Die Kontroverse beginnt mit *„Xenien"* von *Immermann*, satirischen Epigrammen im Stil der „Xenien" von Goethe und Schiller, die *Heine* 1827 im zweiten Band seiner *„Reisebilder"* mit abgedruckt hat. In ihnen wird Platen zusammen mit einigen profilierten Vertretern der Spätromantik des *Epigonentums* geziehen, einer Epigonalität, die sich vor allem in einem hohlen, an Äußerlichkeiten klebenden Formalismus manifestieren soll. Darauf antwortet *Platen* 1829 mit einer eigenen Literatursatire, der Komödie *„Der romantische Ödipus"*, in der er Immermann und Heine mit eben den Spätromantikern in einen Topf wirft, die Immermann kritisiert hat, um sie zusammen mit diesen um ihres angeblichen *romantischen Irrationalismus* willen abzukanzeln. Hierauf wiederum reagiert *Heine* 1830 in dem Reisebild *„Die Bäder von*

57 Hartmut Bobzin, Gunnar Och: August Graf von Platen. Leben, Werke, Wirkung. Paderborn 1998. – Gunnar Och, Klaus Kempf (Hrsg.): August Graf von Platen im Horizont seiner Wirkungsgeschichte. Berlin 2011.

58 Hans Mayer: Der Streit zwischen Heine und Platen. In: ders.: Außenseiter. Frankfurt 1975, S. 207–223. – Markus Joch: Bruderkämpfe. Zum Streit um den intellektuellen Habitus in den Fällen Heinrich Heine, Heinrich Mann und Hans Magnus Enzensberger. Heidelberg 2000.

Lucca" mit dem Vorwurf, Platen habe sich einem *aristokratischen Kult klassischer Formen* ergeben, er sei, wie er seine Kritik in einem Brief zusammenfaßt, ein literarischer „Freudenjunge der Aristokraten und Pfaffen".[59] Hinter diesem Vorwurf steht das von der Romantik und zumal in der Interferenzzone von Spätromantik und Jungem Deutschland gepflegte Bild von der Weimarer Klassik als einer elitären Kunst von „Fürstenknechten" – Goethe und Schiller hatten sich ja dem Hof des Weimarer Herzogs verbunden – ein Bild, das seinen Urhebern vor allem dazu diente, die „Volksnähe" und „Volkstümlichkeit" der eigenen Kunst ins rechte Licht zu setzen.

Was den beiden Streitschriften bei allem, was sie an Amüsierlichem zu bieten haben, letztlich einen unangenehmen Beigeschmack verleiht, ihnen freilich seinerzeit auch einen besonders großen Nachhall verschaffte, ist, daß es in ihnen nicht bei der wechselseitigen Beschimpfung als romantischer Irrationalist bzw. als aristokratischer Klassizist bleibt. So hat sich Platen ebensowenig entblödet, Heine mit den abgeschmacktesten Anspielungen auf seine jüdische Herkunft zu diffamieren, wie es sich Heine nicht hat entgehen lassen, Platen als Homosexuellen zu outen, ein Schritt, der bei den Maßstäben der Zeit in Sachen Sexualmoral mit dem gesellschaftlichen Tod des Bloßgestellten gleichbedeutend war. In der Tat hat sich Platen danach in Deutschland kaum noch blicken lassen und bis zu seinem Tod 1835 überwiegend in Italien aufgehalten. An solchen peinlichen Ausfällen mag man erkennen, daß das von Heine ausgerufene „Reich der wildesten Subjektivität" auch seine unschönen Seiten hatte.

Gemeinsamkeiten in der Politik

Romantischer Irrationalismus, aristokratischer Klassizismus – der eine Vorwurf ist so haltlos wie der andere. Wie wir bereits wissen, war *Heine ein Kritiker der Spätromantik*, hat er deren Vorstellungs- und Formenwelt nur beschworen, um sie mit den Mitteln des Witzes, der Satire und der Ironie kritisch auseinanderzunehmen. Platen war freilich ein Autor, der sich schon mit der bloßen Wahrnehmung von Ironie schwertat; er selbst hat es kaum je über den einen oder

59 Heinrich Heine: Briefe 1815–1831. In: ders.: Säkularausgabe. Bd. 20. Berlin Paris 1970, S. 378.

anderen Sarkasmus hinausgebracht. Ebensowenig berechtigt ist der Versuch Heines, Platen mit seiner Vorliebe für klassische Formen in die aristokratische Ecke zu stellen. Wenn *Platen* auch altadliger Herkunft war und in königlich bayrischen Kadettenanstalten und Pagenhäusern erzogen worden war, so war er in seiner Einschätzung der geschichtlich-gesellschaftlichen Lage doch gar nicht so weit von Heine entfernt, war er nicht weniger ein *Kritiker der Verhältnisse im Vormärz* wie Heine.

Als 1796 Geborener gehörte er eben wie Heine und Immermann der Generation an, die in den aufgewühlten Zeiten Napoleons und der Befreiungskriege groß geworden und durch sie für gesellschaftspolitische Fragen sensibilisiert worden war und die auf die „Restauration von Thron und Altar“ mit Enttäuschung reagierte. So fehlt es bei ihm keineswegs an Gedichten, in denen er dem *Ruf nach Freiheit* Ausdruck verleiht und mit den Protagonisten der Reaktion und ihren Schergen abrechnet. Er teilt mit Heine auch jene eigentümliche *Napoleon -Nostalgie*, die sich bei vielen Liberalen nach 1815 beim Blick zurück einstellte. Ja in manchem geht er noch weiter als Heine; während dieser im Grunde nicht über den Verfassungsrahmen der Monarchie hinausdachte, hat sich Platen immer einmal wieder zur *Idee der Republik* bekannt – bei einem Mann aristokratischer Herkunft zu seiner Zeit kein kleiner Schritt.

Gemeinsamkeiten in der Poetik

Und nicht nur im Politischen ist Platen nahe bei Heine – auch sein Zugang zu Kunst und Literatur ist im Grunde der gleiche wie bei diesem, wenn ihre Wege am Ende dann auch deutlich auseinandergelaufen sind. Beide begreifen sie *Kunst und Literatur als Plattform der Individualisierung*, suchen sie Wege ins „Reich der wildesten Subjektivität“, und beide tun sie dies angesichts der Herausforderung von „Zerrissenheit“ und „Weltschmerz“. So hat Platen zum Beispiel eine enge Beziehung zu der zweiten Leitfigur des europäischen Weltschmerz-Diskurses neben Lord Byron, zu dem Italiener *Giacomo Leopardi* (1788–1837) unterhalten.

Die Ausrichtung auf die Belange der Individualisierung bezeugt sich bei beiden nicht zuletzt darin, daß sie es zwar auch mit den „objektiven“ Gattungen des Dramas und der Epik versucht haben, damit aber nur geringe Erfolge verbuchen konnten, so daß sie am Ende immer wieder bei der „subjektiven“ Gattung der *Lyrik* ankamen.

Nur hier konnten sie offensichtlich ihren ureigensten Anliegen ungehindert frönen und ihr Bestes geben. Wie wir gesehen haben, schafft sich *Heine* mit der *Reisebild-Prosa* ein zweites Standbein, eine zweite literarische Form von „wildester Subjektivität"; dem entspricht bei *Platen* ein umfangreiches, am Modell der „Confessions" von Rousseau ausgerichtetes *Tagebuch-Werk*, das freilich erst lange nach seinem Tod das Licht der Öffentlichkeit erblickte und bis heute weithin vergessen ist.

Ästhetizismus vs. Vitalismus

Die Ausgangslage ist also bei beiden die gleiche, und dennoch sind sie zu Antipoden geworden. Denn jeder von ihnen zog aus der Diagnose der Lage andere Konsequenzen. Während Heine dem „Weltschmerz", der Anfechtung des Nihilismus als der entscheidenden Herausforderung für das Projekt der Individualisierung mit Hilfe des Vitalismus – bei anderer Gelegenheit auch mit Hilfe einer politisch akzentuierten „Humanitätsreligion" – zu entkommen suchte, wollte ihr Platen vor allem mit den Mitteln der „Kunstreligion" entgegentreten, genauer gesagt: mit Mitteln eines Ästhetizismus, der nicht mehr viel mit der „Kunstreligion" der Romantik zu tun hatte. Was die Kunst an Bildern des Schönen zu geben und aus sich selbst heraus an schönen Formen zu schaffen vermochte, sollte dem angefochtenen Ich dabei helfen, den Blick in den Abgrund zu verwinden.

So hat sich *Platen* in seinen Gedichten unausgesetzt um das bemüht, was man später eine *strenge Formkunst* nennen wird. Solche Formkunst beginnt mit dem Kultivieren eines äußersten existentiellen *Ernsts*, durch den der Leser dahin gebracht werden soll, sich zu sammeln, sich dem vielstimmig-verwirrenden Getöse der Welt zu entreißen und über es hinaus in einen Raum der *Klarheit* und *Schönheit* zu „erheben". Auf dieser Basis wird dann versucht, Klarheit und Schönheit nicht etwa nur zu bereden, sondern in der Form des Kunstwerks selbst unmittelbar Gestalt annehmen zu lassen. Zu diesem Zweck wird auf den Fundus der Literatur an metrischen Formen zurückgegriffen, die sich in der Geschichte als schön bewährt haben und die dank ihrer kunstvollen Faktur überall ihren Kunstcharakter mit vorweisen. Deshalb hat Platen anders als Heine nicht nur die schlichteste, gängigste aller lyrischen Formen, die des Lieds kultiviert, sondern auch *metrisch anspruchsvolle Formen* wie Sonette, Stanzen und rondeauartige Formen, Hexameter und Distichen gestaltet, bis hin zu den komplizierten griechisch-römischen Odenstrophen und zu den nicht weniger anspruchsvollen Formen der persisch-arabischen Lyrik.[60]

Dem steht nun eben auf Seiten *Heines* ein Gedicht gegenüber, das *das Formale mit demonstrativer Nonchalance behandelt* und sich auf der Basis einfachster metrischer Formen so dicht wie möglich an das vielstimmig-verworrene Leben heranschreibt, das im Namen der Lebendigkeit die verschiedensten Töne und Redeweisen in sich aufnimmt und mit ihnen ein *karnevaleskes Spiel* treibt, das von Witz und Ironie regiert wird. Daß ein Autor, der auf „strenge Formkunst" ausging, damit nichts anfangen konnte, liegt auf der Hand. Das nicht enden wollende Gejökel, der ewige Unernst mußte ihn ebenso stören wie das Journalistische, das sich bei Heine als einem Journalisten von Profession überall in das literarische Geschäft mit einmischte und bis in die innersten Bezirke der Kunst vordrang. Und umgekehrt konnte Heine dem Prätentiösen nichts abgewinnen, das ihm mit einer „strengen Formkunst" verbunden schien. Das kunstpriesterliche Gehabe, der immer gleiche weihevolle Ton und kühle Marmor, die immer gleichen seraphischen Klänge, Erhebung als Dauerzustand – das war nichts für Heine.

Ein Paradigmenwechsel in der literarischen Polemik

Es dürfte deutlich geworden sein, daß es nicht mehr Konzepte der Weimarer Klassik und ihrer romantischen Gegenspieler sind, die in der Kontroverse zwischen Platen und Heine miteinander ringen, auch wenn die Kontrahenten alles daran setzen, einander wechselseitig in die entsprechenden Schubladen zu stopfen. An die Stelle der Opposition *Klassik – Romantik* tritt ein anderes Paradigma, das der Opposition *Vitalismus – Ästhetizismus*, ein Paradigma, das im Laufe des 19. Jahrhunderts immer deutlicher hervortreten wird, um in den achtziger Jahren in die Opposition *Naturalismus – Symbolismus* überzugehen und in dieser Gestalt eine Zeitlang die Bühne zu beherrschen.

60 Jürgen Link: Ästhetische Form und ästhetischer Sinn in Platens Lyrik. München 1971.

3.3.2 „Weltschmerz" und „strenge Formkunst"

Die Form des Ghasels

Wie Heine als Lyriker mit einem „Buch der Lieder" debütierte, so Platen 1821 mit einem Band von Ghaselen. Die persisch-arabische Gattung des Ghasels war vor allem durch *Goethes „West-östlichen Divan"* (1819) in den Horizont der deutschen Literatur gelangt. Sie galt von Anfang an als eine Form, die im Deutschen nur mit größter Kunstfertigkeit zu realisieren wäre. Denn bei ihr ist ein ganzes Gedicht, und zwar eines in Langversen, mit nur einem einzigen Reim zu bestreiten, der überdies ein reicher Reim sein, also sich über mehr als zwei Silben erstrecken soll; dieser hat zunächst die ersten beiden Verse und sodann jeden weiteren zweiten Vers zu verbinden. Platen hat die Gattung offenbar um ihrer Strenge willen gereizt, und es ist ihm in der Tat gelungen zu zeigen, daß auch im Deutschen mit ihr etwas anzufangen ist.[61]

Nihilismus

Das gilt zumal für sein berühmtestes Ghasel, ein Gedicht, das überall mit herhalten muß, wo die Präsenz des Weltschmerz-Diskurses in der deutschen Literatur dokumentiert werden soll. In ihm nutzt Platen die Wiederkehr des immer gleichen Reims, um die Allgewalt des „nichtenden Nichts" (Martin Heidegger) fühlbar zu machen. Was immer der Mensch unternimmt und wo immer sich sein suchender Blick hin richtet – am Ende steht überall das gleiche Nichts.

Es liegt an eines Menschen Schmerz, an eines Menschen Wunde nichts,
Es kehrt an das, was Kranke quält, sich ewig der Gesunde nichts,
Und wäre nicht das Leben kurz, das stets der Mensch vom Menschen erbt,
So gäb's Beklagenwerteres auf diesem weiten Runde nichts.
Einförmig stellt Natur sich her, doch tausendförmig ist ihr Tod,
Es fragt die Welt nach meinem Ziel, nach deiner letzten Stunde nichts.
Und wer sich willig nicht ergibt dem ehrnen Lose, das ihm dräut,
Der zürnt ins Grab sich rettungslos und fühlt in dessen Schlunde nichts.
Dies wissen alle, doch vergißt es jeder gerne jeden Tag.

61 Andrea Polaschegg: Unwesentliche Formen? Die Ghasel-Dichtungen Platens und Rückerts. In: Steffen Mattus u. a. (Hrsg.): Lyrik im 19. Jahrhundert. Bern u. a. 2005, S. 271–294.

So komme denn, in diesem Sinn, hinfort aus meinem Munde nichts!
Vergeßt, daß euch die Welt betrügt, und daß ihr Wunsch nur Wünsche zeugt,
Laßt eurer Liebe nichts entgehn, entschlüpfen eurer Kunde nichts!
Es hoffe jeder, daß die Zeit ihm gebe, was sie keinem gab,
Denn jeder sucht ein All zu sein und jeder ist im Grunde nichts.[62]

Das Beste, was sich über das *menschliche Leben* sagen läßt, ist das, was der gewöhnliche Verstand so gerne beklagt: daß es kurz ist. Denn es ist eine stete Quelle schmerzlicher Erfahrungen, und diese haben keineswegs, wie Religion, Philosophie und Kunst immer wieder behauptet haben, irgendeinen tieferen oder höheren Sinn, sind nichts, woran man wachsen könnte – sie sind nur eine *sinnlose Quälerei*. Daß man ein solches Leben dennoch auf sich nimmt, beruht im Grunde auf einem Betrug, nämlich darauf, daß die Welt dem Menschen immer wieder ein Glück verheißt, das sie ihm dann doch nicht gewährt, das niemals Wirklichkeit wird. Es hat noch nicht einmal Sinn, dies auszusprechen, so wie das Gedicht es tut. Weit besser wäre es, solche grausame Wahrheit unausgesprochen zu lassen, um einfach *im Modus des Als-Ob zu leben*, denn das ist ja doch das Einzige, was dem Menschen übrigbleibt: so zu leben, als ob Wünsche in Erfüllung gingen, als ob Liebe auf Gegenliebe träfe und als ob es lohnende „Kunde" zu erfahren und zu wissen gäbe.

Absage an den Vitalismus

Diese Wendung am Schluß des Ghasels erinnert von ferne an den Vitalismus von Heines „Ideen", an den Gedanken, daß es für das Leben keinen Unterschied mache, ob man in der Wahrheit oder als „Schattenbild" unter „Schattenbildern" lebe, da man auch so das Leben genießen könne. Wenn man genauer hinsieht, wird man freilich bemerken, daß es bei Platen nicht zu einem solchen Ja zum Leben „trotz alledem" kommt. Der Vitalismus ist für ihn keine Perspektive, weil er nicht sehen kann, wie sich das Leben angesichts seines „Widerspruchs" genießen, ja überhaupt „fassen" lassen soll. Das wird in dem folgenden Sonett besonders deutlich.

62 August von Platen: Gedichte. Hrsg. v. Heinrich Henel. Stuttgart 1968, S. 27–28.

Wer wußte je das Leben recht zu fassen,
Wer hat die Hälfte nicht davon verloren
Im Traum, im Fieber, im Gespräch mit Toren,
In Liebesqual, im leeren Zeitverprassen.

Ja, der sogar, der ruhig und gelassen,
Mit dem Bewußtsein, was er soll, geboren,
Frühzeitig einen Lebensgang erkoren,
Muß vor des Lebens Widerspruch erblassen.

Denn jeder hofft doch, daß das Glück ihm lache,
Allein das Glück, wenn's wirklich kommt, ertragen,
Ist keines Menschen, wäre Gottes Sache.

Auch kommt es nie, wir wünschen bloß und wagen:
Dem Schläfer fällt es nimmermehr vom Dache,
Und auch der Läufer wird es nicht erjagen.[63]

Um das Leben „trotz alledem“ genießen zu können, müßte man es zunächst überhaupt zu „fassen“ kriegen, müßte man die Möglichkeit haben, zumindest zeitweilig in es einzukehren, aber das wird niemals geschehen, das Leben wird dem Menschen immer die kalte Schulter zeigen, wird ihm immer fremd bleiben und insofern für ihn immer nur eine Quelle des Unglücks sein.

Schönheit im Leben und in der Kunst

Das bedeutet freilich nicht, daß Platen nicht sähe, was das Leben, was Natur und Kunst an Schönem zu bieten haben – im Gegenteil: sein Blick sucht und findet es überall, und das heißt: er findet überall Möglichkeiten des Gefallens. Damit es aber wirklich zu einem Genießen des Schönen kommen kann, muß es erst aus dem Leidenszusammenhang des Lebens herausgelöst und in die *Distanz eines „interesselosen Wohlgefallens“* (Kant) gerückt werden, *in dem der Teufelskreis von Begehren und Entbehren stillgestellt ist*, ein Werk, das einzig die Kunst – der Tanz, „des Dichters Stanze“, der „Marmor“ der Plastik, der dichterische Enthusiasmus, die „Trunkenheit“ – zu leisten vermag.

63 Ebenda, S. 47.

Da gibt es dann, wie in dem folgenden Ghasel ausgeführt wird, in der Tat ein beseligendes Schauen, Gefühle der Freude und des Glücks, ja einen Zustand tänzerischen Schwebens, der alle Erdenschwere hinter sich zu lassen scheint. Nur eines ist auch der Kunst nicht vergönnt: dem Schönen einen „Sinn" abzugewinnen, der sich in das Leben mit zurücknehmen, aus der Sphäre des Ästhetischen in die Lebenswirklichkeit hineintragen ließe.

Sieh, du schwebst im Reigentanze; doch den Sinn erkennst du nicht;
Dich beglückt des Dichters Stanze; doch den Sinn erkennst du nicht;
Du beschaust die Form des Leibes, undurchschaulich abgestrahlt
Von des Marmors frischem Glanze; doch den Sinn erkennst du nicht;
Als Granate blinkt die Sonne golden dir, die goldne Frucht,
Und der Mond als Pomeranze; doch den Sinn erkennst du nicht;
Ihr Geblüt, das heilig dunkle, das in Trunkenheit dich wiegt,
Bietet dir die Rebenpflanze; doch den Sinn erkennst du nicht;
Sieh, die Palme prangt als Kragen um des ird'schen Rockes Rand,
Sieh, die Fichte hangt als Franze; doch den Sinn erkennst du nicht;
Sterngezelte, Blütenharnisch, blendet und erfreut den Blick,
Taleslager, Bergesschanze; doch den Sinn erkennst du nicht;
Bebend in der Mutter Busen, der gesäugt den ew'gen Sohn,
Siehest du des Schmerzes Lanze; doch den Sinn erkennst du nicht.[64]

Von der „Kunstreligion" zum Ästhetizismus

Hier vollzieht sich etwas Ähnliches wie in Heines „Ideen": die Kunst verabschiedet sich von der Idee der „Kalokagathie". Die *Schönheit* wird *aus der Verbindung mit dem Wahren und Guten herausgelöst*, die die Entwicklung der Kunst seit den Zeiten der alten Griechen bestimmt hat, zu der sich noch die Dichter der Goethezeit bekannt haben und an der das Epigonentum des 19. Jahrhunderts mit aller Gewalt festzuhalten sucht – ein Schritt in Richtung Moderne, der im allgemeinen erst dem französischen Symbolisten *Charles Baudelaire* (1821–1867) und dessen lyrischem Hauptwerk *„Les Fleurs du mal"* (Die Blumen des Bösen, 1857–1868) zugeschrieben wird.

64 Ebenda, S. 28–29.

Deshalb kann man bei Platen auch nicht mehr von „Kunstreligion“ sprechen, muß man sein Werk schon dem modernen Ästhetizismus zurechnen. Im Raum der romantischen „Kunstreligion“ ist das Schöne jederzeit in Wahres oder Gutes konvertierbar, gilt es als ausgemacht, daß es von einer Fülle des Sinns zeuge, die sich in theoretische Erkenntnis und Maximen des Handelns ausmünzen ließe. Hier heißt es nun vom Schönen: „doch den Sinn erkennst du nicht“. Ja hier scheint es der Widerstand, den es allen Versuchen entgegensetzt, ihm Wahres und Gutes abzugewinnen, erst recht zum Strahlen zu bringen, erst ganz bei sich selbst ankommen zu lassen. *Nur eine Schönheit, über deren Anblick einem die Gedanken an Wahres und Gutes ausgehen, ist wirklich schön; erst vor der Folie des Nihilismus zeigt sich, was Schönheit ist.* Damit ist aber die Schwelle zum Ästhetizismus überschritten.

Wie der Vitalismus konstituiert sich auch der Ästhetizismus in der Auseinandersetzung mit dem Nihilismus-Diskurs des 19. Jahrhunderts. Dies gilt es festzuhalten; wie hoch die Wertschätzung der Kunst in früheren Zeiten auch immer getrieben worden sein mag – es handelt sich dabei noch nicht um Ästhetizismus. Denn die Hochschätzung der Kunst gründet bei diesem gerade nicht mehr in der Vorstellung, daß die Kunst in einen Horizont unendlicher Sinnfülle führe, und auch nicht in der Idee, daß sie eine letzte Möglichkeit bezeichne, überhaupt noch so etwas wie Sinn zu erlangen, sondern in dem Gedanken, daß allein sie es dem Menschen ermögliche, wenigstens zeitweise etwas anderes zu schmecken als die Bitternis eines heil- und glücklosen Daseins.

Ästhetizismus und Nihilismus

Den Leidenszusammenhang des Lebens vermag freilich *auch die größte Kunst nicht auf Dauer zu zerreißen.* Daran erinnert Platen, indem er am Schluß seines Ghasels eines der Bilder aufruft, in denen sich die Kunst zur Brücke zwischen dem Leiden am Leben und einer Welt letzten Sinns zu gestalten suchte, das Bild der Mater dolorosa, der Mutter Gottes mit dem Schwert im Herzen, eine zentrale Ikone der christlichen Kunst.

Bebend in der Mutter Busen, der gesäugt den ew'gen Sohn,
Siehest du des Schmerzes Lanze; doch den Sinn erkennst du nicht.

So verfällt auch die Schönheit am Ende wieder dem Teufelskreis von Begehren und Entbehren und damit der Welt sinnlosen Schmerzes.

Der Ästhetizismus wird von eben dem Nihilismus wieder eingeholt, von dem er sich hat losringen wollen. Das bezeugt etwa das folgende Gedicht, übrigens eines der Lieblingsgedichte von Thomas Mann.

Tristan

Wer die Schönheit angeschaut mit Augen,
Ist dem Tode schon anheimgegeben,
Wird für keinen Dienst auf Erden taugen,
Und doch wird er vor dem Tode beben,
Wer die Schönheit angeschaut mit Augen!

Ewig währt für ihn der Schmerz der Liebe,
Denn ein Tor nur kann auf Erden hoffen,
Zu genügen einem solchen Triebe:
Wen der Pfeil des Schönen je getroffen,
Ewig währt für ihn der Schmerz der Liebe!

Ach, er möchte wie ein Quell versiechen,
Jedem Hauch der Luft ein Gift entsaugen
Und den Tod aus jeder Blume riechen:
Wer die Schönheit angeschaut mit Augen,
Ach, er möchte wie ein Quell versiechen![65]

3.4 Nihilismus, Vitalismus und Humanität bei Büchner

Der wissenschaftliche Blick auf das „animalische Leben"

Es gibt wohl keinen Autor, an dessen Werk sich die weltanschauliche Unruhe des Vormärz so gründlich und umfassend studieren läßt wie an dem von Georg Büchner,[66] und dies obwohl es sich dabei um

65 Ebenda, S. 23–24.

66 Gerhard P. Knapp: Georg Büchner. 3. Aufl. Stuttgart 2000. – Roland Bogards, Harald Neumeyer (Hrsg.): Büchner-Handbuch. Leben – Werk – Wirkung. Stuttgart 2009. – Christian Neuhuber: Georg Büchner. Das literarische Werk. Berlin 2009. – Michael Hofmann, Julian Kanning: Georg Büchner. Epoche – Werk – Wirkung. München 2013.

ein durchaus überschaubares Œuvre, ein Werk von kaum hundert Seiten handelt. Das mag zunächst daran liegen, daß Büchner besser als jeder andere Autor mit dem Bereich der Kultur vertraut war, von dem jene Tendenz zum Materialismus ausging, die letztlich für die Krise der Religion und für die anti-idealistische und anti-romantische Wendung des Denkens im 19. Jahrhundert verantwortlich war: mit den Naturwissenschaften.

1813 als Sohn eines Mediziners geboren, hat er auch selbst wieder Medizin studiert, und er hat dabei ein besonderes Interesse für die physiologische Hardware des Arztberufs, für die Wissenschaft vom „animalischen Leben“ entwickelt; seine Dissertation von 1836 gilt dem Nervensystem der Barben, einer bestimmten Art von Fischen.[67] Hinzu kamen philosophische und historische Studien sowie die politische Arbeit im Untergrund, Aktivitäten, die es ihm erlaubten, seine zentrale Intuition, den Gedanken: *„unsere Zeit ist rein materiell“* (BW 2, 455), sowohl ins Theoretisch-Prinzipielle als auch in jeden Bereich des gesellschaftlichen Lebens hinein zu verfolgen.[68] Es will wohl etwas besagen, daß sich einer seiner Brüder, *Ludwig Büchner* (1824–1899), als einer der führenden Köpfe des philosophischen Materialismus hervortat; Ludwigs bekanntestes Werk, eine Abhandlung mit dem Titel *„Kraft und Stoff“* (1855), erlebte bis 1904 21 Auflagen. Übrigens ist die Schwester *Luise Büchner* (1821–1877) mit Schriften zur Frage der Berufstätigkeit von Frauen auf ähnliche Weise zu einer Vorkämpferin der Emanzipation geworden. Das Elternhaus von Büchner scheint eine rechte Brutstätte der Moderne gewesen zu sein.

Die Sprache Büchners

Büchner verfügte aber nicht nur über einen wissenschaftlich geschulten Blick für das „animalische Leben“, für die materielle Basis der menschlichen Existenz, die Welt der Instinkte und Interessen – er legte bei deren Thematisierung auch eine Unverblümtheit, ja eine *brutale Direktheit* an den Tag, die seinerzeit in der deutschen Literatur neu war und die er vielleicht ebenfalls von den Naturwissenschaften mitgebracht hatte. Die Kultur der dezenten, die gesellschaftlichen Tabus geschickt umspielenden Rede, auf die sich die Gebildeten so

67 Udo Roth: Büchners naturwissenschaftliche Schriften. Tübingen 2004.

68 Michael Glebke: Die Philosophie Georg Büchners. Marburg 1995.

viel zugute hielten und derer sie sich zumal dort befleißigten, wo es um die Kruditäten der Leiblichkeit, etwa um das „wunderbare Geschäft des Zeugens" ging – eine Kultur, an der auch Immermann, Heine und Gutzkow noch immer festhielten – wird von Büchner in Grund und Boden gestampft. An ihre Stelle setzt er eine Sprache, die in jeder Hinsicht mit der Forderung von Gutzkows Cäsar Ernst macht, den Menschen „vor der Natur und Wahrheit ganz nackt und bloß" zu zeigen.

Es ist wohl vor allem diese von den Konventionen der Dezenz befreite, ungenierte, nackte Sprache, was der großen *Wirkung Büchners im 20. Jahrhundert* die Wege geebnet hat. Denn nur wenige Autoren des 19. Jahrhunderts sind hier so intensiv gelesen und so oft aufgeführt worden wie er; fast möchte man von einer postumen Adoption unter die Klassiker der Moderne sprechen. Büchners Sprache macht es eben dem Leser bis heute leicht, die historische Distanz zu vergessen und sich seinen Texten zu nähern, als stammten sie von einem Autor der Gegenwart. Für seine eigenen Zeitgenossen war sie freilich zunächst eine Zumutung. Selbst für die unter ihnen, die seinem literarischen Projekt mit Wohlwollen gegenüberstanden, selbst für die liberalen, fortschrittlichen Köpfe war sie eine äußerste Herausforderung. So sind seine Texte zunächst nur in einer stark überarbeiteten Form erschienen; besorgte Herausgeber suchten sie dadurch für eine Publikation zu retten, daß sie die anstößigen Passagen abmilderten oder völlig tilgten.

Das Werk und seine Drucklegung

Denn Büchner hat bei keinem seiner Texte die Drucklegung selbst in der Hand gehabt; es gibt von ihm keinen einzigen „autorisierten Text". Das gilt selbst für seine erste Schrift, das politische Pamphlet *„Der Hessische Landbote"* (1834); schon dieses wurde von einem älteren Mitstreiter im Untergrund einer mildernden Überarbeitung unterzogen. Vor allem aber hat sein dramatischer Erstling *„Dantons Tod"* (1835) bei der Drucklegung die heftigsten Eingriffe über sich ergehen lassen müssen. Der Herausgeber Gutzkow hat diese mit dem Hinweis gerechtfertigt, daß die Zensur bei einem Werk, das ein Kapitel aus der Geschichte der Französischen Revolution gestaltete, besonders genau hinsehen würde, doch hat er sich bei der Überarbeitung nicht nur das politisch Anstößige vorgeknöpft, sondern Büchners ungeniert-indezente Sprache überhaupt. Nicht ganz so ängstlich, freilich noch immer ängstlich genug verfuhr er bei der Drucklegung des Lustspiels *„Leonce und Lena“* (1838) und der Fragment gebliebenen Erzählung *„Lenz“* (1839), die beide erst nach dem Tod Büchners erschienen. Den besonders radikalen, allerdings auch besonders fragmentarischen Text des Dramas *„Woyzeck“* hat er ebensowenig angerührt wie der Bruder Ludwig bei seiner Ausgabe der „Nachgelassenen Schriften“ von 1850.

So hat das Publikum den ganzen Büchner erst sehr viel später und erst dank der Arbeit der Germanistik kennengelernt. Denn es bedurfte des gesamten methodischen Repertoires einer modernen wissenschaftlichen *Textkritik*, um die Sprache Büchners unter all den Überschreibungen freizulegen und des fragmentarischen Charakters des „Lenz“ und des „Woyzeck“ wenigstens einigermaßen Herr zu werden. Bis heute ist sein Œuvre ein bevorzugter Gegenstand, ja eines der großen Paradigmen der Editionsphilologie.

Dem Interesse der Germanistik ging freilich das der Literatur selbst voraus. Hier ist zunächst der Erzähler *Karl Emil Franzos* (1848–1904) zu nennen, ein später Vertreter des Realismus, der 1879 eine erste Gesamtausgabe der Werke Büchners veranstaltete und sich dafür neuerlich die Manuskripte vornahm, einschließlich der bis dato noch nicht entzifferten Handschriften des „Woyzeck“. Durch diese Ausgabe wurde der Autor auf Büchner aufmerksam, der mehr als jeder andere für die Durchsetzung seines Werks getan hat, *Gerhart Hauptmann* (1862–1946). Für ihn war Büchner mit seinem Blick für das „animalische Leben“ und seiner nackten Sprache ein Vorläufer und Gesinnungsgenosse des Naturalismus, und so ruhte er nicht eher, bis dessen Werke endlich das Licht der Bühne erblickten. Denn die drei Dramen Büchners sind erst in den Jahren 1895, 1902 und 1913 uraufgeführt worden, sind dann allerdings zu einem festen Bestandteil des Repertoires geworden.

3.4.1 „Dantons Tod“

Ein Ideen- und Reflexionsdrama

Büchner als Zeuge und Analytiker der weltanschaulichen Unruhe des Vormärz – wer sich dessen zu vergewissern sucht, was er zu den Debatten der Zeit zu sagen hat, der kann vor allem bei seiner umfangreichsten literarischen Arbeit, dem Drama „Dantons Tod“ fündig werden. Bei diesem handelt es sich nämlich um ein Ideen- oder Reflexionsdrama, also um ein Drama, dessen Dialog weniger der Veranstaltung von Handlung als dem Austausch von Gedanken dient. Schon Gutzkow stellte fest, im „Danton" herrsche „mehr Leben als Handlung" (GS 2, 896). Wenn der „Danton" auch unter die *Historischen Dramen* zu rechnen ist, so setzt er doch anders als die Muster der Gattung, als das Drama *Shakespeares* und *Schillers*, und als die Werke, in denen die Gattung im 19. Jahrhundert fortgeschrieben wird, als etwa das Drama von *Franz Grillparzer* (1791–1872) und *Friedrich Hebbel* (1813–1863), nicht auf die große „Staatsaktion" und die weitgespannte Intrige, wie er seinen Stoff auch nicht dem Rückgriff auf ferne und fernste Epochen der Geschichte, sondern der jüngsten Vergangenheit, der Zeitgeschichte verdankt, so wie zu seiner Zeit allenfalls noch das Historische Drama *„Napoleon oder Die hundert Tage"* (1831) des Immermann-Schützlings *Christian Dietrich Grabbe* (1801–1836). Büchner reflektiert im Medium der Geschichte des Revolutionshelden Danton seine eigenen Erfahrungen mit revolutionärer Politik.

Der Schauplatz von „Dantons Tod" ist Paris im Frühjahr 1794, auf dem Höhepunkt der „Terreur", der Schreckensherrschaft der radikalen Revolutionäre. Danton, der in einer bestimmten Phase der Revolution die Politik der Republik bestimmte, ist im Konkurrenzkampf der Parteien von Revolutionären, die noch radikaler sind als er, von Robespierre und den Jakobinern, auslaviert und kaltgestellt worden. So können wir *Danton und seine politischen Freunde nicht mehr als Handelnde, nur mehr als potentielle Opfer* ihrer Gegner erleben, *die sich angesichts des drohenden Untergangs über letzte Optionen des Handelns, über Sinn und Zweck ihres politischen Engagements und über den Sinn des Lebens überhaupt austauschen.* Dabei wird von Anfang an deutlich, daß Danton nach allem, was geschehen ist, die Lust an der politischen Aktion verloren hat, wenn nicht die Lust am Leben überhaupt; ihn verlangt es nur noch nach „Ruhe" (BW 1, 9, 32 u. 61).

Materialismus vs. Idealismus

Und das will gerade bei ihm etwas heißen, denn er versteht sich als *„Epicuräer"* (BW 1, 27), als einer, der wie der antike Philosoph Epikur und dessen Schule einzig das Lustprinzip, das *„Genießen"* als Antrieb des menschlichen Handelns gelten läßt – was mag aus einem solchen Menschen werden, wenn der Motor der Lebenslust bei ihm ausfällt? Danton wird uns mithin als ein Materialist präsentiert, und zwar als einer, der mit seinen Begriffen vom „Genießen“ unterwegs zum Vitalismus ist. An so etwas wie „Ideale“, „Moral“ und „Gewissen“, „Tugend“ und „Laster“, „Heldentum“ und „Opfer“ vermag er nicht mehr zu glauben; dazu hat er sich zu oft von dem überzeugen müssen, was Büchner an anderer Stelle die *„Armseligkeit des menschlichen Geistes“* nennt (BW 2, 450). Auch sein eigenes politisches Engagement will Danton nicht als Ausdruck einer Begeisterung für die Ideale der Revolution, als Ausfluß von Idealismus und Moralismus begriffen wissen; er verabscheut alle „Catonen“, alle die Männer, die sich wie Cato, das altrömische Muster republikanischer Tugend, gebärden.

> CAMILLE. (...) warum hast du den Kampf begonnen?
> DANTON. Die Leute waren mir zuwider. Ich konnte dergleichen gespreizte Catonen nie ansehn, ohne ihnen einen Tritt zu geben. Mein Naturell ist einmal so. (BW 1, 12)

Der Mensch handelt nicht im Namen von „Idealen“, auch wenn er sich selbst gerne so sehen möchte, er handelt einzig im Namen seines „Wohlbefindens“, des Strebens nach einem „Genießen“, das seinem „Naturell“ entspräche. In Worten von Dantons Parteigänger Hérault:

> HERAULT. (...) In unsern Staatsgrundsätzen muß (...) das Wohlbefinden an die (Stelle) der Tugend (...) treten. Jeder muß sich geltend machen und seine Natur durchsetzen können. (...) Jeder muß in seiner Art genießen können (...). (BW 1, 11)

Der Idealismus der Jakobiner

Eigenart und Bedeutung des Dantonschen Materialismus und Amoralismus werden vor allem im kontrastiven Bezug zur Position der Gegenpartei deutlich. Denn Robespierre und seine Jakobiner gerieren sich durchaus als Idealisten und Moralisten. Unentwegt sprechen sie von *„Ideen“* und *„Grundsätzen“*, vom *„Weltgeist“* und vom *„Fortschritt“*, von *„Tugend“* und *„Laster“*, und sie messen den Vorstellungen, die sie sich davon gebildet haben, eine solche Bedeutung zu, daß sie sich nicht scheuen, ihnen mit Gewalt Nachdruck zu verleihen, ja daß sie für sie über Leichen gehen.

> St. Just. (...) Ich frage nun: soll die moralische Natur in ihren Revolutionen mehr Rücksicht nehmen, als die physische? Soll eine Idee nicht eben so gut wie ein Gesetz der Physik vernichten dürfen, was sich ihr widersezt? Soll überhaupt ein Ereigniß, was die ganze Gestaltung der moralischen Natur, d.h. der Menschheit, umändert, nicht durch Blut gehen dürfen? Der Weltgeist bedient sich in der geistigen Sphäre unserer Arme eben so, wie er in der physischen Vulkane und Wasserfluthen gebraucht. Was liegt daran ob sie an einer Seuche oder an der Revolution sterben? (BW 1, 45)

Diese und manche ähnliche Passage – die Büchner übrigens vielfach wörtlich aus historischen Quellen, aus den Werken der frühen französischen Revolutionshistoriker Adolphe Thiers (1797–1877) und François Auguste Mignet (1796–1884) übernommen hat – sind wie gemacht zur Illustration der These, die Immermann in den „Epigonen" der Figur des materialistischen Arztes in den Mund legt, „daß alles ideelle Streben der Menschheit und des Menschen immer nur zur Torheit oder zum Verbrechen geführt habe". Wo eine Idee erst einmal zur fixen Idee geworden ist – und jede Idee hat das Zeug zur fixen Idee – und mit dem entsprechenden Fanatismus verfochten wird, da sind Mord und Totschlag nicht mehr weit. Und wenn das „ideelle Streben" gar in jene Dimension hineinwächst, die Gutzkow in der „Wally" ein *„Experimentieren mit der Menschheit"* nennt, dann droht eine totalitäre Gewaltherrschaft.

Eine materialistische Interpretation des Idealismus

Nicht zuletzt um solcher Gewalt die Energien zu entziehen, versucht sich *Danton* in einem großen *Streitgespräch mit Robespierre* an einer materialistischen Interpretation von dessen Idealismus und Moralismus. Wo der Gutmensch Robespierre von seinem Engagement für die gute Sache, von seinem *Kampf für die „Tugend"* und seinem guten „Gewissen" spricht, da will Danton auch nur das Lustprinzip, den *Willen zum „Genießen"*, den Instinkt und das Interesse erkennen, ein Streben nach „Wohlbefinden" freilich, das eine eigentümlich verquere, verdruckste Form angenommen hat, das sich nämlich vor sich selbst versteckt und deshalb nur auf abenteuerlich gewundenen Wegen, über das Schikanieren und Drangsalieren anderer, auf seine Kosten kommt. Robespierre hat kein Recht, sich über andere zu erheben und sie mit seinen „Ideen" zu belästigen, denn auch ihm geht es letztlich nur um das „Genießen".

Robespierre. (...) Das Laster muß bestraft werden, die Tugend muß durch den Schrecken herrschen.
Danton. Ich verstehe das Wort Strafe nicht.
Mit deiner Tugend Robespierre! Du hast kein Geld genommen, du hast keine Schulden gemacht, du hast bey keinem Weibe geschlafen, du hast immer einen anständigen Rock getragen und dich nie betrunken. Robespierre du bist empörend rechtschaffen. Ich würde mich schämen dreißig Jahre lang mit der nämlichen Moralphysiognomie zwischen Himmel und Erde herumzulaufen bloß um des elenden Vergnügens willen Andre schlechter zu finden, als mich. Ist denn nichts in dir, was dir nicht manchmal ganz leise, heimlich sagte, du lügst, du lügst!
Robespierre. Mein Gewissen ist rein.
Danton. Das Gewissen ist ein Spiegel vor dem ein Affe sich quält; jeder puzt sich wie er kann, und geht auf seine eigne Art auf seinen Spaß dabey aus. Das ist der Mühe werth sich darüber in den Haaren zu liegen! Jeder mag sich wehren, wenn ein Andrer ihm den Spaß verdirbt. Hast du das Recht aus der Guillotine einen Waschzuber für die unreine Wäsche anderer Leute und aus ihren abgeschlagnen Köpfen Fleckkugeln für ihre schmuzigen Kleider zu machen, weil du immer einen sauber gebürsteten Rock trägst? Ja, du kannst dich wehren, wenn sie dir drauf spucken oder Löcher hineinreißen, aber was geht es dich an, so lang sie dich in Ruhe lassen? Wenn sie sich nicht geniren so herum zu gehn, hast du deßwegen das Recht sie in's Grabloch zu sperren? Bist du der Polizeysoldat des Himmels? Und kannst du es nicht eben so gut mit ansehn, als dein lieber Herrgott, so halte dir dein Schnupftuch vor die Augen.
Robespierre. Du leugnest die Tugend?
Danton. Und das Laster. Es gibt nur Epicuräer und zwar grobe und feine, Christus war der feinste; das ist der einzige Unterschied, den ich zwischen den Menschen herausbringen kann. Jeder handelt seiner Natur gemäß, d. h. er thut, was ihm wohl thut. (BW 1, 26–27)

Determinismus

Wer dem anderen seine Taten als Ausdruck von „Tugend“ oder „Laster“, als „was Gutes oder was Böses“ (BW 1, 49) zurechnet, wie das ein Idealist und Moralist zu tun pflegt, der täuscht sich sowohl an sich selbst als auch am anderen über die Möglichkeiten des Menschen. Denn der Mensch ist weder in der Lage, andere unabhängig von seinen Instinkten und Interessen, in reiner Hingegebenheit an die Sache zu beurteilen, noch in ebensolcher Unabhängigkeit Ideen zu konzipieren und in die Tat umzusetzen; er ist weder in seinem Denken noch in seinem Handeln, weder im Erkennen und Wollen noch in der Realisation des Erkannten und Gewollten frei. Vielmehr ist er hier wie dort durch ein *doppeltes „Muß“* (BW I, 41) determiniert: durch ein inneres „Muß“, die physiologischen und psychologischen Dispositionen und Tendenzen seines *„Naturells“*, und durch ein äußeres „Muß“, die Macht der geschichtlich-gesellschaftlichen Verhältnisse und Ereignisse, die Macht des *„Schicksals“* (BW I, 53).

So muß sich selbst Robespierre in einer schwachen Minute eingestehen, daß er nicht Herr über seine Gedanken ist, daß sein Inneres, sein seelisch-geistiges Leben, sein *Ideenleben nur ein Spielball ebenso undurchschaubarer wie unverfügbarer anonymer Kräfte* ist:

> ROBESPIERRE. (…) Es ist lächerlich, wie meine Gedanken einander beaufsichtigen. (…) Ich weiß nicht, was in mir das Andere belügt. (BW I, 28)

Was für den Idealisten Robespierre eine Einsicht ist, zu der er sich nur im Geheimen, nur widerwillig und unter größten Seelenqualen bequemt, wird von Dantons materialistischen Gesinnungsgenossen offensiv vertreten:

> PAYNE. (…) Ich weiß nicht ob es an und für sich was Böses oder was Gutes giebt, und habe deßwegen doch nicht nöthig, meine Handlungsweise zu ändern. Ich handle meiner Natur gemäß, was ihr angemessen, ist für mich gut und ich thue es und was ihr zuwider, ist für mich bös und ich thue es nicht und vertheidige mich dagegen, wenn es mir in den Weg kommt. (BW I, 49)

Die Begriffe von Gut und Böse, die der Mensch sich bildet, verdanken sich nicht der moralphilosophischen Prinzipienreflexion, sondern seinem „Naturell“ und den Umständen. Was ihn dem „Genießen“ näherbringt, nennt er gut, was ihn daran hindert, böse.

Weltschmerz

Auch wenn Danton diese Auffassung im Streitgespräch mit Robespierre selbst vertritt, ist er doch von einer fröhlichen Ergebung in die Determination durch „Naturell“ und Umstände weit entfernt. Im Grunde leidet er unter dem doppelten „Muß“, vor allem bei der Erinnerung an seine eigenen Taten, an das „Ärgernis", das durch ihn in die Welt gekommen ist. Von dem Hedonismus Epikurs, von dem „Genießen", das er ständig im Munde führt, ist ihm selbst kaum noch etwas anzusehen. Statt dessen umgibt ihn eine Aura der Melancholie, die immer wieder die epochenspezifischen Züge des „Weltschmerzes" und der „Zerrissenheit" annimmt. Ihr deutlichster Ausdruck sind der „Ennui", der Überdruß und die Langeweile, sowie die *Sehnsucht nach „Ruhe"*, und zwar nach der „Ruhe" des „Grabes" (BW I, 9). Hier ist, wie es scheint, die *Grenze des Materialismus* erreicht. Denn Melancholie und „Ennui", „Weltschmerz" und Todessehnsucht sind doch wohl noch mehr und anderes als das bloße Frustriertsein beim Ausbleiben von Lustgewinn, sind der Ausdruck von Gedanken und Empfindungen, die sich erst im Horizont von Sinnfragen einstellen und die das seelisch-geistige Leben auf eigene Rechnung unterhält.

> JULIE. Du hast das Vaterland gerettet.
> DANTON. Ja das hab' ich. Das war Nothwehr, wir mußten. Der Mann am Kreuz hat sich's bequem gemacht: es muß ja Aergerniß kommen, doch wehe dem, durch welchen Aergerniß kommt.
> Es muß, das war dieß Muß. Wer will der Hand fluchen, auf die der Fluch des Muß gefallen? Wer hat das *Muß* gesprochen, wer? Was ist das, was in uns hurt, lügt, stiehlt und mordet?
> Puppen sind wir von unbekannten Gewalten am Draht gezogen; nichts, nichts wir selbst! Die Schwerter, mit denen Geister kämpfen, man sieht nur die Hände nicht, wie im Mährchen. (BW I, 41)

„Wir haben nicht die Revolution, sondern die Revolution hat uns gemacht" (BW I, 32). *Der Mensch ist nicht der Täter, sondern nur der Zuschauer seiner Taten*, die eigentlichen Urheber sind „Gewalten", die ihm „unbekannt" bleiben, während er handelt, die ihn mithin aus dem Unterbewußten heraus lenken – wie will man da von „Tugend" und „Laster", „gut" und „böse" reden!

Ein neues Menschenbild

Büchner erprobt hier wie überall in seinem Werk Konzepte, die in der zweiten Hälfte des 19. Jahrhunderts in das Zentrum des Denkens rücken und einige der führenden Köpfe beschäftigen werden, um in der Form, die sie bei diesen erhalten, in das Repertoire der Vorstellungen einzugehen, mit denen dann die moderne Literatur des 20. Jahrhunderts ihr Bild vom Menschen und seiner Welt gestalten wird. Sie alle sind von der Skepsis, von dem Gedanken der „Armseligkeit des menschlichen Geistes" infiziert und versuchen sich in seinem Sinne an einer *Revision des Verhältnisses von Körperwelt und seelisch-geistigem Leben*, bei der das Unbewußte zentrale Bedeutung erlangt.

Hier seien nur die drei wichtigsten dieser Wegbereiter und Säulenheiligen solcher Moderne genannt: Karl Marx, Sigmund Freud und Friedrich Nietzsche. *Marx* hat die These *„Das Sein bestimmt das Bewußtsein"* zum Dreh- und Angelpunkt allen wahrhaft modernen Denkens erklärt.[69] Mit dem „Sein" meint er das materielle Sein, nämlich die natürlichen Bedürfnisse des Menschen sowie die gesellschaftlichen Strukturen und Machtverhältnisse, die den Zugang zu den Ressourcen regeln, mit denen sich diese Bedürfnisse befriedigen lassen, meint er die Bedürfnis- und Interessenlage des Menschen; diese soll die „Basis" sein, die auf eine mehr oder weniger unbewußt bleibende Weise bestimmt, was im „Überbau" des Bewußtseins an Ideen konzipiert und verfochten wird. Auch für *Freud* gilt, „daß *das Ich nicht Herr* sei *im eigenen Haus*".[70] Er denkt dabei allerdings weniger an das äußere als an das innere „Muß", also nicht so sehr an die soziologischen denn vielmehr an die psychologischen Determinanten des Bewußtseinslebens, an die „unbekannten Gewalten" des „Es" und des „Über-Ichs", der Instinkte und der Normen der Gesellschaft. Und *Nietzsche* hat auf ganz ähnliche Weise von *Erkenntnis als Affekt* gehandelt.

Zu dem Aufbruch in das Neuland eines solchen von materialistischen Impulsen lebenden modernen Welt- und Menschenbilds gehören in Büchners „Danton" vor allem noch zwei weitere Themenkreise. Zum einen sucht Büchner seinen Vorstoß dadurch abzusichern, daß er ihn an die religionskritischen Diskurse der Zeit rückbindet, und zwar

69 Karl Marx: Zur Kritik der Politischen Ökonomie. In: ders., Friedrich Engels: Über Kunst und Literatur. Hrsg. v. Manfred Kliem. 2 Bde. Frankfurt Wien 1968. Bd. 1, S. 76.

70 Sigmund Freud: Eine Schwierigkeit der Psychoanalyse. In: ders.: Gesammelte Werke. Hrsg. v. Anna Freud u. a. 18 Bde. Frankfurt 1999. Bd. 12, S. 11.

gerade an die radikale Spielart der Religionskritik, an den *Atheismus*; mit dem Gottesbegriff will offenbar auch er das traditionelle metaphysische Widerlager der Vorstellung von einem autonomen Leben der Seele und des Geistes beiseite räumen. Und zum anderen sucht er dem Aufbruch eine Perspektive im Sinne des *Vitalismus* zu geben – wohlgemerkt: des Vitalismus und nicht der Humanitätsreligion, auch nicht einer ins Politische gewendeten Humanitätsreligion.

Atheismus

In der ersten Szene des dritten Akts finden wir den Helden und seine Parteigänger im Gefängnis wieder, wo sie sich die Zeit des Wartens mit Religionsphilosophie vertreiben. Die Diskussion beginnt mit dem Durchhecheln diverser *Gottesbeweise*, also einiger der Argumente, mit denen Theologie und Philosophie die Existenz Gottes zu beweisen suchten. Es folgt ein Blick auf den *Pantheismus* der jüngst vergangenen Goethezeit, auf die Vorstellung, daß Gott mit seiner Schöpfung „eins" sei und insofern in jedem seiner Geschöpfe, „in allem" und „in jedem" anzutreffen sei. Davon heißt es:

> Payne. (…) das wäre so übel nicht, aber Sie müssen mir zugestehen, daß es gerade nicht viel um die himmlische Majestät ist, wenn der liebe Herrgott in jedem von uns Zahnweh kriegen, den Tripper haben, lebendig begraben werden oder wenigstens die sehr unangenehmen Vorstellungen davon haben kann. (BW 1, 47)

Hier zeigt sich erneut, welche Bedeutung Büchner dem Begriff des „Genießens" beimißt. Daß sich das Ausgehen des Menschen auf das „Genießen" immer wieder am Widerstand der Welt bricht und in „Leiden" wie „Zahnweh" und „Tripper" umschlägt, wird als entscheidendes Argument gegen das ins Feld geführt, was man seit Leibniz *Theodizee* nennt, also gegen den Versuch einer Rechtfertigung Gottes angesichts der Qualen, denen seine Geschöpfe überall in seiner Schöpfung ausgesetzt sind. Das Resultat lautet:

> Payne. (…) Man kann das Böse leugnen, aber nicht den Schmerz; nur der Verstand kann Gott beweisen, das Gefühl empört sich dagegen. (…) warum leide ich? Das ist der Fels des Atheismus. Das leiseste Zucken des Schmerzes, und rege es sich nur in einem Atom, macht einen Riß in der Schöpfung von oben bis unten. (BW 1, 48)

Wer dem Leiden ins Gesicht sieht, das in der Welt ist, der kann an keinen Schöpfergott mehr glauben. *Die Frage „Warum leide ich?" ist „der Fels des Atheismus".*

Vitalismus

Wie ein Leben aussehen könnte, das einzig auf das Lustprinzip bauen, sich ganz dem „Genießen" überlassen würde, vergegenwärtigt Büchner in der Figur der *Marion,* einer seiner kühnsten Erfindungen. Das Gewicht, das ihr im Gefüge des „Danton" zukommt, mag man daraus ersehen, daß die Passagen, in denen sie Danton ihr Leben schildert, die längste Rede im gesamten Drama bilden – die längste neben den Reden der Jakobiner Robespierre und St. Just, was sie strukturell als deren eigentlichen Gegenpol auszeichnet.

Marion ist eine der zahllosen Geliebten Dantons, eine „Grisette", eine jener jungen, mittellosen Pariser Putzmacherinnen, die ein Leben am Rande der Prostitution führten. In der Pariser Halbwelt groß geworden, ist sie kaum in den Genuß der zweifelhaften Segnungen von „Wissenschaft und Kunst" gekommen. Was da an Begriffen des Wahren, Guten, Schönen, an Idealen und Tugenden kultiviert wird, hat sie nie erreicht; sie ist *ganz Natur, ganz „animalisches", „sinnlich glühendes Leben".* Die Triebnatur hat eine Macht über sie, die sie nicht versteht und auch nicht verstehen will; genauer: sie versteht sie unmittelbar, ohne Zutun von „Wissenschaft und Kunst", indem sie sich ihr rückhaltlos überläßt. Von den Zweifeln einer Dame der gebildeten Schichten wie Gutzkows Wally weiß sie nichts. Sie akzeptiert den Dämmerzustand zwischen Bewußtsein und Unterbewußtsein, in dem ihr Leben hinfließt, und sucht nicht mit Gewaltakten des Denkens Licht in ihn hineinzubringen. So ist sie inmitten all der „Zerrissenen" um sie her *jederzeit eins mit sich selbst und mit ihrer Umwelt.* Sie ist also geradezu so etwas wie eine fleischgewordene Utopie, eine Utopie aus dem Geist des Vitalismus.

> MARION. (…) Meine Mutter war eine kluge Frau, sie sagte mir immer die Keuschheit sey eine schöne Tugend, wenn Leute in's Haus kamen und von manchen Dingen zu sprechen anfingen, hieß sie mich aus dem Zimmer gehn; frug ich was die Leute gewollt hätten so sagte sie mir ich solle mich schämen; gab sie mir ein Buch zu lesen so mußt ich fast immer einige Seiten überschlagen. Aber die Bibel las ich nach Belieben, da war Alles heilig, aber es war etwas darin, was ich nicht begriff, ich mochte auch niemand fragen; ich brütete über mir selbst. Da kam der Frühling,

es gieng überall etwas um mich vor, woran ich keinen Theil hatte. Ich gerieth in eine eigne Atmosphäre, sie erstickte mich fast, ich betrachtete meine Glieder, es war mir manchmal, als wäre ich doppelt und verschmölze dann wieder in Eins. Ein junger Mensch kam zu der Zeit in's Haus, er war hübsch und sprach oft tolles Zeug, ich wußte nicht recht, was er wollte, aber ich mußte lachen. Meine Mutter hieß ihn öfters kommen, das war uns Beyden recht. Endlich sahen wir nicht ein, warum wir nicht eben so gut zwischen zwei Bettüchern bei einander liegen, als auf zwei Stühlen neben einander sitzen durften. Ich fand dabey mehr Vergnügen, als bey seiner Unterhaltung und sah nicht ab, warum man mir das geringere gewähren und das größere entziehen wollte. Wir thaten's heimlich. Das gieng so fort. Aber ich wurde wie ein Meer, was alles verschlang und sich tiefer und tiefer wühlte. Es war für mich nur ein Gegensatz da, alle Männer verschmolzen in einen Leib. Meine Natur war einmal so, wer kann da drüber hinaus? Endlich merkt' er's. Er kam eines Morgens und küßte mich, als wollte er mich ersticken, seine Arme schnürten sich um meinen Hals, ich war in unsäglicher Angst. Da ließ er mich los und lachte und sagte: er hätte fast einen dummen Streich gemacht, ich solle mein Kleid nur behalten und es brauchen, es würde sich schon von selbst abtragen, er wolle mir den Spaß nicht vor der Zeit verderben, es wäre doch das Einzige, was ich hätte. Dann gieng er, ich wußte wieder nicht was er wollte. Den Abend saß ich am Fenster, ich bin sehr reizbar und hänge mit Allem um mich nur durch eine Empfindung zusammen, ich versank in die Wellen der Abendröthe. Da kam ein Haufe die Straße herab, die Kinder liefen voraus, die Weiber sahen aus den Fenstern. Ich sah hinunter, sie trugen ihn in einem Korb vorbey, der Mond schien auf seine bleiche Stirn, seine Locken waren feucht, er hatte sich ersäuft. Ich mußte weinen. Das war der einzige Bruch in meinem Wesen. Die andern Leute haben Sonn- und Werktage, sie arbeiten sechs Tage und beten am siebenten, sie sind jedes Jahr auf ihren Geburtstag einmal gerührt und denken jedes Jahr auf Neujahr einmal nach. Ich begreife nichts davon. Ich kenne keinen Absatz, keine Veränderung. Ich bin immer nur Eins. Ein ununterbrochenes Sehnen und Fassen, eine Gluth, ein Strom. Meine Mutter ist vor Gram gestorben, die Leute weisen mit Fingern auf mich. Das ist dumm. Es läuft auf eins hinaus, an was man seine Freude hat, an Leibern, Christusbildern, Blumen oder Kinderspielsachen, es ist das nemliche Gefühl, wer am Meisten genießt, betet am Meisten. (BW I, 21–22)

Das Leben von Marion ist zwar auch nicht ohne *schmerzhafte „Brüche"* – der Selbstmord des Geliebten, der Tod der Mutter – doch *hinterlassen* diese in ihrem Leben *keine bleibenden Spuren, da sie* bei ihr *nicht in den Horizont von Idealen und Moralvorstellungen gelangen*, nicht zur Quelle von Gewissensbissen und Selbstzweifeln werden. Marion weiß ebensowenig von jenem Besitzanspruch der Liebe, an dem ihr Geliebter gescheitert ist, wie von dem Gefühl der Schande, das ihre Mutter ins Grab gebracht hat. So hat sie auf ihre Weise bereits einen *Himmel auf Erden*, wie in der Gleichsetzung von „genießen" und „beten" anklingt, mit der ihr Monolog endet. Es ist ein Himmel in der handfestesten Form, die sich denken läßt, ein Himmel der körperlichen Erfahrungen, denn das „Beten", von dem sie spricht, ist eines, für das die „Natur", wie es an anderer Stelle heißt, „die Rosenkränze (...) in den Leisten gelassen" (BW 1, 49).

Nihilismus

Danton kann den Himmel der Marion nur noch von außen anstaunen – „Warum kann ich deine Schönheit nicht ganz in mich fassen, sie nicht ganz umschließen?" (BW 1, 22) – kann nur noch feststellen, daß er für ihn ein- für allemal verschlossen ist. Denn er weiß, daß er von den „Brüchen" seines eigenen Lebens, von den Taten, die die Revolution durch ihn getan hat und die ihn nun in der Erinnerung verfolgen, niemals wieder loskommen wird. Was durch ihn an „Ärgernis", an Gewalt und Blutvergießen in die Welt gekommen ist, wiegt zu schwer für ein Ja zum Leben „trotz alledem". Trotz all seiner Reden vom „Genießen" ist der Vitalismus keine Perspektive mehr für ihn, und so endet sein Materialismus im Nihilismus.

PHILIPPEAU. Was willst du denn?
DANTON. Ruhe.
PHILLIPEAU. Die ist in Gott.
DANTON. Im Nichts. Versenke dich in was Ruhigers, als das Nichts und wenn die höchste Ruhe Gott ist, ist nicht das Nichts Gott? Aber ich bin ein Atheist. Der verfluchte Satz: etwas kann nicht zu nichts werden! und ich bin etwas, das ist der Jammer!
Die Schöpfung hat sich so breit gemacht, da ist nichts leer, Alles voll Gewimmels.
Das Nichts hat sich ermordet, die Schöpfung ist seine Wunde, wir sind seine Blutstropfen, die Welt ist das Grab, worin es fault.

(...)
Wir sind Alle lebendig begraben und wie Könige in drei- oder vierfachen Särgen beygesezt, unter dem Himmel, in unsern Häusern, in unsern Röcken und Hemden.
Wir kratzen fünfzig Jahre lang am Sargdeckel. Ja, wer an Vernichtung glauben könnte! dem wäre geholfen.
Da ist keine Hoffnung im Tod, er ist nur eine einfachere, das Leben eine verwickeltere, organisirtere Fäulniß, das ist der ganze Unterschied! (BW 1, 61)

DANTON. Die Welt ist das Chaos. Das Nichts ist der zu gebärende Weltgott. (BW 1, 72)

3.4.2 „Lenz“

Lenz als Paradigma der Individualisierung

In *„Dantons Tod“* wird die weltanschauliche Unruhe, die mit der Modernisierung einhergeht und die im 19. Jahrhundert, zumal im Vormärz, immer wieder vor den absoluten Nullpunkt des Nihilismus führt, als Teil eines großen *geschichtlich-gesellschaftlichen Panoramas* zur Darstellung gebracht, das die Modernisierung auf einem ersten kritischen Höhepunkt, in der Phase der Französischen Revolution zeigt und in dem sie nach allen Seiten hin entfaltet werden kann. Ganz anders im *„Lenz“*;[71] auch da wird der Leser mit der Perspektive des Nihilismus konfrontiert, aber in einem Umfeld, das *so weit wie möglich von den Brennpunkten des geschichtlich-gesellschaftlichen Lebens entfernt* ist, in der Idylle eines Waldtals im Elsaß und ein gutes Jahrzehnt vor der Revolution, und in dem von den verschiedenen Faktoren der Modernisierung nur ein einziger wirklich greifbar wird, dem dann allerdings die ganze Aufmerksamkeit gehört: die Individualisierung. Denn im „Lenz“ geht es wesentlich um das, was wir die Ambivalenz der Individualisierung genannt haben, wobei die problematischen Seiten der Individualisierung eben vor allem in der Perspektive des Nihilismus herausgearbeitet werden.

Daß Büchner mit dem „Lenz“ auf die Individualisierung zielt, zeigt sich schon in der Wahl des Stoffs. Gestaltet wird ein Kapitel aus dem

---

71 Georg Büchner: Lenz. Hrsg. u. komm. v. Burghard Dedner. Frankfurt 1998.

Leben des Dichters *Jakob Michael Reinhold Lenz* (1751–1792), eine große Lebenskrise, die sowohl die Züge einer Krise der Weltanschauung als auch einer Krankheit, einer pathologischen Krise des Seelenlebens aufweist und die dank des Berichts des Pfarrers, in dessen Obhut sich Lenz begeben hatte, eines gewissen Johann Friedrich Oberlin, recht gut belegt ist. Lenz figuriert aber im kulturellen Gedächtnis als einer der Heroen des *Sturm und Drang*, und damit als Protagonist eben der literarischen Bewegung, die die Literatur mit besonderer Energie und Konsequenz zu einem Anwalt des Individuums gemacht haben soll. Nur wenige Jahre, bevor sich Büchner des Falls Lenz annahm, 1828, hatte *Ludwig Tieck* mit einer dreibändigen Werkausgabe noch einmal die entsprechenden Verdienste von Lenz in Erinnerung gerufen; die Perspektive auf Lenz war also festgestellt. Wenn sich Büchner diesem als Vorkämpfer des modernen Individualismus gehandelten Autor nun ausgerechnet von dessen großer Lebenskrise aus nähert, so läßt bereits das allein erkennen, daß es ihm nicht einfach nur um einen neuerlichen Vorstoß in das „Reich der wildesten Subjektivität" zu tun war, daß es ihm auch, ja vordringlich darum ging, dessen Schattenseiten zu beleuchten.

Außenseiter in der modernen Literatur

Büchners „Lenz" gehört also in die lange Reihe von Werken, in denen die Literatur das Schicksal des Individuums in der Moderne an psychisch Kranken und anderen Formen von Devianz erkundet, eine Reihe, die sich gerne auf das Modell von *Shakespeares „Hamlet"* (1602) berufen hat, die aber im Grunde erst mit *Goethes „Werther"* (1774) – mit der Geschichte des Selbstmörders Werther – anfängt, die sich über die Helden der Erzählungen von *E. T. A. Hoffmann*, etwa den Nathanael aus dessen berühmtem *„Sandmann"* (1817), bis in die Zeit Büchners hinein fortsetzt und die dann in der Moderne im engeren und eigentlichen Sinne, beginnend mit *Gerhart Hauptmanns „Bahnwärter Thiel"* (1888), in Dimensionen hineinwächst, in denen sie sich kaum mehr überblicken läßt. *Büchner* selbst hat mit dem *„Woyzeck"* noch ein zweites Beispiel für diese Tendenz geliefert; da wird die Geschichte eines Mannes gestaltet, der alle Formen von Devianz in sich vereinigt, der sowohl ein „Verrückter" als auch ein „Verbrecher" und überdies auch noch ein Outcast der Gesellschaft ist, der nämlich am Abgrund der völligen Verelendung und im Zustand geistiger Verwirrung seine Geliebte ermordet.

Wenn die Literatur ihr Publikum auf dem Weg in die Moderne mehr und mehr mit solchen Außenseiter-Existenzen konfrontiert hat, so hat sie das natürlich nicht getan, um diese einem Blick von außen zu unterbreiten, etwa einem Blick, der sie im sicheren Gefühl der eigenen Normalität als menschliche Kuriositäten begafft, oder auch dem klinischen Blick der Wissenschaft, wie er spätestens durch die entsprechenden Methoden der modernen Literaturwissenschaft ihnen gegenüber zum Zuge kam. Vielmehr war und ist ihr bei derartigen Figuren alles daran gelegen, den Leser spüren und begreifen zu lassen, daß an ihnen seine eigene Sache verhandelt werde, daß es bei ihrer Geschichte ganz allgemein um das *Schicksal des Individuums in der modernen Welt* gehe, und damit eben auch um seine eigenen Welt- und Selbstverhältnisse.

Individuum und Gesellschaft in der Moderne

Offensichtlich hat sich das Verhältnis von Individuum und Gesellschaft in der Moderne in eine Richtung entwickelt, die die Literatur dahin brachte, es mehr und mehr aus dem Blickwinkel von Außenseitern, von „Verbrechern“ und „Verrückten“ darzustellen, so als könne man es in deren Perspektive besser durchdringen als auf anderen Wegen. Das aber heißt nichts anderes, als daß es nach dem Zeugnis der Literatur zu einem irgendwie immer schon gestörten, pathologischen, zumindest hochproblematischen Verhältnis geworden ist, zu einem *Verhältnis, das alle Selbstverständlichkeit eingebüßt hat und mit immer neuen Anstrengungen immer wieder anders auszutarieren ist*; mit einem Wort Hamlets: die Welt ist aus den Fugen.

Die Gesellschaft hat sich im Zuge der Modernisierung – so sieht es die Literatur – eine Gestalt gegeben, in der sie das um sein Selbstsein ringende Individuum immer wieder in die Devianz, in Krankheit und Verbrechen treibt. Zugleich hat dieses Ringen um das Selbstsein, hat die Individualisierung Ausmaße angenommen, in denen sie immer mehr Menschen unfähig macht, sich überhaupt noch mit der Gesellschaft ins Benehmen zu setzen. Daß diese Diagnose der Literatur nicht ganz falsch sein kann, erhellt aus der Präsenz des *Entfremdungsdiskurses* in allen Bereichen der Kultur, aus den immer neuen Konjunkturen, den immer neuen Wendungen und Aufgipfelungen, die dieser Diskurs in der modernen Welt erlebt hat und weiterhin erlebt.

Daß das Verhältnis von Individuum und Gesellschaft in der Moderne ein schwieriges geworden ist, ist ja auch überall mit

Händen zu greifen. Es zeigt sich vor allem in dem allgegenwärtigen *Konflikt von Selbstverwirklichung und Anpassung*, also darin, daß sich das Individuum hier ständig und in allen möglichen Belangen durch die Anpassungsleistungen, die ihm die Gesellschaft abverlangt und ohne die ein Leben in Gesellschaft nicht möglich ist, in seinem Streben nach Selbstverwirklichung behindert fühlt. Für keinen Aspekt der modernen Kultur dürfte sich eine so große Zahl von Stimmen, eine so erdrückende Masse von Belegen finden wie für diesen.

Er bezeichnet freilich nur die Außenseite des Problems. Dessen ganze Ausmaße werden erst sichtbar, wenn man sich vergegenwärtigt, daß ebendieselbe Gesellschaft, die dem Individuum all die ungeliebten Anpassungsleistungen abnötigt, es auch auf die Bahn der Selbstverwirklichung befördert hat, daß sie mithin von ihm zugleich ein gewisses Maß an Unangepaßtheit, nämlich jene Originalität erwartet, aus der die innovativen Impulse erwachsen, derer sie bedarf, um sich zu modernisieren. Und wenn man sich überdies klarmacht, daß es gerade diese Modernisierung ist, die dem Individuum die Anpassung so ungemein erschwert, weil sie es mit Verhältnissen konfrontiert, die sich ständig verändern und bei denen es sich immer wieder fragt, wie lange sie vorhalten mögen und ob sie die Mühe der Anpassung wirklich wert sind.

Das aber bedeutet, daß das Individuum in der Moderne in einer permanenten Auseinandersetzung um Anpassung und Devianz, „Verselbstung“ und „Entselbstung“ begriffen ist, die durchaus mit bewußten Mitteln auszutragen ist und die es nicht zur Ruhe kommen läßt. Es ist nicht zuletzt dieser Dauerkonflikt, dieser nicht enden wollende *„Streß der Freiheit“* (Peter Sloterdijk), durch den sich die modernen von traditionalen Gesellschaften wie denen des frühneuzeitlichen Europa unterscheiden. Denn da gingen Selbstverwirklichung und Anpassung noch weithin Hand in Hand, als ein und derselbe Prozeß eines fraglosen Hineinwachsens in die Sitte und den Glauben der Väter, vollzogen sie sich also noch auf eine mehr oder weniger konfliktfreie und insofern unbewußt bleibende Weise. In der Moderne hingegen scheint das Individuum dem Konflikt zwischen Selbst-sein-Wollen und Sich-anpassen-Müssen, Sich-anpassen-Wollen und Selbst-sein-Müssen auf keine Weise mehr entkommen zu können.

Individuum und Gesellschaft in der Literatur des 19. Jahrhunderts

Wenn wir nun von hier aus auf die Entwicklung der Literatur im 19. Jahrhundert blicken, so sehen wir, daß es ihr in der Phase des *Vormärz* zunächst darum ging, überhaupt eine Vorstellung von den problematischen Aspekten des Verhältnisses von Individuum und Gesellschaft zu entwickeln, überhaupt ein Bewußtsein für sie zu schaffen. Deshalb hat sie hier vor allem extreme Beispiele gestaltet, Fälle, in denen die Spannung zwischen Selbstverwirklichung und Anpassung auf die Spitze getrieben wird und die Gestalt eines *unlösbaren Konflikts* annimmt, an dem sich auch bei größter Indolenz nicht mehr vorbeisehen läßt. Das fiel ihr um so leichter, als sich die Gesellschaft des Vormärz ihrem politisch geschärften Blick als ein Zwangsgebilde darstellte, das dem Individuum kaum Spielräume für die Selbstverwirklichung ließe, in dem Anpassung mit Selbstaufgabe gleichbedeutend wäre. Wie wir bereits bei Immermann und Gutzkow gesehen haben, vergaß sie freilich nicht, zugleich auch dem „individualisierten Ich“ seine wachsende Neigung zur Abschottung gegen die Anforderungen des gesellschaftlichen Lebens und zum Rückzug in sich selbst vorzuhalten. Beide Momente gleichermaßen brachten sie dahin, daß sie sich hier vor allem der Darstellung von „Zerrissenen“ und von deren „Weltschmerz“ widmete.

Später dann, in der Phase des *Realismus*, versuchte die Literatur, über das bloße Aufzeigen und Bewußtmachen der Problematik von Selbstverwirklichung und Anpassung hinauszugelangen und den *Konflikt auf mögliche Lösungen hin zu analysieren*, also zu demonstrieren, daß sich dem Individuum auch unter den Bedingungen der Moderne, ja womöglich gerade hier Wege eröffnen könnten, die zugleich Wege zu sich selbst und Wege in die Gesellschaft wären. Dabei hat sie sich gerne an dem *Modell des „Wilhelm Meister“ von Goethe* orientiert, wo das Problemfeld bereits in alle möglichen Richtungen erkundet wird. Wie Goethe setzen auch die Realisten bei dessen Bearbeitung vor allem auf den Gedanken, daß es *keine Selbstverwirklichung* ohne die anderen, *ohne ein Sich-Einlassen auf die Gesellschaft* gebe, daß niemand ohne die Bewährung und die Selbstbestätigung im Umgang mit den anderen, in Freundschaft und Liebe, Arbeit und gesellschaftlichem Engagement bei sich selbst ankommen könne.

Und wie für Goethe ist dieser Gedanke auch für sie alles andere als ein Patentrezept zur Versöhnung von Individuum und Gesellschaft.

So wie er hier wie dort ausgearbeitet wird, beschreibt er einen Weg, auf dem überall die Gefahr des In-die-Irre-Gehens und Scheiterns lauert – die Bewährung kann mißlingen, die Selbstbestätigung kann ausbleiben – der also keineswegs notwendig zu einem glücklichen Ende führt, der nicht mehr als eine prekäre Möglichkeit aufzeigt, mit dem Konflikt von Selbstverwirklichung und Anpassung zurechtzukommen, das aber doch immerhin – völlig unmöglich ist seine Lösung nicht.

Für diese Sicht der Dinge gibt es wohl keinen besseren Beleg als den *„Grünen Heinrich" von Keller*, einen der meistbeachteten Entwicklungs- und Bildungsromane der Zeit. Denn von diesem existieren *zwei Fassungen*, eine frühe aus den Jahren 1854/55, also noch nicht so weit vom Vormärz entfernt – und Keller hat ja als ein typischer Dichter des Vormärz, als ein „Weltschmerz"-Dichter begonnen – in der der Held am Ende im „Weltschmerz" versinkt und Selbstmord begeht, und eine späte aus den Jahren 1879/80, aus der Blütezeit des Realismus, in der der gleiche Held überlebt und sich trotz all seiner negativen Erfahrungen doch noch irgendwie in die Gesellschaft hineinfindet.[72] So wie Keller die Verhältnisse einschätzt, gibt es gute Gründe sowohl für ein böses als auch für ein gutes Ende; eine Lösung des Konflikts ist möglich, doch bleibt sie immer eine prekäre.

Vom Weltschmerz zum Humor

Wo es zur Versöhnung von Individuum und Gesellschaft kommt, da verdankt sie sich meist einem Moment, das im Realismus nach und nach an die Stelle des „Weltschmerzes" tritt: dem Humor. Der Humor versteht es, sich eben dort eine *Distanz* zu erobern, wo der „Weltschmerz" in Distanzlosigkeit verharrt, eine Distanz gegenüber all dem, was den „Weltschmerz" begründet, gegenüber dem Bedrängenden der gesellschaftlichen Verhältnisse ebensowohl wie gegenüber dem eigenen Nicht-Zurechtkommen mit diesen Verhältnissen, gegenüber sich selbst und den eigenen Defiziten. Wenn sich der „Weltschmerz" dem ganz überläßt und in selbstquälerischer Manier mehr und mehr in es hineinsteigert, weiß sich der Humor mit einem Lachen davon zu lösen. Damit allein sind die Probleme natürlich noch nicht aus der Welt geschafft, aber das *Individuum gewinnt* so doch wenigstens

72 Gottfried Keller: Der grüne Heinrich. Mit einem Vergleich der ersten und der zweiten Fassung. Hrsg. v. Gert Sautermeister. 4. Aufl. München 1989.

die *Initiative zurück*, sieht sich nicht mehr nur als ein Opfer der Verhältnisse, als ein- für allemal zum Leiden, zum passiven Aushalten seines Elends verdammt, sondern nimmt es aktiv mit den Verhältnissen und mit sich selbst, mit der eigenen Befindlichkeit auf. Der Humor des Realismus ist keine Figur der Resignation, wie immer wieder behauptet worden ist, sondern ein aktivierendes, befreiendes Moment. Von alledem wird noch zu reden sein.

Die Eingangsszene des „Lenz“

Einstweilen befinden wir uns aber noch im Vormärz, bei Büchner und seinem „Lenz“, und damit in der Zone des „Weltschmerzes“. Die Erzählung beginnt mit einer Szene, die wie gemacht ist zur Illustration des Platenschen Verses: „Denn jeder sucht ein All zu sein, und jeder ist im Grunde nichts“. Lenz ist als einsamer Wanderer in einer winterlichen Gebirgslandschaft unterwegs; daß er auf dem Weg zu Oberlin ist, werden wir erst später erfahren. Büchner zeigt ihn mithin als erstes in der „freien Natur“. Das gibt ihm Gelegenheit, sogleich mit dem *pantheistischen Naturerlebnis* die Probe aufs Exempel zu machen, das in dem Sturm-und-Drang-Milieu, dem Lenz angehört, so große Bedeutung für die Literatur erlangt hat und für das sich die prominentesten Beispiele bei *Goethe*, etwa in dessen Lyrik oder auch im *„Werther“* und im *„Faust“* finden. Eine ähnliche Probe auf das Naturerlebnis haben wir bereits bei *Heine*, in dessen *„Nordsee“* kennengelernt.

> In Nacht und Tau auf den Gebirgen liegen,
> Und Erd' und Himmel wonniglich umfassen,
> Zu einer Gottheit sich aufschwellen lassen,
> Der Erde Mark mit Ahnungsdrang durchwühlen, (...)
> Bald liebewonniglich in alles überfließen (...). (HA 3, 105)

Wie Werther und wie Faust kennt auch Lenz das *Gefühl, „ein All zu sein“*, „in alles über(zu)fließen“ und „alles in sich zu fassen“. Freilich bleibt ihm ebensowenig wie diesen die Erfahrung erspart, daß es sich um ein Gefühl handelt, das sich wie alle Gefühle nicht auf Dauer stellen läßt und das insofern keinen letzten Halt zu geben vermag. Ja anders als bei diesen umfaßt es bei ihm überhaupt „nur Augenblicke“, scheint es ihm nur nahezukommen, um ihn alsbald in sein genaues Gegenteil abstürzen zu lassen, in das *Gefühl, „jeder ist im*

Grunde nichts". Die Gegenpole „Alles" und „Nichts" sind im folgenden durch Kursive markiert.

Den 20. Januar ging Lenz durch's Gebirg. Die Gipfel und hohen Bergflächen im Schnee, die Thäler hinunter graues Gestein, grüne Flächen, Felsen und Tannen. Es war naßkalt, das Wasser rieselte die Felsen hinunter und sprang über den Weg. Die Äste der Tannen hingen schwer herab in die feuchte Luft. Am Himmel zogen graue Wolken, aber *Alles* so dicht, und dann dampfte der Nebel herauf und strich schwer und feucht durch das Gesträuch, so träg, so plump. Er ging gleichgültig weiter, es lag ihm *nichts* am Weg, bald auf- bald abwärts. Müdigkeit spürte er keine, nur war es ihm manchmal unangenehm, daß er nicht auf dem Kopf gehn konnte. Anfangs drängte es ihm in der Brust, wenn das Gestein so wegsprang, der graue Wald sich unter ihm schüttelte, und der Nebel die Formen bald verschlang, bald die gewaltigen Glieder halb enthüllte; es drängte in ihm, er suchte nach etwas, wie nach verlornen Träumen, aber er fand *nichts*. Es war ihm *alles* so klein, so nahe, so naß, er hätte die Erde hinter den Ofen setzen mögen, er begriff nicht, daß er so viel Zeit brauchte, um einen Abhang hinunter zu klimmen, einen fernen Punkt zu erreichen; er meinte, er müsse *Alles* mit ein paar Schritten ausmessen können. Nur manchmal, wenn der Sturm das Gewölk in die Thäler warf, und es den Wald herauf dampfte, und die Stimmen an den Felsen wach wurden, bald wie fern verhallende Donner, und dann gewaltig heran brausten, in Tönen, als wollten sie in ihrem wilden Jubel die Erde besingen, und die Wolken wie wilde wiehernde Rosse heransprengten, und der Sonnenschein dazwischen durchging und kam und sein blitzendes Schwert an den Schneeflächen zog, so daß ein helles, blendendes Licht über die Gipfel in die Thäler schnitt (...), riß es ihm in der Brust, er stand, keuchend, den Leib vorwärts gebogen, Augen und Mund weit offen, er meinte, er müsse den Sturm in sich ziehen, *Alles* in sich fassen, er dehnte sich aus und lag über der Erde, er wühlte sich in das *All* hinein, es war eine Lust, die ihm wehe that (...). Aber es waren nur Augenblicke, und dann erhob er sich nüchtern, fest, ruhig, als wäre ein Schattenspiel vor ihm vorübergezogen, er wußte von *nichts* mehr. Gegen Abend kam er auf die Höhe des Gebirgs, auf das Schneefeld, von wo man wieder hinabstieg in die Ebene nach Westen, er setzte sich oben nieder. Es war gegen Abend ruhiger geworden; das Gewölk lag fest und unbeweglich am Himmel, so weit der Blick reichte, nichts als Gipfel, von

> denen sich breite Flächen hinabzogen, und *alles* so still, grau, dämmernd; es wurde ihm entsetzlich einsam, er war allein, ganz allein, er wollte mit sich sprechen, aber er konnte nicht, er wagte kaum zu athmen, das Biegen seines Fußes tönte wie Donner unter ihm, er mußte sich niedersetzen; es faßte ihn eine namenlose Angst in diesem *Nichts*, er war im Leeren, er riß sich auf und flog den Abhang hinunter. (BW 1, 79–80)

Die heftigen Stimmungsumschwünge sind typisch für Lenz; durch die gesamte Erzählung hindurch geht es ständig zwischen euphorischen Aufschwüngen zum „All" und panischen Abstürzen ins „Nichts", zwischen unendlicher Fülle und absoluter „Leere", „Glut" und „Kälte", „Wonne" und „Schmerz" hin und her.

Selbstverwirklichung durch Verweigerung von Anpassung?

In diesem Sinne ist Lenz immerzu mit sich selbst beschäftigt, und ausschließlich mit sich selbst; er „wühlt in sich" (BW 1, 91, 93). Nur wenn der Leidensdruck zu groß wird, läßt er andere an sich heran; sobald es ihm ein wenig besser geht, schottet er sich wieder ab. Er möchte *ganz aus sich heraus mit sich ins reine kommen.* Und so ist er völlig auf die eigene Person fokussiert; er „geht mit sich selbst um wie mit einem kranken Kinde" (BW 1, 89), vergeht im „Mitleid mit sich selbst" (BW 1, 85, 99). In solcher forcierten Selbstbezüglichkeit fühlt er sich dann freilich immer wieder „entsetzlich einsam". Wie Woyzeck ist auch er im Grunde von der ersten bis zur letzten Szene „allein, ganz allein", und man weiß nicht so recht, ob es die *Einsamkeit* ist, die ihn krank macht, oder die *Krankheit*, die ihn hat vereinsamen lassen.

Was allerdings deutlich wird, ist, daß er keineswegs ohne sein Zutun, nur aufgrund unglücklicher Umstände in seine isolierte Lage geraten ist – hinter ihm scheinen allerlei Mißerfolge zu liegen, unter anderem die gescheiterte Beziehung zu einer gewissen Friederike, über die wir jedoch nichts Näheres erfahren – daß er das Alleinsein auch bewußt gesucht und aktiv herbeigeführt hat, im Namen eines möglichst ungestörten, möglichst reinen und vollkommenen Selbstseins. Auf welche Weise er dieses Ziel verfolgt, zeigt sich beim Besuch des Freundes Kaufmann; da *weist* er mit der größten Entschiedenheit *alles zurück, was irgend mit menschlichen Bindungen und geregelter, zielgerichteter Tätigkeit, mit Familie und Gesellschaft zu tun hat*, und das heißt: was für ihn ein Sich-anpassen-Müssen bedeuten würde.

> Nach dem Essen nahm ihn Kaufmann bei Seite. Er hatte Briefe von Lenzens Vater erhalten, sein Sohn sollte zurück, ihn unterstützen. Kaufmann sagte ihm, wie er sein Leben hier verschleudre, unnütz verliere, er solle sich ein Ziel stecken und dergleichen mehr. Lenz fuhr ihn an: „Hier weg, weg! nach Haus? Toll werden dort? Du weißt, ich kann es nirgends aushalten, als da herum, in der Gegend; wenn ich nicht manchmal auf einen Berg könnte und die Gegend sehen könnte, und dann wieder herunter in's Haus, durch den Garten gehn, und zum Fenster hineinsehen, – ich würde toll! toll! Laßt mich doch in Ruhe! Nur ein bischen Ruhe, jetzt wo es mir ein wenig wohl wird! Hier weg? Ich verstehe das nicht, mit den zwei Worten ist die Welt verhunzt. Jeder hat was nöthig; wenn er ruhen kann, was könnt' er mehr haben! Immer steigen, ringen und so in Ewigkeit Alles was der Augenblick giebt, wegwerfen und immer darben, um einmal zu genießen; dürsten, während einem helle Quellen über den Weg springen. Es ist mir jetzt erträglich, und da will ich bleiben; warum? warum? Eben weil es mir wohl ist; was will mein Vater? Kann er mehr geben? Unmöglich! Laßt mich in Ruhe." Er wurde heftig, Kaufmann ging, Lenz war verstimmt. (BW 1, 88–89)

Man sagt wohl nicht zu viel, wenn man behauptet: die wahren Schrekken der Anpassung sehen anders aus. Zu diesem Schluß wird man jedenfalls kommen, wenn man das, was Kaufmann an Lenz heranträgt, mit dem vergleicht, was dem gesellschaftlichen Underdog Woyzeck von seiner Umwelt an Anpassungsleistungen abverlangt wird. Wie dem auch sei, und ob Lenz nur nicht anders will oder nicht mehr anders kann – jedenfalls bleibt ihm von allen Fäden in die Außenwelt am Ende nur noch der Kontakt zu Oberlin, und das ist keine wirkliche zwischenmenschliche Beziehung, ist bloß eine therapeutische Pseudobeziehung. Natürlich gelingt es Lenz nicht, allein aus sich heraus einen Halt oder auch nur so etwas wie innere Ruhe zu finden; *ohne das Ferment der Anpassung wird Selbstverwirklichung zur Selbstzerstörung.*

Atheismus

Je mehr sich Lenz isoliert und mit sich selbst beschäftigt, desto heftiger werden die Pendelschwünge zwischen Euphorie und Panik, desto größer wird der Leidensdruck. In diesem schmerzhaften Hin und Her wird schließlich auch sein Glaube an Gott zerrieben; die Frage „Warum leide ich?" erweist sich bei Büchner einmal mehr als „der Fels des Atheismus", als eine Frage, die von keiner Theodizee der Welt einzuholen ist. Das aber ist gerade für Lenz eine besonders schlimme Erfahrung, denn Büchners Lenz ist wie der historische Lenz von Hause aus Theologe. So können wir ihn in einer seiner guten Stunden auch einmal als Prediger auf der Kanzel erleben. Da versucht er sich und die Gemeinde zu seinen Füßen noch im Sinne der *Theodizee* von dem Gedanken zu überzeugen, „Leiden sey (…) Gewinnst“, ja „Leiden sey (…) Gottesdienst“ (BW 1, 84).

Aber das will ihm bald schon nicht mehr genügen; etwas in ihm verlangt nach einem handhaften *Beweis dafür, daß Gott nicht mit dem Leiden im Bunde*, daß er vielmehr dessen Widerpart sei. Und so macht er sich auf, ein jüngst verstorbenes Mädchen, von dessen langer Leidensgeschichte er gehört hat, von den Toten aufzuerwecken, und zwar mit eben den Worten, mit denen der biblische Jesus des Jairus Töchterlein wieder ins Leben bringt, ein Unterfangen, das nun in der Tat Züge von „Verrücktheit“ aufweist und das natürlich nicht zum Erfolg führt. Mit seinem Scheitern stürzt die Glaubenswelt von Lenz vollends in sich zusammen.

> Dann erhob er sich und faßte die Hände des Kindes und sprach laut und fest: „Stehe auf und wandle!“ Aber die Wände hallten ihm nüchtern den Ton nach, daß es zu spotten schien, und die Leiche blieb kalt. Da stürzte er halb wahnsinnig nieder, dann jagte es ihn auf, hinaus in's Gebirg. Wolken zogen rasch über den Mond; bald Alles im Finstern, bald zeigten sie die nebelhaft verschwindende Landschaft im Mondschein. Er rannte auf und ab. In seiner Brust war ein Triumph-Gesang der Hölle. Der Wind klang wie ein Titanenlied, es war ihm, als könnte er eine ungeheure Faust hinauf in den Himmel ballen und Gott herbei reißen und zwischen seinen Wolken schleifen; als könnte er die Welt mit den Zähnen zermalmen und sie dem Schöpfer in's Gesicht speien; er schwur, er lästerte. So kam er auf die Höhe des Gebirges, und das ungewisse Licht dehnte sich hinunter, wo die weißen Steinmassen lagen, und der Himmel war ein dummes blaues Aug, und der Mond stand ganz lächerlich drin, einfältig. Lenz mußte laut lachen, und mit dem Lachen griff der Atheismus in ihn und faßte ihn ganz sicher und ruhig und fest. Er wußte nicht mehr, was ihn vorhin so bewegt hatte, es fror ihn, er dachte, er wolle jetzt zu Bette gehn, und er ging kalt und unerschütterlich durch das unheimliche Dunkel – es war ihm Alles leer und hohl, er mußte laufen und ging zu Bette.

> Am folgenden Tag befiel ihn ein großes Grauen vor seinem gestrigen Zustande, er stand nun am Abgrund, wo eine wahnsinnige Lust ihn trieb, immer wieder hineinzuschauen, und sich diese Qual zu wiederholen. Dann steigerte sich seine Angst, die Sünde wider den Heiligen Geist stand vor ihm. (BW I, 93–94)

Die „Sünde wider den heiligen Geist“: der Selbstmord.

Nihilismus

In der Folge wird Lenz dann in der Tat mehrfach *Selbstmordversuche* unternehmen, aber nur halbherzig, ohne rechte Überzeugung. Wo sich der Zweifel erst einmal zum totalen Nihilismus ausgewachsen hat, wie das bei der Verabsolutierung des Selbstseins nicht ausbleiben kann, da ist auch der Tod keine Perspektive mehr, ist sogar die Veranstaltung eines Selbstmords noch zuviel der Mühe, und es bleibt nur der *Ennui*, bleiben nur Apathie und grenzenlose Langeweile.

> Am folgenden Morgen kam Lenz lange nicht. Endlich ging Oberlin hinauf in sein Zimmer, er lag im Bett ruhig und unbeweglich. Oberlin mußte lange fragen, ehe er Antwort bekam; endlich sagte er: „Ja, Herr Pfarrer, sehen Sie, die Langeweile! die Langeweile! o! so langweilig, ich weiß gar nicht mehr, was ich sagen soll, ich habe schon alle Figuren an die Wand gezeichnet.“ Oberlin sagte ihm, er möge sich zu Gott wenden; da lachte er und sagte: „Ja wenn ich so glücklich wäre, wie Sie, einen so behaglichen Zeitvertreib aufzufinden, ja man könnte sich die Zeit schon so ausfüllen. Alles aus Müßiggang. Denn die Meisten beten aus Langeweile; die Andern verlieben sich aus Langeweile, die Dritten sind tugendhaft, die Vierten lasterhaft und ich gar nichts, gar nichts, ich mag mich nicht einmal umbringen: es ist zu langweilig!“ (BW I, 95–96)

> Oberlin sprach ihm von Gott. Lenz wand sich ruhig los und sah ihn mit einem Ausdruck unendlichen Leidens an, und sagte endlich: „aber ich, wär' ich allmächtig, sehen Sie, wenn ich so wäre, ich könnte das Leiden nicht ertragen, ich würde retten, retten (...).“ (BW I, 99)

Angesichts des Leidens in der Welt und vor allem angesichts des eigenen Leidens hat sich die Vorstellung von einem allmächtigen Gott für Lenz ein für allemal erledigt.

3.4.3 Das Kunstgespräch im „Lenz“

In der mehr und mehr sich verfinsternden Welt des „Lenz“ treffen wir allerdings auf einige wenige Szenen, in denen sich die Stimmung denn doch einmal aufhellt. Das gilt vor allem für eine frühe Szene, für das sogenannte „Kunstgespräch“.[73] Bezeichnenderweise sind es die Begriffe der Kunst, des Lebens und der Humanität, an die sich die *Wendung ins Positive* knüpft, so wie bei Gutzkow, Heine und Platen. Der Besuch von Kaufmann gibt Lenz Gelegenheit, sich einmal wieder über „sein Gebiet“, die „Literatur“ zu verbreiten, und das tut er nun eben im Rückgang auf Vorstellungen, die der *Ästhetik*, dem *Vitalismus* und der *Humanitätsreligion* zugehören. Was deren Potentiale sind, zeigt sich nicht zuletzt in der Wirkung, die seine Rede auf ihn selbst hat; am Schluß der Szene heißt es: „er hatte sich ganz vergessen“ (BW 1, 88), er ist zumindest zeitweise von seinem fatalen Egotrip losgekommen.

In den Vorstellungen, die Büchner Lenz in den Mund legt, hat man seit jeher seine eigene Literaturästhetik erkennen wollen, da sie sich zum Teil mit Gedanken decken, die er in seinen Briefen niedergelegt hat, etwa in dem Brief vom 28. Juli 1835 an seine Familie (BW 2, 443–444). Jedenfalls handelt es sich dabei um den längsten zusammenhängenden Beitrag zu Fragen der Poetik, den wir von Büchner haben.

Das Kunstgespräch im „Danton“

Dem „Kunstgespräch“ im „Lenz“ geht ein ähnliches, kürzer gehaltenes Gespräch im „Danton“ voraus. Da werden die Prinzipien, die im „Lenz“ entwickelt werden, schon einmal angedacht. Sie lauten: *Abkehr von den Kopfgeburten des Idealismus, Hinwendung zur „Wirklichkeit“*, genauer: zum „sinnlich glühenden Leben“, wie es sich in seiner unvorgreiflichen Dynamik und undurchdringlichen Vielfalt jedem menschlichen Zugriff entzieht, sich immerhin aber den Sinnen offenbart, sich „Augen und Ohren“ unmittelbar mitteilt; Umorientierung der Kunst von einem Konstruieren von „Idealen“, von denen aus die „Wirklichkeit“ als „erbärmlich“ und „gewöhnlich“ abqualifiziert und zum bloßen Sprungbrett für allerlei wohlfeile Formen von „Erhebung“ erniedrigt wird, auf ein rückhaltloses Sich-Öffnen für eben diese undurchdringlich-unvorgreifliche „Wirklichkeit“, weil diese

73 Albert Meier: Georg Büchners Ästhetik. München 1983.

selbst da, wo sie „erbärmlich" und „gewöhnlich" scheint, immer noch „lebendiger" ist als all die „Marionetten", die Konstrukte einer idealistischen Kunstübung. Denn „das Gefühl, daß was geschaffen sei, Leben habe", soll nun, wie es im „Lenz" heißt, als „das einzige Kriterium in Kunstsachen" gelten.

> CAMILLE. Ich sage euch, wenn sie nicht Alles in hölzernen Copien bekommen, verzettelt in Theatern, Concerten und Kunstausstellungen, so haben sie weder Augen noch Ohren dafür. Schnizt Einer eine Marionette, wo man den Strick hereinhängen sieht, an dem sie gezerrt wird und deren Gelenke bey jedem Schritt in fünffüßigen Jamben krachen, welch ein Character, welche Consequenz! Nimmt Einer ein Gefühlchen, eine Sentenz, einen Begriff und zieht ihm Rock und Hosen an, macht ihm Hände und Füße, färbt ihm das Gesicht und läßt das Ding sich drei Acte hindurch herumquälen, bis es sich zulezt verheirathet oder todtschießt – ein Ideal! Fiedelt Einer eine Oper, welche das Schweben und Senken im menschlichen Gemüth widergiebt wie eine Thonpfeife mit Wasser die Nachtigall – ach, die Kunst!
> Sezt die Leute aus dem Theater auf die Gasse: die erbärmliche Wirklichkeit! Sie vergessen ihren Herrgott über seinen schlechten Copisten. Von der Schöpfung, die glühend, brausend und leuchtend, um und in ihnen, sich jeden Augenblick neu gebiert, hören und sehen sie nichts. Sie gehen in's Theater, lesen Gedichte und Romane, schneiden den Fratzen darin die Gesichter nach und sagen zu Gottes Geschöpfen: wie gewöhnlich!
> Die Griechen wußten, was sie sagten, wenn sie erzählten, Pygmalions Statue sey wohl lebendig geworden, habe aber keine Kinder bekommen.
> DANTON. Und die Künstler gehn mit der Natur um wie David, der im September die Gemordeten, wie sie aus der Force auf die Gasse geworfen wurden, kaltblütig zeichnete und sagte: ich erhasche die letzten Zuckungen des Lebens in dießen Bösewichtern. (BW I, 37)

Die Abrechnung mit der idealistischen Kunst endet mit einem vergleichenden Blick auf zwei exemplarische Künstlergestalten, auf Pygmalion und David. *Pygmalion* ist eine der vielen Figuren, in die der Mythos der Griechen die Macht der Kunst zu fassen suchte, ein königlicher Bildhauer, dem es gelingt, ein Idealbild weiblicher Schönheit zu schaffen, der sich dann selbst in das Werk seiner Hände verliebt und es, nachdem es auf seine Bitten hin von der Liebesgöttin Aphrodite zum Leben erweckt worden ist, schließlich zur Frau nimmt. Von diesem Pygmalion heißt es, seine Statue „sey wohl lebendig geworden, habe aber keine Kinder bekommen“, will sagen: eine Kopfgeburt kann, so lebendig sie scheinen mag, kein Leben zeugen, wird immer eine Totgeburt bleiben.

Übrigens hat Büchner sein Exempel schlecht gewählt, denn in der wichtigsten antiken Quelle des Pygmalion-Mythos, in Ovids „Metamorphosen“, bekommen Pygmalion und seine Schöne sehr wohl eine Tochter. Und auch bei der Wahl des Gegenbeispiels hat er wenig Glück; *Jacques Louis David* (1748–1825), ein zeitgenössischer Künstler, eine Art Hofmaler der Französischen Revolution, war ein Vertreter des Klassizismus und ging als solcher keineswegs primär auf „die letzten Zuckungen des Lebens“, sondern auf Idealbilder des Schönen aus. Dafür hat Büchner seine Beispiele im „Lenz“ um so besser gewählt; da illustriert er die Opposition von idealistischer und realistischer Kunst, wie es dem aktuellen Stand des kunstgeschichtlichen Wissens entspricht, an der „italienischen“ und der „holländischen“ Malerei (BW 1, 88).

Vitalismus

Was versteht nun Büchner unter jener *„Wirklichkeit“*, auf die er die Kunst ausgerichtet sehen will? Er erläutert seine Vorstellung von ihr bald mit dem Begriff der „Schöpfung“, bald mit dem der „Natur“ und bald mit dem des „Lebens“. Sieht man sich seine Aussagen näher an, kann man freilich bemerken, daß er auch dort, wo er von „Schöpfung“ und „Natur“ spricht, letztlich auf den Lebensbegriff des Vitalismus zielt. Unter dem Titel „Schöpfung“ geht es ihm nicht um das Bild eines durch den Schöpfergott geordneten und mit letzter Sinnhaftigkeit ausgestatteten Kosmos, um eine göttliche Weltordnung und eine unendliche Sinnfülle, sondern um „Glühen“, „Brausen“ und „Leuchten“ und eine „sich jeden Augenblick“ „um und in“ den Menschen „neu gebärende“ Welt, also um *die unvorgreifliche Dynamik und die ungerichteten, selbstgenügsamen sinnlichen Intensitäten des Lebens*. Und unter dem Titel „Natur“ verhandelt er nicht etwa einen sich nach Gesetzen gestaltenden und von Gesetzen her transparent werdenden Raum, sondern „Zuckungen des Lebens“.

Daß Büchner in der Tat unterwegs zum Vitalismus ist, zeigt sich vor allem darin, daß auch bei ihm die vielbeschworene *Einheit des Wahren,*

Guten und Schönen mit energischen Gesten *aufgesprengt* wird. Der „Künstler" David soll die „Zuckungen des Lebens" an „Bösewichtern" studiert, also ohne Rücksicht auf Fragen der Moral, „jenseits von Gut und Böse" (Nietzsche) erkundet haben. Camille will das „Gewöhnliche" in den Fokus der Kunst gerückt sehen. Und auch im „Lenz" heißt es, der Kunst dürfe „keiner zu gering, keiner zu häßlich" sein; sie solle sich „in das Leben des Geringsten" „senken", und sie habe dabei „nicht zu fragen, ob es schön, ob es häßlich" sei.

Das klingt zunächst vielleicht nach engagierter Kunst, nach einer Kunst, die sich ein soziales Gewissen macht und für die „Geringsten" eintritt, also auf ihre Weise noch immer die Sache des Guten verficht, doch bedeutet es noch mehr und anderes. Die Hinwendung zum „Gewöhnlichen", „Geringen", „Prosaischen" soll es der Kunst in erster Linie möglich machen, *Blicke in das Leben* zu tun, *die von keinen vorgefaßten Begriffen von Bedeutsamkeit*, von Größe, Tugend, Poesie, Schönheit *verstellt wären*, soll ihr erlauben, die Fetische der Kultur hinter sich zu lassen und zu der Quelle aller „tieferen" Wirkung vorzustoßen, zu der „Gefühlsader", die „in fast allen Menschen gleich (ist)". „(D)as unbedeutendste Gesicht macht einen tieferen Eindruck als die bloße Empfindung des Schönen", weil dem Betrachter in ihm „Leben" unverstellt „entgegenschwillt und pocht".

Von dieser Neuausrichtung der Kunst auf das „Leben" her kann Büchners Lenz schließlich auch mit dem Begriff der *Schönheit* wieder etwas anfangen, den er zunächst als zweitrangig zurückgewiesen hat, ja kann er sogar erneut von „unendlicher Schönheit" sprechen. Denn er muß Schönheit nun nicht mehr als Ideal, als starres, lebloses Konstrukt des Kunstverstands verstehen, kann sie als einen Ausfluß und ein Zeugnis der Dynamik des Lebens begreifen, das ebenso beweglich und vielfältig wäre wie das Leben selbst, das „aus einer Form in die andre tritt, ewig aufgeblättert, verändert".

> Über Tisch war Lenz wieder in guter Stimmung, man sprach von Literatur, er war auf seinem Gebiete; die idealistische Periode fing damals an, Kaufmann war ein Anhänger davon, Lenz widersprach heftig. Er sagte: Die Dichter, von denen man sage, sie geben die Wirklichkeit, hätten auch keine Ahnung davon, doch seyen sie immer noch erträglicher, als die, welche die Wirklichkeit verklären wollten. Er sagte: Der liebe Gott

hat die Welt wohl gemacht, wie sie seyn soll, und wir können wohl nicht was Besseres klecksen, unser einziges Bestreben soll seyn, ihm ein wenig nachzuschaffen. Ich verlange in Allem – Leben, Möglichkeit des Daseins, und dann ist's gut; wir haben dann nicht zu fragen, ob es schön, ob es häßlich ist, das Gefühl, daß, Was geschaffen sey, Leben habe, stehe über diesen Beiden, und sey das einzige Kriterium in Kunstsachen. Übrigens begegne es uns nur selten, in Shakespeare finden wir es und in den Volksliedern tönt es einem ganz, in Göthe manchmal entgegen. Alles übrige kann man ins Feuer werfen. Die Leute können auch keinen Hundsstall zeichnen. Da wolle man idealistische Gestalten, aber Alles, was ich davon gesehen, sind Holzpuppen. Dieser Idealismus ist die schmählichste Verachtung der menschlichen Natur. Man versuche es einmal und senke sich in das Leben des Geringsten und gebe es wieder, in den Zuckungen, den Andeutungen, dem ganzen feinen, kaum bemerkten Mienenspiel; er hätte dergleichen versucht im „Hofmeister“ und den „Soldaten“. Es sind die prosaischsten Menschen unter der Sonne; aber die Gefühlsader ist in fast allen Menschen gleich, nur ist die Hülle mehr oder weniger dicht, durch die sie brechen muß. Man muß nur Aug und Ohren dafür haben. Wie ich gestern neben am Thal hinaufging, sah ich auf einem Steine zwei Mädchen sitzen, die eine band ihre Haare auf, die andre half ihr; und das goldne Haar hing herab, und ein ernstes bleiches Gesicht, und doch so jung, und die schwarze Tracht und die andre so sorgsam bemüht. Die schönsten, innigsten Bilder der altdeutschen Schule geben kaum eine Ahnung davon. Man möchte manchmal ein Medusenhaupt seyn, um so eine Gruppe in Stein verwandeln zu können, und den Leuten zurufen. Sie standen auf, die schöne Gruppe war zerstört; aber wie sie so hinabstiegen, zwischen den Felsen war es wieder ein anderes Bild. Die schönsten Bilder, die schwellendsten Töne gruppiren, lösen sich auf. Nur eins bleibt: eine unendliche Schönheit, die aus einer Form in die andre tritt, ewig aufgeblättert, verändert, man kann sie aber freilich nicht immer festhalten und in Museen stellen und auf Noten ziehen und dann Alt und Jung herbeirufen, und die Buben und Alten darüber radotiren und sich entzücken lassen. Man muß die Menschheit lieben, um in das eigenthümliche Wesen jedes einzudringen, es darf einem keiner zu gering, keiner zu häßlich seyn, erst dann kann man sie verstehen; das unbedeutendste Gesicht macht einen tiefern Eindruck als die bloße Empfindung des Schönen, und man kann die Gestalten aus sich heraustreten lassen, ohne etwas vom Äußern hinein

> zu kopiren, wo einem kein Leben, keine Muskeln, kein Puls entgegen schwillt und pocht. Kaufmann warf ihm vor, daß er in der Wirklichkeit doch keine Typen für einen Apoll von Belvedere oder eine Raphaelische Madonna finden würde. Was liegt daran, versetzte er, ich muß gestehen, ich fühle mich dabei sehr todt. Wenn ich in mir arbeite, kann ich auch wohl was dabei fühlen, aber ich thue das Beste daran. Der Dichter und Bildende ist mir der Liebste, der mir die Natur am Wirklichsten giebt, so daß ich über seinem Gebild fühle, Alles übrige stört mich. (BW I, 86–88)

Realismus

Soweit das „Kunstgespräch" aus Büchners „Lenz". Büchner hat in ihm ein Programm entworfen, das die Literatur in Zeiten des Vormärz noch kaum hat umsetzen können, das dann aber, nach der Jahrhundertmitte, für ihre Entwicklung bestimmend geworden ist. Denn in ihm ist bereits das meiste von dem umrissen, was den Realismus der zweiten Jahrhunderthälfte, den „bürgerlichen" oder „poetischen Realismus" ausmacht. Zunächst wird in ihm deutlich, woraus dieser Realismus entsprungen ist: aus der *Gegenwendung gegen den Idealismus und Romantizismus*, in der sich der Vormärz von der Goethezeit zu lösen suchte. Dieses Ursprungsmotiv ist für den Realismus von solcher Bedeutung, daß sich bis in seine letzten Ausläufer hinein kaum ein Werk findet, in dem Idealismus und Romantizismus nicht explizit mit Kritik bedacht würden, von impliziter, der Charakterzeichnung und Handlungsführung anvertrauter Kritik ganz zu schweigen. Ja man darf wohl sagen, daß es kein besseres Kriterium zur Eingrenzung des Realismus gibt als die Frage, ob ein Werk solche kritischen Passagen enthält oder nicht; wo nicht ausdrücklich mit Idealismus und Romantizismus abgerechnet wird, da hat man es im allgemeinen auch nicht mit der literarischen Bewegung des Realismus zu tun.

Abbildung der Wirklichkeit?

Sodann wird bei Büchner deutlich, worin sich der Realismus dieser Bewegung konstituiert: in der Ausrichtung auf einen Begriff von „Wirklichkeit", der wesentlich mit vitalistischen Vorstellungen gefüllt wird, der also eigentlich das „Leben" meint. Es geht ihr mithin keineswegs um ein „Abbilden der Wirklichkeit", wie immer wieder behauptet worden ist, jedenfalls nicht um ein „Abbilden" im Sinne einer objektiven Wiedergabe des Faktischen, etwa einer Darstellung der gesellschaftlichen Verhältnisse, die historiographischen Ansprüchen genügen könnte, oder gar im Sinne eines erkenntnistheoretischen oder metaphysischen

Realismus. Leider hat sich die *Realismusforschung* eine Zeitlang völlig in diese Idee verrannt. Immer wieder ist sie von der These ausgegangen, die Literatur des Realismus habe sich bei ihrer Abkehr von der Romantik erneut einer Mimesis, einer „Nachahmung der Natur“ verschrieben, die die Romantik hinter sich gelassen hätte – worunter sie eben die Abbildung des Faktischen verstand – um ihr anschließend auf der Basis der eigenen historischen Kenntnisse vorzurechnen, wo überall sie die „Wirklichkeit“ des 19. Jahrhunderts verfehlt und verzeichnet habe.

Mit diesem Zugriff hat sich solche Forschung gleich ein doppeltes Armutszeugnis ausgestellt. Zum einen zeigte sie mit ihrem Gebrauch des Begriffs der *Mimesis* – immerhin seit den Zeiten der alten Griechen einer der Grundbegriffe der Poetik – daß sie sich nicht hinreichend mit dessen Geschichte und systematischen Implikationen vertraut gemacht hatte. Denn Mimesis, „Nachahmung der Natur“ hat nie etwas anderes gemeint als eine Form der Darstellung, für deren Aussagen es keinen Unterschied macht, ob ihre Gegenstände Fakten oder Fiktionen sind, ob sie „die Dinge“, wie es bei *Aristoteles* heißt, so „nachahmt“, „wie sie waren oder sind, oder so, wie man sagt, daß sie seien, und wie sie zu sein scheinen, oder so, wie sie sein sollten“.[74] In diesem Sinne ist die romantische oder die moderne Dichtung natürlich nicht weniger „Nachahmung der Natur“ als die Literatur des „bürgerlichen“ oder „poetischen Realismus“. Der Begriff der Mimesis taugt nicht dazu, die Bewegung des Realismus gegen andere literarische Bewegungen abzugrenzen.

Vitalismus

Und zum andern ist solcher Forschung über ihrer Fixierung auf das Historisch-Faktische entgangen, was das eigentlich Neue, was der entscheidende kreative Impuls war, von dem her die Literatur des Realismus ihr besonderes Profil gewann. Das war eben der Versuch, die Literatur auf den Vitalismus zu gründen, der Versuch, *„das Gefühl, daß, was geschaffen sei, Leben habe“, zum „einzigen Kriterium in Kunstsachen“ zu machen* – wohlgemerkt: ein Gefühl! – und der Literatur im Namen solcher Lebendigkeit die „Gefühlsader“ zu erschließen, die „in fast allen Menschen gleich“ ist. So spricht ausgerechnet der Autor, der sich mehr als jeder andere im 19. Jahrhundert

74 Aristoteles: Poetik. Hrsg. v. Manfred Fuhrmann. Stuttgart 1982, S. 85.

um das Historisch-Faktische seiner Stoffe bemüht hat, der bei der Arbeit am „Danton" die Geschichte der Französischen Revolution, bei der am „Lenz" die Krankenberichte Oberlins und bei der am „Woyzeck" Prozeßakten und psychologische Gutachten studiert hat, und mit größter Akribie studiert hat, und der sich überdies auch nicht scheute, ganze Passagen aus seinen Quellen wörtlich in seine eigenen Texte hineinzunehmen. Gerade sein Zeugnis läßt besonders klar erkennen, worauf es mit solch energischem Heranrücken an die „Wirklichkeit" hinauswill: wer „die Natur am wirklichsten gibt", der kann seine Leser am besten „über seinem Gebild fühlen" lassen. Das *Ringen um Objektivität* ist kein Selbstzweck, es steht *im Dienst neuer Formen von Subjektivität*, eben vitalistischer Formen, und auf die soll es nun ankommen.

Humanität

Und noch ein drittes Moment, das für die Literatur des Realismus grundlegende Bedeutung erlangen wird, wird im „Kunstgespräch" bereits greifbar. Um die „Gefühlsader" aufschließen zu können, die „in fast allen Menschen gleich" ist und von der her allein sich die Kunst zu einer lebendigen Kunst zu gestalten vermag, soll es der *Empathie*, der Einfühlung, nämlich der Fähigkeit bedürfen, „in das eigentümliche Wesen (eines jeden) einzudringen", und diese wiederum soll voraussetzen, daß „man (...) die Menschheit lieb(e)" – die Menschheit überhaupt, will sagen: die Humanität. Damit werden aber auch hier an entscheidender Stelle zentrale Vorstellungen der „Humanitätsreligion" aufgerufen; denn die *Liebe zur Menschheit* gehört ebenso zu dieser wie der Gedanke einer „Gefühlsader", die sowohl eine individuelle als auch eine die ganze Gattung betreffende Seite hätte, sowohl „in fast allen Menschen gleich" als auch in jedem „eigentümlich" wäre. Büchner versucht offensichtlich, Vorstellungen des Vitalismus mit solchen der „Humanitätsreligion" zu verbinden: keine lebendig-vitale Kunst ohne „Liebe zur Menschheit".

Der Versuch der Verbindung von Vitalismus und Humanität

Was bei Büchner zunächst nur eine Forderung ist, die in formelhafter Kürze in den Raum gestellt wird, wird bald schon zu einem zentralen Anliegen der Literatur. Denn die meisten Autoren des *Realismus* haben sich darum bemüht, vitalistische und humanitätsreligiöse Impulse zusammenzubringen. Das war der Weg, auf dem sie des immer schwieriger werdenden Verhältnisses zwischen Individuum und Gesellschaft Herr zu werden und dem „Weltschmerz" des Vormärz zu entkommen suchten. Die Zielzone hieß *„Weltfrömmigkeit“*; so nannte man mit einem Wort Goethes ihre Variante des „Himmels auf Erden“. Damit stellten sie sich aber eine Aufgabe, die keineswegs leicht zu bewältigen war, da Vitalismus und „Humanitätsreligion“, wie bereits dargelegt, letztlich in verschiedene Richtungen streben. Wie groß die Unterschiede sind, wird freilich erst am Ende der Epoche, an der Schwelle zur ästhetischen Moderne, etwa im Umkreis *Nietzsches*, in voller Schärfe offenbar. Denn da wird der Vitalismus ausdrücklich gegen die „Humanitätsreligion“ in Stellung gebracht, wird gerade er zur wichtigsten Quelle der Argumente, mit denen die „Humanitätsreligion“ als „Humanitätsduselei“ denunziert und ins Abseits der Geschichte befördert wird.

Doch auch am Beginn der Epoche bringen sich die Unterschiede schon zur Geltung. Eine gar nicht so kleine Zahl von Autoren ist auf halbem Weg zum Realismus steckengeblieben, weil es ihnen nicht gelang, Vitalismus und „Humanitätsreligion“ zusammenzubringen. Zu ihnen ist wohl auch *Gutzkow* zu rechnen. Jedenfalls hat er sich in seinem erzählerischen Spätwerk an einem Projekt versucht, das das genaue Gegenteil der Bestrebungen der Schüler Nietzsches vom Ende der Epoche bezeichnet: er stellt sich auf den Standpunkt der „Humanitätsreligion“, um von ihm aus den Entwicklungen in Richtung Vitalismus entgegenzutreten.

3.5 „Die Nihilisten“ von Gutzkow

Individualismus und Vitalismus bei Stirner

Wie wir bei der Analyse von „Wally, die Zweiflerin“ gesehen haben, erprobt Gutzkow in seinen jungen Jahren sowohl die Begriffe der „Humanität“ und der „Liebe zur Menschheit“ als auch die des „animalischen Lebens“ und des „Genießens“, wobei diese allerdings noch wenig innere Festigkeit gewinnen und immer wieder ineinander verschwimmen. Es war seinerzeit eben noch nicht so recht klar, worauf es mit der „Humanitätsreligion“ und dem Vitalismus hinauswollte. Erst in den folgenden Jahren nahmen die beiden Weltanschauungen schärfere Konturen an, die „Humanitätsreligion“ mit Straußens „Leben Jesu“ und Feuerbachs „Wesen des Christentums“ und der Vitalismus mit einer Arbeit, die ebenfalls aus der Hexenküche der Linkshegelianer stammt und in der die Position von Strauß und Feuerbach sogleich wieder in Frage gestellt wird, um Platz für Ideen zu schaffen, die nun eben in Richtung Vitalismus weisen. Ihr Autor ist *Max Stirner* (eigentlich Johann Caspar Schmidt, 1806–1856), ihr Titel *„Der Einzige und sein Eigentum“* (1844).[75] Wie es scheint, hat erst die Auseinandersetzung mit Stirner Gutzkow den Star gestochen und ihn zu einem ebenso entschiedenen Verfechter der „Humanitätsreligion“ wie Gegner des Vitalismus gemacht.

„Der Einzige und sein Eigentum“ bezeichnet einen Höhepunkt des Individualisierungsdiskurses im 19. Jahrhundert, ja in systematischer Hinsicht geradezu einen Endpunkt, denn in ihm wird eine Position formuliert, die sich an Radikalität kaum mehr überbieten läßt. Für Stirner zählt einzig das Streben des Individuums nach Selbstverwirklichung; alle Anpassung ist für ihn des Teufels. Der Mensch soll sich endlich zu dem bekennen dürfen, was sein innerstes Anliegen ist: *ein „mit sich einiger Egoist“ zu sein*, einer, der sich ungehindert in den Besitz dessen setzen kann, was sein wahres „Eigentum“ ist, seines einmaligen „Lebens“ und seiner je eigenen Möglichkeiten, dieses sein Leben zu „genießen“.

In diesem Sinne ruft Stirner einen *Krieg gegen* das aus, was er *das „Heilige“* nennt. Damit meint er nicht nur, was die Religionen an „Heiligem“ kultivieren, sondern alle Produkte des menschlichen Geistes, die für sich Verbindlichkeit reklamieren, alle „großen Ideen“, jede „gute Sache“, jede Vorstellung von Wahrem, Gutem, Schönem, die zur Idee geronnen und von der Gesellschaft mit Autorität ausgestattet worden ist. Das beginnt bei den Ideen des Staats und des Gesetzes, in denen Stirner die eigentlichen Todfeinde des Individuums erkennt – deshalb gilt er auch als einer der Ahnherrn des modernen *Anarchismus* – setzt sich fort über Vorstellungen wie die des Vaterlands, der Republik, der Demokratie und des Sozialismus, mit denen die Zeitgenossen dem staatlichen Leben einen tieferen,

75 Gerhard Senft: Der Schatten des Einzigen. Die Geschichte des Stirnerschen Individualanarchismus. Wien 1988. – Anselm Ruest: Max Stirner. Leben – Weltanschauung – Vermächtnis. Berlin 2010. – Alexander Stulpe: Gesichter des Einzigen. Max Stirner und die Anatomie der modernen Individualität. Berlin 2010.

in die Zukunft weisenden geschichtlichen Sinn zu verleihen suchen, sowie über altbekannte Werte des sozialen Lebens wie Freundschaft, Liebe, Treue, Ehe und Familie, und es macht schließlich auch vor den Idealen der neuen „Humanitätsreligion" nicht Halt, vor Vorstellungen wie denen von der „Liebe zur Menschheit", von Mitleid und Gewissen. Das alles sind für Stirner nur Vorurteile, die den „Einzigen" in irgendwelche Formen von *„Dienstbarkeit"* bannen und ihn davon abhalten wollen, seinen ureigensten Möglichkeiten gemäß auf das *„Genießen"* auszugehen. Daß er sie vom Begriff des „Heiligen" aus angeht, erlaubt es ihm, zugleich ihre christlichen Wurzeln aufzuzeigen und zu demonstrieren, daß sie zu Kultobjekten säkularer Ersatzreligionen geworden sind.

Sich auf Ideen und Ideale einzulassen, heißt für Stirner immer nur, dem Ich Fesseln anzulegen, sich in eine Bindung hineinzubegeben, in der man sich selbst und sein „Eigentum", sein individuelles Leben „aufopfert". Solche „Dienstbarkeit" soll gebrochen werden, und das soll geschehen, indem sämtlichen Ideen und Idealen der Kredit aufgekündigt wird, auch und gerade der jüngsten Errungenschaft im Reich der Ideale, der *Idee der Menschheit*, der Humanität. Denn auch sie verlangt vom Ich, daß es sich für sie aufopfert. Es soll aber nun ein für allemal Schluß sein mit einer „Geschichte der Aufopferungen"; an deren Stelle soll eine „Geschichte des Genusses" treten.

In diesem Sinne soll „der Einzige" „in sein *schöpferisches Nichts* zurück(kehren), aus welchem er geboren wird".[76] Erst wenn alle Ideen und Ideale, die das Individuum binden und damit enteignen wollen, wieder annihiliert, wieder jenem „nichtenden Nichts" anheimgefallen sind, aus dem sie entsprungen sind und dem sie sich entgegenstellen, kann sich das Individuum ganz als es selbst zeigen und ungehindert in den Besitz seines je eigenen, besonderen Lebens setzen. *Nur in dem von allen kulturellen Werten leergefegten Raum des Nihilismus kann das Individuum sich selbst und sein Leben gewinnen.* Demgemäß lautet das Motto, unter dem Stirner seine Abhandlung präsentiert: „Ich

76 Max Stirner: Der Einzige und sein Eigentum. Hrsg. v. Ahlrich Meyer. Stuttgart 1972, S. 412.

hab' mein' Sach' auf Nichts gestellt“,[77] ein Vers aus Goethes Gedicht „Vanitas. Vanitatum Vanitas“. Dem Nihilismus kommt hier also eine ganz andere Bedeutung zu als etwa in Büchners „Lenz“. Er wird nicht als eine Gefahr begriffen, sondern als eine Chance, bezeichnet nicht das katastrophale Ende scheiternder Selbstverwirklichung, sondern den verheißungsvollen Auftakt auf dem Weg in eine Welt des vitalen Selbstseins.

Wider den Antiidealismus

Stimmen wie die Stirners haben *Gutzkow* nicht ruhen lassen. Nihilismus als Hebel für einen Vitalismus ohne Moral, als Freibrief für einen schrankenlosen Egoismus – das war es denn doch nicht, was er mit seiner zweifelnden Wally gemeint hatte. Und so nahm er sich die Vorstellungswelt des Vitalismus noch einmal vor, in einem Roman, dem er den Titel „Die Nihilisten“ (1853) gab. Es handelt sich dabei um das wenig bekannte Seitenstück zu dem Werk, mit dem Gutzkow vor allem in Erinnerung geblieben ist, dem Roman *„Die Ritter vom Geiste“* (1850/51), dem monumentalen Hauptwerk seiner späteren Jahre.[78] In diesem schildert er auf über dreieinhalbtausend Seiten die Geschichte eines Geheimbunds, dessen Mitglieder sich auf die Ideale der Humanität verpflichtet haben und unter den bedrückenden Verhältnissen des Vormärz aus dem Verborgenen heraus für ihre Ideen wirken, so wie die Freimaurer und die Illuminaten-Orden zu Zeiten der Aufklärung und wie die Gesellschaft vom Turm in Goethes „Wilhelm Meister“. In den *„Nihilisten“* richtet sich der Blick dann auf die Gegenseite, auf die, die meinen, ohne Begriffe von Humanität auskommen und als „Einzige“ in ihr „Eigentum“ einziehen zu können. Mit beiden Arbeiten will er dem grassierenden Antiidealismus im Vorfeld des Realismus entgegentreten, dem, was er „die jetzt herrschende Abneigung fast gegen alle idealen Auffassungen des Lebens und der Sitte“ (GN 260) nennt.

Figuren zwischen Individualismus, Nihilismus und Humanität

Schauplatz ist hier wie dort ein nicht näher bezeichnetes deutsches Fürstentum in der Zeit vor, während und nach der Revolution von

77 Ebenda, S. 3.

78 Peter Hasubek: Karl Gutzkow, „Die Ritter vom Geiste“. Gesellschaftsdarstellung im deutschen Roman nach dem Vormärz. In: ders.: Vom Biedermeier zum Vormärz. Frankfurt u. a. 1996, S. 271–286.

1848. Erzählt wird die Geschichte von *Herta Wingolf*, einer jungen Frau aus gutem Hause, die dank ausgedehnter Studien der neuesten Literatur ganz dem Zeitgeist verfallen ist und sich der *Idee der „freien Selbstbestimmung"* (GN 233) verschrieben hat. Das bringt sie mit einem Kreis junger Männer in Berührung, die in der repressiven Welt des Vormärz durch das mutige Eintreten für solche „Selbstbestimmung" von sich reden machen, die sich dabei freilich vor allem von der Maxime Stirners leiten lassen: „Ich hab' mein' Sach' auf nichts gestellt" (GN 251) – die im Titel annoncierten „Nihilisten". So heißt es von ihnen bei Gelegenheit: „Diese Menschen werden nur feierlich, wenn sie vom Nichts reden!" (GN 308)

Mittelpunkt des Kreises ist *Konstantin Ulrichs*, ein junger Mann vom gleichen Schlag wie Cäsar, die männliche Hauptfigur von „Wally, die Zweiflerin": selbstbewußt, intelligent, gebildet, geistreich und dabei von anziehendem Äußerem und gewandt im gesellschaftlichen Umgang – kein Wunder, wenn sich Herta in ihn verliebt. Es dauert eine ganze Weile, bis sie erkennt, daß ihre Liebe auf einer Täuschung beruht. Konstantin ist keineswegs der selbstlose Kämpfer für die Ziele des Liberalismus, als der er ihr zunächst erschienen ist. Vielmehr entpuppt er sich nach und nach als ein gewissenloser Karrierist, als Inbegriff jener Verbindung von Individualismus und Nihilismus, die nach Gutzkows Urteil nichts anderes ist als *zynischer Egoismus*. Was zunächst wie der unbändige Wille zu einem selbstbestimmten Leben aussieht, erweist sich auf die Dauer als gewöhnlicher Ehrgeiz, als ein Geltungsdrang, der letztlich zu jeder Form von Anpassung bereit ist, wenn sie nur die Karriere fördert.

Bis zu dieser Einsicht ist es für Herta aber ein weiter Weg. Denn zunächst hat die Sache ja noch ein ganz anderes Aussehen; da erstrahlen Konstantin und seine beiden engsten Freunde und Helfer, der Dichter Jean Reps und der eher praktisch veranlagte Eberhard Ott, in der Gloriole von Freiheitsaktivisten und Untergrundkämpfern, die für die gute Sache jedes Risiko auf sich nehmen. Es ist ebendiese Aura, die es Konstantin erlaubt, in dem großen Stühlerücken der Revolution seine *Karriere* zu starten. Das Durcheinander der Revolution ist wie für ihn gemacht; da kann er erstmals zeigen, was er drauf hat, und da er stets einen kühlen Kopf behält und ihm niemals das Herz dazwischenkommt, gelingt es ihm, jede sich bietende Chance konsequent für sich zu nutzen. Am Ende des Romans ist er ein gefürchteter oberster Staatsanwalt mit dem politischen Profil eines Reaktionärs. Der Liberalismus hat ihm nur so lange etwas bedeutet, als er seinem Egoismus dienlich war.

Ähnlich wie mit den politischen Ideen verfährt Konstantin mit den Frauen; auch die *Liebe* ordnet er ganz seiner Karriere unter. Wie er seine erste Verlobte, die Pfarrerstochter Agnes, ein zwar hübsches und gutherziges, aber etwas schlichtes Mädchen vom Lande, für die gesellschaftlich höhergestellte Herta sitzenläßt, so verläßt er am Ende auch Herta, um die noch besser situierte Aurelie zu heiraten, eine reiche Erbin, die Herta in keinem Belang das Wasser reichen kann.

Wie geht es mit den beiden anderen „Nihilisten" weiter? Während *Jean Reps* einen ähnlichen Weg beschreitet wie Konstantin – er gibt die brotlose Kunst des Dichtens auf, um sich auf ein lukrativeres Geschäft, die Fabrikation von Filzwaren zu werfen – gelingt es *Eberhard Ott*, sich nach und nach aus der zweideutigen Haltung des „Ich hab mein Sach auf nichts gestellt" herauszuarbeiten und sich doch noch zu einem *„Rücksichten- und Gewissensmenschen"* (GN 284) zu entwickeln. Ein Idealist im Vollsinn des Wortes, ein Philosoph und Mann des Worts wird zwar nicht mehr aus ihm, aber das ist auch nicht nötig; es genügt, daß seine „Gefühlsader" noch einigermaßen intakt ist, daß er nämlich immer noch zu sympathetischen Regungen, zu Einfühlung und Mitleid fähig ist, und das heißt letztlich: zu jener „Menschenliebe", die der Kern der „Humanitätsreligion" ist.

Diese Fähigkeit stellt er vor allem dadurch unter Beweis, daß er nacheinander die abgelegten Geliebten Konstantins heiratet, zunächst Agnes und, nachdem diese trotz seiner Rettungstat ihrem gebrochenen Herzen erlegen ist, auch Herta, die nach dem Bruch mit Konstantin ebenfalls in eine schwere Lebenskrise geraten ist. Was als ein Akt sowohl des *Mitleids* als auch der „Rücksicht" und des „Gewissens" beginnt – Eberhard kann Herta nicht leiden sehen, und zugleich versucht er wieder gutzumachen, was sein Genosse Konstantin angerichtet hat – nimmt bald die Gestalt wahrer *Liebe* an. So läßt die Literatur einmal mehr jenen Gedanken wahr werden, der eine Lieblingsidee von Aufklärern wie Rousseau, Wieland und Lessing gewesen ist: daß das Mitleid ein besonders geeignetes Entree zur Liebe wäre.

Die Versuchung des Vitalismus

Bevor wir dem Weg Hertas zu Eberhard im einzelnen nachgehen, ist noch ein Blick auf eine weitere Gestalt aus dem Kreis der „Nihilisten“ zu werfen, eine Figur, die den genauen Gegenpol zu Herta, ja zum Typus der höheren Tochter überhaupt bezeichnet und die wohl zu den originellsten Erfindungen Gutzkows gehört: *Frida Ulrichs*, die Schwester von Konstantin. Im Gefüge des Romans figuriert sie als Inkarnation des Vitalismus, so wie Marion in Büchners „Danton“. Sie ist eine äußerst attraktive junge Frau, auf sinnliche Weise hübsch und dabei durchaus „natürlich“, will sagen: unkompliziert, spontan und ungezwungen. Sie ist ständig in Bewegung, geht ganz im Leben des Augenblicks auf und steckt voller überraschender Einfälle – ein kleines Quecksilber, das, wo immer es auftaucht, Leben in die Bude bringt und zum Mittelpunkt der Gesellschaft wird.

Hemmungen hat sie keine, sie ist offen bis an die Grenze zur Peinlichkeit, doch nie ohne Charme und Witz, wobei ihr eine sichere Intuition, insbesondere ein feines Gespür für ihr jeweiliges Gegenüber zu Hilfe kommt. Sie kennt überhaupt *keine „Rücksichten“ und „Pflichten“*, man kann sich nicht auf sie verlassen, da sie jedem Einfall sofort nachgibt; das nimmt ihr aber niemand übel, weil keine böse Absicht, ja überhaupt keine Absicht damit verbunden ist. Mit dieser ihrer leichtlebigen, munteren Art ist sie der Schwarm aller Männer, gerade auch der ernsthaften, schwerblütigen; selbst Eberhard erliegt zeitweilig ihrem Charme. Am Ende nimmt sie den unscheinbarsten ihrer Verehrer, einen reichen Landjunker, einen Menschen von äußerster körperlicher und geistiger Schwerfälligkeit, überdies ein Reaktionär, aber eben wohlhabend und ohne lästige Ansprüche.

Selbstverwirklichung im Spannungsfeld von „Bedürfnis“ und „Rücksicht“

Zurück zur Heldin des Romans, zu *Herta Wingolf*. Der Leser lernt sie in einer Szene kennen, die sie in ihrem Salon bei Zurüstungen zur Teestunde und beim Studium von Feuerbachs „Wesen des Christentums“ zeigt. Dabei wird sogleich klar, wes Geistes Kind sie ist: sie ist Feuer und Flamme für die Ideen der neuen Zeit, und sie ist fest entschlossen, sich diesen Ideen gemäß einen eigenen Weg ins Leben zu suchen, auch und gerade als Frau. Die familiären Umstände scheinen ihrem Vorhaben günstig; ihre Mutter ist bereits eine Weile tot, und ihr Vater ist gerade dabei, eine zweite Ehe einzugehen, und zwar mit einer sehr viel jüngeren Frau, mit Hertas bester Freundin Eugenie.

Angesichts solcher Verhältnisse in ihrem Elternhaus fühlt sie sich von allen *familiären „Rücksichten“* losgesprochen.

> Sie ergriff diese Wendung als das Ende einer schon lange in ihr gärenden Krisis, als einen Fingerzeig des Schicksals, einem in ihr unwiderstehlich gewordenen Drange nach Freiheit und Selbstständigkeit zu folgen. Durfte es ihr schon an sich genommen peinlich sein, wie sie vermeinte, eine Freundin als Gattin ihres Vaters zu begrüßen, so hatte sie ja nun volle Gelegenheit, „das Los der Frauen“ zu verwünschen, über die der „Zufall“, das „blinde Spiel des Würfels“ entscheide, sie durfte ausrufen: Ein Vater, der der Freier meiner Gespielin wird!
>
> Sie dachte schon längst an das, was die Menschen Liebe nennen, mit Ingrimm, es hatte sie der ihr immer nahe gewesene Geist der „Selbstbestimmung“ ergriffen, der keinen Zügel mehr dulden mochte. Sie konnte sich das Glück des Vaters an der Seite Eugeniens denken; sie gönnte es ihm; aber sie mochte diese Hingebung eines jungen Mädchens an ein solches Leben der sich bescheidenden Pflicht nicht weiter stören. (GN 240)

In dieser Lage nun gerät Herta an *Konstantin Ulrichs*, der über alle emanzipatorischen Bestrebungen und freiheitlichen Ideen der Zeit bestens im Bilde ist, der überhaupt in der Gesellschaft der Provinzstadt als der Crack des Zeitgeists brilliert. Ob es sich um die neuesten Entwicklungen in Philosophie, Wissenschaft, Kunst oder Politik handelt – mit allem scheint er vertraut zu sein, zu allem weiß er sich originell und mit starken Worten zu äußern. Seine Maxime lautet:

> „Die Welt leidet ja nur an den Widersprüchen, in welche wir uns selbst mit ihr versetzen; folgten wir immer der Natur und gäben uns so, wie es uns Bedürfnis ist, dann könnten wir eine Ahnung davon gewinnen, was es heißt, Erdenbeherrscher zu sein!“ (GN 254)

Ein Gedanke, der Herta elektrisiert und der sie ihrem neuen Helden immer wieder zurufen läßt: „Konstantin, *folgen Sie Ihrem Triebe!*“, was dieser natürlich gerne hört.

Die erste ernsthafte Probe auf die neue Weltanschauung kommt für Herta, als sich Konstantin anschickt, für sie seine Verlobte Agnes zu verlassen. Eugenie fragt sie, ob es ihr nicht „peinlich“ sei, sich

„ein fernes, einsam trauerndes Mädchen zu denken, dem (sie) all sein Lebensglück genommen haben (wird)“.

> Darauf erwiderte Herta mit ihrer gewohnten feierlichen Redestellung: „Ein Bedenken dieser Art erfaßte mich, als mir Konstantins Geständnis einen Beweis seiner Aufrichtigkeit gab. Ich prüfte mich und erkannte eine neue Veranlassung zu jenem Kultus der Wahrheit, dem wir leider weniger Opfer darbringen, als dieser quälenden, kleinlichen, alles untergrabenden Lüge der Gesellschaft. Ich sollte also nun auch handeln nach jener unglückseligen Weltordnung, die wir zur herrschenden gemacht haben, jener Theorie der Entsagung, die der Fluch des modernen Daseins ist? Nein, Eugenie! Diese Selbstkasteiung, die in einem solchen Falle verlangt, daß ich mein Heil allein in Tränen suche, halte ich für das jammervolle Symptom des großen Siechtums in allen unsern Empfindungen und Handlungen, eines Siechtums, von welchem die antike Welt nichts wußte und dadurch so groß war. Ich bin nicht willens, hierin dem Allgemeinen zu folgen. Ich will ruhig ertragen, daß man mich verurteilt. Wohl fühle ich, daß es Mut kostet, solche Entschlüsse zu fassen, und weit entfernt bin ich, den Ernst, den sie hervorrufen, aus meiner Seele zu verbannen oder leichtsinnig wegzutändeln, aber ich werde diese allerdings zurückbleibende herbe Empfindung des Gemüts als die unausweichliche Folge tragen, die nicht ausbleiben kann, wenn wir es wagen, eine neue Welt nach Kräften miterbauen zu helfen.“
>
> Eugeniens einzige Erwiderung war auf die Gefahren gerichtet, denen ihr Herta entgegenzugehen schien. Da flammte diese auf und rief: „Gefahren? Wo sind sie denn drohender als da, wo wir dem gemeinsamen Laufe der Dinge folgen? Sich einzwängen in Unnatur und Rücksicht, ist das nicht eine unendlich größere Gefahr? Aufgeben müssen jeden Willen, jedes Urteil, ist das nicht eine Todesgefahr des Geistes, unter deren Schrekken wir ewig zittern? Wie elende Geschöpfe sind doch wir Frauen!“ (GN 263–264)

Herta hat ihre Lektion gelernt; in Worten Stirners: *die Zeit der Anpassung, die „Geschichte der Aufopferungen“ ist vorbei, eine „Geschichte des Genusses“ ist angebrochen, die den „Einzigen“ dazu ermächtigt,* ja ihm geradezu den historischen Auftrag erteilt, *ohne „Rücksichten“ seinem „Bedürfnis“ zu folgen* und in sein „Eigentum“ einzuziehen. Die Geschraubtheit der

Rede und die abenteuerliche Konstruktion, mit der Herta ihre persönlichen Angelegenheiten in den Horizont der Weltgeschichte rückt, lassen freilich erkennen, daß es mit der gefeierten neuen Natürlichkeit nicht weit her ist, daß diese selbst eine Ausgeburt der „Unnatur“ ist, die alles andere als sicherer Grund ist.

Ein geläuterter Idealismus

Während Herta im Umgang mit Konstantin auf die abschüssige Bahn des Vitalismus und Nihilismus gerät, findet *Eberhard Ott* über der Auseinandersetzung mit eben demselben Konstantin und dessen Treiben auf den umgekehrten Weg, kann er nach und nach den „Rücksichten- und Gewissensmenschen“ in sich ausbilden, der eigentlich immer schon in ihm steckte und der von dem vitalistisch-nihilistischen Gehabe seines Umfelds nur überdeckt war.

> Eberhard war kein Poet, kein Schwärmer. Er hatte nie einen Trieb zur bewußten idealen Auffassung des Lebens gehabt. Er war Schwärmer in praktischen Dingen. Immer nur die Welt der Pflichten, Sorgen, Mühen, Aufopferungen sah er. Er war in seinem Gedankengange gewissenhaft. (GN 294)

> Eberhard glaubte, allen Phantasien, von denen er behauptete, sie erzögen nur Menschenverachtung und zum Hochmut, den Abschied gegeben zu haben, er wollte Bewußtsein und Lebensklarheit in jedermann wecken, er sah überall verborgenen Wert, stille Bedeutung, unangebrochene Schätze der edelsten Erfahrung und mühte sich in jener Provinzstadt und später in der Residenz ab, die Menschen zum Bewußtsein ihres Wertes zu bringen. Bei den unbedeutendsten Individuen lauschte er auf ihre Art und Richtung, und wer konnte ihn widerlegen, wenn er behauptete, in allen Menschen wirklich das Allgemeinsame aller Verstandes- und Herzensbedingungen angetroffen zu haben. Er ordnete Erkennungen, Verbrüderungen, gemeinschaftliche Unternehmungen an. Eine Zeitlang gab die Musik das Band, dann die Kunst, dann die Literatur, dann die höhere Geselligkeit, zuletzt die Politik, alle diese Gebiete nutzte er als Tummelplatz, wo der Geringfügigste, seiner Meinung nach, plötzlich einen Wert entwickeln konnte.
>
> Aber seine Pläne scheiterten. (…) Die Leidenschaften und der Egoismus verdarben in der Regel alles.
>
> Nun hatte Eberhard darum doch seinen Glauben an die Menschheit nicht verloren. Nur daß er diese jetzt im allgemeinen faßte. Er sah Gelegenheit

> genug, Tatsachen höherer Bedeutung festzustellen und wurde Werber für die Ideen. Die Gefahr, in die er dadurch manchen Verhältnissen gegenüber geraten konnte, war glücklich vorübergegangen, und der Glaube an das Gute hatte Eberhard nicht verlassen. (GN 283–284)

Auch Eberhard partizipiert an dem *Antiidealismus* und der Antiromantik der Zeit, ist er doch der Überzeugung, „Phantasien“ würden nur zu „Menschenverachtung“ und „Hochmut“ erziehen, nicht anders als Büchners Lenz, der im „Idealismus“ die „schmählichste Verachtung der menschlichen Natur“ erblickt. So geht es ihm überall zunächst und vor allem um *Realismus*, um „Erfahrung“, „Bewußtsein“ und „Lebensklarheit“. Und dennoch bewährt er sich dabei als Vertreter einer „idealen Auffassung des Lebens und der Sitte“. Es ist freilich kein Idealismus des Worts, für den er einsteht, sondern ein *Idealismus der Tat*, und das soll ein Idealismus sein, der gar nicht erst in die Versuchung kommt, zur Quelle von „Menschenverachtung“ und „Hochmut“ zu werden, der insofern die bessere, ja die einzig wahre Form von Idealismus darstellt.

Die Basis dieses Idealismus ist natürlich auch hier wieder der *„Glaube an die Menschheit“*, an das „Allgemeinsame aller Verstandes- und Herzensbedingungen“ „in allen Menschen“, auch in den „unbedeutendsten Individuen“ – Büchner hat in diesem Zusammenhang von der „Gefühlsader“ gesprochen, die „in fast allen Menschen gleich“ ist, Gottfried Keller wird hier vom „Wissen aller um alles“ sprechen – ist, mit einem Wort, der Glaube an die Humanität. Und wie Büchners Lenz solcher Humanität dadurch nahezukommen sucht, daß er sich „in das Leben des Geringsten senkt“, so Gutzkows Eberhard, indem er auf die „Art und Richtung“ der „Geringfügigsten“ „lauscht“.

Das „Ideal“ der „fessellosen Existenz“

Dem werden nun eben Figuren wie *Konstantin und Frida Ulrichs* gegenübergestellt, die von dem „Glauben an die Menschheit“ und der „Liebe zur Menschheit“, von den bindenden Kräften des Mitleids, der Pflicht und des Gewissens gänzlich unberührt scheinen – wo kommen solche Menschen her? Gutzkow meint die Antwort zu kennen: sie sind die Kinder einer Erziehung, die sich von allen Konventionen losgesprochen hat und sich ganz vom Zeitgeist leiten läßt, das Produkt dessen, was man seit den sechziger Jahren des 20. Jahrhunderts *antiautoritäre Erziehung* nennt. So verdanken wir Gutzkow mit der

Schilderung des Elternhauses der beiden Ulrichs die Darstellung von Familienverhältnissen, wie man sie erst seit 1968 zu kennen meint – ein „Summer Hill" in der deutschen Provinz zu Zeiten des Vormärz.

Dabei vergißt Gutzkow nicht, die Mächte zu benennen, die für den Zeitgeist und damit für das Treiben im Hause Ulrichs verantwortlich sind. Es sind der *Materialismus*, der von der modernen Wissenschaft ausgeht, und der *Individualismus*, der von den Linkshegelianern kultiviert wird. Wie der Arzt in Immermanns „Epigonen" stellen die Wissenschaftler, die bei den Ulrichs ein und aus gehen, die Begriffe des Geists und der Seele und damit alles Ideelle grundsätzlich in Frage; sie erklären „den Geist für Phosphor, Romantik für Blödsinn, freien menschlichen Willen für Kindermärchen" und die „Ideen" für „Abdominalreflexe, die sich im Hirn daguerreotypieren", für von physiologischen Vorgängen im Abdomen – im Unterleib – vorprogrammierte, im Hirn in der Weise der Daguerreotypie – der damals gerade neu entwickelten Fotografie – reflexartig abgespeicherte Größen. Und von den reichen Traditionen der Philosophie ist ihnen nur der Fichtesche Gedanke eines „Sich-selbst-Setzens" geblieben, der unter den Linkshegelianern umgeht, die Verabsolutierung des „individualisierten Ichs".

> Anfangs hatte sie (Herta) dies Familienleben (im Ulrichschen Hause) wahrhaft entzückt. Der Vater, ein harmloser, kindlicher Mann mit langem, grauem Haar, war die Natürlichkeit selbst. Die Mutter, Frau Riekele genannt, eine in ihrer Jugend bildschöne Frau, war jetzt noch trotz ihrer vielen Kinder blühend und dem Auge erfreulich. Ihre Beweglichkeit war die eines Irrwischs. Küche, Keller, Waschhaus, Gemüsegarten, Nähtisch, Nachbarschaft, alles war bei ihr eins. Die Kinder, sozusagen, gingen wie sie standen und standen wie sie gingen. Nur in Masse wurden die Kleinen gereinigt, Knaben und Mädchen unter einen einzigen Apparat von Blechröhren und Brausen gestellt und unter Zetergeschrei morgens und abends trotz der zunehmenden Kälte mit kaltem Wasser übergossen. Von nichts wurde ein „Umstand" gemacht. Die Kleidung mußte ohne Löcher sein, das genügte, alles übrige war gleichgültig. Essen und Trinken gab es zum Sattwerden. Ein großer hölzerner Aufsatz mit einem beweglichen Brett, dessen Zentrum eine in der Mitte des Tisches eingefugte Achse war, stand jeden Mittag und Abend auf dem Tische. Auf dieses Brett stellte man die Speisen; jeder hatte seinen Teller. Das Brett wurde herumgedreht, so daß es bald zum Vater,

bald zu Teutomor, bald zu Hedwig, bald zu Frida kam. Jeder nahm was ihm beliebte, und der Vorrat reichte aus. Die Tischordnung mußte unter solchen Umständen unterhaltend sein. Für Anklagen fand man kein Gehör. „Kind Gottes!“ rief Frau Riekele, „laßt mich in Ruhe! Wer dich schlägt, schlag' ihn wieder!“ Frau Riekele hatte genug zu tun, diesen Wirrwarr des Hauses in leidlicher Ordnung zu halten, und es ging prächtig. Jeden Abend konnte man hier im Sommer im Garten, im Winter am Ofen sitzen und sich über Gott und die Welt ohne die mindeste Gebundenheit an ein Vorurteil unterhalten. Und wenn es nur Bier und Kartoffeln in der Schale und frische Butter dazu gab, so fehlte es nie an Gästen, Studenten, Privatdozenten, Professoren gleicher oder verwandter Richtung. Die Kinder sprachen frischweg in jede Unterhaltung hinein und ernteten für ihren gesunden Verstand Anerkennung genug, freilich auch manchmal ein: Halt den Rand! wie's eben zu paß oder unpaß kam. Der Vater nahm bei Gesprächen über religiöse oder politische Vorstellungen nie Rücksicht auf die Kinder. Was für ein Kind nicht passe, glitte ihm schon von selbst ab. Wer aber deshalb von den Kindern übermütig wurde, war damit nicht sicher, jeden Augenblick „geduckt“ zu werden. Sogar die Freunde des Hauses wiesen die Kinder ebenso die Tür hinaus, wie es die Eltern taten, und Frau Riekele dankte jedem, der ihr auf diese Art das Leben erleichterte und mit der Natur natürlich umging. Von einer aparten Neigung für die Seinigen war hier keine Rede. Wer kam, war Freund des Hauses, wurde herzlich empfangen und durfte sich geben wie er wollte; wollte er aber wegbleiben, so rief ihn auch niemand. Es war ein frohes, buntes, angeregtes Leben. Was diese Menschen für Witz, für Blödsinn, für Unsinn, eine „Affenschande“ erklärten, das galt fast überall im ganzen Orte dafür. Sie waren die Götter der Erde, die den Geist für Phosphor, Romantik für Blödsinn, freien menschlichen Willen für Kindermärchen erklärten; und es lag ein titanischer Schwung darin, wenn es hieß: Was man wäre, das müsse man auch ganz sein, und handeln müsse man seiner Natur gemäß. Sätze, die sich dann erweitern ließen: Alle unsere Ideen sind Abdominalreflexe, die sich im Hirn allmählich daguerrotypieren und zuletzt in der Form von Moral, Religion, Philosophie unsern überlieferten Unsinn absetzen. Wer des Abends in diesem Kreise gelebt hatte, wer auf ein Wort der Frau Riekele, das sie regelmäßig um halb zehn Uhr zu ihrem Manne sprach: „Kind Gottes, ich bin schläfrig!“ dann aufstand, dann die Treppe hinunterstieg, dann die Türklingel lange hinter sich verhallen hörte, dann stolz durch die Gassen der alten grauen Stadt unter

> den Sternen hinwandelte und in der Ferne hörte, wie man noch in allen Wirtshäusern donnernd mit Gläseraufschlag sang: „Wir sind die Könige der Welt!“ der mußte hochbefriedigt mit einstimmen und der absoluten Kritik recht geben, die da lehrte, es käme hienieden nur einzig darauf an, daß der Mensch „sich selbst setze“. (GN 300–302)

Abkehr vom Vitalismus

Als *Herta* sich aufmacht, den Weg der „freien Selbstbestimmung“ zu beschreiten, meint sie zunächst, in der unkonventionellen Wirtschaft der Ulrichs mit ihrem Genügen am „gegenwärtigen Leben“ und ihrer Freigeisterei ihr „Ideal“ zu erblicken. Das „frohe, bunte, angeregte Leben“, an dem sie hier teilhaben kann, scheint ihr der „Himmel auf Erden“ zu sein.

> Herta sah in Frida sich selbst, sah ihr Ideal der freien Selbstbestimmung, sah im ganzen Ulrichsschen Hause fessellose Existenz nach natürlichen Bedingungen, sah die Welt der Vorurteilslosigkeit, von welcher sie so oft dem Vater und der jungen Mutter gesprochen (...). (GN 302–303)

Doch dabei bleibt es nicht. Neben der quirligen Frida kann Herta ihrer selbst nicht recht froh werden, kann sie sich nur als schwerfällig und „pedantisch“, als irgendwie unattraktiv empfinden. Auch muß sie sich eingestehen, daß sich ihr Verhältnis zu Konstantin nicht weiterentwickelt, daß sich bei dessen Umtriebigkeit das Gefühl vertrauter Nähe nicht einstellen will, wie Konstantin ja auch von sich aus nichts dafür tut. *Wo man sich dem „Ideal“ der „fessellosen Existenz“ verschrieben hat, da kann keine tiefere Bindung entstehen.*

Als sich Eberhard der verlassenen Agnes annimmt und sein Opfer bei eben denen, die für ihr Elend verantwortlich sind, nur als Ausdruck von Schwäche und geistiger Zurückgebliebenheit verbucht und überdies mit allerlei frivolen Witzeleien überzogen wird, beginnt sie das genialische Natürlichkeits- und Freiheitsgetöse, das vitalistische Kraftmenschentum der Ulrichs abzustoßen. Bald ist sie soweit, daß sie mit ihrer *Kritik* nicht mehr hinter dem Berge hält, auch wenn sie damit die undankbare Rolle der Spielverderberin auf sich nimmt.

> „Sie leugnen, lieber Ulrichs, den Fortschritt des Menschengeschlechts, wenn Sie ewig nur an die rohe Naturkraft appellieren. Gibt es wohl eine

schönere Blüte unserer Epoche als die Übereinkunft? Das Verlöbnis sozusagen zwischen Recht und Pflicht und Kraft und Schwäche? Beruht nicht unsere ganze Zivilisation auf dieser gegenseitigen Mäßigung, auf dem Takt der Zurückhaltung? Wie sich zwei Verlobte durch den Austausch ihrer Ringe gleichsam ihres Ichs entäußern, so sollen wir doch wohl überhaupt in zwei Welten leben, in einer, die uns gehört und einer, die dem andern gehört. Wer nichts mit dem andern austauschen mag, für Herz nicht Geist, für Geist nicht Herz wiedergibt, der steht zuletzt einsam da, und ich kann mir denken, daß ein Genius, der kein Mitleid mit der Menschenschwäche hat, sich zuletzt von irgend einem Felsen tiefverzweifelnd über sein Alleinsein und bejammernswürdig hinunterstürzen muß.“ (GN 306–307)

Rückkehr zur Humanitätsreligion

Hier zeigt sich, daß Herta über der Auseinandersetzung mit dem Treiben der Ulrichs wie von selbst auf den Weg zur Humanitätsreligion gelangt, wie es bei einem Menschen nicht ausbleiben kann, bei dem die „Gefühlsader“ trotz aller Anfechtungen des Zeitgeists noch halbwegs intakt ist. Es geht ihr damit nicht anders als Eberhard – ein erstes deutliches Anzeichen dafür, wer hier zu wem gehört.

Je mehr sie sich mit Eberhard und seiner Opfertat beschäftigt, desto mehr erschließt sich ihr die vielgeschmähte Welt der „Ideale“.

Sie sah sein Herz, seine Güte. Seit einem Jahr und länger hatte in ihren Augen keine Träne gestanden. Sie weinte zum ersten Mal, und über sich weinte sie. Ihr Stolz wurde durch irgend etwas gedemütigt, eine Welt war ihr, sie wußte nicht wodurch und wie, zerstört. Das sah sie, es gab eine Tugend in der Schwäche. Es gab eine Entsagung mitten in dem Recht des Besitzes. Es gab eine Welt der Pflichten, die größer als die Welt der Rechte ist. (…) Sie sah darin nicht mehr Schwäche, sondern Größe. (GN 312)

Von diesen Einsichten aus gelingt es ihr schließlich, den „Nihilismus“ der Ulrichs, ihren Materialismus, Vitalismus und Individualismus vollends zu durchschauen und sich wieder von ihm zu lösen.

„Ich kenne ihn jetzt ganz, diesen Dünkel des Nihilismus!“ sagte sie. „Ich kenne sie ganz, diese sichere Eingebung des Augenblicks, die in der Tat nicht selten herrliche, reizende Poesie sein kann! O diese Glücklichen, denen jeder Weg offen steht, die jedes Eigentum, jeden geschlossenen

Raum wie den ihrigen betrachten und betreten dürfen! Aber doch hasse ich ihre Zuversicht. Ja, ich will ihnen pedantisch erscheinen, ich muß es. Es ist doch nur die Einsprache unsers Herzens, die uns den schwerfälligen Gang gibt, den sie verspotten. (...) Das Gewissen!“ fuhr Herta erregter fort. „Sie nennen das den ächzenden Hemmschuh aller unserer Bewegungen! Ja wohl! Als der Schöpfer unser Dasein aus den Flammen erschuf, da war gerade das ein erdiger Stoff, der uns zugemischt wurde!“

„Liebe Freundin,“ fiel Eberhard ruhiger ein. „Der Prüfstein des Menschen ist die Tat. Erst an dem bewältigten Stoff des Lebens, erst an dem vollendeten Formgebilde der Geschichte zeigt sich der wahre Wert des Menschen. Unser nächstes Wandeln und Gehen tut es allein nicht. (...) Glauben Sie mir, liebe Freundin, wir geraten in diese Unterscheidungen (...) nur durch den lauen Frieden der Zeit, (...) durch (...) das Verfahrene der ganzen Epoche. Erfaßte uns das Leben mit großen, menschenbezwingenden Aufgaben, hätten wir unser Dasein (...) immerhin als ein großes Rätsel, aber doch in diesseitiger Bestimmung zu lösen, wir luxurierten nicht so mit diesen schimmernden Blasen von Charakterverschiedenheit und privater Selbstbespiegelung. Im Altertum und Mittelalter war das nicht. Zöge nur ein rechter Windstoß durch die Welt (...)!“ (GN 317–318)

Das Schlußtableau

Der Windstoß kommt, die Revolution von 1848, und da trennen sich nun die Böcke von den Schafen, da zeigt sich, was ein „Nihilismus“ wert ist, der letztlich nur den eigenen Vorteil kennt, und was ein „Glaube an die Menschheit“, der sein „Licht“ „an der ewig brennenden Lampe des Ideals anzündet“ (GN 318). In einem großen Schlußtableau, dem Bild einer Gesellschaft, bei der Herta und Konstantin ein letztes Mal aufeinandertreffen, wird dem Leser noch einmal vor Augen gestellt, was der falsche und was der richtige Weg ist, mit einer Deutlichkeit, die nichts zu wünschen übrig läßt.

Konstantin und Aurelie wurden erwartet, man erwartete auch Herta. Jene kamen. Wie lange hatte sie Eberhard nicht gesehen! Der früher Gekommene blickte voll Mitleid auf das seltsame Paar. Konstantin blaß, verfallen, offenbar krank und tief zerrüttet. Aurelie gut und wohlmeinend in Wesen und Blick, unschön jedoch, hager, dürr, reizlos, trotz ihrer Diamanten fern von jedem gefälligen Eindruck. Konstantin fühlte den Eindruck und blickte nieder.

> Nun erschien Herta, Herta, die von Konstantin Aufgegebene! Seit zwei Jahren war sie wie umgewandelt. Die Frische war sie und das Leben selbst. Ihr Auge voll blitzenden Feuers, ihre Wange sanft gerötet, ihre Gestalt erst jetzt entwickelt wie nach lange unterdrücktem Wachstum. Der Ernst von ehemals war gemildert. Leicht und gefällig gab sich ihre Bewegung unter den Menschen. Jeder drängte sich in ihre Nähe, suchte ihren Anblick, suchte ihr Gespräch zu gewinnen. Herta war die Königin des Abends. (GN 341–342)

Jeder kann sehen, wer das richtige Los erwählt hat, und wer das falsche. Auf solche Weise läßt der Autor über dem Ende seines Romans *„poetische Gerechtigkeit“* walten, nutzt er die „poetische Freiheit“, um seinen Figuren das Schicksal zu bereiten, das sie nach seinen Maßstäben verdienen.

An der Schwelle zum Realismus

Wir haben uns von *Gutzkow* und seinen „Nihilisten“ bis an die Schwelle zum Realismus führen lassen, sind damit freilich nicht weiter als bis an ebendiese Schwelle gelangt. Nicht nur daß Gutzkow in den fünfziger Jahren mit einer Programmatik nichts mehr anzufangen weiß, wie sie im Kunstgespräch von Büchners „Lenz“ entwickelt wird – er unternimmt auch alles, um die dort angedachte *Verbindung des Humanitätsgedankens mit dem Vitalismus wieder aufzulösen*, bringt den „Glauben an die Menschheit“ auf eine Weise gegen die Vorstellungswelt des Vitalismus in Stellung, die von dieser nichts übrigläßt. So gestaltet sich sein Roman aus Furcht vor einer aus dem Ruder laufenden Individualisierung mehr und mehr zu einer konventionellen *Moralpredigt*, in der immerzu an das „Gute im Menschen“ appelliert und der selbstlose Dienst an den „Idealen“ eingefordert wird – fehlt nur noch, daß Gutzkow seine Tugendbegriffe wieder an die „Christusreligion“ und die Perspektive eines Lebens nach dem Tode zurückbinden würde.

Damit hat sich Gutzkow aber von einem Großteil der Motive verabschiedet, in denen seinerzeit die *Zukunft der Literatur* lag und die er selbst in den dreißiger Jahren mit erkundet hatte. Denn es sind vor allem die Vorstellungen, die sich bei Autoren wie Immermann, Heine und Büchner und wie in seinen jungen Jahren auch bei ihm selbst an die Begriffe des Lebens – des „animalischen Lebens“ ebensowohl wie des „gegenwärtigen Lebens“ – des „Genießens“ und der je besonderen, individuell abgetönten Art solchen „Genießens“ knüpfen, was es der

Literatur erlaubte, zu den religions-, philosophie- und gesellschaftskritischen Debatten der Zeit, den modernen Wissenschaften und den Diskursen des Materialismus und der Individualisierung Fühlung zu halten und sich auf dieser Basis zu modernisieren. Jedenfalls sind die namhaften Autoren des Realismus von Stifter und Keller bis hin zu Fontane und Raabe im allgemeinen entsprechend verfahren.

Das Beispiel Keller

Das soll im folgenden vor allem am Werk von Gottfried Keller gezeigt werden. Die Wahl fällt auf ihn, weil sich bei ihm die *Verankerung des Realismus in den weltanschaulichen Debatten des Vormärz* besonders gut greifen läßt und weil seine Werke besonders aufschlußreich für den Versuch sind, humanitätsreligiöse und vitalistische Impulse im Zeichen des Gedankens der *„Weltfrömmigkeit“* zusammenzuführen.

Und noch ein dritter Grund spricht für die Wahl von Keller. Die Germanistik hat die Themen und Formen des Realismus seit jeher gerne auf die *Situation des deutschen Bürgertums nach der gescheiterten Revolution von 1848* zurückgeführt, hat sie etwa als Ausdruck von politischer Resignation gedeutet, so wie sie den „Weltschmerz“ des Vormärz mit der Lage dieses Bürgertums unter der Knute des „Systems Metternich“ erklärt hat; deshalb hat sie ja von einem „bürgerlichen Realismus“ gesprochen. Keller ist ein schlagendes *Gegenbeispiel* für diese These. Denn Keller ist Schweizer, und in der *Schweiz* war der Revolution von 1848 anders als in Deutschland ein nachhaltiger Erfolg beschieden, der entschiedene Schritte in Richtung Demokratie brachte. Bei Keller bedeutet Realismus aber im Prinzip nichts anderes als bei seinen deutschen Kollegen. Es kann also nicht die Revolution von 1848 sein, was die spezifischen Themen und Formen des Realismus begründet, und wir müssen auch hier nach anderen Ursachen Ausschau halten.

4 Realismus und „Weltfrömmigkeit“

4.1 Humanität und Vitalismus bei Keller

Die Anfänge Kellers

Zu den entscheidenden Bildungserlebnissen, die aus Gottfried Keller[79] einen Erzähler im Geist des Realismus gemacht haben, gehört ein Studienaufenthalt an der Universität Heidelberg in den Revolutionsjahren 1848 und 1849, und hier wiederum besonders die Bekanntschaft mit Feuerbach und dessen „Humanitätsreligion“. Da war Keller bereits 29 Jahre alt. Anders als seine Generationsgenossen Gutzkow und Büchner war Keller *kein Frühberufener*, fand er erst in fortgeschrittenem Alter zum Schreiben, und das heißt: erst in den letzten Jahren des Vormärz, so daß sein Durchbruch als Autor mit den Anfängen des Realismus zusammenfällt.

Aus gedrückten, bildungsfernen Verhältnissen stammend und auf der Schule früh gescheitert, hatte er sein Heil zunächst in der Malerei gesucht, damit aber ebenfalls Schiffbruch erlitten; ein Schicksal, wie er es dann auch den Helden seines Romans „Der grüne Heinrich“ (1854/55) durchleben läßt. Erst nach Jahren des Mißerfolgs und der Unsicherheit geriet er an die Literatur. Die erste Frucht des Neubeginns war ein Band von *„Gedichten“*, der 1846 erschien und sich in der typischen, freilich schon reichlich erprobten Manier des Vormärz zwischen den Polen Naturerlebnis, Gesellschaftskritik und „Weltschmerz“ bewegte. So enthält er etwa einen Zyklus mit dem charakteristischen Titel „Gedanken eines lebendig Begrabenen“; wir erinnern uns an Büchners „Danton“, wo das Motiv des Lebendig-Begrabenseins bereits eindringlich entfaltet wird. Der Erfolg des Erstlings war

79 Hermann Boeschenstein: Gottfried Keller. 2. Aufl. Stuttgart 1977. – Gerhard Kaiser: Gottfried Keller. Das gedichtete Leben. Frankfurt 1987. – Ulrich Kittstein: Gottfried Keller. Stuttgart 2008.

begrenzt, doch brachte er Keller ein Stipendium seiner Heimatstadt Zürich ein, das es ihm erlaubte, sich erstmals ungestört und umfassend mit den neuesten Entwicklungen in „Wissenschaft und Kunst“ bekannt zu machen, und das ihn dann eben nach Heidelberg führte.

Keller in Heidelberg

Der Ort war gut gewählt, denn Heidelberg erlebte nach der Revolution einige besonders bewegte, fruchtbare Jahre. So ermöglichte das Engagement revolutionärer Studenten dem umstrittenen *Feuerbach* einen neuerlichen Auftritt im universitären Raum, aus dem er zwölf Jahre zuvor weggeekelt worden war. Es war freilich nicht nur die Begegnung mit Feuerbach, die Heidelberg für Keller zu einer Erfahrung von bleibender Bedeutung machte. Zahllose Kontakte kamen hinzu, durch die er sich über die Feuerbachsche Philosophie und Religionskritik hinaus weitere Felder von „Wissenschaft und Kunst“ erschloß.

So freundete er sich hier mit zwei blutjungen Dozenten an, die noch eine große Zukunft vor sich hatten, mit dem Mediziner Jakob Moleschott (1822–1893) und dem Kunst- und Literaturhistoriker Hermann Hettner (1821–1882). *Moleschott* hatte sich wie Georg Büchner der physiologischen Grundlagenforschung verschrieben und entwickelte sich bald schon zu einem der europaweit führenden Köpfe seines Fachs. Überdies trat er auch mit philosophischen Schriften hervor, in denen er sich zu einem Materialismus bekannte, wie ihn Büchners Bruder Ludwig verfochten hatte, und dessen Theorie von „Kraft und Stoff“ weiter ausbaute. Bekannt wurde er unter anderem mit seinem Eintreten für die These „Kein Gedanke ohne Phosphor“, die in Gutzkows „Nihilisten“ als Teil des geistigen Hausrats der Ulrichs figuriert und der Kritik verfällt. Und *Hettner* war einer der besten Kenner der Aufklärung des 18. Jahrhunderts, der Keller neben vielem anderen den französischen Frühmaterialismus, etwa das „Système de la Nature“ von Holbach nahebrachte.

Ein Neubeginn im Zeichen Feuerbachs

Die Wirkung der Heidelberger Erfahrungen auf die Entwicklung seines Welt- und Menschenbilds faßt Keller in zwei Briefen aus den Jahren 1849 und 1851 wie folgt zusammen:

> Ich werde tabula rasa machen (oder es ist vielmehr schon geschehen) mit allen meinen bisherigen religiösen Vorstellungen, bis ich auf dem Feuerbachischen Niveau bin. Die Welt ist eine Republik, sagt er, und erträgt weder einen absoluten noch einen konstitutionellen Gott (Rationalisten). Ich

kann einstweilen diesem Aufruf nicht widerstehen. Mein Gott war längst nur eine Art von Präsident oder Erstem Konsul, welcher nicht viel Ansehen genoß, ich *mußte* ihn absetzen. Allein ich *kann* nicht schwören, daß *meine* Welt sich nicht wieder an einem schönen Morgen ein Reichsoberhaupt wähle. Die Unsterblichkeit geht in den Kauf. So schön und empfindungsreich der Gedanke ist – kehre die Hand auf die rechte Weise um, und das Gegenteil ist ebenso ergreifend und tief. Wenigstens für mich waren es sehr feierliche und nachdenkliche Stunden, als ich anfing, mich an den Gedanken des wahrhaften Todes zu gewöhnen. Ich kann Dich versichern, daß man sich zusammennimmt und nicht eben ein schlechterer Mensch wird. (...)

Für mich ist die Hauptfrage: Wird die Welt, wird das Leben prosaischer und gemeiner nach Feuerbach? Bis jetzt muß ich des bestimmtesten antworten: Nein! im Gegenteil, es wird alles klarer, strenger, aber auch glühender und sinnlicher. – Das Weitere muß ich der Zukunft überlassen, denn ich werde nie ein Fanatiker sein und die geheimnisvolle schöne Welt zu allem Möglichen fähig halten, wenn es mir irgend plausibel wird. (KB 34–35)

Sehr gefreut hat mich die Art, wie Du meinen Anschluß an Feuerbach aufgenommen hast (...). Wie trivial erscheint mir gegenwärtig die Meinung, daß mit dem Aufgeben der sogenannten religiösen Ideen alle Poesie und erhöhte Stimmung aus der Welt verschwinde! Im Gegenteil! Die Welt ist mir unendlich schöner und tiefer geworden, das Leben ist wertvoller und intensiver, der Tod ernster, bedenklicher und fordert mich nun erst mit aller Macht auf, meine Aufgabe zu erfüllen und mein Bewußtsein zu reinigen und zu befriedigen, da ich keine Aussicht habe, das Versäumte in irgendeinem Winkel der Welt nachzuholen. Es kommt nur darauf an, wie man die Sache auffaßt; man kann für den Atheismus ebenso schöne und sentimentale Reden führen, wem dies einmal Bedürfnis ist, als für die Unsterblichkeit usf., und diejenigen Tröpfe, welche immer von höheren Gefühlen sprechen und unter Atheismus nichts weiter als rohen Materialismus zu verstehen imstande sind, würden freilich auch als Atheisten die gleichen grob sinnlichen und eigensüchtigen Bengel bleiben, die sie als „höhere" Deisten schon sind. Ich kenne solche Herren! Indessen bin ich weit entfernt, intolerant zu sein und jeden, der an Gott und Unsterblichkeit glaubt, für einen kompletten Esel zu halten, wie es die Deutschen gewöhnlich tun, sobald sie über dem Rubikon sind. (...) Ich möchte

> daher auch nichts von grobem Hohne und gewaltsamer Aufdringlichkeit wissen. Nur für die Kunst und Poesie ist von nun an kein Heil mehr ohne vollkommene geistige Freiheit und ganzes glühendes Erfassen der Natur ohne alle Neben- und Hintergedanken, und ich bin fest überzeugt, daß kein Künstler mehr eine Zukunft hat, der nicht ganz und ausschließlich sterblicher Mensch sein will. Daher ist mir auch meine neuere Entwicklung und Feuerbach für meine dramatischen Pläne und Hoffnungen weit wichtiger geworden als für alle übrigen Beziehungen, weil ich deutlich fühle, daß ich die Menschennatur nun tiefer zu durchdringen und zu erfassen befähigt bin. (KB 81–82)

Atheismus

Hier erhalten wir tiefen Einblick in das Geflecht von Motiven, aus dem die Literatur des Realismus erwachsen ist. Eine entscheidende Voraussetzung ist offensichtlich die Religionskritik des Vormärz, ist dessen Abkehr nicht nur von „religiösen Ideen“, sondern von allen „Ideen“ und „Phantasien“, die einen Raum jenseits des irdischen „Lebens“, der „Natur“, der „Welt“, ein Leben im Jenseits, eine übersinnlich-übernatürliche Sphäre, eine „Hinterwelt“ verheißen, die die *Welt der Erfahrung* insofern ständig mit *„Neben- und Hintergedanken“* versehen, ständig den Blick durch sie hindurch und an ihr vorbei auf anderes lenken und damit verhindern, daß sie wirklich ernst und zum Nennwert genommen, wirklich erfahren wird, daß sie zum Gegenstand eines „ganzen glühenden Erfassens“ wird, das seinen Wert in sich selbst trägt, und daran soll für „Kunst und Poesie“ nun alles gelegen sein.

Wie für die meisten Autoren des Vormärz ist solche Kritik an der *Religion* für Keller aufs engste mit Gesellschaftskritik verbunden. Wie der Himmel des Christentums für Heine ein „letzter Schlupfwinkel der Dienstbarkeit“ ist, so die Vorstellung von einem göttlichen König der Welt für Keller ein letzter *Rückhalt hierarchisch-autoritärer Konzepte von Gesellschaft*, etwas, das sich nicht mit den Gedanken der Republik und der Demokratie verträgt, die ihm als einem in der Wolle gefärbten Schweizer Liberalen so viel bedeuten. Zugleich übt er *Kritik an der Vorstellung, daß es ohne Religion keine Moral gebe*, daß ohne den Glauben an Gott, den Respekt vor dem göttlichen Gebot und die Perspektive des Jüngsten Gerichts kein soziales Leben möglich sei. Das Gegenteil scheint ihm richtig: wo man sich nicht mehr auf Korrekturen und Kompensationen in einem ominösen Jenseits herausreden kann, wird man sich in ganz anderem Maße „zusammennehmen", wird man alles daran setzen, bereits im Hier und Jetzt zum Zuge und mit sich selbst und den anderen ins reine zu kommen, ganz davon abgesehen, daß sich ja auch gott- und jenseitsgläubige Zeitgenossen oft genug als Menschen ohne Moral, als „grob sinnliche und eigensüchtige Bengel" erzeigen.

Vitalismus

Mit solcher Religionskritik soll vor allem eines erreicht werden: *den Blick auf das „gegenwärtige Leben" freizulegen*, den Blick auf das eine, einmalige, unübersteigbare und unwiederbringliche Leben. Der „Atheismus", von dem Keller spricht, zielt auf einen Vitalismus, und dieser wiederum soll zur Grundlage für eine Erneuerung von „Kunst und Poesie" werden; wie für Büchner hat auch für Keller nur eine Literatur eine „Zukunft", die sich ganz dem „Leben" verschreibt.

Den Blick auf das „Leben" freizulegen – das heißt zunächst: *ohne „Neben- und Hintergedanken" auf die „Natur" zu schauen*, auf die „Welt", wie sie im Hier und Jetzt gegeben ist. Allerdings soll diese nicht im Sinne eines „rohen Materialismus" wahrgenommen werden; es soll ja nicht um ein sachlich nüchternes Sichten, sondern um ein „glühendes Erfassen" gehen, also um eines, an dem außer dem Verstand auch die „Sinnlichkeit" und die „Gefühlsader" beteiligt wären, das vom Menschen mit all seinen Kräften, als einem lebendigen Ganzen getragen wäre. Dazu muß freilich zunächst jene *„Klarheit" und „Strenge"*, jene nüchterne Sachlichkeit eingekehrt sein, deren Schule ein Materialismus ist, wie er von der modernen Wissenschaft, etwa der Philosophie eines Feuerbach und der Physiologie eines Moleschott unterhalten wird. Erst auf dieser Basis kann das „Leben" seiner selbst innewerden, kann es sich seines ganzen „Werts" bewußt werden und jene „Intensität" gewinnen, die sich in einem „glühenden Erfassen" von „Natur" und „Welt" manifestiert.

Das *sachliche Sehen* ohne „Neben- und Hintergedanken", das die Wissenschaft kultiviert, ist also eine entscheidende Voraussetzung für eine vitalistische „Kunst und Poesie", aber eben nur eine Voraussetzung; „Kunst und Poesie" entstehen erst dort, wo man darüber hinausgeht und das sachliche Sehen als Sprungbrett für ein *ästhetisches Schauen* nutzt, für eine Wahrnehmung, in der auch die „Sinnlichkeit" und die „Gefühlsader" zum Tragen kommen, die nämlich das sinnliche Erlebnis und das Gefühl der „Schönheit" vermittelt, die die „geheimnisvolle",

„unendliche“ „Schönheit“ und „Tiefe“ der „Welt“ spürbar werden läßt. Keller spricht hier zwar nicht ausdrücklich vom „Genießen“, doch ist dieses zentrale Moment des Vitalismus auch bei ihm präsent; es steckt im Begriff der Schönheit. Denn schön ist, was gefällt, und Gefallen ist eine Form des „Genießens“.

Absage an die Symbolsprache der Tradition

Die Bedeutung, die der Forderung nach einer Wahrnehmung ohne „Neben- und Hintergedanken“ zukommt, kann gar nicht überschätzt werden. In ihr verbirgt sich nichts Geringeres als die Absage an jene Formen von Symbolik, ohne die man sich „Kunst und Poesie“ bis dato nicht hat vorstellen können, insbesondere an Allegorien und Symbole mit mythischem und religiösem Hintergrund; und der „mundus symbolicus“, in dem sich die Literatur bis weit ins 19. Jahrhundert hinein bewegt hat, verdankt sich ja wesentlich dem Mythos der alten Griechen und den Traditionen des Christentums. Diesem „mundus symbolicus“ wird mit dem Verdikt gegen „Neben- und Hintergedanken“ der Kredit aufgekündigt. Denn was ist symbolisches Reden anderes als ein Reden mit „Neben- und Hintergedanken“, als ein Reden, bei dem man, wenn der Blick auf eine Rose fällt, sogleich an Liebe denkt, an eine himmlische Geliebte wie die Jungfrau Maria oder eine irdische wie im Fall von Goethes „Heidenröslein“?

Hier wird ein Moment greifbar, das auf dem *Weg in die Moderne* noch große Bedeutung für die Literatur erlangen wird. In eben dem Maße, in dem sich „Kunst und Poesie“ auf den Boden des Vitalismus stellen, werden sie versuchen, aus dem Bann der übermächtigen Symbolsysteme der europäischen Tradition herauszutreten, wenn nicht die symbolische Dimension des Kunstwerks überhaupt einzuziehen. Am Ende wird die Maxime der amerikanischen Avantgardistin *Gertrude Stein* (1874–1946) stehen: „A rose is a rose is a rose“ – eine Rose will als Rose wahrgenommen werden und nicht als bloßes Durchgangsobjekt für alle möglichen, letztlich beliebigen Sinnzuschreibungen symbolischer Art. Diese Entwicklung beginnt wesentlich mit dem Realismus, mit dessen Gegenwendung gegen Religion, Idealismus und Romantik.

Humanität

Am Ende des zweiten der zitierten Briefe schlägt Keller von solchem Atheismus und Vitalismus aus schließlich auch noch eine Brücke zum Humanitätsgedanken: die neue Weltanschauung soll es ihm erlauben, „die Menschennatur (...) tiefer zu durchdringen und zu erfassen“. Wir erinnern uns an Büchner und das Kunstgespräch seines Lenz; „man muß die Menschheit lieben“, heißt es da, um in die „menschliche Natur“ eindringen zu können – Humanität – und dies wiederum ist die Voraussetzung dafür, „daß, was geschaffen sei, Leben habe“ – Vitalismus. Wie ernst es auch Keller mit diesem Brückenschlag ist, zeigt ein Brief von 1854, in dem er auf die Arbeit am *„Grünen Heinrich“* zurückblickt. Da verleiht er der Hoffnung Ausdruck, mit seinem Roman „den sogenannten *Atheismus respektabel und poetisch gemacht* zu haben“ – einen Atheismus, der, wie gezeigt, bei ihm den Vitalismus mit einbegreift – und zugleich „den Menschen selbst“ zur Darstellung gebracht, *„das reine Gefühl des Menschlichen“ erzeugt* zu haben (KB 103).

Was das alles im einzelnen für Keller und sein Schreiben bedeutet, soll im folgenden an der Novelle „Das verlorene Lachen“ erkundet werden.

4.2 Kellers „Das verlorene Lachen“

Das Schlußstück der „Leute von Seldwyla“

„Das verlorene Lachen“ ist das Schlußstück von *„Die Leute von Seldwyla“*,[80] eines Novellen-Zyklus, der in zwei Bänden 1856 und 1874 erschienen ist. Es ist nicht ganz so bekannt wie andere Novellen des Zyklus, wie „Romeo und Julia auf dem Dorfe“, „Die drei gerechten Kammacher“ oder „Kleider machen Leute“, doch scheint ihm der Autor selbst besonderes Gewicht beigemessen zu haben, hat er jedenfalls besonders lange an ihm gearbeitet. Mit ihm hat er nämlich den Versuch unternommen, eine Art *Summe des Zyklus*, wenn nicht seiner literarischen Welt überhaupt zu geben; die Komposition des Ganzen sollte dadurch abgerundet werden, daß die Perspektiven, die in den verschiedenen Novellen angelegt waren, zu einem „modernen Kulturbild“ (KB 204), einem Gesamtbild des modernen Lebens zusammengeführt

80 Erika Swales: The Poetics of Scepticism. Gottfried Keller and „Die Leute von Seldwyla“. Oxford 1994. – Rolf Selbmann: Gottfried Keller. Romane und Erzählungen. Berlin 2001. – Hans-Joachim Hahn, Uwe Seja (Hrsg.): Gottfried Keller. Die Leute von Seldwyla. Kritische Studien. Bern u. a. 2007.

wurden. Und so ist das „Verlorene Lachen“ mit seinen hundert Seiten zum längsten Stück des Zyklus geworden.

Die Novelle im Realismus

Keller hat den großen Umfang auch darauf zurückgeführt, daß er hier einen „Romanstoff“ (KB 204) gestaltet habe, doch unterscheidet sich das „Verlorene Lachen“ damit kaum von den anderen Novellen.[81] Denn die meisten von ihnen entsprechen keineswegs dem, was die zeitgenössische Poetik von einer Novelle fordert, sind keine epischen Minidramen, die um „eine sich ereignete unerhörte Begebenheit“ (Goethe), einen spektakulären Wendepunkt herum konstruiert sind, sondern *kurzgefaßte Entwicklungs- und Bildungsromane* in der Nachfolge von Goethes „Wilhelm Meister“. Wer im Sinne des Realismus erzählt, sieht die Welt eben nicht so sehr im Zeichen „unerhörter Begebenheiten“ denn vielmehr in dem weiter dimensionierter Entwicklungsprozesse, die kontinuierlich von einem mehr oder weniger unscheinbaren Schritt zum nächsten führen. *Adalbert Stifter* hat dafür in der Vorrede seines Novellenbands *„Bunte Steine“* 1852 den Begriff des *„sanften Gesetzes“*[82] gefunden, und er hat ein Erzählen am Leitfaden dieses „sanften Gesetzes“ damit gerechtfertigt, daß er „die gewöhnlichen alltäglichen in Unzahl wiederkehrenden Handlungen der Menschen“, die so in den Fokus der Literatur treten, „die Wurzelfasern des Baumes des Lebens“ nannte[83] – wohlgemerkt: des Lebens; auch Stifter ist unterwegs zum Vitalismus.

„Die Leute von Seldwyla“: Entstehung

Ein solches Erzählen braucht natürlich einen gewissen Raum, erst recht, wenn es wie im Fall des „Verlorenen Lachens“ um ein poetisches Fazit der Perspektiven geht. Daß die „Leute von Seldwyla“ mit einem entsprechenden Finale abzuschließen seien, scheint für Keller früh festgestanden zu haben. Neun der zehn Novellen des Zyklus waren Mitte der fünfziger Jahre in einem relativ kurzen Zeitraum gemeinsam

81 Hugo Aust: Novelle. 4. Aufl. Stuttgart Weimar 2006. – Hugo Aust, Hubertus Fischer (Hrsg.): Boccaccio und die Folgen. Fontane, Storm, Keller, Ebner-Eschenbach und die Novellenkunst des 19. Jahrhunderts. Würzburg 2006. – Leo Korten: Poietischer Realismus. Zur Novelle der Jahre 1848–1888. Tübingen 2009.

82 Adalbert Stifter: Bunte Steine und Erzählungen. Hrsg. v. Magda Gerken. München 1961, S. 10.

83 Ebenda, S. 11–12.

konzipiert worden, waren aus dem gleichen Wurzelgeflecht von Fragen und Motiven erwachsen, die in ihnen in immer neuen Wendungen entfaltet und durchgespielt werden. So schienen sie eines Schlußstücks bedürftig und fähig zu sein, in dem ihr innerer Zusammenhang herausgearbeitet wird und der Leser die Möglichkeit erhält, sich ihr Welt- und Menschenbild in der Rückschau noch einmal als Ganzes vor Augen zu stellen.

Es dauerte freilich zwei Jahrzehnte, bis Keller an diesem Punkt angelangt war. Das hatte vor allem einen äußeren Grund: *Keller* wurde 1861 zum *„Staatsschreiber“ des Kantons Zürich* berufen, zu deutsch: zum Staatssekretär, zum Chef der Staatskanzlei, ein Amt, das er bis 1876 ausübte und das ihm nur noch wenig Zeit für die Literatur ließ. Es gehört wesentlich zum Profil des Realisten Keller, daß er nicht nur in der Jugend mit aufmüpfigen politischen Gedichten hervorgetreten ist, sondern in seinen Mannesjahren in exponierter Stellung politische Verantwortung getragen hat, und dies nicht etwa in einem Fürstenstaat, sondern in einer Republik, und zwar in einer Republik mit besonders großer demokratischer Dynamik.

Zyklische Form

Um eine Vorstellung von der zyklischen Form der „Leute von Seldwyla“ zu vermitteln, sei hier wenigstens auf eine der zahllosen Korrespondenzen hingewiesen, aus denen diese erwächst: auf den engen Bezug des *„Verlorenen Lachens“* zur ersten Novelle des Zyklus, zu *„Pankraz, der Schmoller“*. Der Bezug wird bereits in den Titeln greifbar, denn mit *Schmollen und Lachen* sind offensichtlich gleichermaßen Grundformen der menschlichen Interaktion aufgerufen, und zwar konträre Formen. In den beiden Novellen figurieren sie als habitueller physiognomischer Ausdruck der Haltung, in der ihre Helden – hier der schmollende Pankraz, dort der zum Lachen geneigte Jukundus – jeweils auf die anderen Menschen zugehen, womit die Aufmerksamkeit sogleich auf eines der zentralen Problemfelder des gesamten Zyklus gelenkt wird: auf das in der Moderne so schwierig gewordene und immer schwieriger werdende *Verhältnis von Individuum und Gesellschaft*.

Pankraz hat eine Sozialisation erfahren, die ihn als „Schmoller“ ins Leben treten läßt, die ihn mit einem wenig gefestigten Selbstbewußtsein, und das heißt: mit dem Zweifel daran aus sich entlassen hat, jemals als der, der er ist, bei anderen Gefallen und Anerkennung finden zu können, die ihn von der Gesellschaft nur Negatives, nur

Zurücksetzung und Verfolgung erwarten läßt, so daß er sich ganz in sich selbst verschließt und gar nicht mehr versucht, anderen freundlich zu begegnen. *Jukundus* hingegen hat eine Kindheit und Jugend hinter sich, die ihn mit einem ebenso fraglosen wie naiven Gefühl des eigenen Werts ausgestattet hat, und so sucht er bei anderen immer nur Positives, nur wohlwollende Zuwendung und Förderung. Demgemäß geht er mit der größten Offenheit und Arglosigkeit, eben mit einem Lachen auf die anderen zu, und zwar auf alle anderen und bei jeder Gelegenheit, auch dort, wo Interessenkonflikte und böser Wille im Raum stehen. Beide erleiden sie damit Schiffbruch, jeder auf seine Weise; Pankraz muß erst sein Schmollen aufgeben, Jukundus sein Lachen verlieren, um schließlich doch noch in der Gesellschaft und bei sich selbst ankommen zu können.

Die Formkunst des Realismus

Auf solche Weise konfrontiert Keller seinen Leser am Anfang und am Ende der „Leute von Seldwyla“ mit zwei Entwicklungs- und Bildungsgängen, die, gerade weil sie von extrem unterschiedlichen Ausgangspunkten aus in die gleiche Problemzone – das schwierige Verhältnis von Selbstverwirklichung und Anpassung – hineinführen, einander immerzu wechselseitig beleuchten und kommentieren. Der gesamte Zyklus ist mit derartigen Korrespondenzen gespickt, ist von einem *Netz von Äquivalenz- und Kontrastbeziehungen* durchzogen, das kaum dichter hätte geknüpft werden können, so daß die Novellen allesamt aufs engste miteinander verwoben sind. Auch das ist ein typisches Merkmal realistischen Erzählens. Zwar gehört das Anlegen von Verweisungszusammenhängen, das Konstruieren von „Inbezügen“ (Robert Musil) seit jeher zu den Grundtechniken der literarischen Rede, doch haben die Autoren des Realismus sich dem mit einer Intensität gewidmet, die kaum je übertroffen worden ist, weder früher noch später.

Man hat das gerne mit emphatischen Begriffen von Kunst, Form und Schönheit erklärt, mit dem Versuch, in der Form des literarischen Kunstwerks *Schönheit als Einheit in der Vielheit* zu realisieren und damit zugleich die Autonomie der Kunst und den Kunstcharakter des Kunstwerks herauszustellen und Begriffe von Harmonie in eine disharmonische Welt zu bringen, doch sind dies Vorstellungen, die eher der *Romantik* als dem *Realismus* zugehören. Der wahre Grund dürfte ein anderer sein. Wenn es sich der Realist – in Worten Stifters – zur

Aufgabe macht, „die gewöhnlichen alltäglichen in Unzahl wiederkehrenden Handlungen der Menschen" in den Blick zu nehmen, in Worten Kellers: „das Gewöhnliche und jedem Naheliegende darzustellen", so läuft er Gefahr, darüber mit seinen Texten ebenfalls „gewöhnlich und platt oder langweilig" (KB 78) zu werden. Dieser Gefahr droht er um so mehr zu erliegen, als er es zugleich mit einer *Repräsentation ohne „Neben- und Hintergedanken"* versucht, mit einer Darstellung, die ihre Gegenstände nicht mehr symbolisch überhöht, die bewußt auf die Möglichkeit verzichtet, ihnen dadurch ein Interesse zu verschaffen, daß sie auf den „mundus symbolicus" der Tradition hin transparent gemacht werden.

Es ist wohl dieses Grundproblem realistischen Erzählens, was die Autoren dahin bringt, ihre ganze künstlerische Energie auf die „Inbezüge" ihrer Werke zu verwenden. *Was die Motive durch den Ausfall konventioneller Symbolsysteme an Interesse verlieren, soll dadurch kompensiert werden, daß sie in ein möglichst dichtes Netz interner Äquivalenz- und Kontrastbeziehungen eingestellt werden.* Denn auch so kann ihnen eine Aura der Bedeutsamkeit zuwachsen, wie sie das Symbol umgibt, können sie die Qualität von Zeichen gewinnen, die über sich selbst hinaus auf anderes verweisen, die ein Mehr an Bedeutung erahnen lassen, als sie von sich aus mitbringen.

Konventionelle und „Ad-hoc-Symbole"

Es handelt sich dabei freilich um eine *Bedeutung*, die ihnen *nur im Bezugssystem des einzelnen Werks* zukommt und an dessen Grenzen wieder erlischt. In den „Leuten von Seldwyla" werden die Motive des Schmollens und des Lachens zum quasi symbolischen Ausdruck für eine bestimmte Lebenseinstellung, eine bestimmte Haltung, in der sich das Individuum in der Gesellschaft verortet, aber eben nur hier; außerhalb dieses Kontexts wird kaum jemand solche paradigmatischen Qualitäten in ihnen suchen. Das unterscheidet sie von einem konventionellen Symbol wie dem der Rose; da ist durch die Überlieferung dafür gesorgt, daß der Leser von sich aus auf den „Neben- und Hintergedanken" der Liebe kommt, ganz gleich, in welchem Zusammenhang er auf eine Rose trifft. Insofern sollte man Motive wie das Schmollen und Lachen vielleicht nicht mit dem Titel des Symbols beehren, sollte man sie besser Quasi- oder Ad-hoc-Symbole nennen. Jedenfalls sind sie grundsätzlich von konventionellen Symbolen zu unterscheiden. Der Unterschied teilt sich dem Leser meist auf den ersten Blick schon mit. Ad-hoc-Symbole sind in der Regel zugleich dunkler und lebhafter als konventionelle Symbole. Da ihre Bedeutung nicht durch überliefertes Bildungswissen sichergestellt ist, erschließt sie sich nicht so leicht – Dunkelheit – bedarf es einer besonders intensiven Aktivierung des Vorstellungsvermögens, um ihr nahezukommen – Lebhaftigkeit.

Daß ein Realist wie Keller eine Wahrnehmung mit „Neben- und Hintergedanken“ ablehnt, bedeutet übrigens nicht, daß der *„mundus symbolicus“ der Tradition* in seinem Werk überhaupt keine Rolle mehr spielen würde. Auch er hat sich immer einmal wieder aus dem Repertoire konventioneller Symbole bedient. Allerdings hat er sie im allgemeinen dadurch auf Distanz gestellt, daß er sie *an die Perspektive einer Figur, an eine bestimmte Mentalität, einen bestimmten kulturellen Horizont gebunden* hat. Als Realist nimmt er zur Kenntnis, daß Menschen nach wie vor sehr wohl mit „Neben- und Hintergedanken“ in die Welt blicken, aber er selbst sucht sich davon freizuhalten.

Ein „modernes Kulturbild“

Wie wir gehört haben, nennt Keller das „Verlorene Lachen“ ein „modernes Kulturbild“. In der Tat läßt seine Novelle kaum einen der Aspekte vermissen, unter denen die Modernisierung im 19. Jahrhundert Gestalt angenommen hat. Die Figuren bewegen sich in einer Gesellschaft, die nicht weniger in Bewegung ist als sie selbst, in der überall Altes und Neues miteinander ringen. Wir sehen, wie die Industrialisierung, der Kapitalismus und die Globalisierung voranschreiten und dabei überkommene Formen des Lebens und Arbeitens ins Abseits befördern, einschließlich der Menschen, die von dem gewohnten Leben nicht loskommen, wie sich die Demokratiebewegung allmählich Bahn bricht und über ihren wachsenden Erfolgen ihre Unschuld verliert und darüber mehr und mehr die Strahlkraft einer Utopie einbüßt und wie die Religion zwischen den Wissenschaften und den verschiedenen Ersatzreligionen um ihr Überleben ringt, und wir können verfolgen, was das alles für den Einzelnen und seine Welt- und Selbstverhältnisse bedeutet, wie er den Verlust äußerer und innerer Bindungen erlebt und wie er solche „Entwurzelung“ verwindet, ja sie dort, wo er sich ihr in der rechten Weise stellt, geradezu für seine Selbstverwirklichung fruchtbar macht.

4.2.1 Aufbau und Handlung

Die Hauptfiguren und ihre Namen

Vor diesem weitgespannten Horizont also ist die Geschichte vom „Verlorenen Lachen“ angesiedelt. Sie könnte übrigens ebensogut „Das wiedergefundene Lachen“ heißen, denn die beiden Hauptfiguren der Novelle, *Jukundus Meyenthal* und *Justine Glor*, verlieren das Lachen nicht nur, sondern gewinnen es am Ende auch wieder zurück. Wir befinden uns eben nicht mehr im Vormärz, wo der „Weltschmerz“ der Fluchtpunkt aller Perspektiven ist, sondern in der Epoche des Realismus, und da soll der „Weltschmerz“ nicht mehr das letzte Wort behalten.

Jukundus Meyenthal, Justine Glor – das sind natürlich *sprechende Namen*. „iucundus“ meint auf lateinisch „der Angenehme, Liebenswürdige, Beliebte“, und Justine ist eine Ableitung vom lateinischen „iustus“: „ehrlich, redlich, rechtschaffen“. Schon allein mit diesen Namen läßt Keller das *Verhältnis von Individuum und Gesellschaft* in den Blick des Lesers treten, denn beliebt sein kann man nur bei anderen, und redlich sein nur im Umgang mit diesen anderen. Ja mehr noch: es erhält so zugleich eine Wendung, in der es nicht mehr nur als ein schlichtes Verhältnis der Opposition, sondern als eines der Wechselwirkung begriffen wird, also in einer sehr viel anspruchsvolleren Form thematisiert wird. Sich als ein Jukundus, eine Justine zu verstehen, das heißt ja doch, sich als Individuum nicht allein aus sich heraus zu definieren, sondern auch, ja vordringlich über den Bezug zu den anderen, durch das Leben in Gesellschaft. Da ist nicht erst ein Individuum mit einer fertigen Identität, das sich dann in Interaktion mit einer Gesellschaft begibt, die von außen an es herantritt, sondern die Gesellschaft ist bereits an der Konstitution seiner Identität beteiligt, ist immer schon in ihm drin.

Und auch die Nachnamen sind sprechende Namen. Wer Meyenthal heißt, der mag sich als ein Mensch begreifen, der für ein Leben in der Idylle, in einem ewigen lachenden Frühling bestimmt ist und nicht mit irgendwelchen Herbst- oder Winterstürmen des Lebens zu rechnen hat. Und Glor gemahnt an lateinisch „gloria“: Ruhm, Ehre. In der Tat stammt Justine aus einer Familie, die in besonderem Maße auf ihr Ansehen bedacht ist, was ihre Ehe mit Jukundus von Anfang an einem erheblichen Erwartungsdruck aussetzt und sich überhaupt als eine schwere Hypothek für das eheliche Zusammenleben erweist.

Von der Liebes- zur Ehegeschichte

Von Jukundus Meyenthal und Justine Glor also wird im „Verlorenen Lachen" erzählt. Was wir von ihnen zu hören bekommen, ist nun weniger eine Liebesgeschichte, wie man sie von einer Novelle erwarten mag, als vielmehr die Geschichte einer Ehe. Zunächst sieht die Sache freilich noch anders aus. Denn im *ersten Kapitel* – die Novelle ist in vier Kapitel unterteilt – bekommen wir tatsächlich eine der allbekannten romantischen Liebesgeschichten geboten, eine der Geschichten, in denen geschildert wird, wie zwei einander kennen und lieben lernen, was sich ihrer Liebe an Hindernissen in den Weg stellt, wie sie diese kraft ihrer Liebe überwinden und wie sie schließlich in den Hafen der Ehe einlaufen.

Dann aber folgen drei lange Kapitel mit mehr oder weniger quälenden Szenen einer Ehe. Im *zweiten Kapitel* wird erzählt, wie Jukundus und Justine einen gemeinsamen Hausstand begründen und es mit dem Zusammenleben, mit dem Alltag zu zweien versuchen, wie sich dabei nach und nach allerlei Probleme bemerklich machen, die sie in der Brautzeit im Überschwang der Gefühle nicht haben wahrnehmen können oder wahrhaben wollen, Probleme, die sich immer mehr in ihrer Zweisamkeit breitmachen, so daß sie schließlich das Lachen verlieren, das sie zusammengeführt hat, und sich voneinander trennen. Das *dritte Kapitel* zeigt sie dann bei dem Versuch, für sich allein durchs Leben zu gehen. Daß keiner von beiden dabei sein Lachen zurückgewinnt, zeigt an, daß sie nicht wirklich voneinander loskommen, daß ihnen, wenn sie nicht vollends unglücklich werden wollen, nichts anderes übrigbleibt, als das, was an unerfreulichen Realitäten zwischen ihnen steht, anzugehen, so hart es sie ankommen mag. Das geschieht dann auch im *vierten Kapitel*, und mit der neuerlichen Vereinigung kehrt das verlorene Lachen zu ihnen zurück.

Die Ehe als Thema des Realismus

Schon daß hier nicht nur von der kurzen Zeit der Brautwerbung gehandelt wird, sondern auch und mehr noch von langen Jahren der Ehe, kennzeichnet das „Verlorene Lachen" als ein Unternehmen des Realismus. In der Geschichte der Literatur, zumal der älteren Literatur, begegnen wir sehr viel häufiger dem Fall, daß die Schicksale zweier Liebender nicht weiter als bis zu dem Punkt verfolgt werden, wo sie einander entweder kriegen – Happy end – oder nicht kriegen – Katastrophe. Damit ist dann alles erzählt, was des Erzählens wert ist; was danach kommt, ist nicht von Interesse. Natürlich finden sich auch hier Gegenbeispiele; das prominenteste, das freilich nicht zuletzt wegen seiner Ausnahmestellung so bekannt geworden ist, ist *Goethes* Eheroman *„Die Wahlverwandtschaften“*. Und natürlich hat sich auch ein Realist wie Keller noch des altbewährten Schemas bedient; man denke nur an „Romeo und Julia auf dem Dorfe“, wo das klassische Modell mit der Erinnerung an die Tragödie von Shakespeare bereits im Titel aufgerufen wird. Insgesamt aber nehmen die Versuche, den Zeitrahmen der Brautwerbung zu überschreiten, im Realismus deutlich zu. Die berühmtesten Beispiele dafür sind die Eheromane *„Madame Bovary“* (1857) des französischen Realisten *Gustave Flaubert* (1821–1880) und *„Effi Briest“* (1895) von *Theodor Fontane*.

Nach den Gründen für die Erweiterung der Liebes- zur Ehegeschichte braucht man nicht lange zu suchen. Es kann dem Realisten nicht genügen, wenn sich die Literatur immer nur wieder jenen Lebensabschnitt zwischen Jugend und Mannesalter vornimmt, der dem Wunsch nach Poesie vorzugsweise entgegenkommt, der als Zeit der Suche nach einem Platz im Leben und einem Partner fürs Leben in der Regel besonders viel an äußerer und innerer Bewegung, an körperlichen und seelischen Abenteuern der Kategorie „unerhörte Begebenheit“ zu bieten hat, der als heroische Zeit der Liebe sozusagen von Natur aus romantisch ist. Gerade als Realist muß er sich besonders für *die Liebe nach der Liebe* interessieren, also dafür, wie sich das Verhältnis entwickelt, nachdem die Liebenden zusammengefunden haben, wie sich ihre Liebe einen Platz in der Welt, im Zusammenleben mit den anderen, im gesellschaftlichen Umfeld sucht und wie sie diesen behauptet, wie sie sich im Alltag und auf die Dauer bewährt.

Ein neues Bild der Liebe

Das Spielfeld der Liebe verliert im Realismus also keineswegs an Interesse; es behält die Bedeutung, die es für die Literatur immer schon hatte: es bleibt *ein zentraler Schauplatz der Selbstverwirklichung*. Allerdings nimmt das Bild der Liebe nun andere Züge an, ebenso wie das der Selbstverwirklichung und das des Personseins überhaupt, um das es bei dem Thema Selbstverwirklichung ja letztlich geht. Der Realist ist der Überzeugung, daß die Menschheit inzwischen genug von einer *Liebe* gehört habe, *die die Welt überwindet* und die ihre weltüberwindende Kraft in spektakulären Happy ends und Katastrophen unter Beweis stellt. Nicht daß er eine solche Liebe geradezu als unmöglich begriffe – er hält sie nur für überschätzt und ihren schöngeistigen Kult geradezu für bedenklich, zu nichts anderem gut als Hirngespinste zu nähren, Illusionen, die den, der sich an ihnen das Hirn verbrennt, die Chancen versäumen lassen, die sich ihm im Leben wirklich bieten. Weit wichtiger und interessanter scheint ihm die Darstellung einer *Liebe, die in der Welt ankommt.*

Besonders mißtraut der Realist der Feier einer Liebe, die die Welt überwindet, wo sie sich auf die *romantische Opposition „Poesie des Herzens" – „Prosa der Verhältnisse"* gründet. Wer als Realist in die Welt blickt, der weiß, daß sich *„Poesie" nicht nur auf Seiten des „Herzens"* und *„Prosa" nicht nur auf Seiten der „Verhältnisse"* findet, daß auch hier mit einem komplizierten Geflecht von Wechselwirkungen zu rechnen ist. Deshalb kommt es ihm darauf an,

> daß einerseits die der gewöhnlichen Weltordnung zunächst widerstrebenden Charaktere das Echte und Substantielle in ihr anerkennen lernen, mit ihren Verhältnissen sich aussöhnen und wirksam in dieselben eintreten, andererseits aber von dem, was sie wirken und vollbringen, die prosaische Gestalt abstreifen und dadurch eine der Schönheit und Kunst verwandte und befreundete Wirklichkeit an die Stelle der vorgefundenen Prosa setzen.[84]

Ein Satz aus der *„Ästhetik" von Hegel,* aus den Passagen über den Roman, der wie auf Kellers „Verlorenes Lachen" gemünzt ist.

Eine Herausforderung für das Erzählen

Der Realist interessiert sich nicht so sehr für eine Liebe, die die Welt überwindet, als vielmehr für eine, die in der Welt ankommt. Deshalb erweitert er die Liebes- zur Ehegeschichte, legt er den Akzent auf die Liebe nach der Liebe. Damit aber stellt er sich eine Aufgabe, die nicht so leicht zu bewältigen ist, die schon allein erzähltechnisch eine gewaltige Herausforderung darstellt. *Mit dem Hinausgehen über die Phase der Brautwerbung entfällt* nämlich *die finale Grundspannung,* die sich aus der Frage ergibt, ob sich die Liebenden kriegen oder nicht. In der klassischen Liebesgeschichte fungiert diese als das große Ordnungsprinzip, das jedem Motiv, jeder Figur und jedem Handlungszug seinen Platz anweist – sind sie dem Zusammenkommen

84 Hegel: Ästhetik (Anm. 23), Bd. 15, S. 393.

der Liebenden förderlich oder hinderlich? – und es dem Leser leicht macht, das Ganze im Blick zu behalten, das dafür sorgt, daß er sich an keinem Punkt der Erzählung aus einem einzigen durchgängigen Spannungsbogen entlassen fühlt.

Mit solcher Spannung ist es zunächst einmal vorbei, wenn die Liebe in den Alltag der Ehe, die „Poesie des Herzens“ in die „Prosa der Verhältnisse“ hinein verfolgt wird, und der Autor muß sich etwas einfallen lassen, muß das Erzählen auf andere Weise, um andersgeartete Momente des Interesses herum organisieren, wenn er den Leser bei der Stange halten will. Einmal mehr gilt es, „das Gewöhnliche und jedem Naheliegende darzustellen, ohne gewöhnlich und platt oder langweilig zu sein“. Wie die Briefe Kellers zeigen, ist es aber gerade dies, was den Realisten am Schreiben reizt. Wenn die Literatur zu mehr taugen soll, als in den Menschen „Ideen“ und „Phantasien“ anzufüttern, die sie ihr eigenes Leben „verachten“ lehren, dann muß er es genau damit aufnehmen. Was könnte lohnender sein als der Versuch, *den Leser mit dem zu fesseln, was „jedem naheliegt“ und ihm deshalb „gewöhnlich“ scheint,* als die Möglichkeiten der Literatur zu nutzen, um ihn den Wert seines je eigenen, besonderen, insofern durchaus beschränkten, aber eben einmaligen sterblichen Lebens spüren zu lassen, unter wie „prosaischen“, „entfremdeten“ Verhältnissen auch immer er sich vorfinden mag!

Liebe im Spannungsfeld von Individuum und Gesellschaft

Niemand ist mit seiner Liebe allein auf der Welt. Nicht nur daß die Liebenden, jeder für sich und beide gemeinsam, in ein Netz von sozialen Beziehungen eingebunden sind – das Drumherum der anderen macht sich auch in dem intimen Raum bemerklich, in dem sie unter sich sind, ja im Inneren ihrer Liebe selbst. Das wird dem Leser gleich in der *ersten Szene des „Verlorenen Lachens“* mit großem Nachdruck nahegebracht. *Jukundus und Justine* begegnen einander nämlich zum ersten Mal auf einer Bühne, vor den Augen einer großen Menschenmenge. Was sie dort zusammenführt, ist das Eidgenössische Sängerfest, eines der großen Volksfeste der Schweiz. Jukundus betritt die Bühne als Fahnenträger der Seldwyler, die beim Wettsingen den ersten Preis errungen haben, und Justine als die Ehrenjungfrau, die ihm als Vertreter des siegreichen Gesangvereins den Kranz überreicht. Sie *werden* also *in eben dem Moment einander zum ersten Mal ansichtig, in dem sie eine Vielzahl von Menschen mit einem Blick umfaßt* und sie dabei, da sich an ihnen „das gleiche schöne Lachen" (KLS 526) zeigt, wie von selbst unter den Begriff des Paars bringt. Das allgemeine Wohlgefallen, das sich um sie herum breitmacht, trägt nicht wenig dazu bei, daß sie auch selbst Gefallen aneinander finden und sich ineinander verlieben.

Die Leute von Seldwyla

Bevor sie dann wirklich ein Paar werden, sind freilich zunächst die üblichen Hindernisse zu überwinden. Justine stammt aus einem reichen Hause, Jukundus hingegen aus prekären Verhältnissen. Während es den Glors gelungen ist, den Familienbesitz, eine alte Seidenweberei, zu einer prosperierenden modernen Textilfabrik auszubauen, zählen die Meyenthals zu den bürgerlichen Familien, die mit der Modernisierung nicht haben Schritt halten können und vom sozialen Abstieg bedroht sind. Denn anders als die Glors, die in Schwanau zu Hause sind, gehören sie nach Seldwyla, und das ist eine Stadt, in der fast alle ihr Schicksal teilen, ja die in der modernen Welt als ein einziges prekäres Verhältnis dasteht.

Seldwyla, der imaginäre Schauplatz nicht nur des „Verlorenen Lachens", sondern des gesamten Zyklus, wird von Keller zwar in der Schweiz angesiedelt, doch muß man sich alles aus dem Kopf schlagen, was man von der Schweiz zu wissen meint, wenn man dem Bild nahekommen will, das er von dieser Stadt zeichnet. Die Seldwyler sind nämlich Leute, denen alles Ordentliche, Diskret-Seriöse, Gediegene ein Graus ist, die *die Arbeit scheuen und das Leben lieben*. Wenn man sie läßt, treiben sie sich den ganzen Tag in den Gassen und Kneipen der Stadt herum, laufen überall zu, wo es was zu gaffen gibt, und werden nicht müde, sich darüber das Maul zu zerreißen. Ihre bevorzugte Form des Wirtschaftens ist eine äußerst moderne, eine, die, wie es scheint, inzwischen zum Standard der Weltwirtschaft geworden ist, die sie jedoch noch nicht so recht beherrschen: sie ziehen mit einem Minimum an Eigenkapital und einem Maximum an Krediten ein Geschäft auf, das sie, solange die Sache gutgeht, als Basis eines Lebens auf großem Fuße nutzen, um früher oder später mit ihm bankrott zu gehen und in Armut zu enden. Die hohe Kunst der Insolvenz beherrschen sie also noch nicht, denn dann wüßten sie, wie man einen Bankrott hinlegt, ohne darüber arm zu werden. Den nötigen Ernst zeigen sie eigentlich nur beim Feiern; da legen sie all die Tüchtigkeit, die Umsicht, Gründlichkeit und Ausdauer an den Tag, die sie überall sonst vermissen lassen. Deshalb gehen sie auch aus allen Sänger- und Schützenfesten als Sieger hervor.

Die Anbahnung der Ehe

Ganz so schlimm ist es allerdings um die Meyenthals nicht bestellt, denn die Mutter stammt von auswärts, und der Vater ist gestorben, bevor er nach Art der Seldwyler das Heiratsgut seiner Ehefrau verwirtschaften konnte. Der Eintritt von Jukundus ins Berufsleben verheißt jedoch wenig Gutes. Er weiß nicht, was er will, er versucht es mit verschiedenen Jobs, bei denen er es nicht aushält, und flüchtet sich schließlich unter das Dach des Militärs, in dessen wohlgeordneter, geradliniger Welt er sich für einen Seldwyler überraschend gut macht, ganz davon abgesehen, daß ihm die Uniform hervorragend steht. In Justine und Jukundus trifft also eine *junge Frau aus besten Verhältnissen* auf einen *jungen Mann mit unsicheren Aussichten.*

In der klassenbewußten Gesellschaft des 19. Jahrhunderts hat eine solche Liebe eigentlich keine Chance, doch versteht es die Mutter von Jukundus, dem Paar die Wege zu ebnen. Sie macht sich an Justines Mutter heran, und mit viel Penetranz und diplomatischem Geschick gelingt es ihr, diese auf ihre Seite zu ziehen. Ein hilfreicher Zufall kommt hinzu: Jukundus kann als ein in militärischen Dingen bewanderter junger Mann einen sogenannten Ehrenhandel schlichten, in den Justines Bruder verwickelt ist. Offenbar gibt es bei ihm doch gewisse Ansätze von Tüchtigkeit – so der Eindruck bei den Glors – vielleicht kann ja doch noch was aus ihm werden, wenn er auch ein Seldwyler ist. Und so erklärt man sich schließlich mit der Ehe einverstanden. Es bleiben freilich Fragezeichen, die wie ein Menetekel über dem jungen Glück schweben. *Jukundus hat sich Justine nicht aus eigener Kraft errungen*, die Mütter haben das arrangiert, das Glück ist ihm in den Schoß gefallen – wie wird er sich bewähren, wenn es wirklich einmal hart auf hart kommt und niemand da ist, der die Kastanien für ihn aus dem Feuer holt?

Jukundus als Geschäftsmann

Daß dieser Verdacht nur allzu berechtigt ist, zeigt das zweite Kapitel. Jukundus macht in Seldwyla eine Holzhandlung auf – im Prinzip eine gute Geschäftsidee, denn in Zeiten der Industrialisierung und des Eisenbahnbaus gibt es einen solchen Bedarf an Bauholz, daß die Geschäfte zunächst fast von alleine laufen. Doch bleibt nicht lange verborgen, daß Jukundus im Grunde kein Geschäftsmann ist. Und das liegt an nichts anderem als an seinem *Lachen*, oder vielmehr an dem, wofür dieses Lachen steht: an jener freundlichen Offenheit, die sich keines Args versieht und mit der er allen anderen begegnet. Aber natürlich, dort, „wo es ums Geld geht, da hört die Gemütlichkeit auf“ – so seinerzeit der Abgeordnete Windthorst in einer Etatdebatte des Deutschen Reichstags – da kann selbst der Liebenswürdigste nicht mehr unbesehen mit dem Wohlwollen der anderen rechnen. Jukundus sagt immer die Wahrheit und erwartet auch von den Geschäftspartnern nichts anderes, und dies nicht etwa aus Naivität oder mangelnder Vorsicht, sondern weil ihm die kleinkarierte Feilscherei zuwider ist, aus der der *Alltag des Geschäftsmanns* besteht, weil er sich nicht in ein ständiges Sich-bedeckt-halten-Müssen, in einen Verkehr mit Hintergedanken schicken mag. Das Ergebnis ist, daß er von den anderen als leichtgläubig eingestuft und bei jeder sich bietenden Gelegenheit übers Ohr gehauen wird.

Und nicht nur daß ihm die moralische Geschmeidigkeit abgeht, ohne die man offenbar in der Geschäftswelt der Moderne nicht bestehen kann – er begeht auch immer wieder den Fehler, der recht eigentlich die Todsünde des modernen Geschäftsmanns ist: er leistet sich eben dort *Anwandlungen von Gemeinsinn, wo die eigenen Geschäfte berührt sind.* Obwohl er an der „Baumschlächterei“ in den Bergen von Seldwyla gutes Geld verdient, erfüllt ihn der Raubbau an der Natur mehr und mehr mit Unbehagen und Scham, macht er sich aus ihm ein Gewissen – „Da ging es ihm durchs Herz, wie wenn er allein schuld wäre und das Gewissen des Landes in sich tragen müßte“ (KLS 552) – der uns wohlvertraute Konflikt zwischen Ökonomie und Ökologie, der so alt ist wie die Moderne.

Als die Gemeinde in ihrer chronischen Finanznot die Hand nach einer tausendjährigen Eiche ausstreckt, versucht sie Jukundus zu retten, weil es „dem Gemeinwesen (gut) anstehen würde, solche Zeugen der Vergangenheit als Landesschmuck bestehen zu lassen“ (KLS 545). Da bei einer klammen Kommune, wenn sie erst einmal die Witterung von Cash aufgenommen hat, auf kein Einsehen mehr zu hoffen ist, kauft er sie schließlich selbst – und ruiniert damit vollends sein Renommee als Geschäftsmann: dem scheint es ja nicht aufs Geld anzukommen, der scheint es ja nicht nötig zu haben! Und so dauert es nicht mehr lange, bis er sein Unternehmen liquidieren muß. *Es ist also gerade der Gemeinsinn, der Jukundus ins soziale Abseits befördert, ein Gemeinsinn freilich, der sich nicht auf die Realität*, auf das reale „Gemeinwesen“ und die realen Menschen *bezieht*, mit denen er zu tun hat, *sondern auf eine romantisch-ideale Vorstellung von Gemeinschaft* – das exakte Gegenstück zu dem Lachen, das ihn als Individuum auszeichnet.

Die Liebe in der Krise der Selbständigkeit

Der erste Versuch von Jukundus, auf die eigenen Füße zu kommen, ist mithin gescheitert – was tun? Er läßt sich von Justine überreden, mit ihr in ihre Heimatstadt Schwanau zu ziehen und in das elterliche Unternehmen einzutreten, aber das macht alles nur noch schlimmer. Denn er ist nun von anderen abhängig, und dies um so mehr, als er auch in der neuen Funktion der schlechte Geschäftsmann bleibt, der er war. Als Ehemann von Justine behandelt man ihn natürlich mit Schonung, aber für ihn heißt das nichts anderes, als daß er nicht mehr für voll genommen wird, daß er nur noch als Prinzgemahl der reichen Erbin zählt, und darüber gerät sein Selbstwertgefühl in eine schwere Krise. Er zieht sich mehr und mehr von den Geschäften, von den anderen Menschen und selbst von der geliebten Justine zurück, da er ihr mit seinem angeschlagenen „Selbstbewußtsein“ nicht mehr in die Augen sehen kann – wie soll man eine Liebe aushalten, bei der man daran zweifelt, daß man ihrer wert ist! – und flüchtet sich zu den Großeltern Glor, die in einem alten Bauerngut auf der Höhe über der Stadt, in hinreichender Distanz zur „neuen Zeit“, ein Leben im Stil der „Patriarchen“ führen. In deren vormodern-traditionaler Wirtschaft kann er sich bald unentbehrlich machen; mit den überschaubaren Verhältnissen und Aufgaben, die er hier vorfindet, kommt er zurecht. Der Rückzug zu den Alten ist im Grunde ein *Ausweichen vor der modernen Welt*, eine Flucht vor Verhältnissen, in denen offenbar für „unpraktische, aber liebenswürdige“ (KLS 552) Menschen, wie er einer ist, kein Platz mehr ist.

Flucht in die Religion

Da Justine in der leeren ehelichen Wohnung die Decke auf den Kopf fällt, beginnt sie, nach einem eigenen Betätigungsfeld Ausschau zu halten. Diese Suche kann sie, den Vorstellungen gemäß, die man im 19. Jahrhundert von der Rolle einer Frau aus gutbürgerlichen Kreisen hat, nur zur Kirche und zur Wohltätigkeit führen, und so gerät sie an die *Kirche von Schwanau* und ihren Pfarrer. Auf deren Schilderung verwendet Keller breiten Raum; es ist ihm offenbar ein Anliegen, sich im Rahmen seines „modernen Kulturbilds“ auch die Fragen noch einmal vorzulegen, die ihm in der Auseinandersetzung mit Feuerbach und dessen Religionskritik aufgegangen sind. Hat die Kirche, hat die Religion in der modernen Gesellschaft noch eine Bedeutung, taugt sie hier noch zu dem, was sie seit jeher für sich in Anspruch nimmt: den Menschen Orientierung zu geben, Orientierung vor allem in Sachen Moral, und damit ein sicheres Fundament für das soziale Leben zu legen?

Es zeigt sich, daß die Kirche selbst inzwischen verzweifelt um Orientierung ringt. In Schwanau setzt man dabei vor allem auf eine *romantische „Herzreligion"*, und das heißt: auf eine Religion, die ihr Heil *im Bündnis mit der Kunst* sucht. Damit läßt sich immerhin noch ein kultisches Leben, lassen sich Gottesdienste veranstalten, die ihre imposanten Momente haben, und zugleich kann man sich so ein modernes Ansehen geben. Und das ist dem Pfarrer äußerst wichtig; nichts scheint er mehr zu fürchten als den Ruf des Altmodischen, Überholten. In allen dogmatischen Fragen unsicher und unklar bis zur Zweideutigkeit – einer Zweideutigkeit freilich, die nicht nur von Hilflosigkeit, die auch von Raffinesse genährt wird – stützt er sich vor allem auf den „Wallungswert" (Gottfried Benn) der Kunst, auf deren Fähigkeit, die „Herzen" und „Gemüter" in Zustände der Schwärmerei und der „Erhebung" zu versetzen. So führt er seine Gemeinde in eine *Zwischenwelt zwischen Kunst und Religion*, wie man sie auch aus der Romantik kennt, eine Welt, in der man nie so recht weiß, ob man es mit Religion oder Kunstreligion, heteronomer oder autonomer Kunst zu tun hat, ob die Kunst die Religion oder die Religion die Kunst rechtfertigen soll – eine Ambivalenz, durch die nach dem Urteil des Realisten Keller beide gleich gründlich ruiniert werden.

Justine ist für das, was sie in der Kirche von Schwanau erlebt, zunächst Feuer und Flamme. Sie fühlt sich mit dem Ungenügen, das sie von zu Hause mitbringt, angenommen, kann sie sich hier doch einem bedeutungsschwangeren „Sehnen und Ahnden" überlassen, das zwar zu keinem greifbaren Ergebnis führt, das ihr aber gerade in seiner Unbestimmtheit eine bessere Zukunft verheißt. Und so sucht sie auch Jukundus in die Kirche von Schwanau zu ziehen; vielleicht kommt ihre Ehe darüber ja wieder in Ordnung. *Jukundus* ist und bleibt jedoch skeptisch; in religiösen Dingen ohnehin zur Freidenkerei neigend – was ihn freilich nicht daran hindert, der altväterisch schlichten Frömmigkeit der Großeltern mit Respekt zu begegnen – traut er dem ästhetisch aufgedonnerten Gewese nicht über den Weg. Zumal bei seiner eigenen Frau ist ihm die religiöse Schwärmerei mehr als unangenehm. Ein gemeinsames Gespräch mit dem Pfarrer von Schwanau führt zum offenen Bruch zwischen den Eheleuten. *Es ist also gerade die Religion, die doch das Zusammenleben der Menschen begründen will, was das Paar vollends auseinanderbringt.*

Zuspitzung und Lösung des Konflikts

Im folgenden – drittes Kapitel – begeben sich Jukundus und Justine dann auch äußerlich auf getrennte Wege. *Jukundus* verläßt Schwanau und zieht in die Hauptstadt, wo er eine Stelle als kleiner Angestellter annimmt, die er mit seinen Kräften auszufüllen vermag. Zugleich beginnt er, sich in der *Politik* zu engagieren; seinem Gemeinsinn kann der Bürojob alleine nicht genügen, und so entwickelt er sich zum Fähnleinführer nicht mehr nur eines Gesangvereins, sondern einer ausgewachsenen „Volksbewegung". Keller weist seinem Helden damit eine Rolle in der radikalliberalen Bewegung zu, die die Schweiz in den sechziger Jahren erfaßte und die unter anderem jene Kultur des Volksentscheids begründet hat, für die die Demokratie der Schweiz bis heute berühmt ist.

Während Jukundus für sich allein sein Lebensschifflein allmählich wieder flott bekommt, gerät das von *Justine* gleich von zwei Seiten in schweres Wasser. „(E)ine jener grimmigen Krisen von jenseits des Ozeanes", die „die ganze Handelswelt" in Mitleidenschaft ziehen (KLS 589) – eine der globalen *Wirtschaftskrisen*, wie sie typisch für den modernen Kapitalismus sind – erschüttert das Unternehmen ihrer Familie, und zugleich versinkt auch die Schwanauer *Kirche in der Krise*, bricht die Stütze weg, die sie in ihr zu haben glaubte. Es stellt sich nämlich heraus, daß der Pfarrer von Schwanau ein Spekulant ist, daß er nicht nur mit religiösen Ideen, sondern auch mit Aktien spekuliert hat, und zwar auf die gleiche unsaubere Weise, denn er hat dabei das Vermögen seiner Frau verzockt. Er muß die Kirche verlassen und beginnt ein Leben als Geschäftsmann, bei dem er dann eben die Geschäftstüchtigkeit, die Ausgebufftheit und kalte Zielstrebigkeit unter Beweis stellt, die Jukundus immer hat vermissen lassen. Justine muß ihrer religiösen Suche also eine neue Richtung geben, zumal ihre innere Unruhe angesichts der wirtschaftlichen Probleme in ihrem Elternhaus immer größer wird, und so gerät sie schließlich an eine

Sekte, die sich am Vorbild des Urchristentums orientiert. An diesem Punkt wird deutlich, daß auch Justine letztlich auf der *Flucht vor der modernen Welt* ist, nicht anders als Jukundus in der Phase, in der er sich zu den Großeltern zurückgezogen hat.

Jukundus ist allerdings inzwischen schon ein Stück weiter, hat begonnen, mit den *modernen Verhältnissen* seinen Frieden zu machen. Der erste Schritt dazu war, daß er innerlich akzeptierte, was man die *institutionelle Differenzierung* der modernen Gesellschaft nennt, also daß sich der Einzelne hier nicht mehr in einem einzigen umfassenden, durchgängigen Handlungsraum, sondern in einer Pluralität voneinander getrennter besonderer sozialer Bezugsfelder wiederfindet, in sozialen Räumen wie Familie, Arbeitswelt und politischer Öffentlichkeit, wo jeweils andere *Rollen* auf ihn zukommen, die ihm unterschiedliche Formen der Anpassung abverlangen, aber auch je andere Möglichkeiten der Selbstverwirklichung eröffnen. Da kann dann eben dasselbe Individuum ein kleiner Angestellter und der Wortführer einer „Volksbewegung“ sein und hier seinen individuellen Bedürfnissen, dort seinem Gemeinsinn frönen.

Was Jukundus die *Arbeit* und das *politische Engagement* an Befriedigung verschaffen, kann ihm freilich die *Liebe* zu Justine nicht ersetzen, und so sucht er nun auch von sich aus – viertes Kapitel – nach einer Möglichkeit, das eheliche Verhältnis wiederzubeleben. Die Gelegenheit dazu bietet sich bei einem zufälligen Zusammentreffen in dem abgeschiedenen Anwesen zweier für ihre Frömmigkeit berühmter Frauen, zweier Schwärmerinnen, die jener Sekte angehören. Dabei werden Jukundus und Justine dessen inne, daß sie beide gleichermaßen nichts sehnlicher wünschen, als wieder zusammenzusein, und so versuchen sie es im Lichte dessen, was sie inzwischen an bitteren Erfahrungen hinter sich gebracht haben, ein zweites Mal mit dem gemeinsamen Leben. Ihre Liebe ist endlich in der Welt, auf dem Boden der Realität angekommen.

4.2.2 Individuum und Gesellschaft

Das „Verlorene Lachen“ ist zunächst und vor allem eine Liebes- und Ehegeschichte, und das heißt: die Geschichte zweier Individuen und ihres besonderen Verhältnisses. Diese wird jedoch auf eine Weise erzählt, bei der ständig die *gesellschaftlichen Verhältnisse und geschichtlichen Prozesse* mit in den Blick treten, in die ihre Schicksale verwoben sind, und das nicht etwa nur nebenbei und in poetisch unbestimmten, vieldeutig bleibenden Wendungen, sondern als *etwas, das wesentlich zur Handlung mit dazugehört,* und mit sozialgeschichtlicher Tiefenschärfe. Es geht bei allem eben immer auch um das Verhältnis von Individuum und Gesellschaft, und es geht um dieses nicht so sehr in zeitloser Allgemeinheit als vielmehr im Blick auf die spezifischen Gegebenheiten der Moderne, so daß die Liebes- und Ehegeschichte nach und nach in der Tat die Züge eines „modernen Kulturbilds“ annimmt.

Schauplatzgestaltung im Realismus

Demgemäß ist der Schauplatz des „Verlorenen Lachens“ nicht jenes Überall und Nirgends, in dem die ältere Literatur so gerne ihre Geschichten angesiedelt hat, sondern die *Gesellschaft der Schweiz in einer bestimmten Phase ihrer geschichtlichen Entwicklung.* Und da kommt nicht einfach eine Hungersnot übers Land, sondern es wird von einer bestimmten Krise der Weltwirtschaft gehandelt, die bestimmte Folgen für bestimmte Industrien zeitigt. Da brechen nicht einfach kriegerische Unruhen aus, die das Leben der handelnden Figuren durcheinanderbringen, sondern es wird eine politische Bewegung der Zeit nach 1848 geschildert, die Revolte der Radikalliberalen, die der Schweiz die Verfassung von 1874 beschert hat. Da bekommen es nicht nur Fromme mit Lauen und Gleichgültigen zu tun, sondern es treffen bestimmte Formen von Religionskritik auf bestimmte Praktiken des religiösen Lebens, die religionsgeschichtlich und -soziologisch genau zu verorten sind.

Diese Art der Schauplatzgestaltung, dieser Darstellungsstil kennzeichnet nicht nur das „Verlorene Lachen“ und nicht nur das Werk von Keller – er ist typisch für die gesamte Bewegung des Realismus, einschließlich einiger ihrer Vorläufer wie Büchner und Immermann. *Die Literatur wird in einem Maße sozialgeschichtlich griffig, das man in früheren Epochen vergeblich sucht.* Wohl läßt sich auch die ältere Literatur als Zeuge der Sozialgeschichte befragen, doch muß man sich bei ihr die entsprechenden Befunde meist eigens erschließen, sei es, weil sie die Autoren im Namen der poetischen Allgemeingültigkeit verunklärt haben oder weil sie ihnen unbewußt in die Feder flossen, als etwas, das ihnen selbstverständlich schien, dessen geschichtliche Besonderheit ihnen selbst gar nicht aufging. Die Realisten hingegen versuchen nun vielfach mit großer Entschiedenheit, ihren Schauplätzen ein sozialgeschichtlich scharf umrissenes Profil zu geben. Darüber werden sie noch nicht zu Historikern und Soziologen; als Autoren von Literatur geht es ihnen ja nicht so sehr um das Faktische selbst als vielmehr darum, wie es von den Menschen erlebt und bewertet wird und wie es sie in ihren Schicksalen bestimmt. Doch nimmt der historische und soziologische Sachgehalt ihrer Texte auch so um ein Bedeutendes zu.

Der Grund dafür ist natürlich auch hier wieder die Modernisierung. Erst die Bewegung, die durch diese in die Gesellschaft gekommen ist, erst *die Allgegenwart und der allumfassende, durchgreifende Charakter des sozialen Wandels*, der von ihr ausgeht, haben erkennen lassen, in welchem Ausmaß die gesellschaftlichen Verhältnisse das Individuum und sein Leben bestimmen, ja was Gesellschaft überhaupt heißt. Demgemäß kann und will nun auch die Literatur nicht mehr vom Menschen und seinen Schicksalen handeln, ohne dem Verhältnis von Individuum und Gesellschaft die gebührende Beachtung zu zollen, ohne es bis in jene innersten Zonen hinein zu verfolgen, in denen sich Individualität konstituiert und um ihren ureigensten Ausdruck ringt.

Liebe und Gesellschaft

So kann sie denn selbst die Liebe nicht mehr als ein Geschehen begreifen, das wie ein Sterntaler vom Himmel fällt und um sich herum einen Raum der trauten Zweisamkeit erschafft, in dem das Individuum mit dem Rücken zur Gesellschaft Selbstverwirklichung betreiben kann. Jukundus und Justine lernen einander an einem Ort kennen, an dem die Gesellschaft so präsent ist wie kaum irgendwo sonst, auf der *Bühne eines Volksfests*, und das allgemeine Wohlwollen, das ihnen das Publikum als einem Paar entgegenbringt, läßt sie erstmals spüren, daß sie zusammengehören. Als Jukundus in der *Geschäftswelt* scheitert, hat das gravierende Folgen auch für seine Ehe; die Erschütterung seiner sozialen Position führt zu einer Schwächung seines Selbstbewußtseins, und diese wiederum unterminiert seine Liebe – als jemand, in dem die anderen allenfalls einen sympathischen Looser zu sehen vermögen, möchte er sich nicht geliebt wissen. Als Justine ihr Ungenügen an der Ehe in *kirchliche Zirkel* hineinträgt, die Jukundus der Scharlatanerie verdächtigt, wird dies zu einem besonders verderblichen Moment der Entfremdung zwischen den Gatten.

Und es ist kein historisch abstrakter Begriff von Gesellschaft, ist nicht das elementare anthropologische Faktum des Vergesellschaftetseins überhaupt, dessen Bedeutung für die Selbstverwirklichung in der Liebe auf solche Weise demonstriert wird; es ist die moderne Gesellschaft, die in diesem Sinne in den Blick gerückt wird, und zwar gerade mit dem, was an ihr spezifisch modern ist. Das zeigt sich darin besonders deutlich, daß sich sowohl Jukundus als auch Justine *in der Krise ihrer Liebe* auf die *Flucht vor der modernen Welt* begeben und vormoderne Lebensformen ansteuern, der eine die bäuerliche Lebenswelt und der andere gar ein Leben im Stil des Urchristentums. Beide scheinen sie ein Bewußtsein davon zu haben, daß die Bedrängnis, in die sie und ihre Liebe geraten sind, etwas mit den modernen Verhältnissen zu tun hat.

Die Festszenen des „Verlorenen Lachens“

Wie sich die Beziehung zweier Individuen gestaltet, ist wesentlich davon bestimmt, in welchen gesellschaftlichen Verhältnissen sie sich vorfinden und wie sich diese und sie mit ihnen entwickeln. Das ist einer der Grundgedanken, von denen aus Keller die Geschichte von Jukundus und Justine erzählt. Das Ergebnis ist eine *Handlung*, die in immer neuen Wendungen ein immer dichter werdendes Geflecht der Wechselwirkung von individuellem und sozialem Leben vor dem Leser ausbreitet. Damit dieser nicht den Überblick verliert, macht Keller von einem besonderen Kunstmittel Gebrauch: er läßt die Handlung am Anfang, in der Mitte und am Ende der Novelle in große, *tableauartige Szenen* auskristallisieren, in drei Festszenen, die aufs genaueste aufeinander zu komponiert sind und die mit dem, was sie an Äquivalenz- und Kontrastbeziehungen aufweisen, eine Zusammenschau des Entwicklungsgangs ermöglichen.

Von dem narrativen Umfeld heben sie sich zunächst dadurch ab, daß sie in sich abgerundete Szenen sind, in denen die Handlung stillsteht, und sodann dadurch, daß in ihnen gleichermaßen Feste geschildert werden; beides kann der Leser nur als Einladung zum Vergleich verstehen. Die *Situation des Fests* scheint Keller vor allem deshalb gewählt zu haben, weil sie der Ort einer unmittelbaren Begegnung von Individuum und Gesellschaft ist, weil sich der Einzelne in ihr inmitten einer Vielzahl von Menschen wiederfindet, in der ihm die Gesellschaft als Ganzes entgegentritt – auch wenn es sich dabei natürlich allenfalls um einen repräsentativen Ausschnitt handelt – und zwar auf eine sinnlich wahrnehmbare, handhaft konkrete Weise entgegentritt, weil er sich hier zugleich als Teil und Gegenüber der Gesellschaft erleben kann. In diese Richtung weisen jedenfalls die Überlegungen, die Keller in dem Aufsatz *„Am Mythenstein"* niedergelegt hat, einem Versuch, das Phänomen des Volksfests theoretisch zu durchdringen. Der sogenannte Mythenstein bezeichnet den Ort, an dem die Eidgenossen ihren Nationalhelden Wilhelm Tell feiern.

Die Art und Weise, wie die drei Festszenen aufeinander verweisen, läßt sich wohl am besten mit dem dialektischen Dreischritt *These – Antithese – Synthese* erläutern. In der ersten, der Eingangsszene wird ein Verhältnis von Individuum und Gesellschaft geschildert, das ganz im Zeichen des Lachens, mit Hegel zu reden: im Zeichen der *„Poesie des Herzens"* steht. In der zweiten, der mittleren Festszene wird das genaue Gegenteil zur Darstellung gebracht, ein Verhältnis, bei dem die *„Prosa der Verhältnisse"* der „Poesie des Herzens" den Garaus gemacht hat; in ihrer Mitte erblicken wir statt eines lachenden einen weinenden, vom „Weltschmerz" angefochtenen Jukundus. In der dritten, der finalen Festszene wird dann eine Art Ausgleich versucht, freilich nicht in Form eines faulen Kompromisses zwischen der „Poesie des Herzens" und der „Prosa der Verhältnisse", sondern in Gestalt eines Durchbruchs zur Haltung der *„Weltfrömmigkeit"*.

Die erste Festszene

Dem sei nun im einzelnen nachgegangen. Beginnen wir mit der schon mehrfach berührten Eingangsszene, dem *Eidgenössischen Sängerfest*. Wie es sich für ein solches Fest gehört, wird seine Schilderung mit einem Lied eröffnet, dem „Bannerlied", in dem der Vorfreude auf das Fest Ausdruck verliehen und das Institut des Volksfests gefeiert wird. Es endet mit den Versen:

Drum weilet, wo im Feierkleide
Ein rüstig Volk zum Feste geht
Und leis die feine Bannerseide
Hoch über ihm zum Himmel weht!
In Vaterlandes Saus und Brause,
Da ist die Freude sündenrein,
Und kehr nicht besser ich nach Hause,
So werd ich auch nicht schlechter sein.

Dieses Lied sang der Fahnenträger des Seldwyler Männerchores, welcher an einem prachtvollen Sommermorgen zum Sängerfeste wanderte. Nachdem die Herren am Abend vorher aufgebrochen und einen Teil des Weges auf der Schienenbahn befördert worden waren, hatten sie beschlossen, den Rest in der Morgenkühle zu Fuß zu machen, da es nur noch durch schöne Waldungen ging.

Schon breitete sich der glänzende See vor ihnen aus mit der bunt beflaggten Stadt am Ufer, als die sechzig bis siebzig jüngeren und älteren Männer des Vereines in zerstreuten Gruppen durch einen herrlichen Buchenwald hinabstiegen und das hinter den großen Stämmen wohnende Echo mit Jauchzen und einzelnen Liederstrophen widerhallen ließen, auch etwa einem weiterhin niedersteigenden Fähnlein antworteten.

Nur der allen vorausziehende Fahnenträger, ein schlank gewachsener junger Mann mit bildschönem Antlitz, sang sein Lied vollständig durch mit freudeheller und doch gemäßigter Baritonstimme. Geschmückt mit breiter reich gestickter Schärpe und stattlichem Federhut, trug er die ebenso reiche, schwere Seidenfahne, halb zusammengefaltet, über die Schulter gelegt, und deren goldene Spitze funkelte hin und wieder im grünen Schatten, wo die Strahlen der Morgensonne durch die Laubgewölbe drangen.

Als er nun sein Lied geendet, schaute er lächelnd zurück und man sah das schöne Gesicht in vollem Glücke strahlen, das ihm jeder gönnte, da ein eigentümlich angenehmes Lachen, wenn es sich zeigte, jeden für ihn gewann.

„Unser Jukundi", sagten die hinter ihm Gehenden zueinander, „wird wohl der schönste Fähnrich am Feste sein." Er führte nämlich den heiter klingenden Namen Jukundus Meyenthal und wurde mit allgemeiner Zärtlichkeit schlechtweg der Jukundi genannt. Es erwahrte sich auch die Hoffnung; denn als die Seldwyler, am Orte angekommen, sich zum Einzuge unter die langen Sängerscharen reihten, erregte seine Erscheinung, wo sie durchzogen, überall großes Wohlgefallen. (…)

(…) die Stunde der Preisverleihung kam. Das Gold der Nachmittagssonne durchwebte den bis zum letzten Platz angefüllten Festbau, welcher mit rotem Tuch und Grün ausgeschlagen, mit vielen Fahnen geschmückt, in feierlichem Glanze wie zu schwimmen schien. Auf erhöhter Stelle, wo die zu Preisen und Festgeschenken bestimmten Schalen und Hörner in Gold und Silber leuchteten, saßen einige Jungfrauen, auserwählt die Kränze an die gekrönten Sängerfahnen zu binden.

Oder vielmehr dienten sie der schönsten und größten unter ihnen zum Geleit, der schönen Justine Glor von Schwanau, welche sich mit vieler Mühe hatte erbeten lassen, das Anbinden der Kränze zu übernehmen. Sie sah auch aus wie eine Muse; im reichgelockten braunen Haar trug sie einen frischen Rosenkranz und das weiße Gewand rot gegürtet.

Aller Augen hafteten an ihr, als sie sich erhob und den ersten Kranz ergriff, welcher soeben den Seldwylern unter Trometen- und Paukenschall zugesprochen worden war. Zugleich sah man aber auch den Jukundus, der unversehens mit seiner Fahne vor ihr stand und in frohem Glücke lachte. Da strahlte wie ein Widerschein das gleiche schöne Lachen, wie es ihm eigen, vom Gesichte der Kranzspenderin, und es zeigte sich, daß beide Wesen aus der gleichen Heimat stammten, aus welcher die mit diesem Lachen Begabten kommen. Da jedes von ihnen sich seiner Eigenschaft wohl mehr oder weniger bewußt war und sie nun am andern sah, auch das Volk umher die Erscheinung überrascht wahrnahm, so erröteten beide, nicht ohne sich wiederholt anzublicken, während der Kranz angeheftet wurde. (…)

Sie trafen sich auch am nächsten Morgen als gute Bekannte auf einem großen beflaggten Dampfboote, welches die Festregierung mit einer Zahl eingeladener Verdienst- und Ehrenpersonen und auswärtiger Freunde zu einer Lustfahrt den See entlang tragen sollte. Ein wolkenloser Himmel breitete sich über Wasser, Land und Gebirge und öffnete die letzten Quellen edler Freude, welche noch verschlossen sein konnten. Das Schiff durchfurchte das tiefgrüne kristallene Wasser, bald von den Klängen guter Musik getragen, bald von Liedern umtönt. Von den blühenden Ortschaften an den weithin sich ziehenden Ufern rechts und links schallten Grüße und winkten Fahnen herüber, und mit Stolz wies man den Gästen das wohlbebaute Land, die reichen Wohnsitze und Ortschaften. Ein stattlicher Kranz von Frauen saß auf erhöhtem Platze des Schiffes, unter ihnen Justine Glor in schöner einfacher Modekleidung, den Sonnenschirm in der Hand, so daß Jukundus, als er in seiner Fahnenträgertracht grüßend vor sie trat, überrascht von ihrem veränderten und fast noch feinern Aussehen, beinahe befangen wurde. (KLS 523–527)

Die Utopie des glücklichen Lebens

Es ist nicht zu übersehen: Keller malt hier schön in schön. Eine schöne Natur bei schönstem Wetter, „wohlbebautes Land", „reiche", „blühende Ortschaften", ein schön geschmückter Festplatz mit ebenso schön herausgeputzten Menschen, ein vielfältig buntes und zugleich wohlgeordnetes, um die Übung einer „schönen Kunst" zentriertes Festgetriebe mit zwei schönen jungen Leuten in seiner Mitte, und das alles in einer Atmosphäre des „Wohlgefallens", der „edlen Freude" und des „frohen Glücks" – da wird offenbar ein Ideal, eine Utopie beschworen. Es ist die Vorstellung von einer Welt, in der alle Kämpfe des Daseins, alles Ringen mit den Naturgewalten und alle gesellschaftlichen Kontroversen ausgestanden wären und zumal der Konflikt zwischen Anpassung und Selbstverwirklichung an sein Ende gekommen wäre, in der *der Mensch im Einklang mit der Natur, mit der Gesellschaft, mit dem Nebenmenschen und mit sich selbst* leben würde, mit einem Wort: in der er glücklich sein könnte.

Diese Vorstellung ist so alt wie die Welt, und sie ist seit jeher aufs engste mit der *Festkultur* und mit den Künsten verbunden. Das Fest ist der Versuch, die Utopie des glücklichen Lebens wenigstens zeitweise Realität werden zu lassen. Das gilt übrigens bis heute. Man denke nur an festliche Events wie Münchner Oktoberfest und Dorfkirmes, Kirchentag und Salzburger Festspiele, Fußballspiel und Rockkonzert; auch da sucht der Einzelne noch immer und womöglich mehr denn je eine Situation, in der er des Kampfs ums Dasein, insbesondere des leidigen Konflikts von Anpassung und Selbstverwirklichung überhoben wäre, in der er in der Menschheit aufgehen, sich als der, der er ist, von den vielen aufgenommen, angenommen und mitgenommen fühlen könnte. Und auch da kommt der *Musik* eine tragende Rolle zu, nicht anders als bei Kellers Sängerfest; auch da bewährt sie sich noch immer als Medium des Gemeinschaftsgefühls, als Möglichkeit, „in Gemeinschaft (sein) Herz aus(zu)singen" (KLS 572). Und bis heute gilt wohl auch: nichts leichter, als sich unter solchen Umständen zu verlieben.

Freilich, was immer sich bei einem Fest an Momenten der Liebe und des Glücks einstellen mag, verdankt sich einer *Ausnahmesituation*, in der der „Ernst des Lebens", der den Alltag regiert, außer Kraft gesetzt ist und die „Heiterkeit der Kunst" (Schiller) obwaltet. Und es ist noch sehr die Frage, ob solche beglückenden Erfahrungen bei der *Rückkehr in den Alltag* mitgenommen werden können, ob sie sich wirklich als Verheißung eines besseren Lebens bewahrheiten, oder ob sich ihre Bedeutung darin erschöpft, ein unbefriedigendes Leben zeitweise vergessen zu machen. Denn die Frage des glücklichen Lebens entscheidet sich im Alltag.

Von der ersten zur zweiten Festszene

So jedenfalls sieht ein Realist wie Keller die Dinge. Und so hat er die Szene, in der er den Menschheitstraum vom Ineinander-Aufgehen von Natur und Gesellschaft, Gesellschaft und Individuum beschwört, an den Anfang der Novelle gestellt, als Folie, vor der er den „Ernst des Lebens“ eintreten lassen und *das Ideal auf die Probe des Alltags stellen* kann. In der nächsten großen Festszene wird dann das Ergebnis dieser Probe präsentiert, oder vielmehr ein erstes Zwischenergebnis, denn das Bild, das in ihr gezeichnet wird, wird ja durch die dritte, die finale Festszene noch einmal korrigiert. Es ist eine durch und durch niederschmetternde Bilanz. Jukundus und Justine haben die Erfahrung machen müssen, daß es in den Bereichen des gesellschaftlichen Lebens, auf die es wirklich ankommt, in der Arbeits- und Geschäftswelt, im Ehe- und Familienleben, im kirchlich-religiösen Leben und in der Politik, ganz anders zugeht als bei einem Sängerfest und daß sie mit ihrem Lachen schlecht für diese andere Seite des Lebens gerüstet waren, eine Seite, die nun eben durch die zweite Festszene in komprimierter Form ins Bild gerückt wird.

Kritik an der Revolutionsromantik

Die Szene schließt sich unmittelbar an die Passagen an, in denen die Zeit von Jukundus' politischem Engagement geschildert wird. In dem Moment, in dem sich der Erfolg der revolutionären „Volksbewegung“ abzeichnet, an der er sich als einer ihrer „Häuptlinge“ beteiligt hat, fällt der Blick noch einmal auf das *Fußvolk der Revolution*. Dabei handelt es sich keineswegs, wie es einem populären Vorurteil entspricht und wie auch Jukundus allzu lange glauben will, um den besseren Teil der Menschheit, um lauter Idealisten, die selbstlos für das Gemeinwohl eintreten, sondern um die Mißvergnügten, die *ewigen „Schmoller“*, die Zu-kurz-Gekommenen und Unzufriedenen, die die Schuld an ihrer gedrückten Lage nie bei sich, sondern immer bei anderen suchen und alle, die mehr hinbekommen als sie und denen es besser geht, mit ihrer Scheelsucht und ihren Verdächtigungen verfolgen. Ihr Anteil an der Revolution besteht eben darin, daß sie mit diesem ihrem Mißvergnügen eine Stimmung erzeugen, die es erlaubt, die überkommenen Verhältnisse und ihre Exponenten in Bausch und Bogen zu verdammen und sie anzugehen, ohne sich lange mit Subtilitäten aufzuhalten.

Hier versucht Keller mit einer Spielart der Romantik aufzuräumen, die sich besonders hartnäckig gehalten hat: mit der Revolutionsromantik, so wie vor ihm etwa schon Büchner im „Danton“. Für ihn ist der Glaube, eine Revolution sei ein Aufstand der Guten gegen die Bösen, auch nur eine romantische Illusion. Das hindert ihn freilich nicht daran, das Ergebnis der radikalliberalen Bewegung der sechziger Jahre, „die Staatsveränderung (Verfassungsänderung) und die Erweiterung der Freiheit“ (KLS 580), insgesamt gutzuheißen. Als Liberaler ist er offensichtlich von dem auf *Adam Smith* zurückgehenden Gedanken der *„unsichtbaren Hand“* überzeugt, also davon, daß „private vices“ zu „public benefits“ zu werden vermögen, daß Handlungen, die aus egoistischen Motiven heraus entspringen, durchaus zur öffentlichen Wohlfahrt beitragen können.

Zweite und erste Festszene

Wie dem auch sei – jedenfalls läßt er seinem Helden das Schicksal jener Mißvergnügten schwer auf die Seele fallen. Als Jukundus erkennt, daß der Erfolg der „Volksbewegung“ den größten Teil seiner Mitstreiter in eben die Bedeutungslosigkeit zurückbefördern wird, aus der sie die revolutionäre Situation für kurze Zeit erlöst hat, überfällt ihn „neues Mitleiden mit den armen Propheten“, und so entschließt er sich, ein „Festmahl“ für sie auszurichten (KLS 583), bei dem sie sich noch einmal ihres Erfolgs freuen und den Katzenjammer verwinden können, der auf Revolutionen zu folgen pflegt. Daß er bis zuletzt nicht wahrhaben will, mit welch problematischen Existenzen er sich da eingelassen hat – ein letzter Rest jener Einstellung, für die das Lachen steht – beschert ihm eine der bittersten Stunden seines Lebens.

Denn das *„Festmahl“ der Revolutionäre* gestaltet sich in allem zum genauen *Gegenteil des Sängerfests*. Das beginnt bereits mit dem Schauplatz: man versammelt sich nicht in der freien Natur und auf einem schön geschmückten Festgelände, sondern in einer düsteren, verräucherten Kaschemme, in der nichts von Natur und blühenden Landschaften zu sehen ist. Und da macht sich kein fröhliches Festgetriebe breit, sondern ein von latenter Aggressivität unterhaltenes Tohuwabohu, das immer wieder in eine Schlägerei auszuarten droht. Gesangsversuche führen nur zu schrillen Mißklängen. So wird Jukundus hier alles andere zuteil als ein neuerliches Erlebnis des Aufgehens in der Menge; er fühlt sich mehr und mehr auf sich selbst zurückgeworfen, sieht sich mitsamt seinem Gemeinsinn in der totalen Isolation ankommen. Da ist nichts mehr von einem Einklang mit der Natur, der Gesellschaft, dem Nebenmenschen und mit sich selbst – das Unglück scheint vollkommen.

Der Kontrast zur ersten Festszene fällt um so mehr ins Auge, als die Erinnerung an sie allgegenwärtig ist, in Gestalt einer Bildtapete, mit der das Lokal ausgekleidet ist und in der eben die idealisch-schönen, harmonischen Verhältnisse, denen man sich seinerzeit so nahe fühlte, mit der Überdeutlichkeit naiver Tapetenmalerei abgebildet sind. Am Schluß wird dann auch ausdrücklich an das Sängerfest erinnert: ein stimmloser Greis versucht sich mit krächzenden Lauten an der letzten Strophe des Bannerlieds, und vor Jukundus' innerem Auge steigt der Moment wieder auf, in dem er Justine zum ersten Mal begegnet ist.

Erst jetzt, am absoluten *Tiefpunkt seines sozialen Lebens*, da er zum ersten Mal das bittere Gefühl zu schmecken bekommt, mitten unter Menschen und doch völlig allein zu sein, wird er sich dessen wirklich bewußt, was ihm mit Justine und ihrer Liebe verlorenzugehen droht. Und so wird der Tiefpunkt der zweiten Festszene zum *Wendepunkt in der Beziehung der Eheleute*. Eben das Ringen um einen Platz in der Gesellschaft, eben der Kampf ums Dasein, durch den ihre Liebe in Bedrängnis geraten ist, läßt diese nun in einem Licht erscheinen, in dem sie ihren ganzen Wert offenbart: wenn sich all die Krisen und Anfechtungen des sozialen Lebens überhaupt bestehen lassen, dann allenfalls mit einem geliebten Menschen an seiner Seite! Das aber heißt nichts anderes, als daß die Liebe selbst nun einen anderen Charakter gewinnt, daß sie aus dem Himmel wohlfeiler romantischer Ideen und Empfindungen niedersteigt auf die Erde, um ihre Kraft im Kampf mit den Realitäten des Lebens zu erproben.

> Verkommene Winkeladvokaten, ungetreue und bestrafte kleine Amtsleute, betrügerische Agenten, müßiggängerische Kaufleute und Bankerottierer, verkannte Witzlinge und Sandführer verschiedener Art saßen um ihn (Jukundus) geschart und jubelten und sangen, als ob das tausendjährige Reich da wäre. Aber je lustiger sie wurden, desto ernster sah Jukundus aus, und nicht das leiseste Lächeln überflog sein trauriges Gesicht; er gedachte der Tage, wo er auch froh gewesen und harmlos sich des Lebens gefreut, und alles war dahin!
>
> Als nun der Wein den fröhlichen Gesellen immer mehr die Zungen löste und die Besonnenheit ersterben ließ, fingen sie an, ihre Schicksale und Taten zu besprechen und das Unrecht zu erzählen, das sie erduldet. Es erhob sich jedoch da oder dort ein Widerspruch des einen gegen den

andern oder die Auflehnung eines dritten, die Einsprache eines vierten, die nähere Erläuterung eines fünften, woraus ein wirrer Lärm gegenseitiger Vorwürfe und Anschuldigungen wurde und für den unbefangenen Zuhörer sich ergab, daß es sich um ein ziemlich ausgebreitetes und verknotetes Gewebe von geringen, wenig rühmlichen Verrichtungen handelte, wegen welcher alle sich gegenseitig die ausgezeichnetsten Spitzbuben schalten, und zwar in einer so künstlichen Durch- und Überkreuzung, daß, wenn man, etwa nach Art der Chladnischen Klangfiguren, ein sichtbares Bild davon hätte machen können, dieses die schönste Brüsseler Spitzenarbeit dargestellt hätte oder das zierlichste Genueser Silberfiligran, so wunderbar und mannigfaltig sind Gottes Werke.

Jukundus bemühte sich, zuerst aus Liebe, dann von Verwunderung bewegt, das Gewebe zu verstehen und zu entwirren, und sein Gesicht wurde immer ernsthafter, je deutlicher und gewisser ihm seine abermalige Leichtgläubigkeit wurde. Als das bedenkliche Kreuzgespräch immer lauter und drohender wurde und an verschiedenen Punkten in Tätlichkeiten überging, so daß mehrere Paare sich schon an den Kehlen gepackt hielten oder sich an den Bärten zerrten, immer hinter dem Tische sitzend, schritt der kundige Wirt mit einem sicheren Mittel ein, den ausbrechenden Sturm zu beschwören. Er besetzte hurtig den Tisch mit einem bereit gehaltenen zweiten Essen, welches aus groben, aber reichlichen Salatspeisen bestand, gemacht von Ochsenfüßen, von Bohnen, Kartoffeln, Zwiebeln, Heringen und Käse. Kaum erblickten die Streitenden diese Erquickungen, so beruhigten sie sich und letzten sich in tiefstem Schweigen, welches nicht eher gebrochen wurde als bis alles aufgezehrt war.

Dann aber erfolgte eine feierliche allgemeine Versöhnung, wie nach einem geistlichen Liebesmahl, und alle beklagten die Torheit, sich dergestalt einander selbst angefallen zu haben, während Eintracht so not tue. Viel besser und zweckmäßiger wäre, hieß es, wieder einmal über einen Volksfeind und Unterdrücker Gericht zu halten und eine lustige Jagd nach einem solchen einzuleiten. Noch mancher laufe ungebeugt und trotzig herum oder halte sich geduckt in der Meinung, daß das Wetter an ihm vorübergehe. Allein Zeit sei es, ihn jetzt hervorzuziehen, und Zeit sei es, den Schrecken zu erneuern.

Ein solches Vorgehen wurde im Grundsatz beschlossen und sodann zur Benennung der einzelnen Opfer geschritten, welche um Glück und Ehre gebracht werden sollten. Es waren bald zwei oder drei Namen solcher

Personen gekürt, welche diesem oder jenem aus der Gesellschaft einmal in den Weg getreten und deshalb von ihm gehaßt waren. (...)

(Schließlich waren) die Herren (...) der ernsteren Arbeit müde und wieder mehr zum Singen gereizt, und sie sangen mit hoher Stimme die ersten Verse aller ihnen bekannten Lieder.

Der Saal, in welchem sie sich befanden, war groß, aber sehr niedrig und mehr dunkel als hell, und seltsam verziert. Denn der Wirt hatte aus einem größern Hause eine abgelegte Tapete gekauft und seinen Saal damit austapeziert.

Dieselbe stellte eine großmächtige und zusammenhängende Schweizerlandschaft vor, welche um sämtliche vier Wände herumlief und die Gebirgswelt darstellte mit Schneespitzen, Alpen, Wasserfällen und Seen. Da aber der Saal, für welchen dieses prächtige Tapetenwerk früher bestimmt gewesen, um die Hälfte höher war als der Raum, in welchen es jetzt verpflanzt worden, so hatte zugleich die Decke damit bekleidet werden können, also daß die gewaltigen Bergriesen, nämlich die Jungfrau, der Mönch, der Eiger und das Wetterhorn, das Schreck- und das Finsteraarhorn, sich in ihrer halben Höhe umbogen und ihre schneeigen Häupter an der Mitte der niedrigen Zimmerdecke zusammenstießen, wo sie jedoch von Dunst und Lampenruß etwas verdüstert waren. An der Wand hingegen thronten die grünen Alpen, mit roten und weißen Kühen besäet, weiter unten leuchteten die blauen Seen, Schiffe fuhren darauf mit bunten Wimpeln, auf Gasthofterrassen sah man Herren und Damen spazieren in blauen Fräcken und gelben Röcken und mit altmodischen hohen Hüten. Auch standen Soldaten gereiht mit weißen Hosen und schönen Tschakkos; bei einer ganzen schnurgeraden Reihe war das linke rote Wänglein ein wenig neben die gehörige Stelle abgesetzt oder gedruckt durch den Tapetendrucker, was der kommandierende Oberst mit seinem großen Bogenhut und ausgestrecktem Arm eben zu mißbilligen schien; denn die halbwegs neben den leeren Backen stehenden roten Scheibchen waren anzusehen wie der aus der Mondscheibe tretende Erdschatten bei einer Mondfinsternis.

Auf dem ganzen gemalten Lande herum ging jedoch in der Höhe eines sitzenden Mannes eine dunkle Beschmutzung von den fettigen Köpfen der Stammgäste, die sich im Laufe der Zeit schon daran gerieben hatten.

Plötzlich entdeckte ein bleicher Genosse, der vorzugsweise als der Idealist bezeichnet wurde, das gemalte nächtliche Tapetenvaterland und benutzte es sofort zu einem feurigen Trinkspruche auf das herrliche, teure, das schöne Vaterland, das den Verein wackerer Eidgenossen hier so recht als engere Heimat umschließe. Und da auch diese Armen im Geiste und an Glück das Vaterland liebten, so fand er einen lauten Widerhall und es wurden alle bekannten Vaterlandslieder angestimmt. Nur einige ungerührte Gesellen machten sich nichts daraus und schleuderten, da sie eben Heringe aßen, die Heringsseelen geschickt an die ewigen Eisfirnen empor, die über ihren Häuptern hingen, daß jene dort kleben blieben.

Hierüber murrten die andern und der ideale Redner verwies den Übeltätern ihre gemeine Gesinnung und rief, sie hätten ihre eigenen Heringsseelen dem Vaterlande ins Angesicht geschleudert und die reinen Alpenfirnen beschmutzt. Doch jene lachten nur und riefen: „Selbst Heringsseelen!“ so daß es abermals Streit und Lärmen gab.

Jukundus legte die Arme auf den Tisch und den Kopf darauf und seufzte tief.

Jetzt ertönte mitten in dem Tumult die dünne Fistelstimme eines gewesenen Gemeindesäckelmeisters, der vergeblich jenes Lied zu singen suchte, welches Jukundus auf dem Wege zum Gesangsfeste durch den Wald gesungen hatte; endlich besann sich der Sänger auf die Schlußworte und kreischte in schrillem Tone:

In Vaterlandes Saus und Brause,
Da ist die Freude sündenrein,
Und kehr ich besser nicht nach Hause,
So werd ich auch nicht schlechter sein.

Da erinnerte sich Jukundus des schönen und glücklichen Tages, an dem er Justinen zum ersten Male gesehen hatte, und verbarg sein Gesicht noch tiefer, indem er mit Mühe bittere Tränen zurückhielt. (KLS 583–588)

Realistisches Erzählen

Halten wir, bevor wir von hier aus die dritte, die finale Festszene ins Auge fassen, einen Moment lang inne, um uns Rechenschaft von dem *Leseerlebnis* zu geben, das uns die Wirtshausszene vermittelt. Denn an ihr läßt sich besonders gut studieren, wie Keller erzählt, ja was realistisches Erzählen überhaupt heißt. Es ist eine höchst eigentümliche Erfahrung, die sie uns zuteil werden läßt. Obwohl in ihr *nur Unerfreuliches berichtet* wird, gestaltet sich ihre Lektüre alles andere als unangenehm. Der Held muß eine bedrückende Erfahrung nach der anderen machen, und der Leser mit ihm. Die Menschen, an die Jukundus geglaubt hat, zeigen sich ausnahmslos von der schlechtesten Seite, so daß er noch die letzten Illusionen verliert, die er sich über sie gemacht hat, und immer tiefer in seinem Elend versinkt. Ein Mißklang folgt auf den anderen, ein unschönes Detail reiht sich an das nächste – und *dennoch* will sich beim Leser das Gefühl des Abstoßenden, Häßlichen nicht einstellen, *bestimmen vergnügliche Aspekte die Lektüre*. Ja ist die zweite Festszene nicht überhaupt interessanter zu lesen als die erste, wo Keller, wie wir sagten, schön in schön malt? Ist man durch all die Harmonie und Schönheit, die er dort auffährt, nicht bald überfordert und fast ein wenig gelangweilt, jedenfalls solange man sie noch nicht zu dem in Beziehung setzen kann, was dann auf sie folgt?

Wir rühren hier an ein Moment, das man vielleicht das Geheimnis der großen Realisten nennen darf. Von Balzac, Dickens und Stifter bis hin zu Flaubert, Fontane und dem Russen Anton Tschechow (1860–1904), dem letzten in der langen Reihe, haben sie sich darauf verstanden, ihre Leser mit den bittersten Wahrheiten zu konfrontieren, ohne sie darüber in Bitternis versinken zu lassen, ja sie geradezu erfrischt und gestärkt, mit neu belebter Neugier und Lust auf das Leben aus der Lektüre hervorgehen zu lassen. Wie mag ihnen das gelungen sein?

Ästhetisierung des Häßlichen?

Die Zeitgenossen haben diese Frage zunächst mit einer *„Ästhetik des Häßlichen“* zu beantworten versucht – so der Titel einer Arbeit des Hegelianers *Karl Rosenkranz* (1805–1879) aus dem Jahr 1853. Da will man zeigen, daß die Kunst über Mittel und Wege verfüge, die es erlaubten, auch einen häßlichen Stoff, auch das „Gemeine“, „Kleinliche“, „Schwächliche“, „Niedrige“, „Gewöhnliche“, „Rohe“, „Widrige“, „Plumpe“, „Scheußliche“, „Abgeschmackte“, „Ekelhafte“, „Böse“, „Verbrecherische“, „Diabolische“[85] so darzustellen, daß sich beim Publikum Vorstellungen vom Wahren, Guten und Schönen bilden müßten. Dabei geht man im allgemeinen von dem Gedanken aus, daß wir, um etwas als häßlich, als Bosheit oder als Lüge empfinden zu können, bereits Begriffe von dem haben müßten, was schön, gut und wahr ist, und daß nichts besser geeignet sei, die entsprechenden

85 Karl Rosenkranz: Ästhetik des Häßlichen. ND Darmstadt 1973, S. XIII–XIV.

Ideen in uns zu entwickeln und zu befestigen, als die Konfrontation mit ihrem Gegenteil.

Es darf aber wohl bezweifelt werden, daß das Problem damit geklärt ist. Ist es wirklich so, daß dem Leser bei der Lektüre eines Texts wie der Kellerschen Wirtshausszene die Begriffe des Wahren, Guten und Schönen immer klarer und eindringlicher vor Augen treten? Vollzieht sich nicht eher das Gegenteil, daß sie nämlich zur Nebensache werden, daß sie von anderen Eindrücken überlagert werden, etwa von solchen, die zum Lachen reizen oder zu sozialpsychologischen Betrachtungen anregen, und darüber mehr und mehr von ihrer Bedeutung und Prägnanz einbüßen? Wenn das aber richtig ist, dann muß es einen anderen Grund dafür geben, daß die Darstellung von so viel Häßlichem beim Leser keinen niederschmetternden Eindruck hinterläßt. Offensichtlich geschieht hier etwas, das sich die idealistische und die romantische Ästhetik und selbst die „Ästhetik des Häßlichen" noch nicht haben vorstellen können: *der Einbruch der „Prosa der Verhältnisse" in die „Poesie des Herzens" gewinnt selbst poetische Qualitäten*, Desillusionierung wird zur Poetisierung.

4.3 Realismus

4.3.1 Desillusionierung

Ein Ideal wird demontiert

Zu den bekanntesten Werken des Realismus gehören die Romane *„Illusions perdues"* („Verlorene Illusionen", 1837–1839) von *Balzac*, *„Great Expectations"* („Große Erwartungen", 1861) von *Dickens* und *„L'éducation sentimentale"* („Lehrjahre des Herzens", 1870) von *Flaubert*. Die Realisten erzählen vor allem von „verlorenen Illusionen", von Menschen, die mit „großen Erwartungen" ins Leben treten und in schmerzhaften „Lehrjahren des Herzens" erfahren müssen, daß diese „Erwartungen" an der Realität vorbeigehen.

Eine solche Desillusionierungsgeschichte ist auch Kellers „Verlorenes Lachen", jedenfalls zunächst, in den ersten drei Kapiteln; auf welche Weise und in welchem Sinne, zeigt sich in der *Wirtshausszene*. Desillusionierung heißt hier: ein Ideal wird demontiert. Im vorliegenden Fall geht es um die *ideale Vorstellung vom Gemeinwesen*, von der sich der „Gemeinsinn" und das politische Engagement des Helden speisen, und damit um nichts weniger als um das Ideal aller Ideale, um die Vorstellung von einer wohlgeordneten, schönen Welt, in der der Mensch im Einklang mit der Natur, mit der Gesellschaft und mit sich selbst leben könnte. Wie wir gesehen haben, wird dieses Ideal in Gestalt einer *Bildtapete* mit einer „großmächtigen und zusammenhängenden Schweizerlandschaft" in die Szene eingeholt. Und damit dem Leser nicht entgeht, daß mit ihr in der Tat ein Ideal gemeint ist, läßt Keller die Aufmerksamkeit der Festgesellschaft durch einen Festgenossen auf die Tapete lenken, der unter dem Spitznamen „der Idealist" firmiert.

Daß es mit einem solchen Ideal seine Probleme hat, zeigt sich bereits darin, daß die Bildtapete eigentlich nicht in den Saal des Wirtshauses paßt und nur in einer Form in ihm unterzubringen war, in der sie zur Karikatur entstellt worden ist: es ist nicht von dieser Welt, und es paßt nicht in diese Welt. Denn was bedeutet es den Menschen wirklich? Wenn sie sich überhaupt auf es einlassen, dann indem sie es passend machen, indem sie es sich für ihre Zwecke zurechtbiegen. Es ist etwas, an dem sie sich immerzu „reiben", mit dem Ergebnis, daß es mehr und mehr „beschmutzt" wird. Sprücheklopfer wie der „Idealist" lassen es gelegentlich in begeisterten Tönen hochleben, während es andere, davon gänzlich unbeeindruckt, zur Zielscheibe ihrer „Heringsseelen" machen, und so kriegt man sich über ihm einmal mehr in die Haare. *Der Wandel des Ideals unter den Menschen bewirkt das Gegenteil dessen, was sein Anspruch ist: man findet nicht durch es zusammen, sondern gerät über es in Streit.*

Kunst als Quelle von Illusionen

Die Wirtshausszene läßt nicht zuletzt auch dies erkennen, daß die *Auseinandersetzung des Realismus mit dem Idealismus* nur *als kritische Reflexion der Kunst auf sich selbst* zu führen war. Denn wo kommen die „großen Erwartungen" her, die dem Menschen so mühsame „Lehrjahre des Herzens" bescheren? Verdanken sie sich nicht wesentlich einer „schönen Kunst", die ihnen unentwegt Vorstellungen von idealer Schönheit und idealisch-schönen Verhältnissen nahebringt und sie mit ihrem *„schönen Schein"* dazu verführt, diese mit der Wirklichkeit zu verwechseln? Ist die Kunst in der Bildungswelt der Moderne nicht die eigentliche Quelle aller Illusionen, oder jedenfalls doch die Instanz, vor der sie den Anschein der Legitimität erhalten?

Dementsprechend lassen die Realisten ihre Protagonisten fast ausnahmslos eine Kindheit und Jugend durchleben, die durch die Begegnung mit Kunst und Literatur geprägt ist. In Balzacs „Verlorenen Illusionen“ und Flauberts „Lehrjahren des Herzens“ führt dies dazu, daß die *Helden* gleich ganz *als Möchtegern-Dichter* ins Leben treten; sie wollen leben wie in einem Gedicht, und sie wollen selbst dessen Dichter sein. Flauberts Madame Bovary erträumt sich ein Schicksal wie in einem der Liebesromane, mit deren Lektüre sie sich über ihr langweiliges Eheleben hinweghilft.

Auch im „Verlorenen Lachen“ ist der Held von Kunst umstellt, freilich nur von der Art von Kunst, wie sie bei Sängerfesten, in einem Wirtshaus und einer ästhetisch aufgemöbelten Kirche zu erleben ist, also von *volkstümlicher Kunst.* Damit läßt Keller erkennen, daß er mit seiner Kritik vor allem auf die romantische Kunst zielt, denn es war die Romantik, genauer: die Hochromantik, die die Kunst auf Volkstümlichkeit verpflichtete. Auch sein „Grüner Heinrich“ wächst mit romantisch-volkstümlicher Kunst auf, einschließlich der von der Romantik so sehr geschätzten Märchen und Sagen. In „Pankraz der Schmoller“ allerdings verbrennt sich der Held an einem Dichter das Hirn, der im 19. Jahrhundert in ganz anderen Sphären angesiedelt wird, der hier geradezu als der Inbegriff aller großen Kunst gilt: an *Shakespeare* (KLS 46–48). Kellers kritische Fragen gelten den Spitzen der Kunst nicht weniger als ihren populären Verwertern.

Kritik der Kunst mit Mitteln der Kunst

Und er trägt sie in jeder erdenklichen Form an den Leser heran, bald auf explizite und bald auf implizite Weise, bald mit drastischen und bald mit subtilen Mitteln. In der Wirtshausszene findet sich ein Beispiel für eine besonders fein gesponnene Form der Kritik. Die *Bildtapete* wird so zur Darstellung gebracht, daß sie das, was an ihr problematisch ist, an ihrer idealistischen Botschaft ebensowohl wie an den künstlerischen Mitteln, mit denen sie sie propagiert, an einer verräterischen Stelle selbst ausplaudert: die „roten Wänglein“ der auf ihr abgebildeten Soldaten sind „ein wenig neben die gehörige Stelle abgesetzt“, so daß die „roten Scheibchen“ „neben den leeren Backen“ zu stehen kommen „wie der aus der Mondscheibe tretende Erdschatten bei einer Mondfinsternis“. Die Bildtapete ist das *Produkt einer Kunst, deren Gewerbe die Schönfärberei ist*, die den Menschen „rote Wänglein“ anmalt, und die sich diesem Geschäft mit einer mechanischen Automatik hingibt, die auch gerne einmal über das Ziel hinausschießt. Das Ergebnis ist ein optisches Erlebnis, das das *Gefühl der Unwirklichkeit* aufkommen läßt, ein gespenstischer Anblick wie bei einer Mondfinsternis, hat es doch den Anschein, als würden sich die Schatten von den Dingen lösen und selbständig machen. Kann das der Weg der Kunst sein?

Realismus und „Schwärmerkur“

Mit alledem läßt der Realismus ein Projekt wiederaufleben, das bereits die *Aufklärung* des 18. Jahrhunderts beschäftigt hat: die Auseinandersetzung mit dem, was man seinerzeit „Schwärmerei“ nannte. Dabei dachte man zunächst vor allem an eine *religiöse Schwärmerei*, wie sie Justine bei der Sekte der neuen Urchristen erlebt, später dann an jede Form, in der sich die Phantasie mit Hilfe von „Kunst und Wissenschaft“ die Wirklichkeit gefügig zu machen sucht, insbesondere an eine *Liebesschwärmerei*, die sich an den großen Liebesgeschichten der Weltliteratur und den kleinen des populären Liebesromans entzündet. Allen, die von solchem Übel befallen sind, läßt die Literatur der Aufklärung eine „Schwärmerkur“ angedeihen, die sie nach Möglichkeit wieder auf den Boden der „Natur“ und zu sich selbst zurückbringt.[86]

Die Realisten des 19. Jahrhunderts kannten dieses Modell vor allem durch *Goethes „Wilhelm Meister“*. Denn auch Goethe läßt seinen Helden eine aufklärerische „Schwärmerkur“ durchlaufen; hier ist es vor allem die Begeisterung für das Theater, die aus dem Helden einen Schwärmer macht. Bis zum Auftreten der Realisten kamen dann allerdings etliche weitere Kandidaten für den Schwärmer-Diskurs hinzu, von denen sich das 18. Jahrhundert noch nichts hatte träumen lassen. Der erste und wichtigste war natürlich die *Romantik*, hatte diese in der Gegenwendung gegen die Aufklärung doch das Schwärmen ausdrücklich zur Grundlage aller wahren Kunst ausgerufen. Weitere Kandidaten waren die idealistische Philosophie oder vielmehr das, was man im 19. Jahrhundert unter *Idealismus* verstand, sowie die *Ersatzreligionen*, die sich in der weltanschaulichen Unruhe des Vormärz formiert hatten, von der Kunst- und der Humanitätsreligion über den Wissenschafts- und Fortschrittskult bis hin zur Nationalreligion

---

86 Jörg Paulus: Der Enthusiast und sein Schatten. Literarische Schwärmer- und Philisterkritik um 1800. Berlin, New York 1998.

und den anderen politischen Utopien der Zeit. *In der Perspektive des Realisten ist der Weg in die Moderne mit Kopfgeburten gepflastert, die allesamt das Zeug dazu haben, sich zur Schwärmerei auszuwachsen*, wenn nicht zu einem kompletten Wahnsystem. An Material für Geschichten, in denen „große Erwartungen" zuschanden werden, ist also kein Mangel, und sie alle scheinen ins Zentrum der Probleme zu führen, die die moderne Welt bewegen.

Desillusionierung und Realismus

Entscheidend ist nun zu sehen, daß es den Realisten mit ihren Desillusionierungsgeschichten wie den Aufklärern mit ihren „Schwärmerkuren" weniger um die Ideale selbst zu tun ist, die sie als Illusionen auffliegen lassen, denn vielmehr um das, was über deren Verflüchtigung an Realitäten sichtbar wird. Wenn sie ihre Helden immer wieder bis an den Punkt führen, an dem deren „große Erwartungen" zunichte werden, so wie Keller seinen Jukundus in der Wirtshausszene, dann nicht, um sie auf einem Trümmerhaufen der Ideen, Phantasien und Gefühle sitzen und dem „Weltschmerz" anheimfallen zu lassen, sondern um ihnen über dem Verlust der Illusionen die Augen aufgehen zu lassen, und mit ihnen ihren Lesern. Anders als für die „Weltschmerz"-Dichter des Vormärz heißt Desillusionierung für sie nicht, daß sich die Welt mehr und mehr entzieht und am Ende vollends verlorengeht, sondern daß sie sich als das zeigt, was sie wirklich ist, daß sie sich auf eine Weise enthüllt und erschließt, die Stich hält.

Genauer gesagt, ist ein Zugleich von Sich-Entziehen und Sich-Erschließen gemeint. Denn was im Zuge der Desillusionierung sichtbar wird, ist nicht mehr so leicht, ja womöglich überhaupt nicht mehr in Begriffe von Schön und Häßlich, Gut und Böse, Wahr und Unwahr zu fassen. Es ist eine *Welt „jenseits von Gut und B*öse", eine Welt, die sich weder als Paradies des Idealismus noch als Wüste des Materialismus, weder als Spielball des Fortschritts noch als Beute der Entfremdung begreifen läßt, die nichts von alledem und all das zugleich ist, auf eine zwar durchaus zugängliche, letztlich aber undurchdringliche Weise. Gerade so und nur so, als „offenbares Geheimnis" (Goethe), wird sie für den Realisten zu dem Objekt der Begierde, dem all seine Anstrengungen gelten. Insbesondere will sie ihm so ein lohnenderer Gegenstand scheinen als alles, was der Mensch sich ausdenkt, was er sich auf dem angeblich so geheimnisvollen Weg nach innen, den die Romantik kultiviert hat, auf eigene Rechnung zusammenphantasiert und zusammenspekuliert. *Keine Idee und kein Phantasiegebilde können so interessant sein wie etwas, das wirklich ist*, und sei es auf den ersten Blick auch noch so unscheinbar.

4.3.2 Humor

Desillusionierung und Humor

Im Verlust der Illusionen erschließt sich die Welt. Zunächst bedeutet Desillusionierung aber Enttäuschung, und Enttäuschung tut weh, ist womöglich so schmerzhaft, daß man gar keinen Blick mehr dafür hat, wo sich jenseits des Verlorenen neue Perspektiven eröffnen. Bei dem schwierigen Schritt über diese *Schmerzgrenze* hinweg hat sich die Literatur des Realismus vor allem eines Kunstmittels bedient, dem denn auch seit jeher die besondere Aufmerksamkeit der Realismus-Forschung gilt: der Realist schildert den Verlust der Illusionen mit Humor.[87]

Die klassische Ästhetik hat diesen *Humor* als einen Versuch des menschlichen Geistes beschrieben, sich mit einem Lachen über sein eigenes Scheitern zu erheben, also eben dort, wo ihm alles mißraten ist, in eine Distanz zu treten, die es ihm erlaubt, zu sich selbst zurückzufinden und die Initiative zurückzugewinnen; daran läßt sich wohl anknüpfen. Humor zu haben heißt, sich Fehler und Mißgriffe auf andere Weise eingestehen zu können als in Form einer Zerknirschung, die lähmt, nämlich in der eines Lachens, das belebt, das das Versinken in Depression verhindert und zum Weitermachen animiert. Das Lachen des Humoristen zeigt an: ich habe die *„Grenzen der Menschheit"* zur Kenntnis genommen, an mir selbst ebensowohl wie an den anderen, habe mich darauf eingestellt und weiß leidensfrei oder jedenfalls doch mit einer gewissen Souveränität damit umzugehen.

Dementsprechend macht sich der Humor vor allem dort zu schaffen, wo sich die „Grenzen der Menschheit" zeigen, wo Anspruch und Wirklichkeit, *„Schein und Sein"* auseinanderklaffen. Da braucht er meist auch nicht lange auf Anlässe zum Lachen zu warten. Denn wo immer sich in kommunikativen Zusammenhängen eine Erwartung aufbaut

87 Wolfgang Preisendanz: Humor als dichterische Einbildungskraft. Studien zur Erzählkunst des poetischen Realismus. 3. Aufl. München 1985.

und auf überraschende Weise enttäuscht wird, durch ein Moment, das niemand auf der Rechnung hat, aus dem Tritt gebracht wird, da ist auch die *Komik* nicht weit. Im Fall des Humors handelt es sich dabei eben vorzugsweise um Erwartungen, die den Charakter eines Anspruchs haben, die in bestimmten kulturellen Zusammenhängen durch eine besondere Bedeutung ausgezeichnet und mit sozialen Prämien versehen sind, so daß ihre Enttäuschung immer auch eine schmerzhafte Komponente hat.

Die *Wirtshausszene* des „Verlorenen Lachens" ist voll von Beispielen für diese Art von Komik. Da kommen die Aktivisten der Revolution, die „Propheten" eines besseren Lebens nach vollbrachter historischer Tat zu einem Fest zusammen, bei dem sie sich zunächst gebärden, „als ob das tausendjährige Reich da wäre", und dann einander aus den nichtigsten Gründen wechselseitig an die Gurgel gehen. Da zeigt sich ein Eifer für die Idee der sozialen Gerechtigkeit, der sich mit der größten Leidenschaftlichkeit zu Wort meldet und durch einen Salat von Ochsenfüßen schlagartig zum Verstummen gebracht werden kann. Da beschwört man bei einem „geistlichen Liebesmahl" das Ideal der „Eintracht" und sucht ihm dadurch zu genügen, daß man gemeinsam nach „Volksfeinden" Ausschau hält, die sich ausgrenzen ließen, und sich in Vorfreude auf eine „lustige Jagd", einen Shitstorm ergeht, bei dem man nach Art von Heckenschützen über deren „Glück und Ehre" herfallen könnte. Daß Keller hier mehrfach Vergleiche gebraucht, die aus dem Bereich der Religion stammen – „Prophet", „Tausendjähriges Reich", „geistliches Liebesmahl" – erlaubt ihm nicht nur, den Kontrast von *Anspruch und Wirklichkeit* besonders scharf herauszuarbeiten, sondern auch, die Art von politischem Eifer, mit der wir es hier zu tun haben, als Ersatzreligion zu kennzeichnen.

Desillusionierung als Poetisierung

So hingebungsvoll und einfallsreich ein Realist wie Keller aber auch mit humoristischen Mitteln arbeitet – er ist kein humoristischer Dichter. Das Amüsement, das er beim Leser ins Werk setzt, ist nicht der Endzweck seines Schreibens, ist nur ein Ferment in dem Prozeß, in dem sich die Desillusionierung zur Poetisierung gestaltet, der „Weltschmerz" in „Weltfrömmigkeit" verwandelt, freilich ein unentbehrliches Ferment. Wie sich diese Verwandlung vollzieht, zeigt sich an zwei Stellen der Wirtshausszene besonders deutlich, ja wird an ihnen geradezu demonstrativ vorgeführt. In beiden Fällen wird uns zunächst ein Anblick beschrieben, der sich dem *Einbruch des sachlichen Sehens in die Welt romantisch-idealistischer Vorstellungen* verdankt, der aber eben, da dabei ein *Mißverhältnis von Anspruch und Wirklichkeit* sichtbar wird, immerhin noch unter dem Vorzeichen von *Komik* steht. Das Moment der *Distanznahme*, das mit solch humoristischer Komik verbunden ist, schafft Raum für eine Verwunderung, ein *Staunen*, das dann *vom sachlichen Sehen zu einem ästhetischen Schauen* hinüberleitet, bei dem auch die Sinnlichkeit und die „Gefühlsader“ wieder ins Spiel kommen.

Die eine Stelle haben wir uns schon näher angesehen, die mit den „roten Wänglein“ neben den „leeren Backen“. Der sachlich nüchterne Blick entdeckt inmitten der schönen Welt der Bildtapete ein fehlerhaftes Druckbild – Desillusionierung. Das komische Mißverhältnis von Anspruch und Wirklichkeit schafft Raum für die Phantasie und läßt sie assoziativ die Erinnerung an eine Mondfinsternis beibringen, über der sich die Wahrnehmung einer komischen Fehlleistung in die Ahnung kosmischer Unordnung, in ein Gefühl von geradezu existentieller Abgründigkeit verwandelt – Poetisierung.

„Wirrer Lärm“ als „Silberfiligran“

Noch aufschlußreicher ist womöglich die zweite Stelle. Der „wirre Lärm gegenseitiger Vorwürfe und Anschuldigungen“, der sich unter den Festgenossen breitmacht, läßt offenbar werden, daß sie keineswegs auf dem Weg ins „Tausendjährige Reich“ sind, daß ihr gesellschaftliches Leben das bleibt, was es immer war: „ein ziemlich ausgebreitetes und verknotetes Gewebe von geringen, wenig rühmlichen Verrichtungen“ – Desillusionierung. Auch hier ist es wieder das komische Mißverhältnis von Anspruch und Wirklichkeit, das es dem Erzähler erlaubt, einen Schritt zurückzutreten und das „bedenkliche Kreuzgespräch“ mit anderen Augen anzusehen. Und da will ihm dann scheinen, „daß, wenn man, etwa nach Art der Chladnischen Klangfiguren, eine sichtbares Bild“ von einer „so künstlichen Durch- und Überkreuzung“ der Stimmen „hätte machen können, dieses die schönste Brüsseler Spitzenarbeit dargestellt hätte oder das zierlichste Genueser Silberfiligran“, woran sich ein ausdrücklicher Hinweis auf den Akt der Poetisierung anschließt, der sich damit vollzogen hat: „so wunderbar und mannigfaltig sind Gottes Werke“.

Der Humor vermag offenbar Stroh zu Gold zu spinnen. Er schafft Raum für eine Distanznahme, die es erlaubt, von den kleinkarierten, in jeder Hinsicht problematischen Inhalten zu abstrahieren, um die es bei dem „Kreuzgespräch" geht, und den Blick einzig auf dessen Form, auf die „künstliche Durch- und Überkreuzung" der Stimmen, das „ausgebreitete und verknotete Gewebe" der Interaktionen zu richten, um dieses zum Gegenstand eines Staunens werden zu lassen, das an ihm die Qualitäten der „schönsten Spitzenarbeit" und des „zierlichsten Silberfiligrans" entdeckt. Bei den „Chladnischen Klangfiguren", auf die sich Keller beruft, um den Übergang von akustischen zu optischen Eindrücken zu rechtfertigen, handelt es sich um ein vielbeachtetes frühes Verfahren zum Sichtbarmachen von Schallwellen, das mit dem Namen des Physikers Ernst Chladni (1756–1827) verbunden ist.

Vitalismus

Mag das soziale Getriebe auch aus lauter „geringen, wenig rühmlichen Verrichtungen" bestehen – es läßt sich auch so und gerade so als ein kunstvolles Gebilde, ein Kunstwerk, um nicht zu sagen: als „soziale Plastik" (Joseph Beuys) erleben, die in ihrem wundersamen Verschlungensein ihre eigene Schönheit hat. Diese Schönheit ist freilich eine *Schönheit „jenseits von Gut und B*öse"; schließlich erwächst sie aus dem Zusammenspiel von Einzelaktionen, die allesamt für sich genommen wenig Wahres, Gutes und Schönes an sich haben. Es geht eben nun um Schönheit im Sinne des Vitalismus.

Das erhellt nicht zuletzt aus dem Beispiel, an dem Keller solche Schönheit ausmachen will, und aus den Vergleichen, mit denen er sie zum Vorschein zu bringen sucht. Denn bei dem „ausgebreiteten und verknoteten Gewebe von Verrichtungen", der „künstlichen Durch- und Überkreuzung" der Stimmen, der „Brüsseler Spitzenarbeit" und dem „Silberfiligran", von denen er spricht, handelt es sich um nichts anderes als um *Variationen* einer zentralen Bildfindung des Vitalismus, *des Bilds vom Teppich des Lebens*. In dieses sucht der Vitalismus zu fassen, was für ihn der Inbegriff der Schönheit ist: das wundersam Verschlungene der Lebenswege, das eigentümliche, ebenso faszinierende wie undurchdringliche Zugleich von Chaos und Ordnung, zu dem sich das Neben-, Mit- und Gegeneinander der Bewegungen verbindet, mit denen sich die Lebewesen ihren Weg durch die Welt bahnen.

Jukundus vermag solche Schönheit zunächst noch nicht zu sehen. Sein Blick haftet noch auf dem „Geringen, wenig Rühmlichen" der einzelnen „Verrichtungen", aus denen der Teppich des Lebens besteht, doch wird er bis zum Ende der Novelle über diese Sicht der Dinge hinausgelangen. So fungiert der Vergleich des „wirren Lärms" der Wirtshausszene mit „Brüsseler Spitzenarbeit" und „Genueser Silberfiligran" im Bezugssystem der Novelle auch als Vorausdeutung auf die Position, die am Schluß, in der finalen Festszene erreicht sein wird.

4.3.3 Sinnlichkeit

Sachliches Sehen und ästhetisches Schauen

Der Humor ist für die Literatur des Realismus die Brücke zwischen dem sachlichen Sehen und dem ästhetischen Schauen; deshalb hat er für sie so große Bedeutung. Denn am Zusammenspiel von sachlichem Sehen und ästhetischem Schauen ist nun alles gelegen. Der Realist möchte den Leser dahin führen, daß er den Abschied von Idealismus und Romantik nicht als Verlust, sondern als Gewinn erfährt, daß er die Welt, die sich im sachlichen Sehen vor ihm auftut, als seine Welt annimmt und sich in ihr einrichtet, und dazu wird er nur bereit sein, wenn er die Möglichkeit sieht, sich außer mit dem Verstand auch mit der Sinnlichkeit und der „Gefühlsader" auf diese Welt zu beziehen, wenn er mithin an ihr neuerlich Momente der Schönheit zu entdecken vermag, an denen er Gefallen finden und ein Genügen haben könnte, und dazu will eben das ästhetische Schauen einladen.

Die Bedeutung der sinnlichen Wahrnehmung

Die Literatur des Realismus lebt von dem Wechselspiel von sachlichem Sehen und ästhetischem Schauen – dies zu sagen heißt zunächst und vor allem eines: es heißt festzustellen, daß die sinnliche Wahrnehmung hier zentrale Bedeutung für das Schreiben gewinnt, und mit ihm die Sinnlichkeit überhaupt, die sinnliche Seite des Menschen.[88] Wer wie der Realist *die Literatur aus dem Bann der Ideen und Ideale herausführen und für das „sinnlich glühende Leben" öffnen* will, der kann nur bei der leiblichen Existenz des Menschen ansetzen, wie sie

88 Alfred Schmidt: Emanzipatorische Sinnlichkeit. Ludwig Feuerbachs anthropologischer Materialismus. München 1973. – Kai Neubauer: Heinrich Heines heroische Leidenschaften. Anthropologie der Sinnlichkeit von Bruno bis Feuerbach. Stuttgart Weimar 2000. – Christoph Asendorf: Batterien der Lebenskraft. Zur Geschichte der Dinge und ihrer Wahrnehmung im 19. Jahrhundert. Weimar 2002. – Ursula Amrein: Verschriftete Bilder. Gottfried Kellers Bildpoetik im Prozeß der Säkularisierung. In: Peter Hughes u. a. (Hrsg.): Schreibprozesse. München 2007, S. 51–76.

wesentlich durch das Leben der Sinne bestimmt ist. Daß wir bei der Annäherung an den Realismus immer wieder auf das Widerspiel von sachlichem Sehen und ästhetischem Schauen stoßen, läßt erkennen, daß *der Leib und die Sinne* hier gleich auf doppelte Weise zur Basis der literarischen Darstellung werden: *als Sitz der Erfahrung und als Schauplatz des „Genießens"*.

Das gilt in erster Linie für das Sinnesorgan des *Auges*, und dies eben deshalb, weil es mehr als jedes andere Körperteil zugleich ein Organ der Erfahrung und des „Genießens" ist. Es ist vor allem das Auge, dem sich *„Faser und Textur der Wirklichkeit"* offenbaren, in „leibhafter Gegenwart" (KLS 49) zu erkennen geben. Und zugleich ist es die Stätte von *„Augenfesten"*, die sich an der „schönen Rose des körperlichen Lebens" (KLS 49) entzünden; wir erinnern uns noch einmal an Heine: „Mit einem einzigen Blick meines Auges kann ich mehr genießen als andre mit ihren sämtlichen Gliedmaßen Zeit ihres Lebens".

Aber nicht nur „Augen und Ohren", Sehen und Hören, auch andere „Gliedmaßen" und Körperfunktionen werden nun mit gesteigerter Aufmerksamkeit bedacht. Bei Keller gilt das vor allem noch für das *„Handanlegen"* (KLS 29), den physischen, „leibhaften" Umgang mit den Dingen, und für das Essen und Trinken. So wird etwa die Geschichte von *„Pankraz, dem Schmoller"* am Leitfaden der Motive Sehen, „Handanlegen" und Essen erzählt; es ist ihr Zusammenspiel, sind die wechselnden Formen, in denen sie aufeinander bezogen sind, die den Entwicklungsgang des Helden bestimmen und ihn am Ende aus dem Teufelskreis von Schwärmen und Schmollen herausführen.

Öffnung der Literatur für die Arbeitswelt

Das „Handanlegen" ist übrigens eng mit einem Motivkreis verbunden, der für den Realismus ebenfalls große Bedeutung erlangt und mit dem er sich besonders energisch gegen alles abgrenzt, was romantisch heißt: mit dem Thema Arbeit; Hand anzulegen bedeutet ja im allgemeinen, eine Arbeit zu tun. Wo es das oberste Ziel ist, die Literatur an die Realität heranzuführen, da kann der Bereich des gesellschaftlichen Lebens nicht außen vor bleiben, der die meisten Menschen länger und intensiver beschäftigt als jeder andere. In der *romantischen Literatur* sieht man kaum einmal jemanden bei der Arbeit; da hört man allenfalls von hinter der Szene, daß es so etwas wie Arbeit gibt. Die Formen, in denen sie in der Moderne organisiert ist und den Einzelnen in Anspruch nimmt, gelten hier als durch und durch unpoetisch, ja als das Prosaische schlechthin und werden deshalb so weit wie möglich von der Literatur ferngehalten. Der Realist hingegen sucht seine Texte auch für die Arbeitswelt zu öffnen, und er zielt damit gerade nicht mehr auf Aktivitäten vom Schlag der Arbeiten des Herkules, sondern auf die Art von Erwerbsarbeit, die mit einem modernen „bürgerlichen Beruf“ verbunden ist.

Welche Bedeutung Keller dem Thema Arbeit im „Verlorenen Lachen“ einräumt, haben wir bereits gesehen; offenkundig ist es ihm nicht möglich, von einer Liebe und Ehe unter den Bedingungen der Moderne zu erzählen, ohne ihm die gebührende Beachtung zu zollen. Ein besonders kühner Vorstoß in das Neuland der Arbeitswelt verdankt sich *Gustav Freytag* (1816–1895). Wie bereits dem Titel seines Erfolgsromans *„Soll und Haben“* (1855) zu entnehmen ist, versucht er sich an der Darstellung eines Berufsfelds, dem mehr als jedem anderen das Odium hartnäckiger Poesie-Resistenz anhaftet, an dem des kaufmännischen Angestellten. Dabei beruft er sich auf *Julian Schmidt* (1818–1886), einen Kritiker und Literarhistoriker, der zu den einflußreichsten frühen Programmatikern und kritischen Wegbegleitern des Realismus gehört und der die Maxime ausgegeben hat: „Der Roman soll das deutsche Volk da suchen, wo es in seiner Tüchtigkeit zu finden ist, nämlich bei seiner Arbeit“; das Zitat ist „Soll und Haben“ als Motto vorangestellt. Der große Erfolg von Freytags Roman – er erlebte bis 1906 64 Auflagen – schien beiden Recht zu geben.[89]

Die Versuche der Realisten, die Literatur für die Arbeitswelt zu öffnen, zeigen, daß das Phänomen der Arbeit für die Menschen im 19. Jahrhundert mehr und mehr zu einem zentralen Thema wird. Denn nicht nur die Literatur, auch *Philosophie und Wissenschaft* beschäftigen sich nun immer intensiver mit der Frage nach der Eigenart und dem Wert der Arbeit. Einen Höhepunkt der Diskussion bezeichnet die Position von *Karl Marx*, der den Begriff der Arbeit geradezu in den Mittelpunkt von Anthropologie und Soziologie rückt. So heißt es etwa in seinen *„Ökonomisch-philosophischen Manuskripten“* (1844): „Das produktive Leben ist (...) das Gattungsleben“, will sagen: die

89 Gabriele Büchler-Hauschild: Erzählte Arbeit. Gustav Freytag und die soziale Prosa des Vor- und Nachmärz. Paderborn u. a. 1987.

Gattung Mensch definiert sich durch die Arbeit; es ist die Arbeit, die den Menschen zum Menschen macht. Und weiter heißt es hier: „das produktive Leben (...) ist das Leben erzeugende Leben“ (MES 2, 80), die Arbeit ist das Lebenselement der Gesellschaft. Wir wollen nicht überhören, daß es auch für Marx hier vor allem um das Leben geht, daß auch er auf seine Weise am Vitalismus teilhat.

„Bürgerliches Nützlichkeitsdenken“?

Die Literaturgeschichtsschreibung hat solche Fokussierung auf das Phänomen der Arbeit gern auf das zurückgeführt, was sie das „bürgerliche Nützlichkeitsdenken“ nannte, also auf einen Utilitarismus, wie ihn Immermann in den „Epigonen“ in der Figur des Oheims zur Darstellung bringt. Der Zusatz „bürgerlich“ führt freilich in die Irre; wie so oft bezeugt er auch hier nicht mehr als den Versuch, eine sozialgeschichtliche Kompetenz zu simulieren, wo eigentlich keine ist. Mag Immermanns Oheim auch mit der Behauptung Recht haben, daß sich der zeitgenössische Adel nicht auf die Kalküle der Nützlichkeit verstünde – der Gedanke, daß sich seinerzeit nur Bürger und nicht auch andere Stände oder Klassen wie Arbeiter und Bauern vom Nützlichkeitsdenken hätten bestimmen lassen, daß diese darin auch nur im geringsten hinter dem Bürger zurückgestanden hätten, ist so offenkundig abwegig, daß man kaum nachvollziehen kann, wie er jemals hat Glauben finden können.

Das „Handanlegen“ bei Keller

Wie dem auch sei – jedenfalls weist der Motivkreis der Arbeit, des „Handanlegens“ bei Keller in eine ganz andere Richtung. Wie die Geschichten von Pankraz und Jukundus überdeutlich zeigen, verdankt das Thema Arbeit bei ihm seine überragende Bedeutung vor allem der Überzeugung, daß das Problem, das ihn mehr beschäftigt als jedes andere, der Konflikt von Selbstverwirklichung und Anpassung, ohne den Faktor Arbeit kaum einer Lösung zuzuführen sei; ohne die *Bewährung und Selbstbestätigung in der Arbeit* kann das Individuum für Keller weder mit seinem unmittelbaren Umfeld, noch mit der Gesellschaft, noch mit sich selbst ins reine kommen. Insbesondere werden sich ihm „Faser und Textur der Wirklichkeit“ nicht erschließen, wenn es nicht lernt, „Hand anzulegen“. Denn dazu reichen „Augen und Ohren“, reicht die sinnliche Wahrnehmung alleine nicht aus; es bedarf außer der schauenden Zuwendung auch des praktischen, leiblich handhaften Umgangs mit den Dingen. *Man muß die Dinge in die Hand nehmen und sich an ihnen abarbeiten, um sie zu verstehen.*

Sexualität bleibt tabu

So intensiv sich ein Realist wie Keller aber auch darum bemüht, die leibhaft-sinnliche Seite der Welt zur Geltung zu bringen – so weit geht er dabei denn doch nicht, daß er sich auf jene „Gliedmaßen“ und Körperfunktionen einließe, die – jedenfalls nach heutigem Verständnis – mehr als alles andere für Sinnlichkeit stehen, und es mit der Darstellung von Sexualität versuchte. Die Literatur des Realismus ist durchaus noch nicht „explicitly sexual“, ist noch weit von jenen Formen entfernt, in denen sich die Moderne des 20. Jahrhunderts den Kontinent des Geschlechtslebens erobert hat. Sexualität ist und bleibt tabu, wird nach wie vor so in die Darstellung von Erotik und Liebe eingebettet, daß sie unsichtbar bleibt. Das gilt vor allem für den deutschen und den englischen Realismus. Der französische Realismus hat es immerhin schon verstanden, eine Kultur der Andeutung zu entwickeln, die die Sexualität als eine Macht eigenen Rechts erkennen läßt; nicht umsonst gehört das Phänomen der sexuellen Hörigkeit von *Balzac* bis *Flaubert* zu den bevorzugten Motiven des französischen Romans. Auf deutscher Seite kann da allenfalls ein Autor wie *Paul Heyse* (1830–1914) mithalten.

Die Kunst als Residuum der Sinnlichkeit

Aber auch so ist es den Realisten gelungen, der dargestellten Welt eine leibhafte Präsenz zu verleihen und eine von Sinnenreizen flirrende Atmosphäre mitzugeben, die die Rede vom „sinnlich glühenden Leben“ gerechtfertigt scheinen lassen. Und das hatte seinerzeit durchaus eine subversive Note. Denn die *Welt des 19. Jahrhunderts* war eine Welt, die man nach heutigen Maßstäben nur *körperfeindlich* nennen kann. Der menschliche Körper, zumal der weibliche, wurde so weit wie möglich bedeckt gehalten, wurde unter so viel Stoff begraben, wie er gerade noch mit sich herumzuschleppen vermochte, und überdies durch ein kompliziertes Netz von Umgangsformen verhängt. Und die „Geschlechterbeziehungen“ unterlagen dem rigiden Regime der *viktorianischen Moral*, benannt nach der englischen Königin Viktoria (1819–1901) und ihrem sittenstrengen Hof. Jede erotische Regung hatte einen Wald von gesellschaftlichen Hürden zu überwinden.

Einzig in der Kunst hatte der Mensch Gelegenheit, sich offen zu seiner sinnlichen Seite zu bekennen. Das gilt nicht nur für die Literatur; es gilt mehr noch für die Bildende Kunst, und es gilt sogar für die Musik. So machte die *Bildende Kunst* auf jede erdenkliche Weise von der Lizenz Gebrauch, den nackten menschlichen Körper darzustellen;

gerade hier blieb das Vorbild der alten Griechen, blieb die Autorität der Tradition ein unentbehrlicher Garant der künstlerischen Freiheit. Und die *Musik* brachte es zumindest in *Richard Wagner* (1813–1883) zu einer Kultur des ekstatisch-rauschhaften Klangerlebnisses, die den Hörer von einem Venusberg zum nächsten führt.

Auch damit ließ die Kunst in Zeiten des Realismus Impulse der *Aufklärung* des 18. Jahrhunderts wiederaufleben. Denn diese hatte sich mit besonderer Intensität der leiblichen Existenz des Menschen zugewandt, hatte in einem zuvor noch nicht dagewesenen Maße auf dessen Triebnatur und Sinnlichkeit gesetzt. So hat sie der Nachwelt eine Ästhetik hinterlassen, die der Sinnlichkeit in allen Künsten eine konstitutive Bedeutung zuerkennt. Der Begründer dieser Ästhetik, der Philosoph *Alexander Gottlieb Baumgarten* (1714–1762), definiert die literarische Rede geradezu als „oratio sensitiva perfecta", als „sinnliche, vollkommene Rede", was man sich bald schon mit „vollkommen sinnliche Rede" übersetzte. Was das für die Praxis des Schreibens bedeutete, zeigen etwa die Romane und Erzählungen von *Christoph Martin Wieland* (1733–1813), und sie zeigen es nicht zuletzt mit zahllosen erotischen Szenen.

4.3.4 Beschreibung

Im Realismus werden der Leib und die Sinnlichkeit des Menschen zum zentralen Bezugsfeld der literarischen Darstellung, und das kann man den Texten auch auf den ersten Blick schon ansehen. Denn in ihnen wird in einem Maße von dem Kunstmittel der Beschreibung Gebrauch gemacht, das durchaus neu ist, und beschreiben heißt ja nichts anderes, als *sinnliche Wahrnehmung in Worte fassen*, und mit der sinnlichen Wahrnehmung das leibhaft Gegebene. Die Texte bekommen einen immer längeren Atem, sie nehmen sich für das, was sie darstellen, immer mehr Zeit; in der Begrifflichkeit von Günther Müller und Eberhard Lämmert: das Verhältnis von Erzählzeit und erzählter Zeit verschiebt sich vom Pol der Zeitraffung zu dem der *Zeitdehnung*. Bereits die Oberfläche eines Texts verrät also, daß im Realismus Autoren am Werk sind, die ganz auf die leiblich-sinnliche Existenz des Menschen setzen.

Widerruf der Laokoon-Ästhetik

Daß sie mit den Formen exzessiven Beschreibens, die sie entwickeln, in der Tat Neuland betreten, kann man unschwer erkennen, wenn man ihre Erzähltexte mit denen ihres großen Vorbilds *Goethe* vergleicht. Wo sich Goethe beim Entwerfen eines Schauplatzes, bei der Vorstellung einer Figur und der Darstellung eines Vorgangs oder Ereignisses mit wenigen Worten begnügt, da brauchen sie oft viele Seiten; von ihren breiten Schilderungen auf die knapp gehaltenen Goethes zurückblickend, wirken diese wie bloße Skizzen, wie Abbreviaturen, die ganz auf das Wesentliche fokussiert sind. Das heißt freilich nicht, daß das aufklärerische Konzept von Literatur, der Baumgartensche Begriff der „oratio sensitiva perfecta", nicht auch für Goethe gegolten hätte; gerade er hat sich besonders entschieden zur sinnlichen Seite der Literatur bekannt. Doch konnte das für ihn wie für seine ganze Generation noch nicht bedeuten, daß er sich in exzessiver Weise des Kunstmittels der Beschreibung bedient hätte, da er zugleich von einem zweiten Grundsatz der aufklärerischen Poetik überzeugt war, dem, *daß der Dichter nicht „malen" dürfe.*

Dieses Prinzip war vor allem von *Gotthold Ephraim Lessing* (1729–1781) ausgearbeitet worden, in einer kunsttheoretischen Schrift, die sich bald schon kanonischen Rang erwarb und in den eisernen Bestand der klassischen Ästhetik einging, in der Abhandlung *„Laokoon oder Über die Grenzen der Mahlerey und Poesie"* (1766). Da heißt es, daß ein Dichter, der „male", der sich in allzu ausführlichen und exakten Beschreibungen ergehe, letztlich das genaue Gegenteil dessen erreiche, was er damit bewirken wolle, daß er nämlich den Leser nicht dahin bringe, sich das Dargestellte immer deutlicher vorstellen zu können, sondern dessen Vorstellungskraft mit der Fülle des Details auf eine Weise überfordere, die sie irgendwann aufgeben und aussteigen lasse. Das beschreibende Benennen von Detail habe nur dann eine Chance, von der Einbildungskraft des Lesers realisiert zu werden, wenn es in die Darstellung von Handlung eingebunden und dadurch mit Ideen verknüpft werde.[90] Wenn die Realisten nun im Namen der sinnlichen Qualitäten der Literatur einen Darstellungsstil entwickeln, der dem „Malen" immer breiteren Raum zugesteht, so heißt dies nichts anderes,

90 Gottfried Willems: Anschaulichkeit. Zu Theorie und Geschichte der Wort-Bild-Beziehungen und des literarischen Darstellungsstils. Tübingen 1989, S. 203–214 u. 331–333.

als daß sie Lessings „Laokoon" den Kredit aufkündigen, und damit der klassischen Ästhetik überhaupt.

Der Streit um den „Nachsommer" von Stifter

Das ist der zeitgenössischen Kritik denn bald auch aufgefallen, und es hat sie nicht wenig irritiert. Eine besonders heftige Diskussion hat sich an einem Werk des Autors entzündet, der früher und entschiedener als jeder andere auf das Mittel der Beschreibung gesetzt hat, an dem Roman *„Der Nachsommer"* (1857) von *Adalbert Stifter*. So hat der Dramatiker *Friedrich Hebbel* (1813–1863) dem „Nachsommer" zwei Rezensionen gewidmet – eine trägt den Titel *„Das Komma im Frack"* – in denen er den „Realismus" Stifters unter ausdrücklicher Berufung auf Lessings „Laokoon" geradezu zum Ende aller wahren Kunst erklärt. Die „auf's Breite und Breiteste angelegte Beschreibungsnatur" des Autors habe eine Literatur hervorgebracht, die „die Palette selbst" für das „Bild" ausgebe, die sich alle Zusammenhang stiftenden „Ideen" „erlassen" und darüber den Charakter eines „Handbuchs gemeinnütziger Kenntnisse" angenommen habe.[91]

Daß sich solche Kritik gerade an Stifter und seinem „Nachsommer" entzündet hat, ist nur allzu verständlich.[92] Stifter reiht in ihm eine Beschreibung an die nächste, und er beschreibt gerade *Dinge und Vorgänge, die „gewöhnlich und jedem naheliegend"*, jedem immer schon bekannt sind, so zum Beispiel, was in einem Landgut und einem Garten im Wechsel der Jahreszeiten getan wird, wie die Sonne scheint, der Wind weht, der Regen fällt, die Pflanzen wachsen und gedeihen und wie die Menschen sich dabei befinden. Das hatte es zuvor in der Literatur noch nicht gegeben, jedenfalls nicht so; die Erwartungen, die das Publikum einem Roman entgegenbrachte, liefen ins Leere, und sie sollten ins Leere laufen.

Den Grund dafür kennen wir bereits; es geht Stifter darum, seinen Leser für das *„sanfte Gesetz"* des Lebens zu sensibilisieren, ihn, statt ihn wie eine romantisch-idealistische Literatur mit dem spektakulären

91 Friedrich Hebbel: Kritische Schriften. In: ders.: Sämtliche Werke. Hrsg. v. Richard Maria Werner. 1. Abt. IV. Bd. 3. Berlin 1906, S. 184–185 u. 189–193.

92 Martina Wedekind: Wiederholen – beharren – auslöschen. Zur Prosa Adalbert Stifters. Heidelberg 2005. – Eva Sophie Wiedemann: Adalbert Stifters Kosmos. Physische und experimentelle Weltbeschreibung in Adalbert Stifters Roman „Der Nachsommer". Frankfurt u.a. 2009.

Getöse außergewöhnlicher Begebenheiten und großer Leidenschaften von seinem eigenen Leben abzulenken, in dieses sein Leben einkehren, dessen ganzen Wert spüren und in ihm heimisch werden zu lassen, und zwar dadurch, daß er ihn in den „gewöhnlichen alltäglichen in Unzahl wiederkehrenden Handlungen", aus denen es besteht, die „Wurzelfasern des Baums des Lebens" überhaupt erkennen läßt.

Etwas „Gewöhnliches und jedem Naheliegendes" zum Gegenstand einer einläßlichen, aufwendigen Beschreibung zu machen, scheint ja zunächst ein sinnloses Unterfangen; dem Leser wird nichts mitgeteilt, was er nicht schon wüßte. Es macht nur insofern Sinn, als das „Gewöhnliche" damit aus dem Hintergrund des Bewußtseins herausgeholt wird, in den es die Gewöhnung hat absinken lassen, und in den Fokus der Aufmerksamkeit gerückt wird, und das wiederum kann nur dort ein Anliegen sein, wo es darum geht, sich *die Alltagswelt als den eigentlichen Schauplatz des Lebens zu erobern* und mit vollem Bewußtsein „sein Leben zu leben".

Wie alle Realisten zielt Stifter mit den beschreibenden Passagen seiner Werke auf das Wechselspiel von sachlichem Sehen und ästhetischem Schauen, doch gewährt er dabei dem *sachlichen Sehen* besonders breiten Raum, und dies nicht nur, weil er sich als erster unter den deutschsprachigen Realisten besonders energisch darum zu bemühen hatte, ihm Eingang in die Literatur zu verschaffen und damit das Fundament für eine neuartige Form des ästhetischen Schauens zu legen. Als Pädagoge, der es vom Hauslehrer des Fürsten Metternich bis zum Schulrat gebracht hatte, hatte er sich besonders weit in der wichtigsten Schule des sachlichen Sehens, in der Wissenschaft umgetan und dabei eine Fülle von Interessen entwickelt, die von der Geographie, Geologie und Botanik bis hin zur Volkskunde und Geschichtswissenschaft reichten. Was er sich dabei an Wissen erworben hatte, machte er sich in den beschreibenden Passagen seiner literarischen Arbeiten in jeder erdenklichen Form zunutze – kein Wunder, wenn sich Hebbel bei der Lektüre des „Nachsommers" an ein „Handbuch gemeinnütziger Kenntnisse" erinnert fühlte.

Die Wirkung des realistischen Erzählens

Die Bedeutung, die der *Ausweitung des Beschreibens* durch den Realismus für die Geschichte der Literatur zukommt, kann gar nicht überschätzt werden. Die Kontroverse um den „Nachsommer" zeigt, daß es sich dabei um *eine regelrechte Revolution* handelte, um einen

Umbruch, nach dem in der Literatur nichts mehr so war wie zuvor. Das gilt jedenfalls für die Epik; in der Lyrik und zumal im Drama ließ die Revolution noch bis zu den Zeiten von Naturalismus und Symbolismus auf sich warten.

Wir können heute deutlich sehen, wie erfolgreich die Neuerungen des Realismus in der Epik waren. Durch ihn wurden die *Formen entwickelt, in denen sich der überwiegende Teil der erzählenden Literatur bis heute* mit der größten Selbstverständlichkeit *bewegt*. Zwar sind im Laufe des 20. Jahrhunderts immer neue Avantgarden gegen das realistische Erzählen aufgestanden, doch blieben selbst sie auf es fixiert, als auf das Gegenmodell, vor dessen Folie ihre Erzählexperimente allererst ihr spezifisches Profil gewannen. Die Literatur der letzten Jahrzehnte zeigt, daß die Formensprache des Realismus darüber nichts von ihrer prägenden Kraft eingebüßt hat, ja es scheint, als sei sie heute präsenter denn je, nicht nur in der Unterhaltungsliteratur, die ohnehin ganz von ihren Möglichkeiten lebt, auch in der Literatur mit künstlerischem Anspruch.

Erzähltheorie und Realismus

Für das ungebrochene Weiterleben der Erzählformen des Realismus zeugt nicht zuletzt die moderne Erzähltheorie, die Narratologie von Günther Müller über Eberhard Lämmert und Franz Stanzel bis zu Gérard Genette.[93] Die meisten der Begriffe, mit denen hier Erzähltexte analysiert werden, sind nämlich an Werken des Realismus entwickelt worden und konnten nur an ihnen entwickelt werden, führen vielfach auch nur ihnen gegenüber zu überzeugenden Ergebnissen, werden dann aber so gehandhabt, als hätte man damit das Wesen allen Erzählens ein für allemal erfaßt, auch das der älteren Epik und der modernen Erzählexperimente. *Das historische Modell des realistischen Erzählens wird im Medium der Erzähltheorie zum Maß aller Dinge* – eine größere Wirkung ist wohl kaum vorstellbar.

Daß sich viele Grundbegriffe der Erzählforschung in der Tat diesem Modell verdanken, sei hier wenigstens an zwei Beispielen erläutert, am

93 Monika Fludernik: Erzähltheorie. Eine Einführung. 3. Aufl. Darmstadt 2006. – Hilary Dannenberg: Die Entwicklung von Theorien der Erzählstruktur und des Plot-Begriffs. In: Ansgar Nünning (Hrsg.): Literaturwissenschaftliche Theorien, Modelle und Methoden. Trier 1995, S. 51–68.

Begriff der *Perspektive* bzw. der Fokalisierung und an den Aspekten des Zeitregimes. Die Frage, ob eine Begebenheit aus der Sicht eines „auktorialen Erzählers“ oder aus der einer der involvierten Figuren oder wechselnder Figuren erzählt wird und ob diese aus größerer oder kleinerer Distanz auf das Geschehen blicken, macht im Grunde erst Sinn, nachdem sich jene stoffliche Verdichtung, jene Versinnlichung und Verleiblichung der erzählten Welt vollzogen hat, auf die es der Realismus mit seinem exzessiven Beschreiben abgesehen hat. *Erst wenn die Darstellung in einem bestimmten Maße zur Simulation sinnlicher Wahrnehmung geworden ist, stellt sich die Frage nach dem Standort*, von dem aus wahrgenommen wird, und damit nach der Perspektive des Erzählens. Wo sich die erzählte Welt nicht in Szenen mit scharf umrissenen Konturen und einer klaren Raumordnung auskristallisiert, wie das in der älteren Literatur und in den experimentellen Texten der Moderne die Regel ist, da behält die Frage nach der Fokalisierung immer etwas Aufgesetztes, Erzwungenes und führt kaum je zu belastbaren Ergebnissen.

Ähnliches gilt für die Untersuchung des *Zeitregimes*, also für die Frage, ob sich ein Erzähltext an die Chronologie der Ereignisse hält oder von ihr abweicht und Umstellungen vornimmt, Früheres später und Späteres früher erzählt. *Auch von Umstellungen kann man nur reden, wo die erzählte Welt dank einläßlichen Beschreibens einen bestimmten Grad von räumlich-stofflicher Konsistenz angenommen hat*, schon allein deshalb, weil sie nur hier dem Leser bewußt werden, nur hier als ein Formzug zur Geltung kommen, der der Lektüre seinen Stempel aufdrückt. Es mag wohl sein, daß alles Erzählen eine natürliche Neigung zur Chronologie hat, doch ist es ihm ebenso selbstverständlich gegeben, in Vor- und Rückgriffen über die erzählte Zeit zu verfügen, nämlich so mit ihr zu verfahren, wie es der sachliche Zusammenhang der dargestellten Begebenheiten erfordert. Wo die Schauplätze nicht ein Maß an leiblich-sinnlicher Konkretheit gewinnen, das ihnen eine eigene Aufmerksamkeit verschafft und damit die Logik der Ereignisse zeitweilig in den Hintergrund treten läßt, wo die erzählte Welt räumlich-stofflich porös bleibt, da laufen Vor- und Rückgriffe mit unter, ohne weiter aufzufallen.

Das Erzählmodell Fontanes

Was es konkret bedeutet, wenn sich das Erzählen im Namen der Sinnlichkeit auf das Beschreiben gründet, sei nun noch an einem der prominentesten Erzählmodelle des Realismus erläutert, an dem von Theodor Fontane.[94] Es handelt sich dabei in der Tat um ein Modell, um eine Technik der Darstellung, derer sich der Autor mit größter Regelmäßigkeit bedient hat und die er dabei mehr und mehr perfektioniert hat. Auf das Beschreiben zu setzen, heißt bei ihm zunächst und vor allem, *die Geschichte so weit wie möglich in Szenen aufzulösen* und so viel wie möglich von dem, was der Leser erfahren muß, um den Handlungs- und Problemzusammenhang erfassen zu können, in diese Szenen hineinzupacken. Das ist hier im Grunde nicht anders als beim *Film*, und in der Tat wirken Fontanes Romane in manchem bereits filmisch. Aber natürlich sind sie zu einer Zeit geschrieben worden, da vom Film noch nichts zu ahnen war, geschweige denn von dessen Siegeszug durch die Welt der Medien und Künste. Um so bemerkenswerter ist es, daß das Erzählen hier schon filmische Züge annimmt.

Die Darstellung der einzelnen Szenen beginnt fast immer mit der *Beschreibung der Szenerie* – eines Straßenzugs, eines Anwesens, eines Hauses, eines Zimmers – um von hier aus zu den Figuren überzugehen, die sich gerade in ihr aufhalten, und diese bei einer Beschäftigung zu zeigen, die ebensowohl typisch für sie selbst wie für den Schauplatz ist. Die Beschreibung der Szenerie ist so angelegt, daß man bei ihrer Lektüre bereits eine Menge über die Figuren erfährt. Ein Raum kann viel über die Menschen sagen, die in ihm leben; wie sie ihm ihren Stempel aufdrücken, indem sie ihn für ihre Bedürfnisse und Interessen, Ansprüche und Wünsche zurichten, so prägt er seinerseits ihre Lebensform, bestimmt er die Möglichkeiten und Grenzen ihres Handelns. Das macht sich ein realistischer Erzähler wie Fontane auf jede erdenkliche Weise zunutze. So sind die Räume, die er mit den Mitteln der Beschreibung vor den Leser bringt, mit einer subtilen *Symbolik* aufgeladen, dank derer das Innere der Figuren nach außen gekehrt wird und die oftmals mehr über ihre Charaktere und Schicksale sagt als alles andere.

Auch die *Figuren* selbst bringt er dem Leser vielfach nur durch die Beschreibung ihres Äußeren nahe, und sodann durch die Darstellung

94 Charlotte Jolles: Theodor Fontane. 4. Aufl. Stuttgart Weimar 1993. – Christian Grawe, Helmuth Nürnberger: Fontane-Handbuch. Stuttgart 2000.

dessen, was sie tun und sagen. Wo immer es sich machen läßt, verzichtet er auf die Möglichkeit, sie direkt, mit Begriffen von abstrakter Allgemeinheit wie schön, häßlich, klug, dumm, stark, schwach, einfühlsam, dickfellig, schwerblütig, lebenslustig zu charakterisieren. Statt dessen beschreibt er eben ihr Aussehen, ihr Mienenspiel, ihre Kleidung, ihre Gewohnheiten und ihr Gebaren, wobei er mit Vorliebe auf Momente individueller Besonderheit eingeht. Daraus kann der Leser dann auf bestimmte Eigenschaften schließen und sich so allmählich an ein Charakterprofil herantasten. Als Realist setzt Fontane so weit wie möglich auf die *Mittel der indirekten Charakterisierung*. Mit ihnen will er erreichen, daß nicht nur Schemen, nicht nur Charaktertypen vor den Leser hintreten, sondern lebendige Menschen.

„Epische Objektivität"

Mit alledem kultiviert er einen Darstellungsstil, der einer zentralen Forderung der Romanpoetik des Realismus zu entsprechen sucht, dem Postulat der „epischen Objektivität". Damit ist natürlich eine *andere Objektivität* gemeint *als die der Wissenschaft*, eine, die allenfalls indirekt, über das sachliche Sehen, mit dieser verknüpft ist, die nämlich weniger um der Erkenntnis willen vor das Objekt führt als vielmehr, weil sie die Sinne und die „Gefühlsader" ins Spiel bringen will. Der Leser soll *zunächst sehen und fühlen und dann erst urteilen*, er soll nicht durch Begriffe von abstrakter Allgemeinheit zu einem schnellfertigen Urteil verleitet werden, das ihn mit einem Salto mortale über das unübersichtliche Gelände des sinnlich Gegebenen hinwegspringen läßt, um auf dem sicheren Boden allbekannter Ideen zu landen.

Insofern ist einem Darstellungsstil wie dem Fontanes jener *vitalistische Soupçon gegen die Begriffe* eingeschrieben, der bei *Nietzsche*, etwa in dessen Schrift *„Über Wahrheit und Lüge im außermoralischen Sinne"* (1873), theoretisch ausgearbeitet wird. Begriffe töten das Leben, indem sie vom Fleisch des Besonderen abstrahieren und nur das Skelett des Allgemeinen übriglassen – das gilt hier wie dort. Wem es um das Leben zu tun ist, der wird deshalb alles daransetzen, um von Formen des Darstellens wegzukommen, die sich von einem Begriff zum nächsten hangeln, und dazu dürfte sich kaum ein besseres Mittel finden als das der *„dichten Beschreibung"* (Clifford Geertz).

4.4 „Augenfest“ und „Weltfrömmigkeit“

Die Festszenen in Kellers „Verlorenem Lachen“

Damit zurück zu Keller und zu der Frage, wie er den Helden seines „Verlorenen Lachens“ vom Verlust der Illusionen zu neuem Lebensmut, vom sachlichen Sehen zum ästhetischen Schauen, vom „Weltschmerz“ zur „Weltfrömmigkeit“ gelangen läßt. Bei der Suche nach einer Antwort machen wir uns zunutze, daß Keller den Gang der Entwicklung durch drei große Festszenen markiert hat, die durch ein dichtes Netz von Äquivalenz- und Kontrastbeziehungen aufeinander verweisen. Die ersten beiden dieser Szenen haben wir bereits kennengelernt; fehlt noch die dritte.

Wie wir gesehen haben, wird in der *ersten Festszene* ein *Bild der Harmonie und des Glücks* entworfen; das Individuum erlebt sich im Einklang mit seinem unmittelbaren Gegenüber, mit der Gesellschaft und der Natur und so auch mit sich selbst. Dieses Erleben ist freilich nur *„schöner Schein“*, denn es verdankt sich der Ausnahmesituation eines Fests, bei dem der „Ernst des Lebens“ außer Kraft gesetzt ist und die „Heiterkeit der Kunst“ den Ton angibt. Das wird offenbar, nachdem der Alltag wieder eingekehrt ist; der „Ernst des Lebens“ bringt sich mit aller Macht zur Geltung und fegt den „schönen Schein“ hinweg, bewirkt eine *Desillusionierung.* Das Ergebnis sind jene Verhältnisse, die in der *zweiten Festszene* zur Darstellung kommen, Verhältnisse, die in allem das genaue Gegenteil dessen bezeichnen, was in der ersten gezeigt worden ist: das Individuum ist mit seinem Nebenmenschen und der Gesellschaft zerfallen, die Gesellschaft wiederum mit der Natur, jeder ist mit sich selbst uneins – ein *Bild der Disharmonie und des Unglücks.*

Der *dritten Festszene* obliegt es nun, an den Tag zu bringen, daß die Welt weder so ist, wie sie in der ersten Festszene scheint, noch so, wie sie sich in der zweiten gebärdet, genauer: daß sie beides zugleich ist und insofern keines von beidem, und damit die *Möglichkeit eines „neuen Glücksgefühls“* (KLS 617) aufzuzeigen. Auf den ersten Blick sind an ihr freilich die *Merkmale eines Fests* kaum zu erkennen. Denn da ist keine Festgemeinde in der Ausnahmesituation eines Fests; da sind nur Jukundus und Justine, die sich, nachdem sie einander durch Zufall wiederbegegnet sind, an einem gewöhnlichen Sonntag zu einem gemeinsamen Spaziergang aufmachen, um sich auszusprechen und ihr Verhältnis ins reine zu bringen. Im Text wird jedoch ausdrücklich festgehalten, daß sie zu diesem Spaziergang aufbrechen, „als ob es zu einem Feste ginge". Als sie auf ihrem Weg eine Baumschule passieren, wird diese mit einer „festlichen Versammlung" verglichen. Und als sie nach vollbrachter Wanderung bei den Großeltern Justines einkehren, kommt es dort zu einem „Versöhnungsfest", bei dem sich „alles" erneut um „das versöhnte schöne Paar" herum „versammelt". Es fehlt also nicht an Hinweisen, die den Vergleich mit den ersten beiden Festszenen nahelegen.

Gänge über Land

> Der folgende Tag war ein Sonntag, der mit dem schönsten Junimorgen aufging. Justine war mit der Sonne wach; sie rüstete und schmückte sich, als ob es zu einem Feste ginge, indem sie gegen ihre letzte Gewohnheit das Haar in reiche Locken ordnete, ein duftiges helles Sommerkleid anzog, auch den Hals mit etwelchem reichem Schmucke bedachte. So ging sie, ungesehen von den noch schlafenden Ihrigen, den Weg nach der Höhe, das Gesicht leicht gerötet und rüstigen Schrittes. (KLS 618)

Es gibt bei Keller eine ganze Reihe von Beispielen für einen Gang über Land, wie er im folgenden beschrieben wird. Das bekannteste Beispiel, zugleich das umfangreichste, findet sich in *„Romeo und Julia auf dem Dorfe"*. Auch diese Novelle endet nämlich mit einer ausgedehnten Fußwanderung des zentralen Liebespaars, und hier umfaßt sie sogar ein Drittel des gesamten Texts. Anders als im „Verlorenen Lachen" führt sie allerdings nicht zu einem „Versöhnungsfest" im Kreis der Familie, sondern zu einem einsamen Liebestod.

Von diesem Ende abgesehen, sind die beiden Gänge über Land aber durchaus vergleichbar – eine weitere der zahllosen Kontrastbeziehungen, die den zyklischen Charakter der „Leute von Seldwyla" begründen. Beide geben sie Gelegenheit zur ungestörten, vollen *Entfaltung des ästhetischen Schauens*, entwickeln sie sich zu wahren „Augenfesten", und beide gestalten sich damit zum Ausdruck von „Weltfrömmigkeit". Im Gang über Land vollzieht sich hier wie dort so etwas wie die *Inbesitznahme der Welt*. Die Liebenden lassen alles hinter sich, was sie beschwert, bewegen sich immer weiter von ihm fort, und in solcher Bewegung tut sich vor ihnen die Schönheit der Welt auf, eine Schönheit, die sie erstmals ganz erfahren, sich erstmals ganz zu eigen machen. In der gemeinsamen Lust des Schauens spüren sie jeder sich selbst und den anderen, kommen sie einander so nahe wie nie zuvor, und indem sie sich auf solche Weise gemeinsam „des Lebens freuen“, erschließt sich ihnen, was die Basis von alledem ist: das Geheimnis des Lebens, das Wunder des Daseins.

Die existentielle Dimension des Landgangs wird zunächst dadurch herausgearbeitet, daß die *Weite des Raums* betont wird; fast möchte man von Weltraum sprechen. Denn der Raum, der sich vor den Wanderern öffnet, ist von einem geheimnisvollen Wohlklang erfüllt, der an die alte Vorstellung von der Musik der Sphären gemahnt, jener Sphären, die nach Auffassung der antiken Kosmologen den Himmel bilden. Genauer gesagt, ist abwechselnd von „Wohlklang“ und von der *„Stille der Welt“* die Rede. Der Raum ist „still“, weil sich die Stimme des Menschen in ihm verliert, die Menschensprache ihn nicht zu fassen bekommt, geschweige denn zu durchdringen vermag; und er ist voller „Wohlklang“, weil er auch so und gerade so vom Menschen als etwas erfahren werden kann, das ihm nahekommt und ihn berührt. Die Welt geht ihm auf in der Stille, als ein Geheimnis, das mit Worten nicht zu enträtseln ist, sich aber sehr wohl dem Körper- und Lebensgefühl mitzuteilen vermag. Inbesitznahme der Welt heißt hier also: *Herausfallen aus allen Systemen der Welterklärung*, ja aus der Sprache überhaupt, *Einkehr in die Welt als Geheimnis*, und in solcher Einkehr Innewerden der eigenen Lebendigkeit, der Kostbarkeit des je eigenen einmaligen Lebens.

Keller schildert dieses Erleben als ein *quasi-religiöses Geschehen*; nicht umsonst läßt er beide Landgänge an einem Sonntag stattfinden und dabei immer einmal wieder die Kirchenglocken läuten. Er gibt dem aber eben nur eine quasi-religiöse Bedeutung, keine, die wirklich religiös zu nennen wäre; es geht um ein innerweltliches Geschehen, nicht um Transzendenz, um einen „Himmel auf Erden“ und nicht im Jenseits – mit einem Wort: es geht um „Weltfrömmigkeit“, nicht um die fromme Hinwendung zu Gott. Anderes ist bei einem Autor, der „den Atheismus poetisch respektabel machen“ will, ja auch nicht zu erwarten.

Der Landgang in „Romeo und Julia auf dem Dorfe“

In „Romeo und Julia auf dem Dorfe“ beginnt der Gang der Liebenden über Land wie folgt:

> Bald waren sie auch im freien Felde und gingen still nebeneinander durch die Fluren; es war ein schöner Sonntagmorgen im September, keine Wolke stand am Himmel, die Höhen und die Wälder waren mit einem zarten Duftgewebe bekleidet, welches die Gegend geheimnisvoller und feierlicher machte, und von allen Seiten tönten die Kirchenglocken herüber, hier das harmonische tiefe Geläute einer reichen Ortschaft, dort die geschwätzigen zwei Bimmelglöcklein eines kleinen armen Dörfchens. Das liebende Paar vergaß, was am Ende dieses Tages werden sollte, und es gab sich einzig der hoch aufatmenden wortlosen Freude hin, sauber gekleidet und frei, wie zwei Glückliche, (d)ie sich von Rechts wegen angehörte(n), in den Sonntag hineinzuwandeln. (KLS 127–128)

Und so erschließt sich den beiden nach und nach „die geheimnisvolle schöne Welt“.

> Die Stille der Welt sang und musizierte ihnen durch die Seelen, man hörte nur den Fluß unten sacht und lieblich rauschen im langsamen Ziehen.
> „Wie schön ist es da ringsherum! Hörst du nicht etwas tönen, wie ein schöner Gesang oder ein Geläute?“
> „Es ist das Wasser, das rauscht! Sonst ist alles still.“
> „Nein, es ist noch etwas anderes, hier, dort hinaus, überall tönt's!“
> „Ich glaube, wir hören unser eigenes Blut in unsern Ohren rauschen!“
> Sie horchten ein Weilchen auf diese eingebildeten oder wirklichen Töne, welche von der großen Stille herrührten oder welche sie mit den magischen Wirkungen des Mondlichts verwechselten, welches nah und fern über die weißen Herbstnebel wallte, welche tief auf den Gründen lagen. (KLS 146–147)

Über solcher Einkehr in das Geheimnis der Welt vollzieht sich eine *„Lebenssteigerung“ (Nietzsche)*, die es möglich macht, des Lebendigseins überhaupt, der einmaligen Existenz innezuwerden. In den Liebenden wird, wie es im folgenden Abschnitt heißt, „ein bestimmtes Entweder-Oder“ „leidenschaftlich lebendig“ – bei der Wendung „Entweder-Oder“ mag man an die gleichnamige Schrift (1843) von *Søren Kierkegaard* (1813–1855) denken, dem Stammvater der modernen Philosophie der Existenz – ein „unmittelbares Sein oder Nichtsein“, in dem sie „unmittelbar Tod oder Leben“ vor sich sehen. Eine „glühende Klarheit“ „erhellt“ ihnen „die Sinne“ (KLS 147); „aller Sorgen ledig“ geben sie sich ganz dem „Rausch der Seligkeit“ (KLS 148) hin – der „Himmel auf Erden“, wenn auch nur für eine Nacht.

„Stille der Nacht“

Es gibt ein Gedicht von Keller, in dem das gleiche Erleben in lyrischer Form gestaltet wird, und mit ganz ähnlichen Bildern und sprachlichen Wendungen.[95] Es findet sich bereits in den „Gedichten“ von 1846; offensichtlich handelt es sich um eine Erfahrung, die Keller ein Leben lang beschäftigt hat, die ein zentraler Antrieb seines Schreibens war. In der letzten Fassung lautet das Gedicht:

Stille der Nacht

Willkommen, klare Sommernacht,
Die auf betauten Fluren liegt!
Gegrüßt mir, goldne Sternenpracht,
Die spielend sich im Weltraum wiegt!

Das Urgebirge um mich her
Ist schweigend, wie mein Nachtgebet;
Weit hinter ihm hör ich das Meer
Im Geist und wie die Brandung geht.

Ich höre einen Flötenton,
Den mir die Luft von Westen bringt,
Indes herauf im Osten schon
Des Tages leise Ahnung dringt.

Ich sinne, wo in weiter Welt
Jetzt sterben mag ein Menschenkind –
Und ob vielleicht den Einzug hält
Das viel ersehnte Heldenkind.

Doch wie im dunklen Erdental
Ein unergründlich Schweigen ruht,

95 Gert Sautermeister: Die Lyrik Gottfried Kellers. Exemplarische Interpretationen. Berlin, New York 2010.

Ich fühle mich so leicht zumal
Und wie die Welt so still und gut.

Der letzte leise Schmerz und Spott
Verschwindet aus des Herzens Grund;
Es ist, als tät der alte Gott
Mir endlich seinen Namen kund.[96]

Das Gedicht spricht von einem Moment, in dem ein Ich mit sich und seinem Leben einverstanden ist, von einem *Moment erfüllten Daseins*: „Der letzte leise Schmerz und Spott verschwindet aus des Herzens Grund“. Es handelt sich freilich nur um einen Moment, um ein zeitlich begrenztes Erleben. Das wird besonders deutlich, wenn man in der Sammlung von Kellers Gedichten weiter liest, denn da folgt das Gedicht „Unruhe der Nacht“ auf „Stille der Nacht“, und da ist von ganz anderen Erfahrungen die Rede. Von so etwas wie Glück zu reden heißt nicht von einem Dauerzustand zu reden, der sich ein für allemal erobern ließe, sondern von einem besonderen Ereignis.

Rückgriff auf religiöse Vorstellungen

Der Moment des Einklangs mit sich und der Welt wird auch hier als ein quasi-religiöser dargestellt: „Es ist, als tät der alte *Gott* mir endlich seinen Namen kund“. Quasi-religiös heißt: es wird nur vergleichsweise, im Modus des Als-Ob von Gott gesprochen, es ist nicht wirklich eine religiöse Erfahrung gemeint. Die Nacht soll ja auch eine stille sein, eine, in der kein Wort zu hören ist, auch nicht irgendein Name Gottes. Das gleiche gilt von dem *Nachtgebet*, von dem zu Beginn die Rede ist; es ist ein „schweigendes“ Gebet, will sagen: da wird nicht wirklich ein Gebet gesprochen. Und noch ein drittes religiöses Motiv wird im Modus des Als-Ob aufgerufen, das vom „Einzug“ des „vielersehnten *Heldenkinds*“, eine uralte Vorstellung, älter selbst als das Christentum mit seinem „Heldenkind“ Jesus. Sie findet sich zum Beispiel schon in der 4. Ekloge des römischen Dichters *Vergil*, einer Idylle aus dem Jahr 40 v. Chr.; da verbindet sich mit ihr der Gedanke vom Anbruch

96 Gottfried Keller: Gedichte. Hrsg. v. Kai Kauffmann. Frankfurt 1995, S. 386–387.

eines neuen Goldenen Zeitalters, von der Einkehr in ein Leben voller Frieden, Harmonie und Glück.

Der Rückgriff auf religiöse Vorstellungen hat hier wie überall bei Keller eine dreifache Funktion. Zunächst läßt sich das dargestellte Erleben so in eine *Aura höchster Bedeutsamkeit* tauchen, unter das Vorzeichen eines letzten Ernstes rücken. Zugleich kann es so in einem bestimmten Sinn durchmodelliert werden: es ist ein Erleben, das durch eine *gesammelte Haltung* ausgezeichnet ist, wie sie zum Gebet gehört, über dem sich das Rätsel des Lebens zu lösen und *Fülle des Sinns* zu erschließen scheint, wie das der Gläubige in der Hinwendung zu Gott erfahren mag, und bei dem ein Frieden über den Menschen kommt, wie ihn das Goldene Alter verheißt. Und sodann können die *Bestände des religiösen Lebens* so einem aufgeklärten Verständnis zugeführt werden, nämlich *auf einen säkularen anthropologischen Kern zurückgeführt* werden, der nach Auffassung eines Feuerbachianers aller religiösen Überformung vorausliegt.

Einkehr in das Rätsel des Lebens

Das Erleben, das auf solche Weise zur Darstellung kommt, ist letztlich das gleiche wie in den Gängen über Land: eine vom ästhetischen Schauen getragene Inbesitznahme der Welt, zu verstehen als Einkehr in das „unergründliche Schweigen“ des Kosmos, in das Rätsel des Lebens. Kann ich die Welt auch nicht durchschauen, so kann ich sie doch schauen und mich in solcher Schau meines In-der-Welt-Seins, meiner Existenz vergewissern. Und wenn mir dabei die beglückende Erfahrung des Schönen zuteil wird, werden die allbekannten Sinnfragen vollends ihre beunruhigende, bedrängende Macht über mich verlieren; wer glücklich ist, braucht keinen Sinn. *Das Rätsel des Daseins löst sich, indem es als Rätsel angenommen wird, und das gelingt am besten im Erlebnis des Schönen.*

Eine Urszene des Lebens

Wie in den Novellen ist es auch in „Stille der Nacht“ das Innewerden der *Weite des Raums*, was solches Erleben auf den Weg bringt, und hier ist denn auch ausdrücklich von „Weltraum“ die Rede. Dieser „Weltraum“ geht dem lyrischen Ich zunächst über dem Anblick des Sternenhimmels auf, und sodann über den Geräuschen der Stille, über der Sphärenmusik, die von überallher auf es eindringt und die es bald an Meeresrauschen und bald an einen Flötenton gemahnt. Die Motive der „Luft von Westen“ und des Lichts „im Osten“ – der „leisen Ahnung“ „des Tages“ – vertiefen den Eindruck, sich inmitten eines Raums von unermeßlicher

Weite zu befinden. Wir haben es hier also mit dem genauen *Gegenbild einer Idylle* zu tun. Da ist kein nach außen begrenzter, überschaubarer, mit vertrauten Gegenständen möblierter Raum, der Geborgenheit verheißt, sondern ein Raum, der nach allen Seiten offen ist und in jeder Richtung in gleich unbekannte, undurchdringliche, „unergründliche“ Weiten führt, und gerade hier, im Schweigen der Welt, will sich das lyrische Ich zu Hause fühlen. Denn es spricht nicht etwa von Gefühlen des Ausgesetztseins und der Verlorenheit; vielmehr erklärt es: „Ich fühle mich so leicht zumal und wie die Welt so still und gut“.

Ein Moment erfüllten Daseins. Warum er dem lyrischen Ich gerade hier und gerade jetzt zuteil wird, ist unschwer zu erkennen. Es sieht sich auf einem Schauplatz und in einer Situation angekommen, die es unmittelbar mit den *elementaren Gegebenheiten des Daseins* konfrontieren und so allererst recht zu sich selbst bringen. Das „Urgebirge“, „weit hinter ihm“ „das Meer“, darüber der Sternenhimmel, darunter das „dunkle Erdental“, zugleich erschlossen und verborgen durch „Luft“ und Licht von fernher – das ist nichts weniger als eine Urszene des Lebens, eine Landschaft der Existenz. Das zeigt sich auch darin, daß an ihr unschwer die vier Elemente Erde, Wasser, Feuer (Licht) und Luft auszumachen sind, aus denen nach alter Vorstellung alles Seiende gemacht ist. Und so stellen sich wie von selbst Gedanken an die *Grenzen des Daseins* ein, an Geburt und Tod, den „Einzug“ und das „Sterben“ der „Menschenkinder“.

Das alles wird dem lyrischen Ich in der „Stille der Nacht“ gegenwärtig, und weil es ihm im Raum eines „unergründlichen Schweigens“ aufgeht, in dem alles menschliche Fragen und Antworten an sein Ende gekommen ist, kann in ihm nach und nach jenes *kreatürliche „Ja zum Leben“* aufleben, das alle Lebewesen in sich haben, das ihnen immer schon im Leibe steckt und von dem in dem Geschwätz der Welt, ihrem ewigen Reden und Rechten oft kaum noch etwas zu spüren ist. Insofern ein Moment des Einverständnisses mit dem Dasein – wohlgemerkt: mit dem Dasein und nicht etwa mit der Gesellschaft. Das muß eigens vermerkt werden, da man es immer einmal wieder mit Interpreten zu tun bekommt, die sich viel darauf zugute halten, daß sie das nicht unterscheiden können.

Eine Feier des ästhetischen Schauens

Auch dem ästhetischen Schauen, das die Basis solcher „Weltfrömmigkeit“ ist, hat Keller ein Gedicht gewidmet, und wie „Stille der Nacht“

kann es dabei helfen, die Gänge über Land besser zu verstehen. In ihm greift er die alte Vorstellung von den *Augen als den Fenstern der Seele* auf, die sich etwa schon bei dem griechischen Philosophen Aristoteles findet, um sie mit dem zu verbinden, was er in seinen Briefen den *„Gedanken des wahrhaften Todes"* nennt. Was Leben, Dasein, In-der-Welt-Sein heißt, teilt sich mir wesentlich dadurch mit, daß ich mich als einen Sehenden erlebe, als einen, dem die Dinge der Welt im Schauen präsent werden und nahekommen, der sie im Schauen erfahren und genießen kann. Und ich werde das Leben um so besser erfassen, um so aufmerksamer wahrnehmen und um so mehr zu schätzen wissen, wenn ich mir klar mache, daß es mit diesem Schauen einmal ein Ende hat, und zwar ein für allemal, ohne Aussicht auf Verlängerung in einem Jenseits.

Abendlied

Augen, meine lieben Fensterlein,
Gebt mir schon so lange holden Schein,
Lasset freundlich Bild um Bild herein:
Einmal werdet ihr verdunkelt sein!

Fallen einst die müden Lider zu,
Löscht ihr aus, dann hat die Seele Ruh;
Tastend streift sie ab die Wanderschuh,
Legt sich auch in ihre finstre Truh.

Noch zwei Fünklein sieht sie glimmend stehn
Wie zwei Sternlein, innerlich zu sehn,
Bis sie schwanken und dann auch vergehn,
Wie von eines Falters Flügelwehn.

Doch noch wandl ich auf dem Abendfeld,
Nur dem sinkenden Gestirn gesellt;
Trinkt, o Augen, was die Wimper hält,
Von dem goldnen Überfluß der Welt![97]

---

97 Ebenda, S. 407.

„Moments of being“

Was Keller in den *Gängen über Land* zur Darstellung bringt, ist zunächst nichts anderes als jene Einkehr in die „Stille der Welt“, in der den Sinnen der „goldne Überfluß der Welt“ aufgeht und sich „moments of being“ (Virginia Woolf) einstellen, Momente der Ankunft im Leben, im je eigenen Leben ebensowohl wie im Leben überhaupt. Was immer hinter und vor den Liebenden liegen mag – sie sind noch da, sie leben noch, finden sich in einem Hier und Jetzt wieder, das sich erleben und genießen läßt, und so „trinken“ sie in vollen Zügen, „was die Wimper hält“.

> So wandelte sie (Justine) in bänglich froher Erwartung in die Sonntagsmorgenstille hinein. Die Erde war überall, wo man hinsah, mit Blumen bedeckt, von den eben verblühenden Bäumen wehten die Blüten hinweg, wenn ein Lufthauch sich erhob. Jetzt begannen die Kirchenglocken in der Nähe und in der Ferne zu läuten, rings um den langhin gedehnten See, in den weißschimmernden Ortschaften; die tiefen vollen Töne der mächtigen Glocken flossen zusammen und erfüllten weit und breit die Luft wie ein unendliches Klangmeer, welches an das klopfende Herz Justines hinanschwoll und es in seine Tiefe zurückzuziehen drohte. Allein sie kehrte nicht zurück, sondern eilte, getragen von den tönenden Wogen, dem Manne (Jukundus) entgegen, der jetzt im Scheine der Morgensonne raschen Schrittes herankam. Sobald sie einander gewahrten, kehrte das verloren gewesene Lachen in ihre Gesichter zurück, und sie umarmten und küßten sich herzlich.
>
> Ohne darauf zu achten, wohin sie gingen, gerieten sie auf einen Waldpfad und bestiegen Arm in Arm die oberste Höhe des Berges, während sie in gegenseitigem Geplauder sich alles erzählten, was ihnen widerfahren und was sie gelebt und gedacht über die Zeit ihrer Trennung. Das Glockengeläute verlor sich indessen allmählich durch die hinter ihnen liegenden Waldungen sowie durch das endliche Aufhören, und als der letzte Ton mit einem einzelnen Nachschlag verhallte, wurden sie doch der tiefen Stille inne, welche jetzt eintrat. (KLS 618–619)

Ein Rückfall in den Romantizismus?

Man hat gelegentlich behauptet, Keller habe die *Wendung ins Positive*, die er seinen Helden am Ende des „Verlorenen Lachens“ zuteil werden läßt, angesichts alles dessen, was er zuvor an negativen Zügen der modernen Gesellschaft herausgearbeitet hat, nur noch dort ansiedeln können, wo nichts mehr an die Gesellschaft erinnert, in der *„freien“*, *„unberührten Natur“*; er habe sich entgegen seinen erklärten Intentionen auf ein Konzept der Romantik zurückziehen müssen, um die „Poesie des Herzens“ überhaupt noch einmal zur Geltung bringen zu können und seine literarische Arbeit nicht vollends der „Prosa der Verhältnisse“ anheimfallen zu lassen. Und in der Tat sind Jukundus und Justine nun allein unterwegs, ist von dem „Volk“, das die ersten beiden Festszenen beherrscht, nichts mehr zu sehen.

Der Schauplatz des „Versöhnungsfests“ ist freilich alles andere als die „unberührte Natur“. Das gilt übrigens nicht weniger für „Romeo und Julia auf dem Dorfe“; auch da führt der Gang über Land nicht etwa in die „freie Natur“, sondern lediglich in das *„freie Feld“*, auf die „Fluren“ bebauten Landes. So auch hier; zwar bewegt sich das Paar immer tiefer in einen Wald hinein, doch erweist sich auch dieser als bebautes Land, ist auch er ein Gegenstand und *Zeuge der gesellschaftlichen Arbeit*, ist insofern selbst in ihm die Gesellschaft immer noch präsent. Das wird den Protagonisten angesichts einer Baumschule bewußt, an der sie ihr Weg vorüberführt, ja gerade diese *Baumschule* wird für sie zum Anlaß, sich Rechenschaft von ihren Erfahrungen in und mit der Gesellschaft zu geben. Dazu gehört, wie wir uns erinnern, nicht zuletzt auch das „Baumschlachten“ von Seldwyla, das den Niedergang von Jukundus' Holzhandel besiegelt; im Bezugssystem der Novelle fungiert die Baumschule als Kontrapunkt eben jenes „Baumschlachtens“.

> Sie befanden sich am Rande einer geräumigen Waldlichtung, die eine schön gepflegte Baumschule umfaßte. In wohlgeordneten Reihen standen Tausende und wieder Tausende von winzigen Weißtännchen, Rottännchen, Fichtchen, Lärchlein, kaum drei bis vier Zoll hoch, die ihre hellgrünen Köpfchen emporstreckten und einer festlichen Versammlung vieler Kleinkinderschulen glichen. Dann standen die gereihten Scharen kniehoher, dann brusthoher Bäumchen, wie wackere Knabenschulen, bis ein Heer mannshoher Buchen-, Eichen-, Ahornjünglinge folgte und im Rücken derselben die schützende Gemeinde der alten Hochwaldbäume die Versammlung abschloß. Die ganze Pflanzschule war so sorgfältig und zierlich gehalten wie der Garten eines großen Herren, obwohl sie nur einer bäuerlichen Genossenschaft gehörte; die feierliche Stille erhöhte

den überraschenden Eindruck, welchen der Anblick einer liebevollen Sorge hervorbrachte, die nicht mehr für das eigene Leben, sondern für ein kommendes Jahrhundert, für die Enkel und Urenkel waltete.

Im durchsichtigen Schatten junger Ahornstämmchen war von den Forstleuten eine Ruhebank angebracht worden, auf welche Jukundus und Justine sich niederließen, den tröstlichen Anblick schweigend und ruhevoll genießend.

„Siehst du", sagte endlich Jukundus, indem er Justinens Hände ergriff, „so wie wir uns nur wieder gefunden haben, sehen wir gleich, daß die Welt überhaupt nicht so schlimm ist, als sie sich gerne stellen möchte. Alle diese hastigen und harten Selbstsüchtigen geben sich eigentlich doch alle ihre Mühe nur für ihre Kinder und erfüllen sogar Pflichten der Vorsorge für die ihnen unbekannten künftigen Geschlechter!" (KLS 619–620)

Ein realistisches Bild der Gesellschaft

Es ist die gleiche Gesellschaft, die hier ein „Baumschlachten" veranstaltet und dort eine Baumschule betreibt, in der hier die „Selbstsucht" auf das schnelle Geld ausgeht und dort der „Gemeinsinn" mit Umsicht und langem Atem Vorsorge betreibt, sich hier der „wirre Lärm" einander „durch- und überkreuzender" Interessen, das Hauen und Stechen der großen und kleinen Verteilungskämpfe breitmacht und dort geduldig an geordneten Verhältnissen und zukunftsführenden Entwicklungen gearbeitet wird. Beide Seiten muß man gleich gut im Auge haben, wenn man in ihr bestehen will, und womöglich nicht nur bestehen, sondern sich einen Platz erobern, der den eigenen Potentialen und Ansprüchen genügt. Die Gesellschaft ist weder eine gute Mutter, die ihre Kinder in Liebe und Fürsorge durchs Leben hätschelt, noch eine böse Stiefmutter, von der ausschließlich Gemeinheiten zu erwarten sind. Insofern ist es ebenso falsch, den anderen überall mit einem Lachen zu begegnen, wie ihnen immer nur mit einem Schmollen entgegenzutreten. *Die romantischen Träume von Schönheit und Glück gehen genauso in die Irre wie die Alpträume der „schwarzen Romantik"*; es kommt darauf an, die Füße auf die Erde zu setzen, die Augen aufzumachen und mit klarem Blick und gefestigtem Selbstbewußtsein seine Chancen zu ergreifen.

„Weltfrömmigkeit"

Die Position, zu der Jukundus und Justine mit solchen Einsichten gelangt sind, wird in den letzten Passagen der Versöhnungswanderung durch einen *Rückblick auf die Auseinandersetzung mit der Religion* weiter ausgebaut und befestigt. Der Pfarrer von Schwanau hatte allen, die sich wie Jukundus auf einen Weg weg von Religion und Kirche begeben hatten, eine äußerst ungünstige Prognose gestellt – Worte, die man im Ohr haben muß, wenn man die Schilderung des Gangs über Land liest.

> „Da geht er nun so hin, der Dieser und Jener, der Gleichgültling, der Indifferentist, der Stölzling. (…) Freilich weiß er nicht, wie dürr der Pfad ist, auf dem er so dahinwandelt, an welchem keine Sonntagsglocken läuten, auf dem keine Ostern und keine Auferstehung blüht, nicht die Auferstehung des Fleisches meine ich, sondern die Auferstehung des Geistes, die ewige Ostern des Herzens! Es geht ihm auch darnach! Kein Segen begleitet ihn, sein Gemüt verbittert sich (…).“ (KLS 568)

Der Landgang zeigt, daß der Weg von Jukundus und Justine alles andere als ein „dürrer Pfad“ ist, daß ihnen sehr wohl „Sonntagsglocken läuten“ und eine „Auferstehung des Geistes“ und ein „Ostern des Herzens“ zuteil werden, wenn auch in einem anderen Sinn als dem vom Pfarrer gemeinten. Was sie zum Leben brauchen und vom Leben erwarten, suchen sie nicht mehr in dem *engen, besonderen Raum einer Kirche*, in der ein Schriftgelehrter, ein hauptamtlicher Verwalter der Sinnfragen das große Wort führt, sondern in dem *weiten, „glänzenden und stillen Weltsaal“*.

> „Hast du mich auch noch ein bißchen lieb?“ erwiderte Justine (…). Jukundus blickte in die Ferne und sah durch ein paar Tannenwipfel hindurch eine Spanne des blauen Horizontes mit einem länglichen weißen Gebäude schimmern, das mehr zu ahnen als zu erkennen war.
>
> „Kannst du jenes weißglänzende Ding sehen?“ sagte er, „es ist einst ein Kloster gewesen, das vor siebenhundert Jahren ein Rittersmann zum Gedächtnis seiner Frau gestiftet hat, als sie ihm gestorben war. Er selbst ging in das Haus hinein und verließ es in seinem Leben nicht wieder. So lieb bist du mir, wie dem seine Frau war, obgleich ich in kein Kloster gehen würde, wenn ich dich verlöre. Aber der ganze glänzende und stille Weltsaal wäre für mich das Gotteshaus deines Gedächtnisses, deine Grabkirche!“ (KLS 620)

Das „Wissen aller um alles"

Der „ganze Weltsaal" als „Kirche" – das ist eben, worauf der Begriff der „Weltfrömmigkeit" zielt. Zu diesem Gedanken gehört wesentlich ein zweiter mit dazu, den sich Jukundus bereits früher erobert hat, der vom „Wissen aller um alles". Mit seinem Auszug aus der Kirche will er vor allem der Einsicht Rechnung tragen, daß, was die letzten Fragen anbelangt, niemand mehr wisse als der andere und deshalb niemand den anderen zu „behirten" habe. Diese Vorstellung wiederum ist für ihn aufs engste mit dem Begriff der *Demokratie* verbunden, auf eben jene Weise, die wir bereits aus Kellers Briefen kennen. Wo alle gleich viel oder gleich wenig wissen, da kann nur das Prinzip der Republik als legitim gelten, im Himmel wie auf Erden. In diesem Sinne jedenfalls äußert sich Jukundus in einem Gespräch mit der Großmutter Justines, wo er sich erstmals an so etwas wie einem Glaubensbekenntnis versucht. Angesichts der Übereinstimmungen, die seine Rede mit Kellers Briefen aufweist, wird man wohl kaum fehlgehen, wenn man in ihr die Position des Autors selbst vermutet.

> „Ich glaube, der Sache nach habe ich wohl etwas wie Gottesfurcht, indem ich Schicksal und Leben gegenüber keine Frechheit zu äußern fähig bin. Ich glaube nicht verlangen zu können, daß es überall und selbstverständlich gut gehe, sondern fürchte, daß es hie und da schlimm ablaufen könne, und hoffe, daß es sich dann doch zum Bessern wenden werde. Zugleich ist mir bei allem, was ich auch ungesehen und von andern ungewußt tue und denke, das Ganze der Welt gegenwärtig, das Gefühl, als ob zuletzt alle um alles wüßten und kein Mensch über eine wirkliche Verborgenheit seiner Gedanken und Handlungen verfügen oder seine Torheiten und Fehler nach Belieben totschweigen könnte. Das ist einem Teil von uns angeboren, dem andern nicht, ganz abgesehen von allen Lehren der Religion. Ja, die stärksten Glaubenseiferer und Fanatiker haben gewöhnlich gar keine Gottesfurcht, sonst würden sie nicht so leben und handeln, wie sie wirklich tun.
>
> Wie nun dieses Wissen aller um alles möglich und beschaffen ist, weiß ich nicht; aber ich glaube, es handelt sich um eine ungeheure Republik des Universums, welche nach einem einzigen und ewigen Gesetze lebt und in welcher schließlich alles gemeinsam gewußt wird. Unsere heutigen kurzen Einblicke lassen eine solche Möglichkeit mehr ahnen als je; denn noch nie ist die innere Wahrheit des Wortes so fühlbar gewesen, das in

> diesem Buche hier (der Bibel) steht: In meines Vaters Hause sind viele Wohnungen!" (KLS 555–556)

Es ist nur konsequent, wenn die Rede über das „Wissen aller um alles" mit einem Bekenntnis zum *Pluralismus* endet. Wo niemand mehr weiß als der andere, da muß man hinnehmen, ja geradezu dafür dankbar sein, daß unter den Menschen so verschiedene Wahrheiten unterwegs sind, die so viele verschiedene Lebensstile begründen. Um so wichtiger ist es, die Gesellschaft gemäß den Prinzipien von Republik und Demokratie einzurichten.

Diese Überlegungen werden am Schluß des Versöhnungsgesprächs von Jukundus und Justine noch einmal aufgegriffen, um bekräftigt und vertieft zu werden. Damit ist dann die Schlußposition der Novelle erreicht, und mit ihr das Ende des gesamten Zyklus.

> Wie sie nun so sich umfaßt hielten und eine Weile schwiegen, sagte Justine unversehens: „Jukundus, was wollen wir nun mit der Religion oder mit der Kirche machen?"
>
> „Nichts", antwortete er. Nach einigem Sinnen fuhr er fort: „Wenn sich das Ewige und Unendliche immer so still hält und verbirgt, warum sollten wir uns nicht auch einmal eine Zeit ganz vergnügt und friedlich still halten können? Ich bin des aufdringlichen Wesens und der Plattheiten aller dieser Unberufenen müde, die auch nichts wissen und mich doch immer behirten wollen. Wenn die persönlichen Gestalten aus einer Religion hinweggezogen sind, so verfallen ihre Tempel und der Rest ist Schweigen. Aber die gewonnene Stille und Ruhe ist nicht der Tod, sondern das Leben, das fortblüht und leuchtet, wie dieser Sonntagsmorgen, und guten Gewissens wandeln wir hindurch, der Dinge gewärtig, die kommen oder nicht kommen werden." (KLS 621)

5 Literatur und Nationalismus

Wir sind mit der Novelle „Das verlorene Lachen" von Gottfried Keller bereits weit in die zweite Hälfte des 19. Jahrhunderts vorgedrungen. Nun wollen wir uns noch einmal in seine erste Hälfte zurückbegeben, in die Zeit noch vor dem Vormärz, um von hier aus einem Phänomen nachzugehen, das in unserem Bild von der Literatur des 19. Jahrhunderts kein weißer Fleck bleiben darf, wenn wir ihr wirklich nahekommen wollen: dem Nationalismus. Denn *das 19. Jahrhundert begriff die Literatur wesentlich als ein nationales Unternehmen.* Es sah in ihr die „eigentliche Habe der Nation" (Immermann), den reinsten und vollkommensten Ausdruck der nationalen Identität und das wichtigste Medium zur Ausarbeitung, Verbreitung und Befestigung des Nationalbewußtseins, und das hat überall im literarischen Leben seine Spuren hinterlassen.

Auch hier wollen wir uns wieder durch *Immermann* an die Verhältnisse in der ersten Jahrhunderthälfte heranführen lassen. Zunächst wollen wir uns noch einmal an die Fersen von Hermann, dem Helden der „Epigonen", heften, um mit seinen Augen zu verfolgen, wie sich der nationale Gedanke seinerzeit in den Köpfen festsetzte. Und sodann wollen wir auch einen Blick auf Immermanns zweiten Roman „Münchhausen" werfen, denn da bekommen wir es mit einem Helden zu tun, der sich anders als Hermann mehr und mehr der Vorstellungswelt des Nationalismus öffnet und verschreibt.

5.1 Das Bild der Nationalbewegung bei Immermann

5.1.1 „Die Epigonen"

Schon daß der Protagonist der „Epigonen" Hermann heißt, verweist auf den nationalen Aufbruch in den ersten Jahrzehnten des

19. Jahrhunderts. Es waren ebendiese Jahre, in denen der *Name Hermann* in Deutschland in Mode kam, im Gedenken an Hermann den Cherusker, an Arminius, jenen Germanenfürsten, der nach dem Zeugnis des römischen Historikers Tacitus im Jahr 9 n. Chr. im Teutoburger Wald die römischen Truppen geschlagen und damit verhindert hat, daß sich das Römische Reich die Siedlungsgebiete der Germanen einverleibte. An ihn ist allenthalben erinnert worden, nachdem Napoleon das Deutsche Reich zerschlagen und unter seine Kuratel gebracht hatte. Wie Hermann und seine Germanen die Römer aus Deutschland herausgeworfen hatten, so wollte man nun gegen Napoleon und dessen Franzosen antreten. Demgemäß wurde Hermann-Arminius damals zu einer populären Figur, avancierte er im kulturellen Gedächtnis der Deutschen zum ersten ihrer Nationalhelden – kein Nationalismus ohne Nationalhelden. Und so begannen nicht nur nationalbewußte Deutsche ihre Söhne Hermann zu nennen, sondern auch Autoren ihre Protagonisten.

Ein neues Nationalgefühl

Bei seinen Reisen durch Deutschland gelangt Immermanns Hermann auch in das Haus eines Lehrers, eines Rektors. Während seines Aufenthalts taucht dort ein geheimnisvoller, kränklich und abgerissen wirkender Fremder auf, bei dem es sich, wie sich später herausstellt, um den in den Wirren der Napoleonischen Kriege vermißten Sohn des Rektors handelt. Wie so viele junge Deutsche seiner Generation war er in der Zeit der Herrschaft Napoleons in dessen Armee eingetreten – ob freiwillig, aus Begeisterung für die Ziele der Französischen Revolution oder infolge der Zwangsrekrutierungen, die Napoleon vornehmen ließ, wird nicht ganz klar – hatte dessen Kriege vom Spanien- bis zum Rußlandfeldzug mitgemacht, war in Rußland gefangengenommen, nach Sibirien verschleppt und als Zwangsarbeiter in einem Bergwerk festgehalten worden – einer der Spätheimkehrer, wie man sie auch aus der Zeit nach dem Zweiten Weltkrieg kannte. Er war also in eben den Jahren nicht in seiner deutschen Heimat, in denen sich dort der nationale Aufbruch vollzog, hat nichts von diesem Aufbruch mitbekommen. Das wird bei einem Gespräch offenbar, das er im Beisein Hermanns mit dem Stellvertreter seines Vaters, dem Konrektor, führt, einem Mann, in dem das neue Nationalbewußtsein bereits auf das Entschiedenste Fuß gefaßt hat.

„Sie sollten uns etwas von Ihren Abenteuern erzählen", sagte der Schulmann. „Was hat Sie so lange in Spanien zurückgehalten? Warum kehrten Sie nicht gleich nach den Friedensschlüssen (nach dem Wiener Kongreß) heim? Es muß eine wunderbare Empfindung für Sie sein, das Land, welches Sie unter dem Faustdrucke des Despotismus (der Herrschaft Napoleons) betäubt verließen, nun verjüngt, im fröhlichen Regen aller Kräfte wiederzusehn."

„Mein Herr", versetzte der Fremde, „ich weiß von dieser wunderbaren Empfindung, wie Sie sich ausdrücken, wenig zu sagen. Ich hörte überall nur, wo ich einkehrte, wie ehedem über die schlechten Zeiten klagen."

„Das ist der Widerhall von dem Liede der Demagogen", antwortete der Konrektor kaltblütig, indem er sich mit Behaglichkeit zurechtsetzte und seine Pfeife anzündete; denn er rauchte, wie der Rektor, außer den Schulstunden fast beständig. – „Wir sind Deutsche worden, treu, fromm, guter Art, in aller löblichen Kunst und Wissenschaft fleißig. Welch ein Abstand zwischen sonst und jetzt! Es gibt wirklich Erscheinungen in der Menschenwelt, die einem das, was die (altgermanischen) Sagas von Zauber und Verblendung melden, ganz glaublich und natürlich darstellen. Wie wäre es ohne einen solchen Zauber gedenkbar, daß ein kleiner, unansehnlicher Mensch, dem die Tücke aus dem Auge blickte (Napoleon), von einer altberüchtigten Insel (Korsika) her die Menschen, Völker, Fürsten auf seine Seite bringen konnte, obgleich ein jeder wußte, daß er von ihm hintergangen werde."

Hermann erinnerte halblaut den andern, daß dieses Gespräch dem Fremden schwerlich angenehm sein werde; jener aber war im Eifer, ließ sich nicht stören und rief: „Wer deutsche Luft atmet, muß deutsch Wort vernehmen können. Wer an seinem Vaterlande dem Erobrer (Napoleon) zuliebe ein Verräter werden konnte, muß sich selbst seines Irrtums schämen, blieb noch ein Funken richtigen Gefühls in ihm."

Der Fremde rückte unruhig hin und her und rief: „Mein Herr, es ist leicht, hinterher zu richten! Vaterland! Wir sind beide nicht alt genug, um viel von der Zeit zu wissen, die jener Periode vorherging, welche Sie die verblendete zu nennen belieben. Doch scheinen Sie noch jünger zu sein als ich. Vaterland! Ich erinnre mich, daß man an das Vaterland nur dachte, wenn die Soldaten Gassen laufen (Spießruten laufen) mußten, wenn die Accisebeamten (Zollbeamten) am Tore visitierten, oder wenn der Edelmann dem Bürgerlichen vorgezogen wurde. (...) Ich komme aus der Fremde, bin unbekannt mit den jetzigen Verhältnissen; aber ich

> meine immer, nach einer großen Tyrannei kann nichts andres als die Tyrannei der Kleinen oder ein wildes Getreibe befreiter Knechte folgen." (IW 3, 229–230)

Der Spätheimkehrer muß feststellen, daß sich während seiner Abwesenheit in Deutschland ein Nationalgefühl breitgemacht hat, von dem zuvor noch kaum etwas zu spüren war. *„Wir sind Deutsche worden"*, bekommt er von seinem Gegenüber zu hören, will sagen: wir Deutsche sind uns unserer nationalen Eigenart bewußt geworden und leben und weben nun ganz im Bewußtsein dieser Eigenart. Daß der „Schulmann" zu deren Kennzeichnung vor allem altgediente Schultugenden benennt – „Treue", „Frömmigkeit", „Gutartigkeit", „Fleiß in Kunst und Wissenschaft" – wirft ein bezeichnendes Licht auf seinen Nationalismus. „Wir sind Deutsche worden" – das heißt auch: wir sind uns erst jetzt unseres „Deutschtums" bewußt geworden, im Kampf gegen den „Tyrannen" Napoleon und die Fremdherrschaft der Franzosen, in der Zeit der sogenannten Befreiungskriege; vorher waren wir noch nicht soweit, trotz alles dessen, was es früher schon an nationalen Regungen gegeben haben mag.

Der Konflikt zwischen Nationalismus und Liberalismus

Auf seine Weise bestätigt der Fremde diesen Befund, indem er daran erinnert, daß man in den Jahrzehnten zuvor allenfalls dann des deutschen „Vaterlands" gedacht habe, wenn man damit konfrontiert war, wie rückständig es war, wie ungerecht seine Gesellschaftsordnung, wie brutal sein Militär und wie altmodisch seine Verkehrs- und Wirtschaftsformen; wie hätte man da so etwas wie Nationalstolz empfinden sollen! Damit verbindet sich für ihn die Frage, die für ihn die entscheidende ist: ob der Durchbruch des nationalen Gedankens bedeute, daß es mit alledem besser geworden wäre, daß die Macht nicht mehr in den Händen von „Tyrannen" läge und die Deutschen nicht mehr die Mentalität von „Knechten" hätten, ihren berühmt-berüchtigten Untertanengeist überwunden hätten. Das Hohe Lied des Konrektors auf „deutsche Tugenden" wie Treue, Frömmigkeit und Fleiß läßt ihn offensichtlich anderes vermuten. Nur wenn das, was die Nationalisten die *Befreiung Deutschlands* nennen, als *Befreiung der Deutschen* zu verstehen wäre, wenn es den Freiheitswillen und die Freiheitsrechte des einzelnen Deutschen gestärkt hätte, würde er sich mit dem neuen Nationalstolz anfreunden können. Was will die Rede vom Ausleben nationaler Eigenart besagen, wo nicht jeder Einzelne seine Eigenart ausleben kann!

„Demagogen“ und Demagogenverfolgung

Auf solche Weise läßt Immermann im Gespräch zwischen dem Fremden und dem Konrektor einen Konflikt aufbrechen, der zu einem der neuralgischen Punkte im politischen und kulturellen Leben des 19. Jahrhunderts werden sollte: den Konflikt zwischen Liberalismus und Nationalismus. Zunächst wollten diesen freilich die wenigsten wahrhaben. Das gilt zumal für die *Demagogen*, von denen der Konrektor spricht. Damit zielt er auf die verschiedenen Gruppen von Intellektuellen, von denen die politische Unruhe zu Zeiten des Vormärz ausging, die der Unzufriedenheit mit den Verhältnissen Ausdruck verliehen und diese damit im Fluß hielten. Sie umfaßten weite Teile der *akademischen Intelligenz*, insbesondere der Studentenschaft, die seit den Befreiungskriegen in hohem Maße politisiert war und sich in Burschenschaften und anderen Verbindungen mit politischem Profil organisiert hatte, aber auch gar nicht so wenige von ihren Professoren, und sodann alle die Journalisten und Literaten, die wie die *Vormärz-Dichter* dem „System Metternich“ kritisch gegenüberstanden.

Diese „Demagogen“ bekannten sich vielfach sowohl zum Liberalismus als auch zum Nationalismus, sowohl zu den Idealen der Französischen Revolution – „Freiheit, Gleichheit, Brüderlichkeit“ für den Einzelnen – als auch zu denen der Befreiungskriege – „Einigkeit und Recht und Freiheit für das deutsche Vaterland“ – so als handele es sich dabei um die gleichen Forderungen. Soviel war daran immerhin richtig, daß man sich mit beidem gleichermaßen bei der Obrigkeit unbeliebt machte. Denn die Fürsten des Deutschen Bundes konnten die Forderung nach einem einheitlichen deutschen Nationalstaat nur als Anschlag auf ihre Souveränität begreifen und das Einklagen der Bürgerrechte als Versuch zur Eingrenzung ihrer Handlungsspielräume und Machtmittel. Und so gingen sie spätestens seit den *Karlsbader Beschlüssen* von 1819 gemeinsam an die Verfolgung derer, die sie als „Demagogen“, als Volksverhetzer brandmarkten. Bekannt ist der Fall der *Göttinger Sieben*, der sieben Professoren der Universität Göttingen, die 1837 nach dem Protest gegen die Aufhebung der Verfassung im Königreich Hannover ihre Ämter verloren. Zu ihnen gehörten übrigens auch drei der ersten Germanisten, die Brüder *Jakob und Wilhelm Grimm* und *Georg Gottfried Gervinus* – kein Wunder, denn Nationalismus und Liberalismus gehörten zur Grundausstattung der neuen Wissenschaft.

Das Schicksal eines „Demagogen“

Auch Immermanns Hermann gerät bei Gelegenheit an „Demagogen“, nämlich an die Mitglieder einer verbotenen studentischen Verbindung.

> Indessen näherte sich Hermann, auf seinem (...) Rößlein kleine Tagereisen mit Behaglichkeit machend, dem mittleren Deutschland. (...)
>
> Eines Tages gesellte sich ein Fußwandrer zu ihm. Der Mann trug einen Rock, wie ihn Jahn vorschreibt, hinten zu, vorn offen, ging im bloßen Halse, mit langen, herabwallenden blonden Locken; aus dem offnen, treuherzigen Gesichte strahlten die schönsten blauen Augen. Anfangs war das Gespräch zwischen ihnen ziemlich unbedeutend; als aber Hermann bei dem Anblicke eines Zollpfahles sich in freien Scherzen erging, nahm es einen ernsthafteren Charakter an. Bald wurden die Verhältnisse besprochen, an welche die Unzufriedenheit in unsrem Vaterlande gleich einer Schmarotzerpflanze sich festgesogen hat. Hermann, der noch nicht gelernt hatte, sich zurückzuhalten, gab seine Meinungen zu vernehmen, und man tauschte gegeneinander die gefährlichsten Dinge aus. (...)
>
> (Plötzlich fing der Fremde) an zu weinen, umschlang Hermanns Nacken und rief: „O Freund, Sie sehen in mir eines der Schlachtopfer des Despotismus! Was habe ich dir getan, mein Vaterland, daß du mich also verfolgst? Warum dürfen die Füße deines wärmsten Freundes den heiligen Boden nicht unverzagt betreten? Die Schelme sitzen an der Tafel und prassen, und die Kinder des Hauses irren in der Wüste umher.“
>
> „Fassen Sie sich“, sagte Hermann, betroffen über diesen unerwarteten Auftritt, „und entdecken Sie mir, wer Sie sind!“
>
> „Ich bin ein politischer Flüchtling“, versetzte der Fremde. „Gequält, gehetzt von den Schergen der neununddreißig Tyrannen, weiß ich oft nicht, wohin ich mein Haupt legen, wo ich den Bissen für meinen Mund gewinnen soll. Jetzt ist mir Österreich vor allen auf der Spur; denn unter seinen Fäusten litt ich zuletzt. Und was habe ich getan? Ich liebte Deutschland. Was ist meine Schuld? Ich wollte die Enkel Hermanns, vor denen Roms Legionen zitterten, aus ihrer unseligen Zerrissenheit, aus dem jammervollen Schlafe der Schmach, in den sie versunken sind, emporrütteln helfen. Das Mark unsrer Brüder wird von seidnen Knechten ausgesogen; wer, der ein Herz hat, kann es mit ansehn, ohne sich zu rühren.“

Hermann antwortete, nicht ohne Mitleid: „Obgleich ich ungeachtet meiner vorigen Scherze die auflösenden Gesinnungen nicht teile, welche diesen Reden zum Grunde liegen, so weiß ich doch die Stimmung sehr wohl zu würdigen, aus welcher sie entstehen mußten. Kann es Sie erleichtern, so erzählen Sie mir Ihre Geschichte und seien Sie versichert, daß ich nichts dagegen habe, wenn Sie das Meinige wie das Ihrige betrachten."

„Ist es so?" rief der Fremde mit einem feurigen Blicke. „Wohl mir, ich habe wieder einen Edlen gefunden! Nein, Teuts Volk kann nicht untergehn, in dem so viel Milde und Kraft sich paart. Sind wir nicht die Einzigen, die in ihren uralten Sitten unvermischt blieben? O, wenn ich daran denke, so wird mir groß zu Mute!"

Da Hermann nach der Erzählung verlangte, so willfahrte ihm der Fremde und berichtete ihm seine Schicksale, die aber fast nur in Wanderungen durch die Kerker verschiedner Länder bestanden. Er streifte seinen Arm auf und zeigte die Spuren seiner Fesselwunden; dann erhob er das Antlitz gen Himmel und rief mit glänzendem Gesichte: „Ja, mein Ideal! An meinem Ideale will ich halten, ob auch die Welt zerbricht. So willst du treulos von mir scheiden? Wer steht mir tröstend noch zur Seite? Du meines Lebens goldne Zeit! Beschäftigung, die nie ermattet! Mit deinen holden Phantasien!"

Er schien von seinen Gefühlen und Erinnerungen ganz außer Fassung gesetzt worden zu sein, beugte sich auf Hermanns Hand und schluchzte heftig. Dieser suchte den Weinenden mit den freundlichsten Reden zu beruhigen. „Trösten Sie sich", sagte er, „es wird noch alles gut; diese Verwicklungen der Gegenwart können nicht immer dauern; wer weiß, wie bald Sie Ihrer jetzigen Not entkommen." – „Das hoffe ich auch", versetzte der andre, immer noch weinend: „Was ist des Deutschen Vaterland? Ist's Steierland, ist's Bayerland? Ist's, wo des Marsen Rind sich streckt? Ist's, wo der Märker Eisen reckt? O nein, nein, nein, mein Vaterland muß größer sein!" (IW 3, 348–353)

Die Vorstellungswelt des Nationalismus

Wes Geistes Kind Hermanns Reisebekanntschaft ist, gibt sich bereits an ihrer Kleidung zu erkennen: der Fremde trägt einen Rock, „wie Jahn ihn vorschreibt". Damit ist *Friedrich Ludwig Jahn* (1778–1852) gemeint, der sogenannte „Turnvater" Jahn, einer der populärsten Propagandisten des Nationalismus. Dieser hat der deutschen Eigenart nicht nur mit seiner Turnbewegung auf die Sprünge helfen wollen, sondern auch mit anderen lebensreformerischen Impulsen wie der Einführung einer Kleidung, die die von Frankreich beherrschte Mode ablösen und durch eine Gewandung ersetzen sollte, die er zugleich als urdeutsch und natürlich verstand.

Bezeichnenderweise entzündet sich das Gespräch zwischen Hermann und dem Fremden am Anblick eines Grenzpfahls; das erinnert die beiden sogleich an das geteilte Deutschland, an seine Aufteilung unter 39 Fürsten, die „neununddreißig Tyrannen". Und so kommt es zu einem Gedankenaustausch, bei dem der Fremde einen Allgemeinplatz des nationalromantischen Denkens an den anderen reiht. Er beschwört das Vorbild *Hermanns*, des Cheruskers; er nennt die Deutschen das *„Volk Teuts"*, identifiziert sie also, was sich durchaus nicht von selbst versteht, mit den Germanen[98] – der wegen des Gleichklangs mit „Teutschland" zu „Teut" verballhornte Tuisto oder Ymir figuriert in bestimmten germanischen Mythen als Ur- und Stammvater der Germanen – er bekennt sich zu der Vorstellung, mit der man seinerzeit eine besondere Stellung der Deutschen zu begründen suchte, zu dem Gedanken, sie seien *„die Einzigen, die in ihren uralten Sitten unvermischt blieben"*, sie seien das einzige wahrhaft „ursprüngliche", von aller „Durchmischung und Durchrassung" freigebliebene Volk in Europa; er zitiert, wenn auch auf verworrene, sinnwidrige Weise, die *deutschen Klassiker*, nämlich *Schillers* Gedicht *„Die Ideale"* – „So willst du treulos von mir scheiden mit deinen holden Phantasien" – und er schließt mit einer Strophe des Lieds, das zum Inbegriff des Verlangens nach einem einheitlichen Nationalstaat geworden war, mit den Versen *„Was ist des Deutschen Vaterland?"* von *Ernst Moritz Arndt* (1769–1860).

Unter „Demagogen"

Unter solchen Reden gelangen Hermann und sein Begleiter schließlich zu einem einsam gelegenen Wirtshaus, in dem der geheime Bundestag einer verbotenen studentischen Verbindung stattfindet; Hermann gerät also nun in ein Epizentrum des nationalliberalen Widerstands.

98 Michael Titzmann: Die Konzeption der „Germanen" in der deutschen Literatur des 19. Jahrhunderts. In: Jürgen Link, Wulf Wülfing (Hrsg.): Nationale Mythen und Symbole in der zweiten Hälfte des 19. Jahrhunderts. Stuttgart 1991, S. 118–143.

(Das Wirtszimmer) war von einem Dampfe erfüllt, welcher beinahe die Lichter auslöschte. Um den Tisch saßen sechszehn junge Leute, Bier trinkend und Tabak rauchend.

Hermann erkannte bald an den polnischen Röcken, bloßen Hälsen, an den Sammetbaretten und bunten Pfeifentroddeln die Studenten. Er verwunderte sich über den tiefen Ernst, womit diese Jünglinge ihr stummes Geschäft verrichteten. Niemand von ihnen sprach ein Wort; nur jezuweilen schlug einer oder der andre den Wirt zutraulich-derb auf die Schulter und sagte: „Bier!" Ihr Präses (Vorsitzender), der am obern Ende des Tisches saß, ein starker vierschrötiger Mensch, rief aber bei solchen Gelegenheiten: „Mehr Cerevis (lateinisch Bier), eherner Roche!" Der wohlbeleibte glänzende Wirt bediente sie mit gelenkiger Schnelligkeit, warf ihnen allerhand Scherzreden ins Gesicht, ohne jedoch irgend einen aus seiner Haltung zu bringen. In der Ecke des Zimmers strickte ein Frauenzimmer, sah den Präses mit wehmütigen Blicken an und stieß schwere Seufzer aus.

Hermann erwartete von Minute zu Minute den Beginn eines Kommersliedes; aber die ganze Studentengesellschaft blieb so stumm und ernst, wie sie bei seinem Eintritte gewesen war. Er wandte sich endlich mit der höflichen Frage an den Präses, ob die Herren auf einer Ferienwanderung begriffen seien.

Der Präses erhob sich, warf ihm einen wilden Blick zu und versetzte dann in rauhem Tone: „Der deutsche Mann hat keine Ferien. Es ist jetzt nicht an der Zeit, zu lottern, sondern zu wirken. Ich bin aus Mecklenburg und heiße Brüggemann."

„Diese Antwort finde ich etwas sonderbar", sagte Hermann.

„Sonderbar? Tusch (eine Beleidigung, die nur durch ein Duell zu sühnen ist)!" riefen alle einhellig, und der Mecklenburger raunte seinem Nachbar etwas ins Ohr. Das Frauenzimmer stand auf, nahm ein Licht, gab Hermann mit ängstlicher Miene einen Wink und ging hinaus. Er folgte ihr.

In einem abgelegnen Zimmer erwartete sie ihn. Zu seinem höchsten Erstaunen warf sie sich ihm hier zu Füßen und rief: „ Sie sind ein edler Mann, ich lese Menschlichkeit in ihren Blicken. Retten Sie die Armen, ich beschwöre Sie darum. Ich liebe den Mecklenburger und kann sein Verderben nicht sehn."

„Lassen Sie mich zuvörderst wissen, wovon hier die Rede ist", sagte Hermann.

„Es sind Demagogen", versetzte das Frauenzimmer. „Der Herr weiß, worin die Anziehungskraft unsres Gasthofes für diese Jünglinge liegt. Das

> ist nun schon der vierte Bundestag, welcher bei uns abgehalten wird, und immer sind bald darauf die Unglücklichen hier oder in der Nähe festgenommen worden und werden doch nicht scheu, sich in den Rachen der Klapperschlange zu stürzen. Endlich habe ich das furchtbare Geheimnis entdeckt: mein Vater, der Entsetzliche, schenkt ihnen das Bier ein und verrät sie der Polizei."
>
> „Wenn die Sachen so stehn, so sollten Sie Ihren Geliebten warnen", antwortete Hermann.
>
> „Wer sind Sie, daß Sie mir dieses raten?" rief das Frauenzimmer pathetisch. „Kennen Sie Ziegenhainer (Knotenstöcke aus Ziegenhain), mein Herr? Die Wütenden würden den Greis mit Schlägen bedecken. Nein, eine Tochter, welche den eignen Vater seinen Feinden zu überantworten im stande ist, verdient diesen Namen nicht, den heiligsten in der ganzen weiten Natur. Ich heiße Thusnelde und bin ein deutsches Mädchen." (IW 3, 356–358)

Auch die Wirtstochter ist mit dem Hermann-Mythos vertraut; sie identifiziert sich mit *Thusnelda*, der Frau Hermanns. Überdies weiß sie das *„Vaterlandslied"* von *Klopstock* zu zitieren, das mit dem Vers „Ich bin ein deutsches Mädchen" beginnt.

> „Eine Närrin bist du und heißest Sophie Christine", sagte der Wirt, der lachend in die Stube trat. „Marsch fort! Was steckst du hier mit dem fremden Herrn zusammen?"
>
> „Die Bücher haben ihr den Kopf verdreht", sagte er zu Hermann. Dieser versetzte: „Sie sprach von Ihnen und von den jungen Leuten, und ich wollte wünschen, es wäre nicht wahr, was sie mir entdeckt hat".
>
> „Der liebe Gott segnet mein Haus mit Demagogen, wie er andre Häuser mit Kindern oder Schätzen segnet", sagte der Gastwirt behaglich. „Es gibt gar kein dümmeres Vieh als Studenten. Sie wissen, daß ihre Kameraden immer hier aufgehoben worden sind, und doch rennt es noch beständig hieher. Es geht mit des Himmels Segen zu. Ich bekomme gute Extrapräsente, und das Allgemeine Ehrenzeichen kann mir in ein vier, fünf Jahren durchaus nicht entgehn." (IW 3, 358)

Hermann kehrt in die Wirtsstube zurück, wo der Mecklenburger gerade das Wort ergriffen hat.

„Die Zeit ist groß, wir müssen Großes leisten, um vor ihr groß zu bestehn. Eingreifen müssen wir in ihre Räder, mit dem Strome schwimmen und die Dämme und Klippen zerbrechen, welche die Hölle ihnen in den Weg türmt. Jetzt sind wir daran, das Volk aufzuklären. Frisch, frei, fromm, fröhlich, das ist immer die Hauptsache. Auf einen Kopf oder ein paar krummgeschloßne Knochen kommt es dabei nicht an; mehr als totmachen können sie uns nicht."

„Wie weit seid ihr denn gediehen?" fragte Hermann.

„Das Reich ist eingeteilt; es geht wieder in die zehn Kreise nach Homanns Karte", erwiderte der Demagoge. „Das war das Sicherste. Die Festungen sind unser; der Ölmüller hat einen geheimen Gang neben seinem Teiche, und der Major wird Großfeldherr. Ich nehme Mecklenburg hin, ausgenommen Güstrow, was Schneppe aus Greifswald nicht fahren lassen wollte. Berlin wird niedergerissen, und Jahn baut die neue Hauptstadt an der Elbe. Er wird auch Obermeister der Zucht; aber das Turnen bleibt vorderhand abgestellt; denn wir wollen nichts übertreiben. In der Bundeskasse haben wir dreiundsechzig Taler; es kann alle Tage losgehn."

„Was führt euch aber eigentlich hier zusammen?" fragte Hermann.

„Die letzte Frage, welche noch zu entscheiden ist", erwiderte der Demagoge. „Morgen wird bestimmt, was aus den Fürsten werden soll, ob wir sie alle erstechen müssen, oder ob man wenigstens in betreff einiger Gnade vor Recht ergehen lassen kann. In der Buschmühle tagen wir; fehle ja nicht in der Versammlung!" (IW 3, 360–361)

Das Bild, das Immermann von den studentischen „Demagogen" zeichnet, ist von Glorifizierung ebensoweit entfernt wie von Dämonisierung, ist weder dazu angetan, die Hoffnungen zu bestätigen, die die Unzufriedenen in sie setzten, noch die Härte zu rechtfertigen, mit der sie die Obrigkeit verfolgte. Er zeigt eine Gruppe von jungen Leuten, denen „die Bücher den Kopf verdreht" haben, die sich einer abenteuerlichen politischen *„Schwärmerei"* ergeben und darüber den Boden unter den Füßen verloren haben. Da ist viel guter Wille, viel „Idealismus" und Opfermut, aber noch mehr Naivität, eine Weltfremdheit, hinter der die schiere Verzweiflung lauert. Das mannhafte Gehabe, das die Studenten an den Tag legen, und die markigen Reden, die sie führen, lassen nur um so deutlicher fühlen, wie kümmerlich ihre realen Handlungsmöglichkeiten sind. Es sind im Grunde junge

Menschen in Not, große Kinder, die sich verlaufen haben und denen gegenüber „Menschlichkeit" angezeigt wäre und nicht die beinharten Strafmaßnahmen der Obrigkeit.

Ob nun Immermann mit dieser Einschätzung Recht hatte oder nicht – jedenfalls lassen seine „Epigonen" gut erkennen, wie sich die Vorstellungswelt des Nationalismus in der ersten Hälfte des 19. Jahrhunderts in den Köpfen und im Alltag der Menschen breitmachte; wie groß die Wirkung war, die Männer wie Jahn und Arndt mit ihrer Propaganda erzielten, wie populär Mythen wie die von Hermann und Thusnelda und Vorstellungen wie die von den Deutschen als einem Volk von einzigartiger „Ursprünglichkeit" wurden und welche Macht nationale Stereotypen wie die von deutscher „Kraft und Milde", deutschem „Fleiß", deutscher „Treue", „Frömmigkeit" und „Gutartigkeit" über das Denken gewannen.

5.1.2 „Münchhausen"

Noch einen Schritt weiter geht Immermann in seinem zweiten Roman „Münchhausen". Hat er die Umtriebe der Nationalbewegung in den „Epigonen" aus dem Blickwinkel eines Helden geschildert, der sie noch ganz von außen wahrnimmt, mit einer Distanz, die eines Forschungsreisenden, eines Ethnologen oder Kulturgeographen würdig wäre, so konfrontiert er seinen Leser in den „Oberhof"-Kapiteln des „Münchhausen" mit einem Protagonisten, der bald selbst zu einem Teil der Nationalbewegung wird, der sich nämlich immer entschiedener dem verschreibt, was er die *„Idee des unsterblichen Volkes"* nennt. Dabei geht die kritische Zurückhaltung gegenüber der Vorstellungswelt des Nationalismus mehr und mehr verloren. Wie wir bereits gehört haben, sucht Immermann im „Münchhausen" nach einem *Ausweg aus der weltanschaulichen Unruhe* des Vormärz, will er dem von ihm als chaotisch erlebten Pluralismus der Moderne etwas Positives gegenüberstellen, und dieses Positive soll hier nun eben die „Idee des unsterblichen Volkes" sein.

Der Doppelsinn des Volksbegriffs

Was aber heißt Volk?[99] Die deutsche Geschichte, zumal die des 20. Jahrhunderts, hat uns gelehrt, Vorsicht walten zu lassen, wo von

99 Reinhart Koselleck u. a.: Volk, Nation, Nationalismus, Masse. In: Geschichtliche Grundbegriffe. Hrsg. v. Otto Brunner u. a. Bd. 7. Stuttgart 1997,

Volk die Rede ist; wo immer sich jemand auf „das Volk" beruft oder gar von sich behauptet, im Namen „des Volkes" zu sprechen, da schrillen bei uns die Alarmglocken. Und in der Tat ist hier größte Vorsicht geboten. Denn in der Rede vom Volk gehen zwei Begriffe durcheinander, die durchaus Unterschiedliches meinen, und wenn sich die Demagogen und Ideologen, die seit jeher das politische Leben unsicher machen, auf eines verstanden und noch immer verstehen, dann ist es die Kunst, sich einen solchen Doppelsinn zunutze zu machen und mit seiner Hilfe im Trüben zu fischen.

Der Begriff Volk kann nämlich ebensowohl auf die unteren und mittleren Schichten einer Gesellschaft bezogen werden wie auf das Ganze einer Nation. Im ersten Fall meint er die *breite Masse der kleinen Leute* im Unterschied zu den Eliten, zu denen, die dank ihrer Macht, ihres Besitzes oder ihrer Bildung eine herausgehobene Stellung in der Gesellschaft innehaben, im zweiten Fall das *Ganze einer Nation* über alle Schichten hinweg, vom Bettler bis zum König, im Unterschied zu den anderen Nationen. Während er dort dazu dient, den Blick auf die Struktur und die inneren Differenzen einer Gesellschaft zu richten, etwa um den Macht- und Besitzverhältnissen nachzugehen, wird er hier dazu benutzt, die gemeinsame Basis und den inneren Zusammenhalt zu betonen und sich gegen andere Nationen abzugrenzen.

So haben ihn denn auch die, denen es um die „soziale Frage" zu tun war, vor allem in der ersten Bedeutung gebraucht, während bei denen, die sich für die „nationale Frage" engagierten, die zweite Bedeutung im Vordergrund stand. Dabei ist es allerdings nur selten geblieben. Die Versuchung war zu groß, den Doppelsinn von „Volk" zu nutzen, um, wo immer es gelegen kam, die „soziale" in die „nationale Frage" hinüberzuspielen, oder die „nationale" in die „soziale Frage", um so zu tun, als bedeute die Lösung der einen jeweils auch die der anderen; und hier begann eben und beginnt womöglich noch immer das Fischen im Trüben. Nicht umsonst heißt das schlimmste Pestgeschwür der deutschen Geschichte „Nationalsozialismus".

S. 141–431. – Franz-Josef Deiters: Auf dem Schauplatz des „Volkes". Strategien der Selbstzuschreibung intellektueller Identität von Herder bis Büchner. Freiburg u. a. 2006.

Der Volksbegriff des Nationalismus

Dem Nationalismus geht es, wie sein Name schon sagt, in erster Linie um das Volk als Nation. Und so hat er einen Volksbegriff entwickelt, der vor allem Momente umfaßt, die seiner Vorstellung von Nation entsprechen. Bei den Angehörigen eines Volks soll es sich um Menschen handeln, die 1. gleicher ethnischer Herkunft sind und somit so etwas wie blutsverwandt, die *gleichen „Blutes"* sind – „Nation" ist ja eine Ableitung von lateinisch „natus", „geboren", zielt mithin auf einen sozialen Zusammenhang, der auf dem biologischen Faktum der Geburt beruht – die 2. über eine längere Strecke der Geschichte hin in dem gleichen geographischen Raum, auf dem *gleichen „Boden"* zusammengelebt haben und insofern 3. eine Art historischer Schicksalsgemeinschaft bilden, auf gemeinsame geschichtliche Erfahrungen zurückblicken, so daß ihre Lebensformen nicht nur von dem gleichen „Blut" und „Boden", sondern auch von den gleichen Traditionen und Konventionen, von der *gleichen „Sitte"* geprägt sind.

Die Vorstellung vom Nationalcharakter

In solcher Gemeinsamkeit des „Bluts", des „Bodens" und der „Sitte" sieht der Nationalismus eine Wesensverwandtschaft der Volksgenossen gründen, einen Nationalcharakter, der sich irgendwie in allen Individuen eines Volks wiederfinden soll, so unterschiedlich sie auf den ersten Blick auch sein mögen. Diesen Nationalcharakter wiederum hat er sich so ähnlich wie den Charakter eines Individuums vorgestellt. Wie beim einzelnen Menschen soll er auf bestimmten körperlichen Eigenheiten beruhen und bestimmte seelische und geistige Qualitäten in sich begreifen; *einem bestimmten „Volkskörper" sollen eine bestimmte „Volksseele" und ein bestimmter „Volksgeist" zugehören.*

Das ist freilich nicht mehr als eine *Analogie*, und es ist von größter Bedeutung, sich dies bewußt zu halten. Denn wo immer man es vergessen hat – und der Nationalismus hat es nur allzu gerne vergessen – hat das früher oder später fatale Folgen gezeitigt. Ein Kollektiv, eine Gesellschaft hat weder einen Körper, noch eine Seele, noch einen Geist, jedenfalls nicht so wie ein einzelner Mensch, und kann deshalb auch nicht durch Aussagen über körperliche, seelische oder geistige Eigenheiten angemessen gekennzeichnet werden. Was ein Kollektiv an charakteristischen Besonderheiten aufweisen mag, beruht vor allem auf der Kultur, die es sich gegeben hat, auf *Institutionen, Traditionen und Konventionen*, und läßt sich nur von diesen aus begreifen. Einem Kollektiv einen Körper, eine Seele und einen Geist zuzuschreiben, heißt mithin nichts anderes, als soziokulturelle Bestände vergleichsweise *in anthropomorph-organologische Bilder zu fassen*, und das wiederum bedeutet, daß sie stillschweigend naturalisiert werden, daß sie den Status von naturgesetzlichen Gegebenheiten erhalten und damit dem Raum entrückt werden, in dem Menschen die Verhältnisse aushandeln, die ihr Zusammenleben bestimmen.

Das gilt jedenfalls dort, wo sich das Bewußtsein des Analogiecharakters verloren hat, und dazu ist es eben überall gekommen, wo sich der Nationalismus durchgesetzt hat. Das Ergebnis war, daß bestimmte Institutionen, Traditionen und Konventionen das *Ansehen schicksalhafter Gegebenheiten* annahmen, an denen nichts zu ändern wäre, die man nur hinnehmen könnte wie Naturgesetze. Was das für das gesellschaftliche Leben und insbesondere für die Politik bedeutet, kann und muß hier nicht eigens erläutert werden; die Geschichte hat zur Genüge gezeigt, welche Folgen aus einem solchen Denken erwachsen können.

Das „niedere Volk" als Kern der Nation

Der Nationalist denkt in erster Linie an das Ganze einer Nation, wenn er von Volk spricht, aber oft genug meint er damit auch die unteren und mittleren Schichten, ja in der Regel werden die beiden Volksbegriffe von ihm sogar systematisch verknüpft, wozu er sie natürlich erst einmal gegeneinander abgegrenzt haben muß. Die meisten Nationalisten haben nämlich die Auffassung vertreten, daß der *Nationalcharakter in den Unter- und Mittelschichten deutlicher ausgeprägt* sei *als in den Eliten*, zumal in den Kreisen der Intellektuellen, daß das „niedere Volk" überhaupt der harte Kern der Nation sei. Da sich die Eliten dem, was an Moden, an neuen Ideen und Lebensformen aus dem Ausland nach Deutschland gelangt sei – Moden kommen offensichtlich immer aus dem Ausland – stets sehr viel schneller und bereitwilliger geöffnet hätten als alle anderen, ja vielfach geradezu eine Gier nach modischen Neuheiten entwickelt hätten, sei das ursprünglich Deutsche bei ihnen immer wieder in einem Maße von Fremdem überlagert worden, daß dessen Konturen an ihnen kaum noch auszumachen wären. Die breite Masse der kleinen Leute hingegen sei gegen solche Überfremdung weithin resistent gewesen, hätte sich mit größerer Beständigkeit bei der altdeutschen „Sitte" erhalten. Wer also wissen wolle, was deutsch sei, dürfe sich nicht an den Eliten orientieren, müsse sich von ihnen lösen und ins „Volk" zurückbegeben.

Westfalen als urdeutscher Boden

Von einer solchen Rückkehr zum „Volk“ und Einkehr ins „Volk“ handelt auch Immermanns *„Münchhausen“*. Zu diesem Zweck wird der Held, ein junger Mann, der auf der Suche nach seinem Platz im Leben ist und der nur der „Jäger“ genannt wird, ins ländliche Westfalen geführt. Denn Westfalen galt spätestens seit dem 18. Jahrhundert als eine der Regionen, in denen sich die altdeutsche Wesens- und Lebensart, ja die germanischen Wurzeln der Deutschen besonders gut erhalten hätten. Dafür hatte vor allem der Osnabrücker Staatsmann und Schriftsteller *Justus Möser* (1720–1794) gesorgt, mit einer Reihe von Schriften, die seinerzeit großen Anklang gefunden hatten, nicht zuletzt in den Kreisen des Sturm und Drang. Der wichtigste Anhaltspunkt für seine Thesen war, daß sich die *Bauern* in weiten Teilen Westfalens ihre Freiheit hatten bewahren können, während sie fast überall sonst in Deutschland in die Leibeigenschaft von Gutsherren geraten waren. So konnten sie hier noch immer in uralten Formen der Selbstorganisation zusammenleben, in Strukturen, in denen man geradezu germanisches Erbe erblicken wollte. Der deutlichste Ausdruck der bäuerlichen Freiheit war die Institution des *Oberhofs*, die von Immermann in seinem Roman ausführlich beschrieben wird.

Hinzu kam, daß auch der Schauplatz der *Hermannsschlacht*, der Teutoburger Wald, in Westfalen liegt. Und „auf der Hermannsschlacht beruht das gesamte deutsche Wesen“ – so der „Sammler“, ein Hobbyarchäologe, der von sich behauptet, das bis dato unbekannte Schlachtfeld gefunden zu haben, zum „Hofschulzen“, dem Herrn des „Oberhofs“. „Wenn Hermann der Befreier nicht gewesen wäre, so säßet Ihr nicht so breit zwischen Euren Hecken und Pfählen“ (IM 150). Wo also sollte der „Jäger“ dem „deutschen Wesen“ nahekommen, wenn nicht auf einem „Oberhof“ in Westfalen, in der Nähe des Teutoburger Waldes! Und in der Tat will er hier eine *„patriarchalische Wirtschaft“ „wie zu Tacitus' Zeiten“* entdecken, will er Lebensformen begegnen, in denen ihm der „primitive Charakter Germanias aufrechterhalten“ scheint (IM 180). Und das wird für ihn geradezu zu einem quasi-religiösen Erweckungserlebnis: er wird zu einem Anhänger der „Nationalreligion“. Denn auch der Nationalismus hat im 19. Jahrhundert die Züge einer Ersatzreligion angenommen, nicht anders als die „Humanitäts-“ und die „Kunstreligion“.

So bekennt der „Jäger" im Gespräch mit einem Landgeistlichen, einem „Diakonus":

Die „Idee des unsterblichen Volks"

> „Ich freue mich jetzt, daß mich ein toller Streich zwischen diese Wälder und Felder geschleudert hat, denn sonst würde ich die Gegend wohl nicht kennengelernt haben, da sie auswärts wenig in Ruf steht, und in der Tat auch nichts Anziehendes für abgespannte und überreizte Touristen haben kann. Aber mich hat hier die Empfindung stärker, als selbst in meiner Heimat angefaßt. Das ist der Boden, den seit mehr als tausend Jahren ein unvermischter Stamm trat! Und die Idee des unsterblichen Volkes wehte mir im Rauschen dieser Eichen und des uns umwallenden Fruchtsegens fast greiflich (…) entgegen." (IM 207)

Es zeigt sich, daß der „Jäger" in dem „Diakonus" einen Gesinnungsgenossen gefunden hat.

> „Das unsterbliche Volk!" rief der Diakonus. „Ja, dieser Ausdruck besagt das Richtige. Ich versichere Ihnen, mir wird allemal groß zumute, wenn ich der unabschwächbaren Erinnerungskraft, der nicht zu verwüstenden Gutmütigkeit und des geburtenreichen Vermögens denke, wodurch unser Volk sich von jeher erhalten und hergestellt hat. (…) aus dieser ganzen Masse haucht es mich wie der Duft der aufgerißnen schwarzen Ackerscholle im Frühling an, und ich empfinde die Hoffnung ewigen Keimens, Wachsens, Gedeihens aus dem dunkeln, segenbrütenden Schoße. In ihm gebiert sich immer neu der wahre Ruhm, die Macht und die Herrlichkeit der Nation, die es ja nur ist durch ihre Sitte, durch den Hort ihres Gedankens und ihrer Kunst, und dann durch den sprungweise hervortretenden Heldenmut, wenn die Dinge wieder einmal an den abschüssigen Rand des Verderbens getrieben worden sind. Dieses Volk findet, wie ein Wunderkind, beständig Perlen und Edelsteine, aber es achtet ihrer nicht, sondern verbleibt bei seiner genügsamen Armut, dieses Volk ist ein Riese, welcher an dem seidenen Fädchen eines guten Wortes sich leiten läßt, es ist tiefsinnig, unschuldig, treu, tapfer, und hat alle diese Tugenden sich bewahrt unter Umständen, welche andere Völker oberflächlich, frech, treulos, feige gemacht haben." (IM 207–208)

Da haben wir nun wieder einige prominente *nationale Stereotypen* beisammen: die „Unvermischtheit" des deutschen Volks, seine „Kraft und Milde", „Gutmütigkeit" und „Genügsamkeit", seinen „Tiefsinn", seine „Unschuld", „Treue" und „Tapferkeit". Und wie könnte man diese Tugenden besser zum Strahlen bringen als mit einem abschätzigen Seitenblick auf „andere Völker" und deren „Oberflächlichkeit", „Frechheit", „Treulosigkeit" und „Feigheit"! So haben es jedenfalls die meisten Nationalisten gehalten.

Vom „Weltschmerz" zum „Volkstum"

Im folgenden schildert der „Diakonus" dann seinen eigenen Weg zum Volk, einen Weg, den der Leser wohl als paradigmatisch begreifen soll. Als ambitionierter junger Intellektueller bewegte auch er sich zunächst in jenen besseren Kreisen, für die nichts wichtiger ist als sich am Puls der Zeit zu wissen und alles mitzumachen, was der Prozeß der Modernisierung auf die Tagesordnung setzt, wurde auch er ein „Neuer", ein Moderner, der sich ganz der weltanschaulichen Unruhe des Vormärz überließ, sich in den üblichen Formen der Religions- und Gesellschaftskritik erging und darüber dem „Weltschmerz" verfiel. Und dann will er an sich erfahren haben, was die große Verheißung des Nationalismus war: daß er *durch die Hinwendung zum Volk und Besinnung auf das „Volkstum" von allen Übeln des modernen Lebens kuriert* worden wäre – das Volksleben als „orthopädische Anstalt" für den modernen Intellektuellen, als Allheilmittel für die „moralische Seekrankheit", der die Menschen im Zuge der Modernisierung anheimgefallen sind.

> „Ich war (…) unter allen den geistreichen, eleganten, schillernden und schimmernden Gestalten (…) ebenso geistreich, halbiert, kritisch und ironisch geworden, wie viele; genial in meinen Ansprüchen, wenn auch nicht in dem, was ich leistete, unbefriedigt von irgend etwas Vorkommendem, und immer in eine blaue Weite strebend; kurz ich war dem schlimmeren Teile meines Wesens zufolge, ein Neuer, hatte Weltschmerz, wünschte eine andere Bibel, ein anderes Christentum, einen andern Staat, eine andere Familie, und mich selbst anders mit Haut und Haar. Mit einem Worte, ich war auf dem Wege zum Tollhaus, oder zur insipidesten Philisterei; denn diese beiden Ziele liegen meistens vor den Füßen der modernen Wanderer. Und da bin ich denn doch erst hier zwischen den wunderlichen aber achtbaren Originalen meiner Mittelstadt und

unter diesen ländlichen Wehrfestern wieder zu mir selbst gekommen, habe Posto gefaßt, den Schaum der Zeit von mir weichen sehen und Mut bekommen, mir ein liebes häusliches Verhältnis zu gründen. Denn in dem Volke sind die Grundbezüge der Menschheit noch wach, da ist das richtige Verhältnis der Geschlechter noch fest ausgeprägt, da gilt das Geschwätz noch nichts, sondern das Gewerbe und der Beruf, den jeder hat, da folgt der Arbeit in gemessener Ordnung die Ruhe, da ist von den Vergnügungen das Vergnügen noch nicht verbannt. Hören Sie den Jubel in der Stadt oder auf dem Lande bei sonntäglichen Tänzen, bei Hochzeiten und Scheibenschießen, und urteilen Sie, ob der Spaß so schnell in der Welt aussterben wird, wie die grämlichen Jünglinge der Gegenwart meinen? (…) Jene Mischungen von Langeweile und Begeisterung (…), aus denen in den sublimierten Kreisen der Gesellschaft manches Perverse hervorgeht, (…) liegen dem Volke ganz ferne. Das ganze potenzierte und destillierte Genre, der Hermaphroditismus (das Zwittrige) des Geistes und Gemütes, welchen die Muße eines langen Friedens hie und da erzeugt hat, wird dem Stock und Stamm der Gemeinschaft immer fremd bleiben.

In dieser orthopädischen Anstalt gerader und normaler Verhältnisse legten sich denn meine etwas verbogenen Glieder auch wieder zurecht.“ (IM 208–209)

Die Literatur als „eigentliche Habe der Nation“

Wie das Individuum, so soll auch die Gesellschaft durch die Besinnung auf das „deutsche Wesen“ von der „Zerrissenheit“ erlöst werden, die in der Moderne alle und alles ereilt habe. Dabei soll der Literatur eine zentrale Rolle zukommen. Und so mündet das Gespräch des „Jägers“ und des „Diakonus“ über Volk und Volkstum wie von selbst in Überlegungen zur Eigenart und gesellschaftlichen Bedeutung der Literatur ein. Für beide ist es eine ausgemachte Sache, daß die Literatur die „eigentliche Habe der Nation“ sei – einer jeden Nation, und damit auch der deutschen. So wie sich die deutsche Literatur von Lessing bis Goethe entwickelt habe, sei sie zum klassischen Ausdruck des „deutschen Wesens“, zum *„Heiligtume deutscher Gesinnung und deutscher Gesittung“* geworden. Insofern sei sie mehr als alles andere dazu geeignet, solche „deutsche Gesinnung“ und „Gesittung“ in alle Teile und Schichten der Bevölkerung hineinzutragen, oder vielmehr in ihnen allen wiederaufleben zu lassen, überall gleichermaßen ein Bewußtsein dafür zu schaffen, was deutsche Wesens- und Lebensart sei, und die Deutschen, indem sie sie auf solche Weise mit sich selbst bekannt mache, zu einer selbstbewußten und innerlich geeinten Nation heranreifen zu lassen.

Der Adel als Hindernis der Nationwerdung

Dem steht nach Einschätzung der beiden allerdings ein großes Hindernis entgegen: die Bildungsferne der Oberschicht, genauer des „ersten Stands", des Adels. Denn dieser soll von dem Aufschwung der deutschen „Kunst und Wissenschaft" zu klassischen Höhen nichts mitbekommen haben, ja er soll sich ihm geradezu bewußt verweigert haben. Wie wenig der deutsche Adel an der deutschen Kultur teilhabe, soll ein Seitenblick auf den französischen Adel verdeutlichen – ein Vergleich, der jeden national denkenden Deutschen schmerzen mußte: ausgerechnet Franzosen als Vorbilder der Deutschen! Der deutsche Adel gehört im Grunde nicht mehr zum deutschen Volk, und zwar in jedem Sinne des Volksbegriffs, auch in dem von Nation.

„Leider", erwiderte der Diakonus, „sind unsre höheren Stände hinter dem Volke zurückgeblieben (…). Der Stand als Stand hat sich nicht in die Wogen der Bewegung, die mit Lessing begann und eine grenzenlose Erweiterung des gesamten deutschen Denkens, Wissens und Dichtens herbeiführte, getaucht. (…) Es gibt ganze Landstriche im deutschen Vaterlande, in welchen dem Adel, ein Buch zu lesen, noch immer für standeswidrig gilt (…). Das Auffallendste hierbei ist, daß selbst nach der ungeheuren Lehre, welche die Weltkriege (die Revolutionskriege und die Napoleonischen Kriege) den Privilegierten erteilt hatten, diese noch nicht eingesehen haben, es sei mit dem leeren Scheine nunmehr für immer vorbei, und der erste Stand müsse notwendig sich in sich selber gründlich fassen und restaurieren. Es war seine erste Obliegenheit, dies zu begreifen, es war die Lebensfrage für ihn, ob er sich mit dem Heiligtume deutscher Gesinnung und Gesittung nunmehr inniglich verbünden, allem wahrhaft-quellenden geistigen Leben der Gegenwart Schirm und Schutz geben möchte, damit das Zauberbad dieses Lebens seine altersstarren Glieder verjünge. Er hat seine Stellung und diese Frage nicht verstanden (…) und ist darüber obsolet geworden." (…)

„Ich habe", sagte der Jäger kleinlaut, „in einer hohen und vornehmen Familie (…) die zwanzigjährigen Töchter (…) mit der Iphigenie bekannt machen müssen, welche sie noch nie gelesen hatten, weil die Eltern Goethe für einen jugendverführerischen Schriftsteller hielten." (…)

„(...) Nun müssen Sie einräumen, daß ein französischer Marquis oder Duc, von dem eine gleiche Barbarei gegen einen Klassiker seiner Nation verlautete, in der Pariser Sozietät für Lebenszeit verloren wäre."

„Das Beispiel von Frankreich fordert hier von selbst zur Frage auf", sagte der Jäger. „Wie kommt es nur, daß sich dort ganz natürlich gemacht hat, was bei uns nie zustande kommen will, nämlich: ein beständiger Kontakt der Großen mit den Geistern und mit dem Geiste der Nation, eine zarte Achtung vor dem geistigen Ruhme der Nation, und eine unbedingte Anerkennung der Literatur, als der eigentlichen Habe der Nation?" (IM 210–212)

Nationalreligion

Das Erlebnis Westfalens und der Welt des „Oberhofs" und Gespräche wie die mit dem „Diakonus" bringen den „Jäger" schließlich dahin, daß er der „unsterblichen Idee der Nation" (IM 215) ewige Treue schwört. Er weiß nun, wo er hingehört und was er mit seinem Leben anfangen soll; die Lebenskrise ist beendet, der „Weltschmerz" überwunden. Die Wendungen, in denen seine endgültige Bekehrung zur „Nationalreligion" beschrieben wird, lassen gerade deren quasi-religiöse Züge noch einmal besonders deutlich in Erscheinung treten.

„Ja", rief er, indem er immer fürbaß den Hügeln zuschritt, „du, mein deutsches Vaterland, bleibst doch der ewig geweihte Herd (Altar), die Geburtsstätte des heiligen Feuers!" (IM 215)

Und so legt er bei sich „das Gelübde" ab,

mit Leib und Seele dem Vaterlande angehören und zeitlebens keine Götter haben zu wollen, als die heimischen. (IM 216)

Es sind nicht zuletzt solche Töne gewesen, die den „Münchhausen" oder vielmehr die Separatausgabe der „Oberhof"-Kapitel zum erfolgreichsten Werk Immermanns haben werden lassen. Ein mehr und mehr deutschgesinntes Publikum scheint in ihm gefunden zu haben, was es von deutscher Literatur erwartete, fühlte sich offensichtlich in ihm zu Hause.

Kritik bei Heine

Allerdings fehlte es auch nicht an Kritik. So hat sich etwa Immermanns alter Weggefährte Heine in *„Deutschland. Ein Wintermärchen"* unter anderem auch das Westfalenbild und den Hermann-Mythos vorgeknöpft, auf die Immermann bei der Entwicklung seines Volksbegriffs so nachdrücklich setzt, um sie auf Herz und Nieren zu prüfen. Etwas anderes war freilich von einem Werk nicht zu erwarten, mit dem der Autor, wie wir bereits bei anderer Gelegenheit gesehen haben, *den „Pharisäern der Nationalität" einen „Patriotismus" der „Humanität" entgegensetzen* wollte. Mochten selbst Autoren wie Immermann in dem unübersichtlichen Gelände des Spannungsfelds von „nationaler" und „sozialer Frage" inzwischen vom Kurs abgekommen sein – Heine war entschlossen, den Konflikt zwischen Nationalismus und Liberalismus erneut mit aller Deutlichkeit zu benennen.

5.2 Heine als Kritiker des Nationalismus

Heine in Westfalen

In „Deutschland. Ein Wintermärchen" schildert Heine eine Reise, die quer durch Deutschland, von Aachen nach Hamburg führt, ein Wiedersehen mit dem deutschen Vaterland nach über zehn Jahren in Frankreich; es handelt sich also im Grunde um ein *Reisebild*, allerdings wie bei der „Nordsee" um eines in lyrischer Form. Dabei geht es dann auch durch Westfalen, mit den Stationen Hagen, Unna und Teutoburger Wald.

Caput IX

Von Cöllen war ich drei Viertel auf Acht
Des Morgens fortgereiset;
Wir kamen nach Hagen schon gegen Drei,
Da w(a)rd zu Mittag gespeiset.

Der Tisch war gedeckt. Hier fand ich ganz
Die altgermanische Küche.
Sei mir gegrüßt, mein Sauerkraut,
Holdselig sind deine Gerüche!

Gestovte Kastanien im grünen Kohl!
So aß ich sie einst bei der Mutter!

Ihr heimischen Stockfische, seid mir gegrüßt!
Wie schwimmt ihr klug in der Butter!

Jedwedem fühlenden Herzen bleibt
Das Vaterland ewig teuer –
Ich liebe auch recht braun geschmort
Die Bücklinge und Eier.

Wie jauchzten die Würste im spritzelnden Fett!
Die Krammetsvögel, die frommen
Gebratenen Englein mit Apfelmus,
Sie zwitscherten mir: Willkommen!

Willkommen, Landsmann, – zwitscherten sie –
Bist lange ausgeblieben,
Hast dich mit fremdem Gevögel so lang
In der Fremde herumgetrieben!

Es stand auf dem Tische eine Gans,
Ein stilles, gemütliches Wesen.
Sie hat vielleicht mich einst geliebt,
Als wir beide noch jung gewesen.

Sie blickte mich an so bedeutungsvoll,
So innig, so treu, so wehe!
Besaß eine schöne Seele gewiß,
Doch war das Fleisch sehr zähe.

Auch einen Schweinskopf trug man auf
In einer zinnernen Schüssel;
Noch immer schmückt man den Schweinen bei uns
Mit Lorbeerblättern den Rüssel. (HS 7, 598–599)

Die „altgermanische Küche" und der deutsche Nationalcharakter

Nach allem, was wir über das Westfalenbild des Nationalismus gehört haben, kann es uns nicht verwundern, daß es Heines lyrisches Ich genau in dem Moment mit der Gretchenfrage der deutschen Politik, mit der Frage „Wie hältst du's mit der Nation?" aufnimmt, in dem es westfälischen Boden betritt. Es steht nicht an, sich grundsätzlich zu seinem Vaterland zu bekennen – „Jedwedem fühlenden Herzen bleibt das Vaterland ewig teuer" – doch gibt es irritierenderweise zugleich zu erkennen, daß seine *Vaterlandsliebe eine Liebe* ist, *die durch den Magen geht.*

Heine rollt die Frage des Verhältnisses zur Nation also von einer Seite her auf, die von dem pathetischen Idealismus und dem quasi-religiösen Gehabe, mit denen der Nationalismus überall sonst einhergeht, so weit wie möglich entfernt ist: von den Ernährungsgewohnheiten, von den elementaren Lebensfunktionen und dem Alltagsleben aus. Das mag der Leser zunächst mit einem Lachen quittieren – wo Erhabenes zu erwarten war, wird er mit Trivialitäten konfrontiert – aber es ist nicht nur komisch. Denn für Heine sind Essen und Trinken, sind die *Fragen des Genießens*, wie wir bereits an anderer Stelle gelernt haben, alles andere als trivial; es sind für ihn *Eckpfeiler der Humanität.* Und in der Tat: worin könnte sich die Bindung eines Menschen an die Nation auf natürlichere, menschlichere Weise manifestieren als darin, daß bestimmte Nationalgerichte von Kindesbeinen an zu seinen Leibspeisen gehören!

Ein zentraler Glaubensartikel des Nationalismus lautet: in einer jeden Regung des Volkslebens bezeugt sich die nationale Eigenart. Heine nimmt ihn beim Wort und macht mit ihm an der „altgermanischen Küche" Westfalens die Probe aufs Exempel. Das Ergebnis ist eine Darstellung der *Nationalgerichte der Deutschen*, die sich mehr und mehr zur *symbolischen Offenbarung ihres Nationalcharakters* gestaltet. Was dabei an deutscher Wesensart zu Tage tritt, dürfte einem gläubigen Nationalisten allerdings kaum gefallen haben. Zwar will Heine auf seinem Teller durchaus auch einige der angeblichen Kardinaltugenden der Deutschen wiederentdecken – die „schöne Seele", das „stille, gemütliche Wesen", das „Bedeutungsvolle" (den Tiefsinn), die „Innigkeit", die „Treue" und das „Wehe" (die Neigung zu gedankenvoller Melancholie) – doch will er sie ausgerechnet an einer Gans ausmachen, und überdies in Verbindung mit einer gewissen Zähigkeit im Fleischlichen, will sagen: mit Schwerfälligkeit und Unbeholfenheit in Sachen des Genießens. Und überhaupt: wie sollte einem Deutschnationalen die Vorstellung schmecken, daß es eine Seelenverwandtschaft zwischen den Deutschen und den „Stockfischen", „Bücklingen", „Gänsen" und „Schweinsköpfen" gebe, die sie so gerne auf ihrer Tafel sehen! Es kann für ihn nur eine unerträgliche Provokation gewesen sein.

Humanitätsreligion vs. Nationalreligion

Schon hier dürfte deutlich sein, wie Heine mit der Vorstellungswelt der „Nationalreligion" verfährt. Er stellt ihre Glaubenssätze und Ideale keineswegs grundsätzlich in Frage, er nimmt sie auf, ja bekennt sich gelegentlich sogar ausdrücklich zu ihnen und arbeitet mit ihnen, untersucht von ihnen aus, was er an deutschen Realitäten zu sehen bekommt. Auf solche Weise überprüft er, welche Bedeutung sie wirklich für das Leben in Deutschland haben und ob sie, wie es ihr Anspruch ist, dazu taugen, die *Herausforderungen des modernen Lebens* zu meistern, ob sich wirklich eine „orthopädische Anstalt" auf sie gründen läßt, in der sich die „verbogenen Glieder" des modernen Menschen wieder „zurechtlegen". Das wäre für ihn freilich nur dann der Fall, wenn sie etwas zu den *Fragen der Humanität* beizutragen hätten, wie sie sich in der Moderne stellen, insbesondere zu den Fragen *der Freiheit und des Genießens.*

Heines Bild der Westfalen

In ebendiesem Sinne nimmt er sich im nächsten Kapitel die Westfalen selbst vor. Dabei ruft er sich die Erfahrungen in Erinnerung, die er als Student in Göttingen mit ihnen gemacht hat, als er in einer ihrer landsmannschaftlichen Vereinigungen, einer schlagenden Verbindung, verkehrte und sie „auf der Mensur" mit dem Degen ihre Zweikämpfe austragen und ihre „Quarten" und „Terzen" schlagen sah.

Caput X

Dicht hinter Hagen ward es Nacht,
Und ich fühlte in den Gedärmen
Ein seltsames Frösteln. Ich konnte mich erst
Zu Unna, im Wirtshaus, erwärmen.

Ein hübsches Mädchen fand ich dort,
Die schenkte mir freundlich den Punsch ein;
Wie gelbe Seide das Lockenhaar,
Die Augen sanft wie Mondschein.

Den lispelnd westfälischen Akzent
Vernahm ich mit Wollust wieder.
Viel süße Erinnerung dampfte der Punsch,
Ich dachte der lieben Brüder,

Der lieben Westfalen, womit ich so oft
In Göttingen getrunken,
Bis wir gerührt einander ans Herz
Und unter die Tische gesunken!

Ich habe sie immer so lieb gehabt,
Die lieben, guten Westfalen,
Ein Volk, so fest, so sicher, so treu,
Ganz ohne Gleißen und Prahlen.

Wie standen sie prächtig auf der Mensur
Mit ihren Löwenherzen!
Es fielen so grade, so ehrlich gemeint,
Die Quarten und die Terzen.

Sie fechten gut, sie trinken gut,
Und wenn sie die Hand dir reichen
Zum Freundschaftsbündnis, dann weinen sie;
Sind sentimentale Eichen.

Der Himmel erhalte dich, wackres Volk,
Er segne deine Saaten,
Bewahre dich vor Krieg und Ruhm,
Vor Helden und Heldentaten.

Er schenke deinen Söhnen stets
Ein sehr gelindes Examen,
Und deine Töchter bringe er hübsch
Unter die Haube – Amen! (HS 7, 599–600)

Ironische Destruktion der deutschen Tugenden

Heine macht hier von dem Kunstmittel, das als sein Markenzeichen gilt, von der *Ironie* in einem Maße Gebrauch, daß nur mit einigem Nachdenken herauszufinden ist, worauf er mit alledem hinauswill. Aber das ist ja auch der Sinn von Ironie; sie versetzt die Aussagen in einen Schwebezustand, erzeugt eine Unsicherheit, der der Leser nur auf eigene Rechnung, als aktiver Selbstdenker Herr werden kann, und eben zu solch autonomer Selbstdenkerschaft will die Ironie ihn animieren, zumal bei Heine.

Daß die Liebeserklärung an die Westfalen nicht zum Nennwert zu nehmen ist, zeigt sich zunächst darin, daß etwas zu oft von „lieb" und „gut" die Rede ist – Übertreibung ist ein typisches Mittel der Ironie – und es wird vollends offenbar, wenn all das „Liebe" und „Gute" in dem wenig schmeichelhaften, verqueren Bild von den „sentimentalen (deutschen) Eichen" zusammengefaßt wird. Wie aber sind die letzten beiden Strophen zu verstehen? An dem Wunsch, daß das „wackre Volk" niemals durch einen Krieg in die Verlegenheit gebracht werden möge, von seinen Heldentugenden Gebrauch machen zu müssen, scheint zunächst nichts zu deuteln. Wenn aber die Alternative dazu ein Leben sein soll, das um keine höheren Ziele weiß als ein „gelindes Examen" und das Unter-die-Haube-Kommen, sieht die Sache schon wieder anders aus. Wer nur die beiden Optionen Krieger oder Spießer kennt, der scheint *keine Ahnung von den wahren Schauplätzen der Bewährung* zu haben. Von hier aus auf die deutschen Tugenden zurückblickend, die in den Westfalen auf so musterhafte Weise verkörpert sein sollen, zeigen sich nun auch diese in einem anderen Licht. Offenbar taugen sie nicht dazu, die Menschen für die Kämpfe zu rüsten, auf die es wirklich ankommt.

Die wahren Kämpfe des modernen Lebens

Was für Heine die wahren Schauplätze der Bewährung sind, zeigt das nächste Gedicht. Da führt er seinen Leser mitten in die Kämpfe hinein, die die „Wahrheitsfreunde" – die kritischen Intellektuellen – seinerzeit in Deutschland auszufechten hatten. Dabei geht er auf alle möglichen *Größen des kulturellen Lebens* ein, insbesondere auf solche, die wie die Theologen Hengstenberg und Neander, der Historiker Raumer und der Philosoph Schelling den „Wahrheitsfreunden" wegen ihrer Nähe zu den Herrschenden verdächtig geworden waren, aber auch auf solche, die wie die „Schwaben" – die Vertreter der Schwäbischen Dichterschule, Männer wie Uhland, Kerner und Schwab – die Dramatikerin Birch-Pfeiffer, der Freiheitsdichter Freiligrath und der Maler Cornelius ihre Anliegen durch die Begrenztheit ihrer künstlerischen Mittel in ein schiefes Licht brachten, sowie auf den Vorturner des Nationalismus Jahn und dessen wichtigsten Propheten, den Germanisten Maßmann – eine Tour d'Horizon durch die kulturelle Landschaft, deren Leitmotiv die Fragen der Freiheit sind, wie sie einmal mehr durch die Berufung auf „Hermann, den Befreier" beschworen werden.

Caput XI

Das ist der Teutoburger Wald,
Den Tacitus beschrieben,
Das ist der klassische Morast,
Wo Varus stecken geblieben.

Hier schlug ihn der Cheruskerfürst,
Der Hermann, der edle Recke;
Die deutsche Nationalität,
Die siegte in diesem Drecke.

Wenn Hermann nicht die Schlacht gewann,
Mit seinen blonden Horden,
So gäb es die deutsche Freiheit nicht mehr,
Wir wären römisch geworden.

In unserem Vaterland herrschten jetzt
Nur römische Sprache und Sitten,
Vestalen (Jungfrauen) gäb es in München sogar,
Die Schwaben hießen Quiriten (Spießer)!

Der Hengstenberg wär ein Haruspex
Und grübelte in den Gedärmen
Von Ochsen. Neander wär ein Augur
Und schaute nach Vogelschwärmen.

Birch-Pfeiffer söffe Terpentin,
Wie einst die römischen Damen.
(Man sagt, daß sie dadurch den Urin
Besonders wohlriechend bekamen.)

Der Raumer wäre kein deutscher Lump,
Er wäre ein römscher Lumpacius.
Der Freiligrath dichtete ohne Reim
Wie weiland Flaccus Horatius.

Der grobe Bettler, Vater Jahn,
Der hieße jetzt Grobianus.
Me hercule! Maßmann spräche Latein,
Der Marcus Tullius Maßmanus!

Die Wahrheitsfreunde würden jetzt
Mit Löwen, Hyänen, Schakalen
Sich raufen in der Arena, anstatt
Mit Hunden in den Journalen.

Wir hätten einen Nero jetzt
Statt Landesväter drei Dutzend.
Wir schnitten uns die Adern auf,
Den Schergen der Knechtschaft trutzend.

Der Schelling wär ganz ein Seneca,
Und käme in solchem Konflikt um.
Zu unsrem Cornelius sagten wir:
Cacatum non est pictum.

Gottlob! Der Hermann gewann die Schlacht,
Die Römer wurden vertrieben,
Varus mit seinen Legionen erlag,
Und wir sind Deutsche geblieben.

Wir blieben deutsch, wir sprechen deutsch,
Wie wir es gesprochen haben;
Der Esel heißt Esel, nicht asinus,
Die Schwaben blieben Schwaben.

Der Raumer blieb ein deutscher Lump
Und kriegt den Adlerorden.
In Reimen dichtet Freiligrath,
Ist kein Horaz geworden.

Gottlob, der Maßmann spricht kein Latein,
Birch-Pfeiffer schreibt nur Dramen

Und säuft nicht schnöden Terpentin
Wie Roms galante Damen.

O Hermann, dir verdanken wir das!
Drum wird dir, wie sich gebühret,
Zu Detmold ein Monument gesetzt;
Hab selber subskribieret. (HS 7, 600–602)

5.3 Die Vorstellungswelt des Nationalismus

Das Bündnis von Literatur und Nationalismus

Wie bei Immermann und Heine deutlich wird, hatte sich der Nationalismus im kulturellen Leben des 19. Jahrhunderts eine Stellung erobert, die es den Autoren kaum noch erlaubte, an die Darstellung der Verhältnisse zu gehen, ohne sich auch mit ihm auseinanderzusetzen. Dies galt um so mehr, als er in ihr die „eigentliche Habe der Nation" erblicken wollte, gerade sie in besonderem Maße für seine Ziele in Anspruch nahm. Denn für den Nationalismus war Literatur zunächst und vor allem *Nationalliteratur*, Ausdruck der nationalen Identität und Schule des Nationalbewußtseins, war sie das „Heiligtum deutscher Gesinnung und Gesittung". Da blieb den Autoren gar nichts anderes übrig, als sich in dieser oder jener Form zu ihm ins Verhältnis zu setzen.

Die Literatur hatte freilich ihr Teil dazu beigetragen, daß sie auf solche Weise in den Bannkreis des Nationalismus geriet. In eben dem Maße, in dem der moderne Nationalismus Gestalt annahm, hatte sie seine Nähe gesucht, hatte sie sich ihm aus freien Stücken angedient, aus nur allzu durchsichtigen Gründen. *Mit dem Anschluß an die neue*, so ungemein erfolgreiche, kraftvolle *Bewegung wollte die Literatur ihre Position im kulturellen Leben sichern*, wollte sie dafür sorgen, daß sie von der Gesellschaft auf dem Weg in die Moderne mitgenommen wurde. Und eine derartige Rückversicherung hatte sie dringend nötig, konnte sie doch immer weniger auf die Mächte setzen, die bis dahin der Rückhalt ihrer Existenz gewesen waren, auf die Fürstenhöfe und die anderen mehr und mehr von Auszehrung befallenen Institutionen der Ständegesellschaft.

Diese Rechnung ist in erstaunlichem Maße aufgegangen. *Der moderne Nationalstaat*, der an die Stelle des alten Ständestaats trat, *sah sich* in der Tat *in der Verantwortung für eine Literatur, die sich als Hort der nationalen Identität begreifen ließ*, und tat alles, um sie zu fördern. Er räumte ihr einen Platz im universitären und schulischen Unterricht ein, den sie so zuvor noch nicht innegehabt hatte, schuf die institutionellen Voraussetzungen für *„Nationalphilologien"* wie die Germanistik und für Schulfächer wie das Fach Deutsch, er baute ihr *„Nationalbibliotheken"* und *„Nationaltheater"*, richtete *„Nationale Forschungs- und Gedenkstätten"* für sie ein, und er unterstütze auch sonst das literarische Leben nach Kräften. Natürlich war dies nicht der einzige institutionelle Rückhalt der Literatur in der Moderne. Weit wichtiger waren für ihre Entwicklung Institutionen wie ein privatwirtschaftlich organisierter Buch- und Zeitschriftenmarkt, wie eine vom Staat unabhängige Presse und die freien Assoziationen einer am Wohl und Wehe des kulturellen Lebens interessierten Zivilgesellschaft, doch hätte sie es ohne jenes Engagement des Staats, das sie mit dem nationalen Gedanken in Verbindung brachte, im Umfeld der Moderne zweifellos sehr viel schwerer gehabt.

Der Widerstand der Klassiker

Die *Literatur* hat aber nicht nur in einer bestimmten Phase ihrer Entwicklung das Bündnis mit dem Nationalismus gesucht – sie gehört überhaupt zu den *Geburtshelfern des modernen Nationalismus.* Denn es war sie, die dem Begriff der Nation seine scharfen Konturen gab, die ihn mit Leben erfüllte, ihm seine Strahlkraft verlieh und ihn in breiteste Kreise der Bevölkerung hineintrug. Daran haben sich freilich nicht alle Autoren des 18. und 19. Jahrhunderts beteiligt, ja einige haben sich dem konsequent verweigert. Das gilt ironischerweise gerade für die, an denen dem Nationalismus besonders viel gelegen war, deren Werke für ihn die Kernzone der Nationalliteratur bezeichneten, für die deutschen *Klassiker von Lessing bis Goethe.*

Für diese war die *Literatur* nämlich nicht so sehr die „eigentliche Habe der Nation" denn vielmehr der *gemeinsame Besitz der gesamten Menschheit.* Wohl haben auch sie sich mit dem beschäftigt, was sie das „charakteristisch Nationelle" nannten, haben sie immer einmal wieder von „deutscher Gesinnung und Gesittung" gehandelt, doch nicht um einer Versenkung in deutsche Eigenart, einem selbstgefällig-selbstgenügsamen Sich-Einschließen in die nationale Identität Vorschub zu leisten, sondern um von ihm aus den Blick für andere Seiten und Möglichkeiten des Menschlichen zu öffnen und es mit diesen ins

Gespräch zu bringen. Damit verband sich für sie die Hoffnung, dem nahekommen zu können, was den Menschen aller Nationen gemein ist, dem *„Allgemein-Menschlichen"*, der „Humanität". Denn ihr Ziel war die „Beförderung der Humanität" (Herder) und nicht die des Nationalbewußtseins, wie sie sich überhaupt weniger als deutsche Patrioten denn vielmehr als Kosmopoliten, als *literarische Weltbürger* verstanden.[100]

Goethes Zurichtung zum „klassischen Nationalautor"

So hat *Goethe* den Titel eines „klassischen Nationalautors" stets zurückgewiesen,[101] und dies nicht etwa aus Bescheidenheit, sondern weil er nicht wollte, daß sein Werk unter das Vorzeichen des Nationalismus geriet. Und so hat er sich in eben dem Maße, in dem sich der Gedanke der Nationalliteratur im literarischen Leben festsetzte, dem Konzept der *Weltliteratur* verschrieben: „National-Literatur will jetzt nicht viel sagen, die Epoche der Welt-Literatur ist an der Zeit".[102]

Das hat seine Zeitgenossen jedoch nicht davon abgehalten, ihn mehr als jeden anderen Autor für „deutsche Gesinnung und Gesittung" in Anspruch zu nehmen. Goethe soll, wie der Romantiker *Ludwig Tieck* 1828 in einem Aufsatz über *„Goethe und seine Zeit"* ausführt, der „Anfang und Mittelpunkt einer echt deutschen Schule", soll „der wahrhaft deutsche Dichter" gewesen sein, „der sich nach langer Zeit, nach Jahrhunderten wieder zeigte".[103]

> So wie Goethe nur die Augen auftat, und sie andern wieder öffnete, war Deutschland unmittelbar auch da, und so viele herrliche Anlagen, Trefflichkeit, Gesinnung und Gemüt, Herzlichkeit und Wahrheit, kurz, so viel eigentümliche Kennzeichen, die den Deutschen kundgeben und von allen Völkern so sicher absondern, zeigten sich auf einmal (…). (…)

---

100 Andrea Albrecht: Kosmopolitismus. Weltbürgerdiskurse in Literatur, Philosophie und Publizistik um 1800. Berlin New York 2005.

101 Z.B. in: Goethe: Literarischer Sansculottismus. In: HA 12, S. 239–244, hier S. 240.

102 Johann Peter Eckermann: Gespräche mit Goethe. Hrsg. v. Otto Schönberger. Stuttgart 1994, S. 238.

103 Ludwig Tieck: Goethe und seine Zeit. In: Goethe im Urteil seiner Kritiker. Hrsg. v. Karl Robert Mandelkow. Bd. 1. München 1975, S. 403–429, hier S. 421.

> Denn nicht das Talent und die Vollendung ist es allein, die Goethe (...) charakterisiert, sondern die deutsche Gesinnung, die Verklärung des Volks und Vaterlands, das durch ihn gleichsam im Bewußtsein erst entstand und entdeckt wurde.[104]

Für Tieck, einen Autor, der von sich selbst sagt, er könne und wolle „nichts als Deutscher sein",[105] ist Goethe nichts weniger als der *Stifter eines deutschen Nationalbewußtseins*, ist er der Vater des nationalen Aufbruchs. Dies gibt er zu Protokoll, obwohl ihm keineswegs entgangen ist, daß Goethe je länger, je mehr auf Distanz zur Nationalbewegung gehalten hat und dem Konzept der Nationalliteratur schließlich mit dem der Weltliteratur entgegengetreten ist. Er zieht sich aus der Affäre, indem er *nur den jungen Goethe*, den Goethe des Sturm und Drang, des „Götz" und des „Werther", als „klassischen Nationalautor" gelten läßt und dem alten, dem Goethe der Weltliteratur, nachsagt, über dem „Streben nach dem Vielseitigen" „seine Kräfte zersplittert" zu haben und sich selbst und den Deutschen „untreu" geworden zu sein,[106] indem er also dem Spätwerk Goethes zugleich seine künstlerische und seine nationale Bedeutung abspricht.

Man kann sich nur darüber wundern, wie viele sich vor, neben und nach Tieck zu dieser Auffassung bekannt haben, wie groß im 19. Jahrhundert die Zahl derer war, die in einem Autor das Muster eines „klassischen Nationalautors" erblicken wollten, den sie nur um den Preis seiner Halbierung unter diesen Begriff zu bringen wußten. Es waren freilich nicht alle mit einer solchen Lösung zufrieden, auch nicht unter den Nationalisten. Wie wir bei *Adam Müller* sehen werden, halfen diese sich mit einem der ingeniösen Tricks, an denen der Nationalismus so reich war, aus der Verlegenheit: sie erklärten das „Streben nach dem Vielseitigen" platterdings zu einem deutschen Wesenszug, machten aus der Goetheschen „Universalität" eine deutsche „Universalität". Das hatte den Vorzug, daß sich der Begriff des deutschen Klassikers auf den ungeteilten Goethe anwenden ließ.

104 Ebenda, S. 422.

105 Ebenda, S. 429.

106 Ebenda, S. 428.

Nationalismus und Modernisierung

Der Nationalismus, den wir bei Immermann und Heine in Pro und Kontra kennengelernt haben, ist eine typische Erscheinung der Kultur des 19. Jahrhunderts, typisch vor allem durch die Art und Weise, wie er zugleich in die Zukunft und in die Vergangenheit schaut, Altes mit Neuem, Fortschrittliches mit Rückschrittlichem verbindet; er ist ganz ein Ausdruck dessen, was man *defensive Modernisierung* genannt hat. Denn er hat durchaus einen modernen Kern. Das ist leicht zu übersehen, da er überall in einem Kostüm einherschreitet, das er sich vom Historismus hat schneidern lassen, ständig mit historischen Reminiszenzen operiert, die bis ins Mittelalter, bis in die Zeiten des „Heiligen Römischen Reichs deutscher Nation", ja bis zu Hermann dem Cherusker und seinen Germanen zurückreichen. Aber er ist im Prinzip ein modernes Unternehmen. Auch bei Immermann und Heine wird er ja im Kontext der Modernisierung in den Blick genommen, in dem einen Fall als Allheilmittel, in dem anderen als untaugliches Placebo für die Probleme des modernen Lebens.

Der moderne Kern des Nationalismus zeigt sich vor allem darin, wie er sich den alten ständischen Autoritäten und regionalen Instanzen gegenüber zur Geltung bringt, um auf den einen, einheitlichen, großen *Nationalstaat* zu dringen. Damit verleiht er einem elementaren Erfordernis der Modernisierung Ausdruck, dem eines *weiteren Verkehrs- und Wirtschaftsraums*, in dem die neue *Mobilität* von Menschen und Dingen, Ideen und Gütern ungehindert zum Zuge kommen könnte – wir erinnern uns an das Gespräch von Immermanns Hermann bei den Grenzpfählen – und von staatlichen Institutionen, deren organisatorische Potentiale diesen weiteren Räumen gewachsen wären.[107] Inzwischen hat die Modernisierung Formen von Mobilität entstehen lassen, denen auch die Dimensionen einer Nation nicht mehr genügen; es muß heute schon das ganze Europa, ja der ganze Globus sein – die vielberufene *Globalisierung*. Im 19. Jahrhundert war zunächst einmal die Nation der weitere Raum, den es im Namen der Modernisierung zu erobern galt.

107 Hans Mommsen: Nation und Nationalismus in sozialgeschichtlicher Perspektive. In: Wolfgang Schieder, Volker Sellin (Hrsg.): Sozialgeschichte in Deutschland. Bd. 2. Göttingen 1986, S. 162–184.

Die Funktion der Literatur im Prozeß der Nationwerdung

Der Nationalismus hat sich aber nicht damit begnügt, dem Fortschritt die *Nation* als weiteren Verkehrs- und Wirtschaftsraum zu erschließen – er hat auch alles dafür getan, um den Menschen diesen weiteren Raum als ihre wahre *Heimat* nahezubringen. Daß das moderne Leben so viele von ihnen dazu nötigte, ihre angestammten Lebensräume zu verlassen und sich von altgewohnten, vertrauten Lebensformen zu verabschieden, sollten sie nicht als „Entwurzelung" erleben, als Hinausgestoßenwerden auf die wildbewegte See eines sich ständig beschleunigenden sozialen Wandels, sondern als Befreiung von der physischen und geistigen Enge des Provinzialismus und *Rückkehr zu den wahren Wurzeln des Daseins*, als neuerliche Fühlungnahme mit dem Ganzen des „Bodens", des „Bluts" und der „Sitte", denen sie ihre Identität zu verdanken hätten.

Deshalb sollte die Nation, so wenig sie sich in ihrer unüberschaubaren Weite auch unmittelbar erleben ließ, keine abstrakte Größe bleiben, etwas, wozu man sich allenfalls rational, mit den Kalkülen des Verstands, etwa mit politischen und wirtschaftlichen Überlegungen ins Verhältnis setzen könnte. Vielmehr sollte sie den Menschen in einer Gestalt entgegentreten, in der sie auch die Sinne und das Gefühlsleben erreichen und die Phantasie beschäftigen könnte. Denn nur was den „ganzen Menschen", was Sinne und Herz, Einbildungskraft und Verstand gleichermaßen anspricht, kann zur *Identifikation* bewegen, und ohne Identifikation kein Engagement. Darauf kam es dem Nationalismus aber vor allem an: die Menschen dahin zu bringen, daß sie engagiert für ihre Nation einträten, bis dahin, daß sie im Fall eines Falles aus freien Stücken für sie zu den Waffen greifen würden.

Hier war nun eben die *Literatur* gefordert, verfügt sie doch in besonderem Maße über die Mittel, Abstraktem eine anschaulich konkrete Form zu geben, Allgemeines in Besonderem Gestalt annehmen zu lassen und ihm so einen Weg zum „ganzen Menschen" zu bahnen. Und dem hat sie sich keineswegs verschlossen; zumal die Dichter der *Romantik*, insbesondere die aus der zweiten Reihe, haben sich mit nimmermüder Hingabe der Aufgabe unterzogen, *den nationalen Gedanken in Figuren, Geschichten und Bilder zu fassen*, die den Sinnen, dem Herzen und der Einbildungskraft zu tun geben und die Menschen so für ihn einnehmen könnten. Dabei setzten sie vor allem auf die deutsche Geschichte des Mittelalters und der Frühen Neuzeit sowie auf das, was sich aus jenen fernen Zeiten an volksläufigen Sagen und Legenden erhalten hatte, auf Figuren wie den sagenumwobenen Kaiser Friedrich Barbarossa und Geschichten wie die von Rittern und Burgfräulein, Minnesängern, Monstern und Mönchen.

Die Genese des modernen Nationalismus

Nun ist der Begriff der Nation[108] natürlich sehr viel älter als der moderne Nationalismus. Schon in der *Frühen Neuzeit* ist er im politischen Leben allgegenwärtig, wie man sich hier auch schon reichlich in Spekulationen über Nationalcharaktere, über spezifisch deutsche und französische, italienische und spanische Tugenden und Untugenden ergangen hat. Aber dem fehlen vor allem noch drei Momente, die sich erst im Laufe des 18. Jahrhunderts mit dem Begriff der Nation verbunden haben und ohne die der *moderne Nationalismus* nicht zu denken ist: mit Nation meint man noch nicht *das ganze Volk*, sondern nur die oberste Etage der Ständegesellschaft; die Nationalcharaktere gelten noch nicht als etwas Ursprünglich-Natürliches, werden noch mehr mit den „Sitten", mit kulturellen Entwicklungen in Verbindung gebracht als mit den *natürlichen Gegebenheiten von „Blut und Boden"*; und die Spekulationen über die Nationalcharaktere zielen in der Regel noch nicht darauf ab, die *Überlegenheit der eigenen Nation* über alle anderen zu erweisen.

Damit der Begriff der Nation eine Umdeutung und Erweiterung im Sinne dieser drei Momente erfahren konnte, mußte zuerst die *Aufklärung* des 18. Jahrhunderts aufgetreten sein und jene Vorstellung vom Ursprünglich-Natürlichen entwickelt haben, die sie in allen Belangen des menschlichen Lebens zur Geltung gebracht sehen wollte. Denn es waren ihre Begriffe von der *„allgemeinen Menschennatur"* und von der ursprünglichen Gleichheit aller Menschen vor der Natur, die es erlaubten, das Denken in ständischen Kategorien beiseite zu räumen und die gesamte Bevölkerung eines Landes über alle Schichten hinweg als einen einzigen, einheitlichen Volkskörper in den Blick zu nehmen, der sich zum Träger ein und desselben Nationalcharakters, derselben

108 Koselleck: Volk (Anm. 99). – Bernhard Giessen (Hrsg.): Nation und kulturelle Identität. Studien zur Entwicklung des kollektiven Bewußtseins in der Neuzeit. Frankfurt 1991. – Eric J. Hobsbawm: Nationen und Nationalismus seit 1780. Frankfurt 1992.

„Volksseele“ und desselben „Volksgeists“ erklären ließ. Und es war das gleiche Ausgehen auf das Ursprünglich-Natürliche, dem sich die Versuche verdankten, die verschiedenen Nationalcharaktere als wesentliche Spielarten der „allgemeinen Menschennatur“ zu begreifen und auch sie auf natürliche Ursachen zurückzuführen.

In diesem Zusammenhang haben der französische Aufklärer *Charles-Louis de Montesquieu* (1689–1755) und dessen Schrift *„De l'esprit des lois“* („Vom Geist der Gesetze“, 1648) besondere Bedeutung erlangt. Montesquieu legt sich hier die Frage vor, warum die verschiedenen Länder Europas verschiedene Gesetze, genauer: warum sie verschiedene Verfassungen hätten, warum das eine Land zum Beispiel eine Monarchie und das andere eine Republik sei. Seine Antwort lautet: weil in ihnen jeweils ein anderer „esprit de la nation“, ein je anderer *„Volksgeist“* zu Hause sei; der „Geist der Gesetze“ ist für ihn der „Volksgeist“. Diesen wiederum sucht er mit natürlichen Ursachen, nämlich mit geographischen und klimatischen Gegebenheiten zu erklären; er läßt den „Geist“ eines „Volkes“ mithin in dem *„Boden“* des Landes gründen, das es bewohnt. Damit sind die Vorstellungen vom „Volksgeist“ und von dessen Verwurzelung im „Boden“ endgültig etabliert.

Montesquieu hat gerade in Deutschland viele Leser gehabt, so unter anderem jenen *Justus Möser*, von dessen Westfalenbild wir gesprochen haben. Für die deutsche Kulturgeschichte ist vor allem einer dieser Leser wichtig geworden: *Johann Gottfried Herder* (1744–1803), ein Autor, der sich geradezu als ein „zweiter Montesquieu“ verstand. Sein Ziel war es, die Methode, die Montesquieu bei der Untersuchung des Rechts- und Verfassungslebens der verschiedenen Nationen entwickelt hatte, auch auf deren „Wissenschaft und Kunst“ anzuwenden, und hier wiederum besonders auf ihre Literatur; auch an diesen sollte demonstriert werden, daß und wie sie jeweils als Ausdruck eines spezifischen „Volksgeists“ zu begreifen seien. Damit war der entscheidende Schritt hin zum Konzept der *Nationalliteratur* getan.

Herder selbst hat sich freilich noch nicht an einer Geschichte der deutschen Nationalliteratur versucht. Denn sein Interesse galt, wie bereits der Titel seiner bekanntesten literarischen Arbeit, der Volksliedsammlung *„Stimmen der Völker“* (1775/1807), erkennen läßt, nicht nur einer einzigen Nation und deren „Volksgeist“. Ihn interessierte der „Volksgeist“ im Grunde nur im Plural, interessierte in erster Linie die Vielfalt des „charakteristisch Nationellen", als besonders eindrückliches Zeugnis dafür, wie unterschiedliche Formen ein und dieselbe „Menschennatur" im kulturellen Leben anzunehmen vermöchte. Auch die Vertiefung in die Nationalcharaktere dient bei ihm letztlich der Frage nach der „allgemeinen Menschennatur", zielt auf die *„Beförderung der Humanität"*, wie er eine Sammlung von „Briefen" aus den Jahren 1793 bis 1797 überschrieben hat.[109]

Die Vorstellung von einer nationalen Mission im Namen der Humanität

Nichts könnte einem solchen Denken fremder sein, als die Überlegenheit der eigenen Nation über alle anderen behaupten zu wollen. So findet sich denn auch bei Herder selbst dergleichen noch nicht. Um so mehr hat sich die Generation seiner Schüler in Überlegenheitsphantasien ergangen. Dazu bedurfte es allerdings erst eines Anstoßes von außen. Er kam einmal mehr aus Frankreich, aus der Mitte der *Französischen Revolution* von 1789. Denn die meisten Revolutionäre waren glühende Nationalisten, zumal die radikalen unter ihnen, die Jakobiner. Zu ihrem Nationalismus gehörte auch die Vorstellung, daß unter allen Völkern einzig die Franzosen in der Lage seien, der Menschheit den wahren Fortschritt zu bringen – ein Anschlag auf die „allgemeine Menschennatur", der sich freilich mit ebendieser „Menschennatur" rechtfertigte, ein Angriff auf die Humanität im Namen der Humanität.

Darauf hat die deutsche Seite bald mit eigenen Überlegenheitsphantasien geantwortet, und auch diese gaben sich die Form einer nationalen Mission im Namen der Humanität: nicht die Franzosen oder irgendein anderes Volk, sondern allein die Deutschen könnten und würden der Menschheit die Zukunft gewinnen. Die ersten Ansätze dazu finden sich nach 1796 in der *Jenaer Frühromantik*, bei den Brüdern August Wilhelm und Friedrich Schlegel und Novalis. Ein breiteres Echo wurde ihnen allerdings erst ein Jahrzehnt später zuteil – die Schriften der Frühromantiker hatten zu ihrer Zeit ja kaum Leser, wurden allenfalls in winzigen Intellektuellenzirkeln wahrgenommen – nach 1806, als *Napoleon* das Deutsche Reich zerschlagen hatte und die nationalen Ambitionen der Franzosen in Gestalt eines allgewaltigen

109 Michael Zaremba: Johann Gottfried Herders humanitäres Nations- und Volksverständnis. Berlin 1985.

Besatzungsregimes für die Deutschen eine geradezu physisch bedrängende Präsenz gewonnen hatten.

Es war diese außergewöhnliche historische Lage, dieser Ausnahmezustand des politisch-gesellschaftlichen Lebens, in dem sich weite Teile der Bevölkerung der Vorstellungswelt des Nationalismus öffneten und diese die Gestalt annahm, in der sie zu einem bestimmenden Faktor im politischen und kulturellen Leben des 19. Jahrhunderts wurde; *es war die französische Fremdherrschaft, die den deutschen Nationalismus ausbrütete.* Äußerer Widerstand war nach all den verlorenen Schlachten unmöglich geworden; so konzentrierte man sich auf einen inneren Widerstand, auf das Kultivieren eines deutschen Nationalbewußtseins, in der Hoffnung, mit seiner Hilfe das Blatt bald wieder wenden zu können. Und so hatten nun Schriften Konjunktur, die sich in Spekulationen über den deutschen und den französischen Nationalcharakter ergingen und dabei überall jene besonderen Qualitäten der Deutschen entdecken wollten, die ihnen eine bessere Zukunft verhießen. Die bedrückende Erfahrung der Unterlegenheit wurde mit Überlegenheitsphantasien kompensiert – psychologisch nicht unverständlich, doch mit mehr als problematischen Folgen für die deutsche Geschichte.[110]

5.3.1 Adam Müller

Die Überlegenheit des deutschen Geistes

Im Winter eben des Jahres 1806, das mit den Schlachten von Jena und Auerstedt den endgültigen Triumph Napoleons über die deutschen Mächte gesehen hat, hält Adam Müller (1779–1829),[111] ein aufstrebender junger Literat, der vor allem als Freund und Mitstreiter von Kleist in Erinnerung geblieben ist, in Dresden „*Vorlesungen über deutsche Wissenschaft und Literatur*“. Sein Ziel ist es, der „Erschütterung des Gemeinwesens“ mit der „Anregung des Nationalgefühls“,

110 Hagen Schulze: Der Weg zum Nationalstaat. Die deutsche Nationalbewegung vom 18. Jahrhundert bis zur Reichsgründung. 3. Aufl. München 1992.

111 Benedikt Koehler: Ästhetik der Politik. Adam Müller und die politische Romantik. Stuttgart 1980. – Jochen Marquardt: „Vermittelnde Geschichte“. Zum Verhältnis von ästhetischer Theorie und historischem Denken bei Adam Müller. Stuttgart 1993.

der „Anfrischung (des) Bewußtsein(s) der Nationalgröße" (MS 1, 14) zu begegnen.

Dabei knüpft er an einen Gedanken an, der recht eigentlich der Ausgangspunkt der Jenaer Frühromantik gewesen ist: daß die Deutschen *auf die „gesellschaftliche Revolution" in Frankreich mit einer Revolution in „Wissenschaft und Kunst" geantwortet* hätten (MS 1, 33) und daß sie damit den besseren Teil gewählt hätten; daß sie nämlich einen Weg beschritten hätten, auf dem sie sich anders als die Franzosen nicht nur für eine kurze Phase der militärischen und politischen Dominanz, sondern auf Dauer eine führende Rolle in Europa erobern würden. So heißt es etwa in den Schlußpassagen von *Novalis' „Die Christenheit oder Europa"*:

> In Deutschland (...) kann man schon mit voller Gewißheit die Spuren einer neuen Welt aufzeigen. Deutschland geht einen langsamen aber sichern Gang vor den übrigen europäischen Ländern voraus. Während diese durch Krieg, Spekulation und Parthey-Geist beschäftigt sind, bildet sich der Deutsche mit allem Fleiß zum Genossen einer höhern Epoche der Cultur, und dieser Vorschritt muß ihm ein großes Uebergewicht über die Andere(n) im Lauf der Zeit geben. In Wissenschaften und Künsten wird man eine gewaltige Gährung gewahr. (...) Nie waren die Wissenschaften in besseren Händen (...). (...) die Schriftsteller werden eigenthümlicher und gewaltiger (...). Eine Vielseitigkeit ohne Gleichen, eine wunderbare Tiefe, eine glänzende Politur, vielumfassende Kenntnisse und eine reiche kräftige Fantasie findet man hie und da, und oft kühn gepaart. (...) Wer fühlt sich nicht mit süßer Schaam guter Hoffnung?[112]

In ebendiesem Sinne erklärt nun auch Adam Müller:

> (...) die Wendung, die der wissenschaftliche Geist in Deutschland genommen, (ist) die wichtigste Begebenheit in der Geschichte der modernen Bildung. Es ist entschieden, daß die verschiedenartigsten Geisteserzeugnisse des Auslandes sich nach und nach an diesen deutschen

112 Novalis: Schriften. Hrsg. v. Paul Kluckhohn u. Richard Samuel. Bd. 3. 3. Aufl. Stuttgart u. a. 1983, S. 519.

Stamm werden anschließen müssen und daß, wie germanische Völker (in der Zeit der Völkerwanderung) den Staatenkörper dieses Weltteils gegründet, so germanischer Geist über kurz oder lang ihn beherrschen werde. (MS 1, 13)

Ursprünglichkeit und Universalität des deutschen Geistes

Es sind vor allem zwei Momente, die nach Müller die Überlegenheit des „deutschen Stamms" begründen, zwei Momente, die wir bereits von Immermann her kennen und denen wir im Schrifttum des Nationalismus immer wieder begegnen: die angebliche „Ursprünglichkeit" sowie die vermeintliche „Universalität" des „deutschen Geistes". Die Deutschen sollen die einzigen sein, die sich seit den Zeiten der alten Germanen in allem kulturellen Wandel „unvermischt" in ihren „Sitten" erhalten und damit für „alle germanischen Völker" *„das Gesetz des Ursprungs und der Dauer bewahrt"* haben (MS 1, 44); deshalb können sie auch so wie hier ohne weiteres mit den Germanen gleichgesetzt werden. Und sie sollen als einzige kein einseitiges Bild des Menschen kultiviert, sollen alle Aspekte des Menschlichen gleichermaßen bei sich zugelassen und zur Entfaltung gebracht haben; insofern sollen sie mehr als alle anderen Völker zum *Sachwalter der „Humanität"* taugen.

Müller leitet solche „Universalität" wie folgt aus den deutschen Verhältnissen ab:

Eben weil wir ohne sichtbare und durchgreifende Autorität dastehn, weil jeder unter den speziellen Einflüssen seines Stammes, seiner Schule, seiner Neigung lebt und wirkt und alle Einzelnen dennoch mit deutscher Kraft und Ausdauer treu zu bleiben wissen dem Boden, auf den sie die Natur hinstellte, so bildet sich auch in jedem eine einseitige Ansicht der Geschichte und der umgebenden Welt, die er mit Hartnäckigkeit verteidigt. – Erinnert man sich ferner an die besonders mächtige Einwirkung des Auslandes auf uns durch Kriege, durch Emigrationen, durch den Anteil der europäischen Mächte an unserer Reichsverfassung und durch unseren Respekt vor allem Fremden, durch die (...) mütterliche Freude Deutschlands an allen Werken seiner Kinder – so wird es begreiflich, daß in Deutschland ein Grad der Universalität in den Ansichten vom Ganzen der Menschheit möglich ist, wie er nie in die nationelle Bildung der übrigen europäischen Völker eingehen konnte. (MS 1, 36–37)

Diese „Universalität" will Müller vor allem in der Philosophie Fichtes, der „Naturwissenschaft" – der Naturphilosophie – Schellings, der Dichtung von Goethe und Novalis und der Literaturkritik von Lessing bis Friedrich Schlegel erkennen. Den Hauptteil der Beweislast hat freilich auch hier wieder das Werk Goethes zu tragen.

> Der Geist deutscher Bildung, wie ihn die allen Zeitaltern und Nationen angehörenden Werke des deutschen Goethe ausdrücken, ist allen Riesen und Titanen, die ihn bestürmen möchten, gewachsen: die deutsche Literatur (ist) schon in ihrer gegenwärtigen Gestalt, und ohne Rücksicht auf künftige Blüten, die Herrschende in dem edelsten, bescheidensten Sinne des Wortes. (MS 1, 43)

Am deutschen Wesen soll die Welt genesen

Immerhin handelt Müller – so wie vor ihm Novalis – noch nicht von einer politischen Führungsrolle der Deutschen, nur von einer Überlegenheit des „deutschen Geistes"; darauf könnten es die anderen Nationen wohl ankommen lassen, zumal solche Überlegenheit als eine Herrschaft „in dem bescheidensten Sinne des Wortes" zu verstehen sein soll. Doch bleibt Müllers Programm auch so noch anmaßlich genug; im Grunde huldigt er bereits dem Gedanken, den *Emanuel Geibel* später im 19. Jahrhundert in die berühmt-berüchtigten Verse fassen wird: „Und es mag am deutschen Wesen / Einmal noch die Welt genesen".[113]

> Männlich gesinnt und Beute suchend schweifen die übrigen Völker von Europa unruhig auf der Fläche der Erde umher; berauscht von dem Freiheitsprinzip der alten Welt glaubt jede auf sich selbst, auf ihrer eignen Kraft zu ruhn: Deutschland steht weiblich treu, leidend und duldend, unerkannt von den Berauschten, in ihrer Mitte und bewahrt das Gesetz des Ursprungs und der Dauer aller germanischer Völker wie die alten gotischen Buchstaben ihrer Schrift in einem steten, auf freudige Zukunft bauenden Herzen. Wie, wenn das, wohin aller Auswärtigen Streben zielt, endlich ein deutsches Wesen wäre. – Nicht ohne Bedeutung haben deutsche

113 Geibel: Deutschlands Beruf. In: ders.: Werke (Anm. 22). Bd. 4, S. 214–215, hier S. 215.

> Frauen alle Kronen Europas fortpflanzen müssen. So ist Deutschland da, um die Herrschaft nicht eigensüchtig zu besitzen und zu genießen, sondern um sie auf die Zeitgenossen und die Zukünftigen fortzupflanzen, um als wahre Frau dienend zu herrschen. Alles, was die andern haben, ist nur etwas und bleibend das Ihre, insofern es sich vereinigt mit dem, was Deutschland war, ist und sein wird. (MS 1, 43–44)

5.3.2 Johann Gottlieb Fichte

Nationalismus auf wissenschaftlichem Fundament

Ein Jahr nach Adam Müller, im Winter 1807/08, ergreift einer von denen, die Müller unter die Protagonisten der „wissenschaftlichen Revolution" in Deutschland zählt, der Philosoph Johann Gottlieb Fichte (1762–1814), selbst das Wort, um in Berlin vor großem Publikum *„Reden an die Deutsche Nation"* zu halten.[114] Die politische Lage ist noch dieselbe wie ein Jahr zuvor, und so setzt er mit seinen Überlegungen bei der gleichen Frage an wie Müller: was können die unter der Fuchtel der Franzosen zu politischer Untätigkeit verdammten Deutschen überhaupt noch für sich und ihr Gemeinwesen tun? Seine Antwort lautet: sie können sich immerhin noch einer *„eigentümlichen deutschen Nationalerziehung"* (FR 24) widmen, können sich und ihre Kinder zu einem Nationalismus erziehen, der sie irgendwann in die Lage versetzen wird, ihr Schicksal wieder in die eigenen Hände zu nehmen.

Das wird ihnen freilich nur gelingen – so Fichtes Überzeugung – wenn sie klare Begriffe von ihrer „Deutschheit" entwickeln. Eben hier sieht er sich als Philosoph und Wissenschaftler in der Pflicht. Und so macht er es sich zur Aufgabe, den deutschen Nationalismus auf eine wissenschaftliche Grundlage zu stellen und mit philosophischen Mitteln den *„gemeinsamen Grundzug der Deutschheit"* herauszuarbeiten,

> wodurch wir den Untergang unsrer Nation im Zusammenfließen derselben mit dem Auslande abwehren, und worin wir ein auf ihm selber ruhendes, und aller Abhängigkeit durchaus unfähiges Selbst, wiederum gewinnen können. (FR 13)

114 Stefan Reiß: Fichtes „Reden an die Deutsche Nation" oder Vom Ich zum Wir. Berlin 2006.

> (...) wir werden (...) anheben von dem Höchsten und Allgemeinsten, zeigend, was der Deutsche an und für sich, unabhängig von dem Schicksale, das ihn dermalen betroffen hat, in seinem Grundzuge sei, und von jeher gewesen sei, seitdem er ist (...). (FR 58)

Die Suche nach dem „unterscheidenden Grundzug des Deutschen vor den andern Völkern germanischer Abkunft" (FR 72) führt Fichte zu eben den beiden Momenten, die bereits von Müller als zentral herausgestellt worden sind, zur angeblichen „Ursprünglichkeit" und „Universalität" des „deutschen Wesens". Das Entscheidende ist für ihn die „Ursprünglichkeit"; die „Universalität" soll sich mehr oder weniger von selbst aus dieser ergeben haben.

Die Ursprünglichkeit der deutschen Sprache

Bei der Entwicklung des Begriffs der „Ursprünglichkeit" setzt er nun nicht etwa auf „Blut und Boden" – von denen ja auch bei Adam Müller nur am Rande die Rede ist – sondern ausschließlich auf die „Sitte", genauer: auf das, was für ihn die Seele der „Sitte", die Seele aller Kultur ist: auf die Sprache. Es ist vor allem die deutsche Sprache, die ihm die einzigartige „Ursprünglichkeit" des „deutschen Wesens" verbürgt, sind die Deutschen für ihn doch das *einzige „Volk germanischer Abkunft", das bei der germanischen Ursprache geblieben* ist, während alle anderen germanischen Stämme eine fremde Sprache angenommen und sich damit, wie er meint, auf eine nicht wieder gutzumachende Weise von ihren Ursprüngen, von den Wurzeln ihres Lebens entfernt haben. Bei letzteren dürfte Fichte vor allem an die Franzosen gedacht haben, an den „Stamm" der Franken, der seit dem frühen Mittelalter keine germanische Sprache mehr spricht, sondern eine vom Lateinischen herrührende romanische Sprache.

Hier fragen wir uns natürlich: was ist mit den Engländern, mit den Norwegern, Schweden und Dänen? Kommen sie für die erörterten Fragen nicht in Betracht? Offensichtlich handelt es sich bei Fichtes Überlegungen um ein wackliges Konstrukt, das so gar nicht dem argumentativen Niveau entspricht, das er überall sonst in seiner Philosophie an den Tag legt. Er selbst meint freilich, mit ihnen den unwiderleglichen Beweis für die Überlegenheit des „deutschen Wesens" zu liefern. Der nationale Eifer konnte offenbar selbst den klügsten Köpfen gefährlich werden.

> Die Verschiedenheit (des Deutschen vor den andern Völkern germanischer Abkunft) ist sogleich bei der ersten Trennung des gemeinschaftlichen

> Stamms entstanden, und besteht darin, daß der Deutsche eine bis zu ihrem ersten Ausströmen aus der Naturkraft lebendige Sprache redet, die übrigen germanischen Stämme eine nur auf der Oberfläche sich regende, an der Wurzel aber tote Sprache. Allein in diesen Umstand, in die Lebendigkeit, und in den Tod, setzen wir den Unterschied (...). Zwischen Leben und Tod findet gar keine Vergleichung statt, und das erste hat vor dem letzten unendlichen Wert (...). Sollte vom innern Werte der deutschen Sprache die Rede entstehen, so müßte wenigstens eine von gleichem Range, eine ebenfalls ursprüngliche, als etwa die griechische, den Kampfplatz betreten (...).
>
> Welchen unermeßlichen Einfluß auf die ganze menschliche Entwicklung eines Volks die Beschaffenheit seiner Sprache haben möge, der Sprache, welche den einzelnen bis in die geheimste Tiefe seines Gemüts bei Denken, und Wollen begleitet, und beschränkt oder beflügelt, welche die gesamte Menschenmenge, die dieselbe redet, auf ihrem Gebiete zu einem einzigen gemeinsamen Verstande verknüpft (...); wie verschieden die Folge dieses Einflusses ausfallen möge, da, wo das Verhältnis ist, wie Leben und Tod, läßt sich im allgemeinen erraten. (FR 72–73)

Die Universalität des deutschen Wesens

Aus alledem schließt Fichte unmittelbar auf die „Universalität" des „deutschen Wesens", und damit zugleich auf seine Überlegenheit, nämlich darauf,

> daß (...) der Deutsche, wenn er sich nur aller seiner Vorteile bedient, den Ausländer immerfort übersehen, und ihn vollkommen, sogar besser, denn er sich selbst, verstehen (...) kann; dagegen der Ausländer, ohne eine höchst mühsame Erlernung der deutschen Sprache, den wahren Deutschen niemals verstehen kann (...). (FR 73)

Das Fazit lautet:

> Naturgemäßheit von deutscher Seite, Willkürlichkeit und Künstelei von der Seite des Auslandes sind die Grundunterschiede (...). Dem Auslande kommt diese Unnatur von selbst in sein Leben, weil es ursprünglich und in einer Hauptsache (der der Sprache) von der Natur abgewichen; wir müssen sie erst aufsuchen, und an den Glauben, daß etwas schön, schicklich und bequem sei, das natürlicherweise uns nicht also erscheint, uns erst gewöhnen. (FR 84)

Eine zivilisatorische Mission der Deutschen

Um dieser seiner „Ursprünglichkeit" willen nennt Fichte die Deutschen schließlich ein „Urvolk", ja „das Volk schlechtweg, im Gegensatz mit andern von ihm abgerissenen Stämmen" (FR 106). Und so erklärt er es zur vornehmsten Aufgabe der Deutschen, ihrem Volkscharakter durch eine *„eigentümliche deutsche Nationalerziehung"* zu neuerlicher Geltung zu verhelfen, ein Projekt, das sie keineswegs nur für sich selbst, sondern für die gesamte Menschheit auf sich nehmen sollen, sollen die anderen Völker doch auch nur durch die Berührung mit dem „deutschen Wesen" ein „naturgemäßes", wahrhaft lebendiges Volksleben entwickeln können. „Diejenige bestimmte Erziehung, von der wir uns die *Rettung der deutschen Nation* versprechen", soll letztlich „eine gänzliche *Umschaffung des Menschengeschlechts*" zur Folge haben (FR 147) – eine humanitäre Mission der Deutschen nach dem Motto: am deutschen Wesen soll die Welt genesen.

Im Mittelpunkt solcher Erziehung soll nämlich die „Erzeugung" eines „Geistes" stehen, der die Menschheit auf eine neue Stufe der Zivilisation heben wird.

> Jener zu erzeugende Geist führt die höhere Vaterlandsliebe, das Erfassen seines irdischen Lebens als eines ewigen, und des Vaterlandes, als des Trägers dieser Ewigkeit, und, falls er in den Deutschen aufgebauet wird, die Liebe für das deutsche Vaterland, als einen seiner notwendigen Bestandteile unmittelbar in sich selber; und aus dieser Liebe folgt der mutige Vaterlandsverteidiger, und der ruhige und rechtliche Bürger von selbst. Es wird durch eine solche Erziehung sogar noch mehr erreicht, als dieser nächste Zweck (...); der ganze Mensch wird nach allen seinen Teilen vollendet (...). Mit unsrer Genesung für Nation und Vaterland hat die geistige Natur unsre vollkommene Heilung von allen Übeln, die uns drücken, unzertrennlich verknüpft. (FR 147–148)

Es versteht sich von selbst, daß der Literatur von einem Autor, der der Sprache so große Bedeutung beimißt wie Fichte, bei solchem Beginnen eine zentrale Rolle zugewiesen wird.

Goethe als Kritiker einer „deutschen Nationalerziehung"

Wie wir bereits gesehen haben, war jedoch nur ein Teil der Literaten bereit, sich in den Dienst des Nationalismus zu stellen. Das gilt vor allem auch für Goethe. Es gibt bei ihm eine indirekte Replik auf Fichtes Programm einer „eigentümlichen deutschen Nationalerziehung", die man geradezu einen Gegenentwurf nennen könnte. Sie findet sich in einem Gutachten, das er im Sommer 1808 für die bayrische Regierung erstellte. Diese war mit der Bitte an ihn herangetreten, ein *„lyrisches Volksbuch"* zusammenzustellen, das sich im schulischen Unterricht gebrauchen ließe und überhaupt in der bedrängten Lage der Deutschen als „Grundlage der allgemeinen Bildung der Nation" dienen könnte. Darauf antwortete er unter anderem mit folgenden Überlegungen:

> Bedenkt man, daß so wenig Nationen überhaupt, besonders keine neuere Anspruch an absolute Originalität machen kann, so braucht sich der Deutsche nicht zu schämen, der seiner Lage nach in den Fall kam, seine Bildung von außen zu erhalten, und besonders, was Poesie betrifft, Gehalt und Form von Fremden genommen hat.
>
> Ist doch das fremde Gut unser Eigentum geworden. Mit dem rein Eigenen würde Angeeignetes, es wäre durch Übersetzung oder durch innigere Abhandlung unser geworden, aufzunehmen sein; ja man müßte ausdrücklich auf Verdienste fremder Nationen hinüberweisen, weil man das Buch ja auch für Kinder bestimmt, die man besonders jetzt früh genug auf die Verdienste fremder Nationen aufmerksam zu machen hat. (HA 12, 286)

In ebendiesem Sinne hatte sich Goethe bereits 1806 in einer Rezension des ersten Bandes der Sammlung „alter deutscher Lieder" *„Des Knaben Wunderhorn"* geäußert, der von den Herausgebern Achim von Arnim und Clemens von Brentano mit einer Widmung an ihn versehen worden war. Da hatte er diese aufgefordert, in dem projektierten zweiten Band „auch, was fremde Nationen" wie Engländer, Franzosen, Spanier und Italiener „dieser Liederweise besitzen, auszusuchen und sie im Original und nach vorhandenen oder von ihnen selbst zu leistenden Übersetzungen darzulegen" (HA 12, 283), ein Ansinnen, dem die beiden Romantiker freilich nicht nachgekommen sind.

Ohne ausdrücklich auf Fichte Bezug zu nehmen, stellt Goethe dessen zentrale These, die von der *„Ursprünglichkeit"* der deutschen Kultur, von Grund auf in Frage: keine Nation, am wenigsten die deutsche, kann „Anspruch an absolute Originalität machen". Und wenn sich bei ihr so etwas wie *„Universalität"* finden sollte, dann verdankt sie das nichts anderem als einem regen Austausch mit „fremden Nationen" und der „Aneignung“ von deren Verdiensten – etwas, das nach Fichte ausgeschlossen ist. Auf die „Verdienste fremder Nationen“ sollte man schon die Kinder aufmerksam machen, „besonders jetzt“, wo sich überall ein neuer Nationalismus regt. Mit anderen Worten: man soll nicht durch eine „eigentümliche deutsche Nationalerziehung“ die Kinder verderben. Der Nationalismus wird keineswegs die „vollkommene Heilung von allen Übeln“ bringen, wie Fichte behauptet, wird den Menschen nicht wirklich dabei helfen, die Zukunft zu gewinnen.

Die Propagandisten des Nationalismus

Doch der Siegeszug des Nationalismus ließ sich nicht mehr aufhalten. Bei seiner Durchsetzung taten sich vor allem vier Männer hervor, vier „Demagogen“, denen es nach und nach gelang, ihn in breiteste Kreise der Bevölkerung zu tragen. Und eine solche Propaganda hatte er zunächst durchaus nötig, entstammt er doch keineswegs dem „Volk“, auf das er sich immerzu beruft, sondern eng begrenzten, esoterischen Intellektuellenzirkeln; der moderne Nationalismus ist eine *Kopfgeburt der Intelligenzija*, von der der größte Teil der Bevölkerung zunächst nichts wußte und auch nichts wissen wollte. Um diesen zu erreichen, mußte seine Vorstellungswelt erst aus einer Sprache, wie sie Novalis, Adam Müller und Fichte pflegten, *in ein populäres Idiom übersetzt* werden. Das war wesentlich das Werk jener vier Männer. Über ihrer „Demagogie“ nahm sie vollends die holzschnittartigen Züge und den aggressiven Charakter an, die der Nationalismus de luxe eines Fichte nur erst erahnen läßt. Zugleich wurde bei ihnen aus einem Nationalismus der „Sitte“ ein Nationalismus von „Blut und Boden“.

Friedrich Rückert (1788–1866),[115] ein Autor, der selbst in der Zeit der Befreiungskriege mehr und mehr in den Bann des Nationalismus geraten war, hat ihre Namen 1817 in einem Gedicht festgehalten, einem „geselligen Lied“ in volkstümlich schlichten liedhaften Tönen und mit einer nicht weniger schlichten humoristischen Note, wie man sie bei geselligen Anlässen geschätzt haben mag. Es läßt zum einen erkennen, wie weit die Kanonbildung in Sachen Nationalismus bis

115 Walter Schmitz: Friedrich Rückert. In: Gunter E. Grimm, Frank Rainer Max (Hrsg.): Deutsche Dichter. Bd. 5. Stuttgart 1989, S. 304–313. – Wolfdietrich Fischer, Rainer Gömmel (Hrsg.): Friedrich Rückert. Dichter und Sprachgelehrter in Erlangen. Neustadt a. d. Aisch 1990.

1817 bereits vorangeschritten war, und gewährt zum andern Einblick in die Formen von Geselligkeit, in denen seinerzeit der „nationale Gedanke" gepflegt wurde.

Die vier Namen

Vier Namen flecht ich in den Sang,
Wie ich's vermag, aufs beste,
Daß man darauf mit Becherklang
Anstoßen kann beim Feste.
Ihr lieben Namen alle vier,
Ich hoffe doch, ihr werdet hier
Euch miteinander vertragen.

Der erste Nam, und das ist Arndt,
Der hat zu allen Zeiten
Vorm fremden Wesen streng gewarnt,
Und ließ nie ab vom Streiten;
Er stellt als unverdrossner Scherg
Sich vor den welschen Venusberg,
Der wahre treue Eckart.

Der zweite Nam, und das ist Jahn,
Der unser Volkstum geschrieben,
Von dem, da es fraß Feuerszahn,
Die Überschriften uns blieben;
Drauf hat er noch mit gutem Stift
Geschrieben eine Runenschrift,
Der nordische Runenmeister.

Der dritte Nam an dieser Statt
Das ist der begeisterte Görres,
Der auch ein Blatt beschrieben hat,
Ein grünendes, kein dörres;
Darauf mit dem Merkuriusstab
Er hoch und tiefe Deutung gab,
Der Himmelszeichendeuter.

Den vierten Namen nenn ich stracks,
Und werde gern sein Preiser,
Das ist der Schenkendorf, der Max,
Der sang von Reich und Kaiser;
Der ließ die Sehnsucht rufen so laut,
Daß Deutschland ihn, die verlassne Braut,
Nennt ihren Kaiserherold.

Das sind die Namen, deren Klang
Ich war bemüht aufs beste
Zu flechten hier in meinen Sang,
Sie herzubringen zum Feste;
Und sind euch lieb, wie mir, die vier,
So stoßt die Becher an mit mir
Auf mein vierblättriges Kleeblatt.[116]

5.3.3 Ernst Moritz Arndt

„Der erste Nam, und das ist Arndt". Ernst Moritz Arndt (1769–1860),[117] ein Mann aus einfachsten Verhältnissen, der es bis zum Professor der Geschichte gebracht hatte, verschrieb sich in den Jahren 1805 bis 1815 ganz dem publizistischen *Kampf gegen Napoleon* und die französische Fremdherrschaft, ein Kampf, den er mit großem persönlichen Einsatz bald vom Ausland aus und bald aus dem Untergrund heraus führte. Was dabei an Schriften entstand, faßte er unter dem Titel *„Geist der Zeit"* in einem Werk zusammen, das in vier Bänden von 1805 bis 1818 erschien und das bald schon zu einer Art Bibel der „Nationalreligion" wurde.

Nationalismus als Religionsersatz

Bei Arndt gewinnt der Nationalismus in der Tat den Status einer Religion; so ist bei ihm bereits 1807 zu lesen:

116 Friedrich Rückert: Gedichte. Hrsg. v. Walter Schmitz. Stuttgart 1988, S. 59–60.

117 Walter Erhart, Arne Koch (Hrsg.): Ernst Moritz Arndt. Deutscher Nationalismus, Europa, transatlantische Perspektiven. Tübingen 2007. – Dirk Alvermann, Imfried Garbe (Hrsg.): Ernst Moritz Arndt. Anstöße und Wirkungen. Köln u. a. 2011.

> *Ein* Volk zu sein, *ein* Gefühl zu haben für *eine* Sache, mit dem blutigen Schwert der Rache zusammenzulaufen, das ist die Religion unserer Zeit: durch diesen Glauben müßt ihr einträchtig und stark sein, durch diesen den Teufel und die Hölle überwinden. Laßt alle die kleinen Religionen und tut die große Pflicht der einzig höchsten, und hoch über dem Papst und Luther vereinigt euch in ihr zu *einem* Glauben. Das ist die höchste Religion, zu siegen oder zu sterben für Gerechtigkeit und Wahrheit, zu siegen oder zu sterben für die heilige Sache der Menschheit, die durch alle Tyrannei in Lastern und Schanden untergeht; das ist die höchste Religion, das Vaterland lieber zu haben als Herren und Fürsten, als Väter und Mütter, als Weiber und Kinder; das ist die höchste Religion, seinen Enkeln einen ehrlichen Namen, ein freies Land, einen stolzen Sinn zu hinterlassen; das ist die höchste Religion, mit dem teuersten Blute zu bewahren, was durch das teuerste, freieste Blut der Väter erworben ward. Dieses heilige Kreuz der Welterlösung, diese ewige Religion der Gemeinschaft und Herrlichkeit, die auch Christus gepredigt hat, macht zu eurem Banner, und nach der Rache und Befreiung bringt unter grünen Eichen auf dem Altar des Vaterlandes dem schützenden Gotte die fröhlichen Opfer. (ADV 63–64)

Nationalreligion vs. Humanitätsreligion

Für Arndt war die Nation ein Gott, der keine anderen Götter neben sich duldete, auch nicht den der Humanität, wiewohl es hier noch den Anschein hat, als ziele er mit seinem Nationalismus letztlich auf die „heilige Sache der Menschheit". In eben dem Maße, in dem die „Humanitätsreligion" dank Männern wie Strauß und Feuerbach eine feste Form gewann und sich auf dem Markt der säkularen Ersatzreligionen als eines der großen Konkurrenzunternehmen der „Nationalreligion" etablierte, wurde sie für ihn ebenso zur Zielscheibe kritischer Polemik wie jeder andere Konkurrent seiner „einzigen höchsten Religion". Demgemäß hat er noch in seinen späten Jahren, als Abgeordneter des Paulskirchen-Parlaments, den Versuch unternommen, die „Humanitätsreligion" der Hegelianer als *„giftige Judenhumanität"* zu denunzieren – Strauß und Feuerbach stammten ja wie Heine aus jüdischen Familien – als Werkzeug in den Händen von „Juden und Judengenossen", die mit seiner Hilfe die *„Auflösung und Zerstörung jeder Vaterlandsliebe und Gottesfurcht"* betreiben würden (ADV 115–116). Hier wird deutlich, daß der moderne Nationalismus von Anfang an auch eine Plattform des Antisemitismus war.

Ausrottung alles „Fremden und Welschen“

Für Arndt führt kein anderer Weg zum Heil als ein Nationalismus, der die Entfaltung des „Eigentümlichen, Volkstümlichen und Deutschen“ dadurch sichert, daß er sie *gegen jede Einmischung von außen und Aufweichung von innen*, gegen jede Beimischung von „Fremdem und Undeutschem“, von „Welschem“ – von Französischem und Romanischem überhaupt – und von „Jüdischem“ abschirmt, und sei es auch mit Mitteln der Gewalt, durch „Vertilgen“ und „Ausrotten“. Das „ursprünglich Deutsche“ muß um jeden Preis bewahrt werden, und nicht nur bewahrt, sondern „gepflegt und entwickelt“.

> Damit ein Volk werde, damit die öffentliche Meinung allmächtig wirke, damit alle vom Fürsten bis zum Bettler von dem großen Gefühl, das Vaterland gehört allen, und alle gehören dem Vaterlande, durchdrungen werden, dafür müssen in Deutschland tugendliche, kräftige und einsichtige Männer geschlossen zusammentreten und jeder in seinem Kreise und nach seinen Gaben wirken, daß das Kleinliche und Fremde vertilgt und das Großartige und Heimische belebt werde. Das ist die große Forderung, welche das Zeitalter an uns alle macht, daß wir das Eigentümliche, Volkstümliche und Deutsche pflegen und entwickeln und das Fremde, Welsche und Undeutsche verbannen und vertilgen. Wie der Bauer traut, daß seinem Acker gedeihliche und reiche Früchte entwachsen werden, wenn er das Unkraut ausrottet, so trauen wir, daß das Freudige, Starke, Treue und Ehrenfeste, das in den Tiefen unsers Volkes liegt, hervorschießen werde, sobald wir das Lügenhafte, Eitle, Treulose und Unehrliche, das uns aus der Fremde gekommen, ausgerottet haben. Also Erziehung und Unterwerfung des Volks durch Tat und durch Beispiel, Richtung und Wendung aller edelsten und lebendigsten deutschen Kräfte dahin, daß die welsche Art und Sprache bei uns verachtet und ausgerottet und die deutsche Art und Sprache geehrt und gepflegt werde (…). (ADV 77)

Entscheidend ist für Arndt das Moment der *Unvermischtheit.* Damit zielt er keineswegs nur auf die „Sitten“, auf „Art und Sprache“ wie Adam Müller und Fichte, sondern auch auf das „Blut“. Nichts ist nach seiner Überzeugung „einem edlen Volke so tödlich, als die zu viele Vermischung mit dem Fremden“, als die „Verbastardung der Völker“ (ADV 114).

> Jedes Volk wird nur dadurch das Beste und Edelste werden und das Beste und Edelste hervorbringen können, daß es immer das Kräftigste und Schönste seines Stammes ausliest und miteinander zeugen läßt. (ADV 115)

Solche *„Fantasien zur Berichtigung der Urteile über künftige deutsche Verfassungen"* (1815) lassen bereits eine Rassepolitik erahnen, wie sie der Nationalsozialismus im 20. Jahrhundert ins Werk setzte.

Haß auf die Franzosen

Die größte Gefahr für die „Volkwerdung" der Deutschen ist für Arndt die „Verbastardung" mit den „Welschen", die zentrale Aufgabe für den „Vaterlandsfreund" mithin, sich als „treuer Eckart" „vor den welschen Venusberg zu stellen" und die Deutschen gegen alles, was aus Frankreich kommt, immun zu machen. Wenn es gegen die Franzosen geht, entwickelt sich Arndt zu einem wahren Haßprediger, ist für ihn kein Wort zu stark, keine Geste zu pathetisch und kein Ton zu schrill. So hat er den deutschen Soldaten 1812, in der aufgeheizten Stimmung am Vorabend der Befreiungskriege, ins Stammbuch geschrieben:

> Die Franzosen haben nur Feuer, du hast Flammen; die Franzosen haben nur Geschmeidigkeit, du hast Kraft; die Franzosen haben nur Lüge, du hast Treue; die Franzosen haben nur Prahlerei, du hast Ehre; die Franzosen haben nur Schein, du hast Tat. Darum fürchte sie nicht; du wirst sie verwehen, wie der Wind Stoppeln verweht, wann dein Geist in dir mächtig wird: sie haben kaum die Geistlosen besiegt. (ADV 74)

Solche Haßpredigt will Arndt durchaus als ein frommes Werk verstanden wissen, als eine heilige Handlung im Sinne der „Nationalreligion"; nicht umsonst findet sie sich in einer Propagandaschrift, die mit *„Kurzer Katechismus für teutsche Soldaten"* überschrieben ist, in Anlehnung an den „Kleinen Katechismus" von *Luther*, mit dem die Kinder der Lutheraner seit jeher in die Christenlehre eingeführt werden. Und auch sprachlich hat er sich an Luther orientiert, der ja ebenfalls die starken Worte liebte. Wie Luther will er „dem Volk aufs Maul schauen"; jedenfalls hat er Luther selbst und dessen Bibel und Flugschriften „aufs Maul geschaut".

Die Deutschen als Lehrer der Völker

Wie seine Mitstreiter in Sachen Nationalismus begründet er die herausgehobene Stellung, die er den Deutschen unter den Völkern der Welt zuschreibt, außer mit ihrer „Ursprünglichkeit" vor allem auch mit ihrer *„Universalität"*.

> Der Deutsche wohnt in der Mitte des Planeten und ist zum Vermittler bestimmt, zum Lehrer und Propheten der Völker, zum Verständiger des Streitigen, zum Ausgleicher des Verschiedenen, zum Erklärer des Verborgenen und zum Deuter des Unsichtlichen. Damit er diese hohe Bestimmung würdig erfüllen könne, hat Gott ihm von Anbeginn Bescheidenheit, Demut, Ernst und Tiefsinn gegeben. Wer die Zeiten, die Länder, die Völker und ihre Verschiedenheiten anschauen und erkennen und andern auslegen und vermitteln soll, der muß in dem Eigenen und Eigentümlichen und in der Eitelkeit des Eigenen und Eigentümlichen nicht zu fest verwachsen, noch in seiner eignen Gestalt verhärtet sein. Daher hat der Deutsche bei allem seinem Ernst und bei einer gewissen leiblichen Unbehilflichkeit und Sprödigkeit eine seltene geistige Beweglichkeit, Leichtigkeit und Biegsamkeit, wodurch er das Fernste verstehen, das Fremdeste empfangen und das Ungleichste verbinden kann. (ADV 87–88)

Mit einem Wort: „der Deutsche" ist „ein Spiegel der Welt", „worin alle anderen Völker lesen und, wenn sie (wollen), sich erkennen (können)" (ADV 88). Wenn denn einem Volk in Europa eine Führungsrolle zukommen sollte – wer anders könnte sie ausfüllen als die Deutschen?

> Von allen europäischen Völkern, deucht mir, wäre unser Volk, das Volk der Deutschen, das am meisten geeignete zu der Rolle der Hut und Oberhut und der menschlichen Leitung der anderen eben deswegen, weil in diesem Volke ein jeder die besondere eigene Entwicklung und Bewahrung seiner Selbständigkeit und Eigentümlichkeit nach der Möglichkeit sucht und erstrebt und sie auch mehr als die andern Völker bei Fremden anerkennt und achtet. (ADV 89)

Daß Arndt selbst die These von der Neigung der Deutschen zur Anerkennung alles Fremden mit seinen Haßtiraden gegen die Franzosen immer wieder Lügen straft, ja geradezu ad absurdum führt, scheint ihm und seinen zahllosen Lesern nicht weiter aufgefallen zu sein.

5.3.4 Friedrich Ludwig Jahn

Jahns „Deutsches Volksthum"

„Der zweite Nam, und das ist Jahn", ist der uns bereits von Immermanns „Epigonen" her bekannte „Turnvater" Friedrich Ludwig Jahn

(1778–1852).[118] Bei dem Werk, das „Feuerszahn" gefressen haben soll, so daß von ihm nur „die Überschriften blieben", handelt es sich um die Schrift „Deutsches Volksthum" (1810). Wie Jahn in der Einleitung darlegt, gibt er mit der publizierten Version nicht mehr als die Abbreviatur einer sehr viel ausführlicheren Erstfassung, die in den Kriegswirren verlorenging. In der Tat macht sein Text einen äußerst verknappten, wenig diskursiven Eindruck, reiht er nur Thesen, Aperçus und Sentenzen aneinander. Dabei werden allerdings *alle möglichen Aspekte des gesellschaftlichen Lebens* berührt, von der „Staatsverwaltung" über die Kirche, die „Volkserziehung", die „Volksverfassung", das „Volksgefühl" und das „volksthümliche Bücherwesen" bis hin zum „häuslichen Leben" und zu dem Jahn besonders am Herzen liegenden „vaterländischen Wandern", so daß ein Leser, der die beschwerliche Lektüre auf sich nimmt, einen recht guten Überblick über die gängigsten Allgemeinplätze des Nationaldiskurses erhält.

Beschwerlich ist die Lektüre auch deshalb, weil sich Jahn bemüht, alle *Fremdwörter* einzudeutschen. Schon *Fichte* hat sich gegen Begriffe wie „Humanität", „Popularität", „Liberalität" ausgesprochen und diese einen „völlig leeren Schall" genannt (FR 68); Jahn will „fremde Kunstausdrücke" „gänzlich abgeschafft" wissen (JDV 374). Demgemäß ersetzt er „Nation" durch „Volkstum", „moderne Nationen" durch „Neuvölker", „Nationalliteratur" durch „volkstümliches Bücherwesen" oder „Volks-Bücherwesen", „Universalität" durch „Allseitigkeit" usw., was seinen Text keineswegs verständlicher und auch nicht „volkstümlicher" macht.

Eckpfeiler des Nationalismus

> Volksthum. Es ist das Gemeinsame des Volks, sein inwohnendes Wesen, sein Regen und Leben, seine Wiedererzeugungskraft, seine Fortpflanzungsfähigkeit. Dadurch waltet in allen Volksgliedern ein *volksthümliches* Denken und Fühlen, Lieben und Hassen, Frohseyn und Trauern, Leiden und Handeln, Entbehren und Genießen, Hoffen und Sehnen, Ahnen und Glauben. Das bringt alle die einzelnen Menschen des Volks, ohne daß ihre Freiheit und Selbständigkeit untergeht, sondern gerade noch mehr gestärkt wird (!), in der Viel- und Allverbindung mit den Übrigen, zu einer schönverbundenen Gemeinde. (JDV 7–8)

118 Oliver Ohmann: Friedrich Ludwig Jahn. Erfurt 2009.

> Vollkraft, Biederkeit, Gradheit, Abscheu der Winkelzüge, Rechtlichkeit, und das ernste Gutmeinen, waren seit einem Paar Jahrtausenden die Kleinode unsers Volksthums, und wir werden sie auch gewiß durch alle Weltstürme bis auf die späteste Nachwelt vererben. (JDV 10)

> Welches Volksthum steht am Höchsten, hat sich am Meisten der Menschheit genähert? Kein Anderes, als was den heiligen Begriff der Menschheit in sich aufgenommen hat, mit einer äußerlichen Allseitigkeit sie sinnbildlich im Kleinen vorbildet, wie weiland volksthümlich die *Griechen*, und noch bis jetzt weltbürgerlich die *Deutschen*, der Menschheit heilige Völker! (JDV 21)

> Das Spanische Sprichwort „*Traue keinem Maulesel und keinem Mulatten*" ist sehr treffend, und das Deutsche „nicht Fisch nicht Fleisch" ist ein warnender Ausdruck. Je reiner ein Volk, je besser; je vermischter, je bandenmäßiger. (…) Der Gründungstag der Universalmonarchie ist der letzte Augenblick der Menschheit. (JDV 26–27)

> Volksthum ist eines Schutzgeistes Weihungsgabe, ein unerschütterliches Bollwerk, die einzige natürliche Gränze. Die Natur hat diese Völkerscheide selbst aus natürlichen Beschaffenheiten erbaut, fortwürkend durch die Zeit wieder gebildet, durch die Sprache benannt, mit der Schrift befestigt, und in den Herzen und Geistern verewigt. (JDV 31)

Nationalliteratur und Nationalerziehung

Besondere Aufmerksamkeit widmet Jahn dem, was Fichte eine „eigentümliche deutsche Nationalerziehung" nennt.

> Volkserziehung ist Anerziehung zum Volksthum, ein immer fortgesetztes Indiehändearbeiten für die Staatsordnung, heilige Bewahrerin des Volks in seiner menschlichen Ursprünglichkeit. (JDV 181)

Im Mittelpunkt solcher „Volkserziehung" soll das „Lesen der mustergültigen volksthümlichen Schriften" (JDV 201), soll die Begegnung mit der Nationalliteratur stehen.

> Reich sind wir an trefflichen Büchern, an solchen die jeder Deutsche lesen, wiederlesen, immerlesen, auswendig behalten sollte. (…)

Vorzüglich lassen die Dichter unsere Sprache und unser Volk über die Neuvölker hervorragen. Kein Volk hat so viele Dichtersammlungen (…). Schon beim Anhören werden Geister und Herzen sich verstehen lernen, werden überwallen vor Freude des Auffindens, werden gepflegt werden zur letzten Entfaltung. (…) Kein Mensch wird je von seinem Volke allein gelassen bleiben. In die Einsamkeit begleiten ihn dessen Geister, folgen ihm nach in die Ferne als Vertraute, raunen ihm aus dem Gewühle Trost und Rath zu, erscheinen als Lichtgestirne in Gefahren, wohnen stellvertretend im Herzen und Gedächtniß; daß er immer mit sich und seinem Volke einträchtig, sein Lebensziel durchmesse. (JDV 208–212)

Die Würkungen einer solchen Deutschen Volkserziehung werden unendlich sein, wie alles Gute, über die Gränzen des Staats sich verbreiten, und über seine Dauer hinausleben. Mit dem Staate, durch ihn, für ihn, und in ihm wird der Bürger fühlen, denken und handeln; er wird mit ihm und dem Volke Eins sein im Leben, Leiden und Lieben. Aus dem Wechsel aller Zeiten wird immerschöner das Volksthum und die heiligbewahrte Ursprünglichkeit von Geschlecht zu Geschlecht, sich abspiegeln. (…) Das Volk wird zu einer großen innigverbundenen Familie zusammenwachsen, die auch das kleinste Mitglied nicht sinken lässet. Es wird eine unbezwingliche Sehnsucht nach dem Vaterlande geben; kein kindisches Zurückverlangen nach der Erdscholle: Aber eine Sehnung nach dem Wohnsitz alles Geliebten, ein gerechtes Heimweh nach heimischen Seelen, und verschwisterten Herzen. Keines Eroberers Unersättlichkeit wird seine Völkerfluthen gegen ein solches Vaterland wälzen. Vertilgt kann ein solches Volk werden, wie ganze Gegenden durch den Gluthstrom eines Feuerbergs: Aber erobert, und zum bereitwilligen Knecht und gehorsamen Dienstling unterjocht, in aller Ewigkeit nicht. (JDV 269–271)

Die Voraussetzung dafür ist freilich die konsequente *„Verbannung der Ausländerei“* (JDV 325) und *„Bewahrung der Ursprünglichkeit“* (JDV 326), in der Literatur wie in allen anderen Bereichen des gesellschaftlichen Lebens.

Ein Volk, das ein wahres volksthümliches Bücherwesen besitzt, ist Herr von einem unermeßlichen Schatze. Es kann aus der Asche des Vaterlandes wieder aufleben, wenn seine heiligen Bücher gerettet werden. (…)

> In volksthümlichen Schriften, die nur einzig und allein mustergültige Bücher sein können, waltet des Volks ursprünglicher Urgeist. (…)
>
> Denn was kann Volks-Bücherwesen anders heißen als: „ein Vorrath von Werken, die sich zu einer Art von System unter einander vervollständigen, worin eine Nation die hervorstechendsten Anschauungen ihrer Welt, ihres Lebens niedergelegt findet, die sich ihr für jede Neigung ihrer Phantasie, für jedes geistige Bedürfniß so befriedigend bewährt haben, daß sie nach Menschenaltern, nach Jahrhunderten mit immer neuer Liebe zu ihnen zurückkehrt" (A. W. Schlegel in der Zeitschrift Europa II. 1stes Heft I.). (JDV 382–384)

Deutlicher könnten sich wohl die Erwartungen nicht aussprechen, die der Nationalismus einer „eigentümlichen deutschen" Literatur entgegenbringt.

5.3.5 Joseph Görres

Görres in Heidelberg

„Der dritte Nam an dieser Statt, das ist der begeisterte Görres". Rückert nennt ihn einen „Himmelszeichendeuter", da sein Hauptinteresse dem *Mythos* gilt und die Interpretation außergewöhnlicher Naturphänomene wie „Himmelszeichen" seit jeher zu den bevorzugten Gegenständen des Mythos gehört. Hier soll er mit einer Arbeit aus dem weiteren Umkreis dieses Interesses zu Wort kommen, die es uns erlaubt, noch etwas tiefer in das Konzept der Nationalliteratur einzudringen, mit der *Einleitung zu seiner Sammlung „teutscher Volksbücher"* (1807). Als frühes Dokument der Heidelberger Romantik läßt sie uns zugleich erkennen, wie sich die romantische Bewegung im Übergang von ihrem Ursprungsort Jena nach Heidelberg, von der Früh- zur Hochromantik mehr und mehr dem nationalen Gedanken verschrieben hat, um schließlich das aus sich hervorzubringen, was man später Nationalromantik oder politische Romantik genannt hat.

Joseph Görres (1776–1848)[119] hielt sich nur wenige Jahre, von 1806 bis 1808, in Heidelberg auf, wo er als Privatdozent an der Universität

119 Esther-Beate Körber: Görres und die Revolution. Husum 1986. – Monika Fink-Lang: Joseph Görres. Paderborn u. a. 2013.

tätig war; ein kurzer Zwischenhalt in einem politisch wildbewegten Leben, das ihn *von einem Wortführer der rheinischen Jakobiner zum Inbegriff der katholisch-konservativen Spätromantik* im Dunstkreis des bayrischen Königs Ludwigs I. werden ließ und das ihm nach seiner Konversion zur „Nationalreligion" zunächst die Verfolgung durch Napoleon und dann auch die durch die Schergen des „Systems Metternich" einbrachte, nicht anders als Arndt und Jahn. Die Heidelberger Jahre waren für Görres eine fruchtbare Zeit, ermöglichten sie ihm doch den engen Austausch mit einigen der Autoren, die der romantischen Bewegung neue Impulse geben und damit ihre Entwicklung zur Hoch- und Spätromantik einleiten sollten, mit *Clemens Brentano, Achim von Arnim* und *Joseph von Eichendorff*.[120]

Von der Früh- zur Hochromantik

Von der Jenaer Frühromantik unterscheidet sich die Heidelberger Romantik vor allem durch die Art und Weise, wie sie den *Begriff des Volkstümlichen* in Kunst und Literatur zur Geltung bringt, „volkstümlich" im doppelten Sinne von national und populär. Der *Jenaer Frühromantik* war solches Ausgehen auf Volkstümlichkeit noch durchaus fremd. Sie verfolgte vor allem theoretische Interessen, beschäftigte sich mit philosophischen, ästhetischen und poetologischen Fragen, und sie tat dies in Formen und in einer Sprache, die ganz auf die gebildete Welt berechnet waren, mit denen sie die esoterischen Zirkel der *Intellektuellendiskurse* kaum je verließ. Wenn auch sie sich schon auf das Erbe des Mittelalters besann und auf volkstümliche Märchen, Sagen und Legenden zurückgriff, so nicht um eine Brücke zu den bildungsferneren Schichten zu schlagen, sondern um der großen Kunst die Dimension des *Wunderbaren* zu erschließen. Das Ziel war nicht die Rückkehr der Literatur in den Schoß des „Volks", sondern die Nutzung seines Wissens um das Wunderbare für die Gestaltung *„individueller Mythologien"* (Friedrich Schlegel). Denn die Jenaer Frühromantik stand ganz im Bann der Individualisierung, huldigte vor allem der Freiheit und der Schöpferkraft des Individuums.

Das änderte sich eben in der Zeit der *Heidelberger Romantik*. Hier wollte man mit dem Rückgriff auf die Volkskultur mit ihren

120 Armin Schlechter: Die Romantik in Heidelberg. Brentano, Arnim und Görres am Neckar. Heidelberg 2007.

uralten, bis ins Mittelalter zurückreichenden Überlieferungen und ihren mythologischen Schätzen eine Literatur auf den Weg bringen, die das „Volk" selbst erreichen würde, eine *Literatur aus dem „Volk" für das „Volk"*. Damit verbanden sich für die Beteiligten die weitestgehenden Hoffnungen. Eine Literatur sollte entstehen, die sich den Namen einer *Nationalliteratur* wahrhaft verdienen würde, die nämlich in sämtliche Schichten der Bevölkerung gelangen, sie alle gleichermaßen durchdringen und zusammenbringen und damit die „Nationwerdung" vorantreiben würde. *Die große Kunst und die Volkskultur, die Elite der Gebildeten und die ungebildete Masse sollten zusammenfinden*, zu beider Vorteil: das „Volk" sollte aus der Hand seiner Dichter Werke erhalten, die es in der Tat als Sprachrohr seiner ureigensten Anliegen, als Ausdruck seines Selbstbewußtseins und Medium seiner Selbstverständigung begreifen könnte; und die von den Paroxysmen der Modernisierung besonders heftig gebeutelte intellektuelle Elite sollte im „Volk" ihre wahre Heimat und in der Volkskultur die „orthopädische Anstalt" für die Gebrechen des modernen Intellektuellenlebens erkennen.

Das Sammeln von „Volksliteratur"

In ebendiesem Sinne hat die Heidelberger Romantik, haben vor allem *Brentano und Arnim* zunächst jenes Interesse am *Volkslied* erneuert, das im Sturm und Drang aufgekommen war und das seinen gewichtigsten Niederschlag in der Volksliedsammlung Herders gefunden hatte. Daß man sich als erstes des Volkslieds annahm, läßt sich unschwer verstehen. Bei diesem zeichnete sich damals schon ab, daß es gelingen könnte, große Kunst und Volkskultur zusammenzuführen, hatte die Auseinandersetzung des Sturm und Drang mit ihm doch eine liedhafte Lyrik und eine Balladendichtung entstehen lassen, die, wie es schien, zugleich höchste ästhetische Ansprüche befriedigen und sich die Popularität von Volksliedern erobern konnten; die überzeugendsten Beispiele fand man auch hier wieder bei Goethe. Das erste Ergebnis der neuerlichen Hinwendung zum Volkslied war die bereits erwähnte dreibändige Sammlung *„Des Knaben Wunderhorn"* (1805/06–1808); ihr folgten zahllose weitere, so unter anderem auch eine von *Görres*, die den Titel *„Altteutsche Volks- und Meisterlieder"* (1817) trug.

Die von Brentano und Arnim initiierte Sammeltätigkeit wurde bald auf andere Gattungen ausgedehnt. So wandten sich die Brüder *Jakob* (1785–1863) *und Wilhelm Grimm* (1786–1859), die von Brentano und

Arnim in ihre Suche nach Volksliedern einbezogen und damit auf den Geschmack gebracht worden waren, den Märchen und den Sagen zu; es entstanden die berühmten, ungemein wirkungsmächtigen Sammelwerke *„Kinder- und Hausmärchen“* (1812–1815) und *„Deutsche Sagen“* (1816–1818). Und *Görres* ließ sich durch Brentano und Arnim zum Sammeln dessen animieren, was er in Analogie zu „Volkslied“ *„Volksbücher“* nannte. Damit meinte er jene frühneuzeitlichen Prosaromane, in denen Sagen, Märchen, Legenden und Schwänke mittelalterlicher Herkunft – in seiner Sicht: alte und älteste Mythen der Deutschen – gestaltet werden, Geschichten wie die von dem Drachentöter Siegfried und dem Zauberer Faust, von Fortunatus und dessen Wunschhütlein, von der Nixe Melusine, der Heiligen Genoveva und dem Schalksnarren Till Eulenspiegel.[121]

Die „Volksliteratur“ als Fundament der Nationalliteratur

Wie Görres in der Einleitung seiner Sammlung darlegt, bezeichnen diese „Volksbücher“ für ihn das „Fundament“ der gesamten Literatur. Dabei macht er stillschweigend die Voraussetzung, daß Literatur immer schon Nationalliteratur sei; daß sie sich auch als Weltliteratur begreifen ließe, liegt offenbar außerhalb seines Horizonts.

> Die Schriften, von welchen hier die Rede ist, begreifen weniger nicht als die ganze eigentliche Masse des Volkes in ihrem Wirkungskreis. Nach keiner Seite hin hat die Literatur einen größeren Umfang und eine allgemeinere Verbreitung gewonnen, als, indem sie übertretend aus dem geschlossenen Kreise der höheren Stände, durchbrach zu den unteren Klassen, unter ihnen wohnte, mit dem Volk selbst zum Volke, Fleisch von seinem Fleisch und Leben von seinem Leben wurde. (…) So bilden (diese Bücher) gewissermaßen den stammhaftesten Teil der ganzen Literatur, den Kern ihres eigentümlichen Lebens, das innerste Fundament ihres ganzen körperlichen Bestandes, während ihr höheres Leben bei den höheren Ständen wohnt. (GV 88)

Aufwertung der Volkskultur

Um diese seine zentrale These zu untermauern, versucht er zunächst das Vorurteil auszuräumen, daß es sich bei den „Volksbüchern“ um etwas Minderwertiges handele, fragt er,

121 Hans Joachim Kreutzer: Der Mythos vom Volksbuch. Stuttgart 1977.

> ob man wohlgetan, diesen Körper des Volksgeistes als das Werkzeug der Sünde so geradehin herabzuwürdigen; ob man wohlgetan, jene Schriften als des Pöbelwitzes dumpfe Ausgeburten zu verschmähen; (...) ob diese Schriften bei ihrer äußeren Verbreitung wohl auch eine gewisse angemessene innere Bedeutsamkeit besitzen. (GV 89)

Da das Vorurteil gegen die „Volksbücher", wie er meint, letztlich auf einem Vorurteil gegenüber der gesamten populären Kultur, ja gegenüber dem „Volk" überhaupt beruht, nämlich auf der Vorstellung, daß vom „Volk" durchaus nichts „Höheres", allenfalls „Pöbelhaftigkeit" (GV 90) zu erwarten sei, nimmt er sich dieses als nächstes vor. So wie sich „Pöbelhaftigkeit" in allen Ständen, auch in den oberen finde, so soll ihnen allen gleichermaßen „Höheres" innewohnen, auch den niederen Ständen, ein „Idealcharakter", der gerade in den „untersten Regionen" besonders klar und deutlich in Erscheinung trete, ein *„heiliger Geist, der im Volke wohnt"*, eben der „Volksgeist". Was er zu dessen Kennzeichnung beibringt, verdankt sich wiederum dem uns bereits sattsam bekannten Repertoire nationaler Stereotypen.

> (...) es gibt ein anderes Volk in diesem Volke, alle Genien in Tugend, Kunst und Wissenschaft und in jedem Tun sind dieses Volkes Blüte; jeder, der reinen Herzens und lauterer Gesinnung ist, gehört zu ihm; durch alle Stände zieht es, alles Niedere adelnd, sich hindurch, und jeglichen Standes innerster Kern und eigenster Charakter ist ihm gegeben. Jedem Stande kann nämlich ein (ein und derselbe) Idealcharakter inwohnend gedacht werden, höher hinauf gestimmt in den höheren Ständen, tiefer verleiblicht, aber immer noch vollkommen im Volke. (...) Von diesem heiligen Geiste, der im Volke wohnt und nichts zu schaffen hat mit unheiligem Pöbel, reden wir jetzt (...). So erkennen wir endlich auch den echten innern Geist des deutschen Volkes, wie die ältern Maler seiner bessern Zeit ihn uns gebildet, einfach, ruhig, still, in sich geschlossen, ehrbar, von sinnlicher Tiefe weniger in sich tragend, aber dafür um so mehr für die höhern Motive aufgeschlossen. (GV 90–91)

Volk und „höhere Stände"

Von hier aus wirft Görres einen Seitenblick auf die *aktuelle politische Lage*, der erkennen läßt, daß sich sein Engagement für die

„Volksliteratur" in der Tat wesentlich aus politischen Motiven speist. Von dem „heiligen Geist, der im Volke wohnt" und der in den „Volksbüchern" niedergelegt ist, erwartet er sich nichts weniger als die Wiederauferstehung der deutschen „Nation", nachdem sie, wie er deutlich macht, durch das *Versagen der „höheren Stände"*, durch das „Ungeschick der Führer" in eine lebensbedrohliche Lage geraten ist. Er erkennt dem „Volk" mithin eine zentrale Bedeutung für das kulturelle und politische Leben zu, schreibt ihm die Fähigkeit zu, die Fehler der „höheren Stände" aus eigener Kraft zu korrigieren.

Das darf man wohl einen *demokratischen Impuls* nennen, und man wird nicht fehlgehen, wenn man in ihm Görres' jakobinische Vergangenheit fortwirken sieht. Dieses demokratische Moment, das bei ihm freilich immer in den nationalen Gedanken eingebunden bleibt, zeigt sich darin besonders deutlich, daß er die „Volksliteratur" geradezu ein „Haus der Gemeinen" im „großen Literaturstaat" nennt, sie also mit dem „House of Commons", dem englischen Unterhaus vergleicht, das seit jeher für die Entwicklung zur Demokratie steht.

> Gerade die Demütigung, die diesem Charakter (dem „echten innern Geist des deutschen Volks", seinem „Idealcharakter") durch das Ungeschick der Führer bereitet worden ist, muß die innere Scheidung in dem Wesen der Nation vollenden; sich lossagend von dem, was die Verworrenheit der nächtsvergangenen Zeit ihr aufgedrungen, muß sie zurückkehren in sich selbst, zu dem, was ihr Eigenstes und Würdigstes ist, wegstoßend und preisgebend das Verkehrte, damit sie nicht gänzlich zerbreche in dem feindseligen Andrang der Zeit.
>
> Nachdem wir das alles auf diese Weise erwogen, wird der Gedanke einer *Volksliteratur* uns keineswegs mehr so nichtig und in sich selbst verwerflich erscheinen, als es so geradehin auf den ersten Blick den Anschein gewann. Nachdem wir einen inwendigen Geist in allen Ständen wohnend und gleich einem schlackenlosen Metallkönig durch alle Verunreinigung von Zeit und Gelegenheit durchblickend anerkannt, wird auch die Idee näher uns befreundet, daß im allgemeinen Gedankenkreise die untersten Regionen auch etwas gelten und bedeuten möchten, und daß der große Literaturstaat sein Haus der Gemeinen habe, in dem die Nation sich selbst unmittelbar repräsentiere. (GV 91)

„Volksliteratur“ und große Kunst

In diesem Sinne werden die „Volksbücher“ für Görres zum

> Objekte unserer höchsten Verehrung und unserer wahrhaftigen Hochachtung: als ehrwürdige Altertümer, die durch das läuternde Feuer so vieler Zeiten und Geister unversehrt durchgegangen sind. Man glaube nur nicht, daß ein Schlechtes für sich diese Prüfung der Menge und der Zeit bestehen könne; es kann mit unterlaufen, von dem Guten durchgeschleppt, aber nimmer sich für sich selbst allein behaupten. Die Nation ist nicht einem toten Felsen ähnlich, dem der Meißel willkürlich jedes Bild eingraben kann; es muß etwas ihm Zusagendes in dem sein, was man von ihr aufgenommen wissen will; ein dunkler Instinkt für das Gute ist keiner Kreatur versagt, und damit fühlt sich leicht, was gut und gedeihlich, was schädlich und giftig ist, heraus, und kräftig und ohne sich zu besinnen, stößt die Menge alles ab, vor dem dieser dunkle Trieb sie warnt. (GV 92)

In die „Volksliteratur“ hat nur eingehen können, was dem „Idealcharakter“ des „Volks“ gemäß ist. So legt sie davon Zeugnis ab, daß „in den untersten Klassen der Gesellschaft das Bessere siegreich sich offenbart“. Hieraus schließt Görres, daß *„alle Poesie“, auch „unsere feinere Poesie“*, auch die große Kunst der kulturellen Elite, *„ursprünglich (vom Volk) ausgegangen ist“*, wie „alle Institution und alle Verfassung und das ganze Gerüste der höheren Stände immer sich zuletzt auf diesen Boden gründet“ (GV 96), daß eben die „Volksliteratur“ „den stammhaftesten Teil der ganzen Literatur, den Kern ihres eigentümlichen Lebens, das innerste Fundament ihres ganzen körperlichen Bestandes“ (GV 88) bezeichne.

Rückgriffe auf „volkstümliche“ Stoffe

Diese Vorstellung ist bald schon Allgemeingut geworden, und sie hat durch das gesamte 19. Jahrhundert hindurch wesentlich den Blick auf die Literatur bestimmt, nicht zuletzt auch deshalb, weil sich die *Germanistik* ihrer besonders engagiert annahm und alles dafür tat, um ihr Geltung zu verschaffen. Und auch die *Literatur* selbst suchte ihr zu genügen, etwa indem sie auf „volkstümliche“ Stoffe, auf Sagen, Märchen und Legenden zurückgriff und ihnen eine Gestalt gab, die sie ebenfalls als „volkstümlich“ verstanden wissen wollte. Das gilt zunächst und vor allem für die Autoren der Hoch- und Spätromantik, aber es gilt durchaus nicht nur für sie. Mit solchen Rückgriffen wollten sie ihren *Beitrag* zum Werden einer „eigentümlich deutschen“ Nationalliteratur leisten, und damit *zum „Werden der Nation“*. Mögen ihre Werke, etwa die Gedichte, Romane und Erzählungen eines Eichendorff, auf den ersten Blick auch noch so romantisch versponnen und selbstgenügsam poetisch scheinen – sie haben einen politischen Unterton, den man nicht überhören darf, einen Subtext, der auf den Nationalismus verweist.

Viele Autoren haben sich freilich nicht mit einem solchen Unterton begnügt und sind offen für eine nationalistische Politik eingetreten. Eine erste Welle von Literatur, die sich in diesem Sinne dem politischen Engagement verschrieb, gab es in der Zeit der Befreiungskriege; ihr bevorzugtes Medium war die Lyrik.[122]

5.4 Lyrik der Befreiungskriege

Der Mann ist wacker, der, sein Pfund benutzend,
Zum Dienst des Vaterlands kehrt seine Kräfte:
Nun denn, mein Geist, geh auch an dein Geschäfte,
Den Arm mit den dir eignen Waffen putzend.

Wie kühne Krieger jetzt, mit Glutblick trutzend,
In Reihn sich stellend, heben ihre Schäfte;
So stell auch Krieger, zwar nur nachgeäffte,
Geharnischter Sonette ein paar Dutzend.

Auf denn, die ihr aus meines Busens Ader
Aufquellt, wie Riesen aus des Stromes Bette,
Stellt euch in eure rauschenden Geschwader!

122 Albert Portmann-Tinguely: Romantik und Krieg. Eine Untersuchung zum Bild des Krieges bei Romantikern und „Freiheitssängern“. Adam Müller, Joseph Görres, Friedrich Schlegel, Achim von Arnim, Max von Schenkendorf und Theodor Körner. Freiburg (Schweiz) 1989. – Ernst Weber: Lyrik der Befreiungskriege (1812–1815). Gesellschaftspolitische Meinungs- und Willensbildung durch Literatur. Stuttgart 1991. – Walter Hinderer: Geschichte der politischen Lyrik in Deutschland. Würzburg 2007.

Schließt eure Glieder zu vereinter Kette,
Und ruft, mithadernd in den großen Hader,
Erst: Waffen! Waffen! und dann: Rette! Rette![123]

Ein Sonett, kein Lied

Mit diesem Gedicht eröffnet *Friedrich Rückert* einen Zyklus von *„Geharnischten Sonetten"*, den er 1814, mitten in den Befreiungskriegen, unter dem schützenden Pseudonym Freimund Reimar in einem Band „Deutscher Gedichte" publizierte. Es mag zunächst überraschen, daß er ihm keine liedhafte Form gegeben, auf keine der Volksliedstrophen zurückgegriffen hat, die allgemein als der angemessene Ausdruck einer vom Nationalgefühl ergriffenen Seele angesehen wurden, daß er sich vielmehr der Form bediente, die wegen ihres kunstvoll-komplizierten, um nicht zu sagen: künstlichen Charakters im Spektrum der lyrischen Gattungen als der genaue Gegenpol zum natürlich-schlichten Lied galt, der des Sonetts, doch hat das seine Gründe. Wenn sich das *Gedicht* hier gleichsam selbst einen Gestellungsbefehl erteilt, um sich zu einer *Waffe im nationalen Befreiungskampf* zu gestalten, dann will es dem nicht bloß nebenher und in der Haltung eines Sich-Herablassens zu den Niederungen der Wirklichkeit nachkommen, sondern mit vollem Einsatz und mit dem Besten, was es als Kunst zu bieten hat. Denn es geht um eine große Sache, genauer gesagt um die größte, die sich denken läßt.

Der Gestus der öffentlichen Rede

Die Wahl der Form bleibt allerdings letztlich ohne tiefgreifende Folgen, da in der Lyrik der Befreiungskriege überall der gleiche Redegestus dominant wird, der die verschiedenen Formen einander angleicht: der Gestus der öffentlichen Rede. *Das Gedicht tritt damit erneut unter das Gesetz der Rhetorik*, von dem es sich in der zweiten Hälfte des 18. Jahrhunderts weithin gelöst hatte. Denn da hatte es sich mehr und mehr zur Plattform der Individualisierung, zum Medium der Selbstfindung und Selbstaussprache, der intimen Rede von Subjekt zu Subjekt gestaltet, und das bedeutete für die meisten Autoren, daß es sich der Mittel der Rhetorik als etwas Unpersönlichem, Unauthentischem zu entledigen hatte. Hier nun gelten für das Gedicht wieder die Regeln der Rhetorik, und das heißt für es vor allem eines: da sein

123 Rückert: Gedichte (Anm. 116), S. 54.

Gegenstand, das Vaterland, in die Kategorie des *Erhabenen* fällt, ist formal das „genus grande", der hohe, pathetische Stil angezeigt.

Rückerts Sonett läßt erkennen, daß es für einen Lyriker, der sich bis dahin vor allem in intimer Liebeslyrik geübt hatte, gar nicht so einfach war, sich die Mittel der pathetischen Rede anzueignen. So gibt ihm das Streben nach der großen Geste etwa das wenig glückliche Bild von den aus dem Bett des Stromes „aufquellenden" Riesen ein. Derlei ist dem eigentlichen Großmeister des nationalistischen Pathos, *Ernst Moritz Arndt*, kaum je unterlaufen. Er verstand es wie kein zweiter, das Gedicht auf eingängige politische Parolen zu trimmen und um diese herum eine Affekterregung, einen Sturm der Gefühle zu veranstalten, dem die mobilisierende Wirkung sicher war. Freilich läßt sich seine brachialpathetische Rhetorik oftmals kaum noch von der Großsprecherei eines angetrunkenen Stammtischhelden unterscheiden.

Eine lyrische Haßpredigt

Die alten und die neuen Deutschen

Es wurden die Väter gepriesen
Als mutige Löwen im Streit,
Die Weichlinge nannten sie Riesen,
Ihr Schwerthieb schlug tief und schlug weit,
Ihr Speer fuhr durch Roß und durch Reiter,
Durch Panzer und Schild wie der Blitz,
Sie fürchteten Gott und nichts weiter
Und hielten nur Tugend für Witz.

Es plagten blutdürstige Räuber
Aus Rom die verknechtete Welt,
Sie waren auf Wein und auf Weiber,
Auf Gold und auf Wollust gestellt.
Sie prahlten, Gott habe die Erde
Für Römer und Rom nur gemacht,
Und trugen Tyrannengebärde
Und nannten sich Herrscher der Schlacht.

Da kamen die freien Germanen
Herab von der Donau, vom Rhein

Und brachen mit fliegenden Fahnen
Mit klingendem Spiel durch die Reihn,
Sie zogen zum Krieg wie zum Tanze,
Die Wigande (Kämpfer) tapfer und gut,
Und färbten die riesige Lanze,
Den mächtigen Degen mit Blut.

Sie stritten für Freiheit und Ehre,
Für Gott und ihr Recht und ihr Land,
Drum stoben die bübischen Heere
Vor ihnen dahin wie der Sand;
Sie brachen die sklavischen Bande
Der stöhnenden Völker entzwei,
Vertilgten die Sünde und Schande
Und bauten die Erde sich neu.

So waren sie weiland, die Deutschen,
Und du? was, ihr Enkel, bist du?
Du lässest wie Hunde dich peitschen
Und wedelst recht hündisch dazu;
Du zitterst, erbärmliche Memme,
Zu sterben mannhaftigen Tod,
Und issest in banglicher Klemme
Umstellet von Treibern dein Brot.

So dienst du dem tückischen Franzen,
Dem gauklischen Affengesicht;
Er lässet wie Bären dich tanzen,
Du tanzest und brummest ihm nicht;
Er legt dir den Ring in die Nase,
Er legt dir den Maulkorb ums Maul:
So ward aus dem Löwen ein Hase,
So ward aus dem Streitroß ein Gaul.

Nicht länger! Zu Waffen! zu Waffen!
Zum rettenden Eisen geschwind!

Die Freiheit dir wieder zu schaffen,
Zur blutigen Rache geschwind!
Enthülle die fliegenden Fahnen!
Enthülle das blinkende Schwert!
Und zeige der herrlichen Ahnen,
Der freien Germanen, dich wert!

Nicht länger! Lass' sausen! lass' brausen!
Lass' lodern den heiligen Zorn!
Und stoße dem Dränger zum Grausen
Auf Bergen und Höhen ins Horn!
Und blase der Rache Posaunen!
Und ringe die Glocken vom Turm!
Und schmettre den Klang der Kartaunen
Ihm nach im gewaltigen Sturm!

So treibe den schändlichen Treiber,
So jage die lustige Jagd,
Und hetze den diebischen Räuber
Mit Schrecken bei Tag und bei Nacht;
Nie stecke dein Schwert in die Scheide,
Als jenseits des heiligen Rheins,
Da knüpfe in Freiheit und Freude
Die Bande des deutschen Vereins.[124]

Einmal mehr muß die Hermannsschlacht als Modell für den Kampf gegen Napoleon herhalten. Die Franzosen werden als die neuen Römer hingestellt und wie diese nach allen Regeln der Kunst der üblen Nachrede mit moralischen Verdächtigungen überzogen; das macht es leichter, gegen sie in den Krieg zu ziehen. „Tückisch" sollen sie sein, „gauklisch", affengesichtig, prahlerisch, „tyrannisch", „blutdürstig" und räuberisch, „auf Wein und Weiber, Gold und Wollust gestellt" – eben das genaue Gegenteil der aufrechten, ehrlichen, treuen,

124 Ernst Moritz Arndt: Gedichte. Hrsg. v. Heinrich Meisner. In: ders.: Sämmtliche Werke. Bd. 3–6. Leipzig 1894. Bd. 3, S. 322–325.

sittsamen Deutschen. Überhaupt ist Arndt *kein Vorurteil zu platt und kein Wort zu stark, um die Landsleute auf die Franzosen zu hetzen*, gemäß dem Motto, das in dem uns bereits von Immermanns „Epigonen" her bekannten Lied *„Des Deutschen Vaterland"* niedergelegt ist:

Das ist des Deutschen Vaterland,
Wo Zorn vertilgt den welschen Tand,
Wo jeder Franzmann heißet Feind,
Wo jeder Deutsche heißet Freund.[125]

Demgemäß ist in dem berühmten *„Vaterlandslied"*, das mit den Versen beginnt: „Der Gott, der Eisen wachsen ließ, der wollte keine Knechte" – Verse, denen man heute noch bei Demonstrationen rechtsradikaler Gruppen begegnen kann – zu lesen:

Wir wollen heute Mann für Mann
Mit Blut das Eisen röten,
Mit Henkerblut, Franzosenblut –
O süßer Tag der Rache![126]

Mit der Gottesfurcht, die Arndt den Germanen zuschreibt, ist es bei ihm selbst übrigens nicht weit her, und wie sollte es bei einem Autor anders sein, bei dem die „Nationalreligion" längst an die Stelle der christlichen Religion getreten ist! Zwar hat er, wie wir sagten, Luther „aufs Maul geschaut", bedient er sich um der Volkstümlichkeit der Rede willen immer wieder bestimmter *Wendungen der Luther-Bibel*, doch scheut er sich nicht, den Sinn des Zitierten bei Gelegenheit auch einmal in sein Gegenteil zu verkehren. „Stecke dein Schwert in die Scheide!", sagt der biblische Jesus nach Johannes 18, 11 zu Petrus, als dieser ihn bei der Gefangennahme durch die Kriegsknechte der Hohenpriester mit der Waffe in der Hand verteidigen will. In der letzten Strophe des Lieds von „den alten und den neuen Deutschen" hingegen heißt es: „Nie stecke dein Schwert in die Scheide als jenseits des heiligen Rheins".

125 Ebenda. Bd. 4, S. 18–21, hier S. 20.
126 Ebenda. Bd. 3, S. 325–327, hier S. 326.

Weiter kann man sich wohl von der Friedensbotschaft Jesu nicht entfernen. Wo ideologisch gehobelt wird, da fallen eben moralische Späne.

Romantische Rückgriffe auf das Mittelalter

Nicht ganz so martialisch und pathetisch wie Arndts „Vaterlandslieder", eher in weichen lyrischen Tönen kommt daher, was *Max von Schenkendorf* (1783–1817), der vierte von Rückerts großen Namen, an Gedichten zur deutschen Kriegspropaganda beigesteuert hat, doch ist es noch immer politisch eindeutig genug. Rückert nennt Schenkendorf den „Kaiserherold", weil er „von Reich und Kaiser sang", besonders hingebungsvoll die *Kaiser- und Ritterherrlichkeit* des Mittelalters beschworen hat, mitsamt den Burgfesten, Burgfräulein und Burggeistern, den Rittertaten und Glaubenswundern, mit denen sie die Romantik auszustatten pflegte. So läßt er einen Burggeist auftreten, um die deutschen Soldaten in den Krieg zu schicken, und so wendet er sich nach den ersten Erfolgen der deutschen Waffen an ein Bildnis des Kaisers *Friedrich Barbarossa*, um ihm Meldung zu erstatten. Friedrich I. (1123–1190) aus dem Hause der Staufer, genannt Barbarossa oder Rotbart, war ein besonderer Liebling der Nationalromantik. Seine Herrschaft galt als Höhepunkt des mittelalterlichen deutschen Kaisertums, als die Zeit, in der es dem Ziel einer Universalmonarchie besonders nahegekommen wäre, als Höhepunkt auch des Ritterwesens und des Glaubenslebens; schließlich war Friedrich bei einem Kreuzzug ins Heilige Land ums Leben gekommen.

Die Befreiungskriege als Kreuzzüge

Der Burggeist

Hoch auf dem Felsen, auf dem Turm
Da steht ein alter Geist;
Er weht mich an, das ist ein Sturm,
der mich von dannen reißt.

Das ist aus alter kühner Zeit
Ein stolzes Riesenbild,
Es hat die Waffen mir gefeit,
Hat mich mit Mut erfüllt.

Es ist der Wächter, ist der Hort
Von diesem edlen Haus;

Ich gab ihm Handschlag, Ritterwort,
Zu ziehn ins Feld hinaus.

Die Bäume streben himmelan,
Nach oben führt ein Pfad,
Sein Haupt hebt jeder deutsche Mann,
Weil die Erlösung naht.

Viel hohe Zeichen sind geschehn,
Viel Zeichen folgen nach,
Das kann kein wilder Sturm verwehn,
Was Gott der Herr versprach.

Der kann der Zeichen viele sehn,
Wer sie im Glauben sucht;
Wir wollen aus dem Kampf nicht gehn,
Bis hier kein Welscher flucht.

Und wie sich durch der Erde Mark
Die Felsenadern ziehn,
So schwören wir als Männer stark
Die Völker zu durchglühn.

Das war es, was der alte Geist,
Der deutsche Geist gewollt,
Der dem, was welsch und knechtisch heißt,
Wohl ewig flucht und grollt.[127]

Wie bei Arndt fehlt es nicht an aggressiven Tönen gegenüber den „Welschen", wie bei diesem wird der aktuelle *Krieg gegen die Franzosen* in eine weitere geschichtliche Perspektive gerückt, die auf eine besondere Mission der Deutschen unter den Völkern der Welt hinausläuft – was immer es heißen mag, „die Völker zu durchglühn" – und wie dort wird er *zu einem Heiligen Krieg überhöht*: um „Erlösung" soll

---

127 Max v. Schenkendorf: Gedichte. Hrsg. v. Karl Macke. Berlin o. J., S. 27.

es gehen, und Gott selbst soll mit allerlei „Himmelszeichen" – wozu offenbar auch die Auftritte von Burggeistern gerechnet werden – sein Interesse am Ausgang des Kampfs bekundet haben.

Der letzte Aspekt dominiert auch die Adresse an den Kreuzzugskaiser Friedrich Barbarossa: die Schlachten gegen die Franzosen sollen „Schlachten Gottes" gewesen sein und dem „heiligen Kreuz" zum Sieg verholfen haben. Bei Schenkendorf ist besonders schwer zu entscheiden, ob das „Gott mit uns" im Sinne des überkommenen Christentums oder in dem der neuen „Nationalreligion" zu verstehen ist. Mag sein, daß dem Autor solche Ambivalenz gar nicht unwillkommen war, ließen sich die weithin noch immer altgläubigen Massen so doch am besten erreichen.

Erinnerung an den Kreuzzugskaiser Barbarossa

Das Bild in Gelnhausen bei Hanau
an den Ruinen des Kaiserpalastes

Zu Gelnhausen an der Mauer
Steht ein steinern altes Haupt
Einsam in dem Haus der Trauer,
Das der Epheu grün umlaubt.

Und das Haupt, es scheint zu sprechen:
Starb die ganze deutsche Welt?
Will kein Mann die Unbill rächen,
Bis der Erde Bau zerfällt?

Und das Haupt, es scheint zu grüßen
Fragend uns halb streng, halb mild;
Laßt es uns in Demut küssen,
Das ist Kaiser Friedrichs Bild.

Herrlich hat sein Schloß gestanden
Hier vor langer ferner Zeit,
Als er nach den Morgenlanden
Zog in Gottes heil'gen Streit.

Rotbart, wie so fest gebunden
Hält ein Zauber dich gebannt?

Fließt hier Blut aus offnen Wunden,
Sind das Tränen an der Wand?

Alter Herr, ich kann dir melden
Reiches, schönes Freudenwort:
Schau, dort ziehn viel tausend Helden
In die Schlachten Gottes fort.

Und die Welschen sind geschlagen,
Und es siegt das heil'ge Kreuz,
Wiederkehrt aus deinen Tagen
Lebensfülle, Lebensreiz.

Magst nun dich zur Ruhe legen,
Altes, stolzes Kaiserhaupt,
Deine Kraft, dein Waffensegen
Wird uns nimmermehr geraubt.[128]

Die Wirkungsgeschichte der nationalistischen Lyrik

Auch das ist deutsche Literatur. Mag die Lyrik der Befreiungskriege heute weithin vergessen sein – im 19. Jahrhundert war sie äußerst populär, ja bis weit ins 20. Jahrhundert hinein war sie aus dem kulturellen Haushalt der Deutschen nicht wegzudenken. Da ist es nur ein schwacher Trost, daß die Literaturen anderer europäischer Nationen im 19. Jahrhundert mit den gleichen nationalistischen Tönen aufwarten wie sie. Erwuchsen ihr in der vielfach anders gerichteten politischen Lyrik des Vormärz immerhin bald ein Gegengewicht – man denke an Heine und „Deutschland. Ein Wintermärchen" – so erlebte sie im *Deutsch-Französischen Krieg von 1870/71* eine Renaissance, die sie vollends die Oberhand gewinnen ließ. Die Gedichte eines Arndt, Rückert und Schenkendorf oder auch eines *Ludwig Uhland* (1787–1862) und *Theodor Körner* (1791–1813) schienen sich ohne Abstriche auf die aktuelle geschichtliche Lage übertragen zu lassen, ja manches schien überzeugender denn je, da die von der Nationalromantik beschworene Wiederauferstehung des deutschen

128 Ebenda, S. 20–23.

Kaisertums mit der Gründung des Deutschen Reichs 1871 nun in der Tat Wirklichkeit wurde.

So wurden die Werke der nationalromantischen Dichter in den *Gründerjahren* immer wieder neu aufgelegt, vielfach in Gestalt von „Prachtausgaben", die ihnen einen Ehrenplatz in den Bücherschränken des wilhelminischen Bürgertums sicherten. Und so gingen ihre Gedichte nun in großem Umfang in die Lesebücher der Schulen ein, wurden sie ein fester Bestandteil des geistigen Rüstzeugs, mit dem die deutsche Jugend ausgestattet und schließlich in den Ersten Weltkrieg, ja selbst noch in den Zweiten Weltkrieg geschickt wurde.

Nationalromantische Oper

Wie weit die Vorstellungswelt des Nationalismus selbst in die obersten Etagen der Kunst vordrang, mag eine Stelle aus dem Libretto der Oper *„Die Meistersinger von Nürnberg"* (1868) von *Richard Wagner* (1813–1883) belegen. Da wird das Publikum mit der folgenden Warnung aus der Oper entlassen:

Habt acht! Uns dräuen üble Streich'!
Zerfällt erst deutsches Volk und Reich,
in falscher welscher Majestät
kein Fürst bald mehr sein Volk versteht;
und welschen Dunst mit welschem Tand
sie pflanzen uns in deutsches Land.
Was deutsch und echt, wüßt' keiner mehr,
lebt's nicht in deutscher Meister Ehr'(,)[129]

nämlich in den Werken der „heil'gen deutschen Kunst".[130] Wagner dürfte bei „welschem Tand" vor allem an die italienische und die französische Oper gedacht haben, die seinerzeit die Bühne beherrschten. Wenn er diesen mit Werken entgegentrat, denen er die *Stoffe deutscher Sagen* zugrundelegte, wie sie sich etwa in den „Deutschen Sagen" der Brüder Grimm finden, mit Werken wie *„Tannhäuser"* (1845), *„Lohengrin"* (1850), *„Tristan und Isolde"* (1865), *„Der Ring des*

129 Richard Wagner: Die Meistersinger von Nürnberg. Textbuch. Hrsg. v. Wilhelm Zentner. Stuttgart 1984, S. 104.

130 Ebenda, S. 105.

Nibelungen" (1869–1876) und „*Parsifal*" (1883), dann entsprach das exakt dem Konzept von „heil'ger deutscher Kunst", das zu Beginn des Jahrhunderts von der Nationalromantik entwickelt worden war: groß und „heilig", nämlich „deutsch und echt" konnte die Kunst nur dadurch werden, daß sie sich auf die „Volksliteratur" gründete.

Kritik am Barbarossa-Kult

Daß nicht alle Autoren die Dinge so sahen, haben wir uns bereits an Goethe und Heine vergegenwärtigt. Es ist nämlich keineswegs so, wie die Vertreter der Diskursanalyse oder jedenfalls doch ein erstaunlich großer Teil von ihnen anzunehmen scheint, daß es keine Möglichkeit gäbe, sich der *Macht der Diskurse* zu entziehen. Jeder denkende Mensch kann jederzeit über jeden Diskurs hinausdenken, zumal der denkende Künstler; er kann nur nicht aus allen Diskursen gleichzeitig aussteigen, was freilich auch nicht sonderlich erstrebenswert wäre, wäre es doch gleichbedeutend mit dem sozialen Tod. Mochte die Herrschaft des Nationaldiskurses im Laufe des 19. Jahrhunderts also auch noch so drückend werden – es gab immer Autoren, die sich von ihm freizuhalten wußten.

Der erste Schritt dahin war eine Kritik, wie *Heine* sie in „*Deutschland. Ein Wintermärchen*" übte. Hier hat er sich übrigens auch der Figur angenommen, die wir die Lieblingsfigur der Nationalromantik nannten, des Kaisers Friedrich Barbarossa; ganze vier Kapitel – Caput XIV bis XVII – sind allein ihr gewidmet. Caput XVI endet mit den Versen:

Herr Rotbart – rief ich laut – du bist
Ein altes Fabelwesen,
Geh, leg dich schlafen, wir werden uns
Auch ohne dich erlösen.

Die Republikaner lachten uns aus,
Sehn sie an unserer Spitze
So ein Gespenst mit Zepter und Kron;
Sie rissen schlechte Witze. (...)

Das beste wäre, du bliebest zu Haus,
Hier in dem alten Kyffhäuser –
Bedenk ich die Sache ganz genau,
So brauchen wir gar keinen Kaiser. (HS 7, 615–616)

Das ist aber noch nicht Heines letztes Wort. In Caput XVII meldet sich der Poet in ihm zu Wort, um die Barbarossa-Sage gegen ihre politische Instrumentalisierung durch die Reaktion in Schutz zu nehmen.

> Vergib mir, o Rotbart, das rasche Wort!
> Ich weiß, du bist viel weiser
> Als ich, ich habe so wenig Geduld –
> Doch komme du bald, mein Kaiser! (...)
>
> Stell wieder her das Halsgericht,
> Das peinliche Karls des Fünften,
> Und teile wieder ein das Volk
> Nach Ständen, Gilden und Zünften.
>
> Das alte heilige römische Reich,
> Stells wieder her, das ganze,
> Gib uns den modrigsten Plunder zurück
> Mit allem Firlifanze.
>
> Das Mittelalter, immerhin,
> Das wahre, wie es gewesen,
> Ich will es ertragen – erlöse uns nur
> Von jenem Zwitterwesen,
>
> Von jenem Kamaschenrittertum,
> Das ekelhaft ein Gemisch ist
> Von gotischem Wahn und modernem Lug,
> Das weder Fleisch noch Fisch ist.
>
> Jag fort das Komödiantenpack,
> Und schließe die Schauspielhäuser,
> Wo man die Vorzeit parodiert –
> Komme du bald, o Kaiser! (HS 7, 617)

An einem Interesse, das sich dem „wahren Mittelalter" stellt, dem „Mittelalter, wie es gewesen", nimmt Heine keinen Anstoß; das trägt als historisches oder poetisches Interesse seinen Wert in sich. Der eigentliche Skandal ist für ihn der Versuch, die moderne Gesellschaft nach dem Vorbild des Mittelalters umzugestalten, ist jener nationalromantische Mischmasch von Altem und Neuem, wie er im 19. Jahrhundert zur Basis einer „defensiven Modernisierung" wird.

Kritik am allgemeinen „Wettdeutschen"

Die Literatur hat übrigens nicht erst auf Heine warten müssen, um sich gegenüber der Inanspruchnahme durch den Nationalismus neuerlich Luft zu verschaffen. Bereits 1819 hat *Friedrich Rückert* – der gleiche Rückert, der mit seinen „Geharnischten Sonetten" das Gedicht in den nationalen Befreiungskampf abkommandierte – ein satirisches Epigramm vorgelegt, in dem er mit der Deutschtümelei des letzten Jahrzehnts abrechnet, seine eigene mit einbegriffen. In ihm läßt er gleichsam die deutsche Sprache selbst sich gegen das wehren, was ihr bei dem großen „Wettdeutschen" widerfahren ist. Nicht umsonst gibt er ihm die Form eines in Distichen – im Wechsel von Hexametern und Pentametern – gestalteten Epigramms, gibt er ihm mithin eine *klassische Form*: das Gedicht kehrt aus den Exzessen des Nationalismus zu seinen wahren Ursprüngen und damit zu sich selbst zurück.

Grammatische Deutschheit

Neulich deutschten auf deutsch vier deutsche Deutschlinge deutschend,
Sich überdeutschend am Deutsch, welcher der Deutscheste sei.
Vier deutschnamig benannt: Deutsch, Deutscherig, Deutscherling, Deutschdich;
Selbst so hatten zu deutsch sie sich die Namen gedeutscht.
Jetzt wettdeutschten sie, deutschend in grammatikalischer Deutschheit,
Deutscheren Komparativ, deutschesten Superlativ.
„Ich bin deutscher als deutsch." „Ich deutscherer." „Deutschester bin ich."
„Ich bin der Deutschereste, oder der Deutschestere."
Drauf durch Komparativ und Superlativ fortdeutschend,
Deutschten sie auf bis zum – Deutschesteresteresten;
Bis sie vor komparativisch- und superlativischer Deutschung
Den Positiv von Deutsch hatten vergessen zuletzt.[131]

131 Rückert: Gedichte (Anm. 116), S. 100.

6 Realismus der Gründerjahre

Der Versuch, uns Rechenschaft von dem Einfluß des Nationalismus auf die Entwicklung der Literatur zu geben, hat uns in die ersten Jahrzehnte des 19. Jahrhunderts zurückgeführt, in die Zeit, in der die Konzepte der Nation und der Nationalliteratur die Gestalt annehmen, in der sie dem literarischen Leben bis weit ins 20. Jahrhundert hinein ihren Stempel aufdrücken. Nun wollen wir uns wieder in die Epoche des Realismus zurückbegeben, und zwar in deren zweite Phase, die Phase der Gründerjahre, womit wir uns auf das Ende des Jahrhunderts und damit zugleich auf die Schwelle zur Moderne im engeren und eigentlichen Sinne zu bewegen.

Wir wollen uns dieser Schwelle am Beispiel eines Werks nähern, das uns erkennen läßt, welche Herausforderung die Verhältnisse der Gründerjahre für die Literatur darstellten und wie sie diese mit ihren Mitteln – einstweilen noch immer Mitteln des Realismus – zu meistern suchte, am Beispiel des Romans *„Pfisters Mühle“* (1884) von *Wilhelm Raabe* (1831–1910). In ihm wird von einer alten Wassermühle erzählt, die der Modernisierung zum Opfer fällt, und von den Schicksalen der Menschen, deren Heimat und Existenzgrundlage sie war. Dies geschieht in einer erzähltechnisch komplexen, ausgefeilten Form, die auf ihre Weise von der Größe der Herausforderung zeugt, davon, wie die Modernisierung die Literatur vor sich her trieb und ihr selbst dort, wo sie weiterhin auf die bewährten Mittel des Realismus setzte, immer neue, immer aufwendigere formale Lösungen abnötigte.

Die Gründerjahre

Wie wir uns bereits an früherer Stelle klargemacht haben, sind die Gründerjahre, die Jahre nach dem Deutsch-Französischen Krieg von 1870/71 und der Gründung des Deutschen Reichs 1871, eine Zeit, in der die *Modernisierung in Deutschland* eine neue Qualität gewinnt, in der die Entwicklungen, die sich im Vormärz vielfach nur erst andeuten und allenfalls hellsichtigen Zeitdiagnostikern wie

Gutzkow und Immermann erschließen, vollends Fahrt aufnehmen und immer größere Teile des Landes und immer weitere Bereiche des gesellschaftlichen Lebens erfassen und umgestalten.

Der endlich erreichte einheitliche deutsche Nationalstaat bewährt sich als der weitere Verkehrsraum des Fortschritts, den sich das nationalliberale Bürgertum erträumt hat. Die *Verwissenschaftlichung der Welt* geht in eine neue Runde. Wissenschaft und Technik erleben eine nie gekannte Blüte und erobern sich immer neue Felder, ermöglichen mit ihren Entdeckungen und Erfindungen auf immer breiterer Front den Übergang zur technisch-industriellen Produktionsweise, und damit zu immer weiter ausgreifenden und immer effizienteren Formen von Industrie, Handel, Finanzwirtschaft und Bürokratie. Die neuen Fabriken und Verwaltungsapparate ziehen die Menschen in die *Städte* und lassen diese um immer neue Bürgerquartiere und Arbeitervorstädte wachsen. So hat sich die Einwohnerzahl von Berlin in der zweiten Hälfte des 19. Jahrhunderts fast alle zwanzig Jahre verdoppelt; aus 430 000 Einwohnern im Jahr 1849 werden bis 1871 825 000 und bis 1890 1 530 000. Menschen und Dinge geraten auf eine Weise in Bewegung, die alles in den Schatten stellt, was die Welt bis dahin gesehen hat; kein Stein scheint auf dem anderen zu bleiben.

Es gibt ein Dokument, das uns auf ebenso umfassende wie komprimierte, griffige Weise mit der Art von Modernisierung bekanntmacht, die die Menschen in der Gründerzeit zu bestehen hatten und mit der sich ein Autor wie Raabe in seinen Romanen herumschlägt. Es verdient nicht nur deshalb unser Interesse, weil es uns bei der historischen Situierung und Analyse der Literatur der Gründerzeit weiterhelfen kann, sondern auch weil es sich bei ihm um einen der berühmtesten und wirkungsreichsten Texte des 19. Jahrhunderts überhaupt handelt, berühmt freilich nicht nur im Sinne von bekannt, sondern auch in dem von berüchtigt: das „*Manifest der Kommunistischen Partei*“ von *Karl Marx* (1818–1883) und *Friedrich Engels* (1820–1895), kurz auch „Kommunistisches Manifest“ genannt.

6.1 Die Gründerjahre im Licht des „Kommunistischen Manifests“

Das „Kommunistische Manifest“

Das „Kommunistische Manifest“ [132] stammt bereits aus dem Revolutionsjahr 1848. Das bedeutet freilich nicht, daß es sich nicht für die Auseinandersetzung mit den Gründerjahren heranziehen ließe, denn es beruht wesentlich auf dem Studium der Verhältnisse in England, dem technologisch, ökonomisch und politisch avanciertesten Land in Europa, und beschreibt damit eine *Logik der Modernisierung*, wie sie wenige Jahrzehnte später auch die Entwicklung in Deutschland bestimmt.

Bei seiner Lektüre ist zu bedenken, daß es sich um eine *politische Programmschrift* handelt, also um einen Text, der politisches Handeln ins Werk setzen will, der weniger einem theoretischen als einem praktischen Interesse dient; hier wird nichts weniger als die *„Aufhebung des Privateigentums“* (MES 3, 71) auf die Agenda der Politik gesetzt, die „Aufhebung“ insbesondere des „Privateigentums“ an „Produktionsinstrumenten“ (MES 3, 76) wie Fabriken, Banken, Handelshäusern, Verkehrs- und Kommunikationsbetrieben. Wie viele solcher Schriften enthält es jedoch auch einen theoretischen Teil, Passagen, in denen eine Analyse der Lage gegeben wird, die das Programm plausibel machen soll; nur diese sollen uns hier beschäftigen.

Auch bei ihnen ist freilich in Rechnung zu stellen, daß das praktische Interesse das theoretische überwiegt. Das zeigt sich vor allem darin, daß alles, was Marx und Engels an Entwicklungen herausarbeiten, von ihnen auf einen einzigen gesellschaftlichen Akteur zurückgeführt wird, auf die Klasse der *Bourgeoisie*, die Kaste der Unternehmer. Das ist eine Simplifikation, die deutlich unter dem theoretischen Niveau bleibt, das sie ansonsten an den Tag legen, ohne die ihnen aber offenbar nicht gelingen will, handfeste politische Ziele zu definieren. Denn für Entwicklungen wie die Ausbildung der

132 Philipp Erbentraut, Torben Lütjen: Eine Welt zu gewinnen. Entstehungskontext, Wirkungsweise und Narrationsstruktur des „Kommunistischen Manifests“. In: Johanna Klatt, Robert Lorenz (Hrsg.): Manifeste. Bielefeld 2011, S. 73–98.

modernen Wissenschaft und Technik, wie Aufklärung und Globalisierung – die unabdingbaren Voraussetzungen für den Übergang zur technisch-industriellen Produktionsweise – war durchaus nicht nur die Bourgeoisie verantwortlich. An ihnen war eine Fülle von Faktoren beteiligt, die sich keineswegs einer einzigen Personengruppe zuschreiben, vielmehr nur als Momente komplexer gesellschaftlicher Strukturen begreifen lassen, an denen alle möglichen Akteure ihren Anteil haben.

Wer wie Marx und Engels das Ziel verfolgt, die Massen für ein bestimmtes politisches Programm zu gewinnen, dem kann man freilich kaum empfehlen, zu ihnen von anonymen gesellschaftlichen Strukturen zu sprechen, der wird sich sehr viel leichter tun, wenn er wie sie mit dem Finger auf eine bestimmte Personengruppe zeigt, um ihr alles Wohl und Wehe des gesellschaftlichen Lebens anzulasten, und in Aussicht stellt, das Wehe lasse sich mit einem einzigen Kraftakt gegenüber dieser Gruppe aus der Welt schaffen. Die Geschichte des Marxismus und seiner Umsetzung in Politik hat ebensowohl gezeigt, daß die Simplifikation ihre Wirkung tat – es ließen sich in der Tat breite Kreise vom Programm des „Kommunistischen Manifests" überzeugen – wie daß sie eine Simplifikation war: die Enteignung der Bourgeoisie allein reichte keineswegs aus, um den Fortschritt auf das rechte Gleis zu setzen und die Schattenseiten der technisch-industriellen Produktionsweise in den Griff zu bekommen, ja der Glaube an sie als Patentrezept für alle Gebresten der Moderne hatte wie jede derartige Simplifikation auf die Dauer die verheerendsten Folgen.

Die Logik der Modernisierung

So mag es erlaubt sein, die Substanz der analytischen Passagen des „Kommunistischen Manifests" dadurch zu retten, daß bei ihrer Lektüre der Begriff der Bourgeoisie, wo immer es möglich ist, in Gedanken durch den der Modernisierung ersetzt wird.

> Die Bourgeoisie hat in ihrer kaum hundertjährigen Klassenherrschaft massenhaftere und kolossalere Produktionskräfte geschaffen als alle vergangenen Generationen zusammen. Unterjochung der Naturkräfte, Maschinerie, Anwendung der Chemie auf Industrie und Ackerbau, Dampfschiffahrt, Eisenbahnen, elektrische Telegraphen, Urbarmachung ganzer Weltteile, Schiffbarmachung der Flüsse, ganze aus dem Boden

> hervorgestampfte Bevölkerungen – welch früheres Jahrhundert ahnte, daß solche Produktionskräfte im Schoß der gesellschaftlichen Arbeit schlummerten. (MES 3, 63)

Von alten und neuen Wundern

Die zentrale Bedeutung dieses Befunds für die weiteren Überlegungen wird durch einen Seitenblick auf die Vorstellungen der politischen Konkurrenz, auf die *nationalromantische „Reaktion"* mit ihrer Verherrlichung des Mittelalters und ihrer Fixierung auf die Nation gesichert. Was die Moderne dank der Entfesselung der „Produktionskräfte" an „Wunderwerken" geschaffen hat, stellt alles in den Schatten, was das Mittelalter, was frühere Zeiten überhaupt an Wundern kannten.

> Die Bourgeoisie hat enthüllt, wie die brutale Kraftäußerung, die die Reaktion so sehr am Mittelalter bewundert, in der trägsten Bärenhäuterei (Untätigkeit) ihre passende Ergänzung fand. Erst sie hat bewiesen, was die Tätigkeit der Menschen zustande bringen kann. Sie hat ganz andere Wunderwerke vollbracht als ägyptische Pyramiden, römische Wasserleitungen und gotische Kathedralen, sie hat ganz andere Züge ausgeführt als Völkerwanderungen und Kreuzzüge. (MES 3, 61–62)

Nationalismus und Globalisierung

Und das „Werden der Nation" verdankt sich keineswegs so etwas wie dem Wiedererwachen des „Volksgeists", sondern ausschließlich der ökonomischen Entwicklung, der Logik der Modernisierung.

> Die Bourgeoisie hebt mehr und mehr die Zersplitterung der Produktionsmittel, des Besitzes und der Bevölkerung auf. Sie hat die Bevölkerung agglomeriert (angehäuft, zusammengeballt), die Produktionsmittel zentralisiert und das Eigentum in wenigen Händen konzentriert. Die notwendige Folge davon war die politische Zentralisation. Unabhängige, fast nur verbündete Provinzen mit verschiedenen Interessen, Gesetzen, Regierungen und Zöllen wurden zusammengedrängt in *eine* Nation, *eine* Regierung, *ein* Gesetz, *ein* nationales Klasseninteresse, *eine* Douanenlinie (Zollgrenze). (MES 3, 63)

Ja das „Werden der Nation", in dem die Nationalisten ein letztes Ziel erkennen wollen, ist für Marx und Engels nicht mehr als eine Durchgangsstation auf dem Weg in eine globalisierte Welt.

> Das Bedürfnis nach einem stets ausgedehnteren Absatz für ihre Produkte jagt die Bourgeoisie über die ganze Erdkugel. Überall muß sie sich einnisten, überall anbauen, überall Verbindungen herstellen.
>
> Die Bourgeoisie hat durch die Exploitation (Nutzbarmachung) des Weltmarkts die Produktion und Konsumtion aller Länder kosmopolitisch gestaltet. Sie hat zum großen Bedauern der Reaktionäre den nationalen Boden der Industrie unter den Füßen weggezogen. Die uralten nationalen Industrien sind vernichtet worden und werden noch täglich vernichtet. Sie werden verdrängt durch neue Industrien, deren Einführung eine Lebensfrage für alle zivilisierten Nationen wird, durch Industrien, die nicht mehr einheimische Rohstoffe, sondern den entlegensten Zonen angehörige Rohstoffe verarbeiten und deren Fabrikate nicht nur im Lande selbst, sondern in allen Weltteilen zugleich verbraucht werden. An die Stelle der alten, durch Landeserzeugnisse befriedigten Bedürfnisse treten neue, welche die Produkte der entferntesten Länder und Klimate zu ihrer Befriedigung erheischen. An die Stelle der alten lokalen und nationalen Selbstgenügsamkeit und Abgeschlossenheit tritt ein allseitiger Verkehr, eine allseitige Abhängigkeit der Nationen voneinander. (MES 3, 62)

Von diesem Befund aus wird natürlich auch die Vorstellung der Nationalliteratur obsolet. Mag Goethes Begriff der *Weltliteratur* im 19. Jahrhundert noch so wenig Anklang gefunden haben – im „Kommunistischen Manifest“ hat er einen festen Platz.

> Und wie in der materiellen, so auch in der geistigen Produktion. Die geistigen Erzeugnisse der einzelnen Nationen werden Gemeingut. Die nationale Einseitigkeit und Beschränktheit wird mehr und mehr unmöglich, und aus den vielen nationalen und lokalen Literaturen bildet sich eine Weltliteratur. Die Bourgeoisie reißt durch die rasche Verbesserung aller Produktionsinstrumente, durch die unendlich erleichterten Kommunikationen alle, auch die barbarischsten Nationen in die Zivilisation. Die wohlfeilen Preise ihrer Waren sind die schwere Artillerie, mit der sie alle chinesischen Mauern in den Grund schießt, mit der sie den hartnäckigsten Fremdenhaß der Barbaren zur Kapitulation zwingt. Sie zwingt alle Nationen, die Produktionsweise der Bourgeoisie sich anzueignen, wenn sie nicht zugrunde gehen wollen; sie zwingt sie, die

> sogenannte Zivilisation bei sich selbst einzuführen, d. h. Bourgeois zu werden. Mit einem Wort, sie schafft sich eine Welt nach ihrem eigenen Bilde. (MES 3, 62–63)

Die Dynamik der Modernisierung

Das alles bedeutet, daß in den letzten hundert Jahren eine Entwicklung in Gang gekommen ist, die die Lebensverhältnisse der Menschen nicht etwa nur der einen oder anderen Veränderung unterwirft, sondern einer *permanenten Revolution*, einer Dynamik, die sich immer weiter beschleunigt und die offenbar durch nichts aufzuhalten und stillzustellen ist. Jede überkommene Bindung, ob an eine Region, einen Stand, eine Lebensform, eine Religion oder Weltanschauung, fällt ihr früher oder später zum Opfer, und so auch jede Bindung, die neu entstehen will. Das Ergebnis ist eine *„ewige Unsicherheit und Bewegung"*, ist eben jenes Gefühl der „Entwurzelung", jene „moralische Seekrankheit", von der wir bereits bei Immermann hören. Vor diesem Hintergrund erweist sich eine Vorstellung wie die vom Leben in einer „Sitte", die sich in allem geschichtlichen Wandel „unvermischt" in ihrer ursprünglichen Gestalt hätte erhalten können – die Lieblingsidee des deutsche Nationalismus –, als eine groteske Schimäre.

> Die Bourgeoisie kann nicht existieren, ohne die Produktionsinstrumente, also die Produktionsverhältnisse, also sämtliche gesellschaftlichen Verhältnisse fortwährend zu revolutionieren. Unveränderte Beibehaltung der alten Produktionsweise war dagegen die erste Existenzbedingung aller früheren industriellen Klassen. Die fortwährende Umwälzung der Produktion, die ununterbrochene Erschütterung aller gesellschaftlichen Zustände, die ewige Unsicherheit und Bewegung zeichnet die Bourgeoisepoche vor allen früheren aus. Alle festen eingerosteten Verhältnisse mit ihrem Gefolge von altehrwürdigen Vorstellungen und Anschauungen werden aufgelöst, alle neugebildeten veralten, ehe sie verknöchern können. Alles Ständische und Stehende verdampft, alles Heilige wird entweiht, und die Menschen sind endlich gezwungen, ihre Lebensstellung, ihre gegenseitigen Beziehungen mit nüchternen Augen anzusehen. (MES 3, 62)

Der auffälligste Ausdruck dieser neuen Mobilität ist der unaufhaltsame *Zug der Menschen in die Städte*.

> Die Bourgeoisie hat das Land der Herrschaft der Stadt unterworfen. Sie hat enorme Städte geschaffen, sie hat die Zahl der städtischen Bevölkerung gegenüber der ländlichen in hohem Grade vermehrt und so einen bedeutenden Teil der Bevölkerung dem Idiotismus des Landlebens entrissen. Wie sie das Land von der Stadt, hat sie die barbarischen und halbbarbarischen Länder von den zivilisierten, die Bauernvölker von den Bourgeoisvölkern, den Orient vom Okzident abhängig gemacht. (MES 3, 63)

Folgen für die Kultur

Mit alledem hat die Modernisierung nicht nur das äußere, sondern auch das innere Leben der Menschen, ihr Seelen- und Geistesleben von Grund auf verändert. Was die *Religion*, die *idealistische Philosophie* und die *romantische Dichtung* den Menschen an „frommer Schwärmerei", „ritterlicher Begeisterung" und „spießbürgerlicher Wehmut" nahebringen und ihnen von „ehrwürdigen Tätigkeiten" im Namen rein geistiger Bestrebungen und „rührend-sentimentalen" „Familienverhältnissen" erzählen, ist nicht mehr als der Ausdruck eines ebenso hilflosen wie kraftlosen Versuchs, *einen Schleier zu breiten über* das, was die Beziehungen der Menschen in der Moderne in Wahrheit bestimmt: *das „nackte Interesse", die „egoistische Berechnung", das „reine Geldverhältnis"*.

> Die Bourgeoisie, wo sie zur Herrschaft gekommen, hat alle feudalen, patriarchalischen, idyllischen Verhältnisse zerstört. Sie hat die buntscheckigen Feudalbande, die den Menschen an seinen natürlichen Vorgesetzten knüpften, unbarmherzig zerrissen und kein anderes Band zwischen Mensch und Mensch übriggelassen, als das nackte Interesse, als die gefühllose „bare Zahlung". Sie hat die heiligen Schauer der frommen Schwärmerei, der ritterlichen Begeisterung, der spießbürgerlichen Wehmut in dem eiskalten Wasser egoistischer Berechnung ertränkt. Sie hat die persönliche Würde in den Tauschwert aufgelöst und an die Stelle der zahllosen verbrieften und wohlerworbenen Freiheiten die eine gewissenlose Handelsfreiheit gesetzt. Sie hat, mit einem Wort, an die Stelle der mit religiösen und politischen Illusionen verhüllten Ausbeutung die offene, unverschämte, direkte, dürre Ausbeutung gesetzt.
>
> Die Bourgeoisie hat alle bisher ehrwürdigen und mit frommer Scheu betrachteten Tätigkeiten ihres Heiligenscheins entkleidet. Sie hat den Arzt, den Juristen, den Pfaffen, den Poeten, den Mann der Wissenschaft in ihre bezahlten Lohnarbeiter verwandelt.

> Die Bourgeoisie hat dem Familienverhältnis seinen rührend-sentimentalen Schleier abgerissen und es auf ein reines Geldverhältnis zurückgeführt. (MES 3, 61)

Modernisierung bei Raabe

Eben von der Zerstörung „patriarchalischer, idyllischer Verhältnisse“, vom Untergang eines Lebens im Zeichen „altehrwürdiger Vorstellungen und Anschauungen“ und „lokaler Selbstgenügsamkeit und Abgeschlossenheit“ und von der „ewigen Unsicherheit und Bewegung“, die das mit sich bringt, handelt der Roman *„Pfisters Mühle“* von Raabe. Der Leser erlebt, wie das, was im „Kommunistischen Manifest“ der „Idiotismus des Landlebens“ heißt, an sein Ende kommt und „das Land der Herrschaft der Stadt unterworfen“ wird, und er erfährt, woran das liegt: an Entwicklungen wie der „Unterjochung der Naturkräfte“ durch „Maschinerie“, der „Anwendung der Chemie auf Industrie und Ackerbau“ und der „Exploitation“ der Flüsse. An anderer Stelle hat sich Raabe übrigens auch mit der Globalisierung und deren Rückwirkung auf das Leben in Deutschland befaßt.

Raabe versucht freilich zugleich zu zeigen, daß das, was Marx und Engels als „fromme Schwärmerei“, „ritterliche Begeisterung“ und „spießbürgerliche Wehmut“ abtun, damit noch nicht an sein Ende gekommen sei und daß sich die *zwischenmenschlichen Beziehungen*, etwa die „Familienverhältnisse“, *keineswegs* überall *auf ein „reines Geldverhältnis“ reduziert* hätten. Als Realist geht er zwar ebenfalls auf Distanz zu den gängigen Formen von Religion, Idealismus und Romantizismus, doch hält er zugleich wenn schon nicht am Gedanken der „Weltfrömmigkeit“, so wenigstens an der *Humanitätsreligion* und dem *Vitalismus* fest, jedenfalls hier, in „Pfisters Mühle“; in anderen Werken scheint das auch ihm nicht mehr recht zu gelingen. Mag sein, daß „Humanitätsreligion“ und Vitalismus im Hintergrund der Theoriebildung von Marx und Engels ebenfalls noch mit am Werk sind, doch hat es zumindest auf den ersten Blick den Anschein, als würden sie bei ihnen von ihrem programmatischen Materialismus, insbesondere von ihrem Begriff des Interesses nach und nach aufgezehrt. Hier kann und muß nicht entschieden werden, wie es in dieser Hinsicht um die Verfasser des „Kommunistischen Manifests“ bestellt ist. Wohl aber haben wir uns die Frage vorzulegen, inwieweit sich das Bild, das Raabe in „Pfisters Mühle“ vom Leben in den Gründerjahren entwirft, gegenüber der Diagnose von Marx und Engels behaupten und eine eigene Überzeugungskraft entfalten kann.

6.2 „Pfisters Mühle" von Raabe

Früh- und Spätwerk im Urteil von Mit- und Nachwelt

Daß wir bei Wilhelm Raabe[133] besonders viel über die Verhältnisse in den Gründerjahren erfahren, mag auch daran liegen, daß er von allen namhaften Realisten der jüngste ist; als 1831 Geborener ist er 26 Jahre jünger als Stifter, 14 Jahre jünger als Storm und 12 Jahre jünger als Keller und Fontane. Allerdings war auch er bei der Gründung des Deutschen Reichs 1871 bereits 39 Jahre alt, sah mithin auch er sich erst in fortgeschrittenen Jahren mit den neuen Verhältnissen konfrontiert. Offenbar war er aber noch jung genug, um sich ihnen mit all seiner Erfahrung als Autor zu stellen, mit dem Ergebnis, daß sein Spätwerk nach und nach einen ganz anderen Charakter annahm als sein Frühwerk. Der *Bruch zwischen Früh- und Spätwerk* war so tiefgreifend, daß durch ihn sein Renommee als Autor in Mitleidenschaft gezogen wurde, bei der Nachwelt nicht weniger als bei der Mitwelt, wobei die Kurve der Wertschätzung bei den Nachgeborenen genau in umgekehrter Richtung verlief wie bei den Zeitgenossen.

Die Zeitgenossen schätzten vor allem Raabes *Frühwerk*, insbesondere den Roman *„Die Chronik der Sperlingsgasse"*, der 1857 erschien und bis 1908 51 Auflagen erlebte, sowie den Roman *„Der Hungerpastor"* von 1864, der es bis 1908 immerhin auch noch auf 30 Auflagen brachte; bis weit ins 20. Jahrhundert hinein zählten sie zu den Lieblingsbüchern der Deutschen, insbesondere des norddeutschen protestantischen Bürgertums. Bei all denen unter den Nachgeborenen, die sich der ästhetischen Moderne öffneten und deren Maßstäbe zueigen machten, verfielen dann gerade sie der Kritik; sie seien *verspätetes Biedermeier*,

---

133 Hermann Helmers: Wilhelm Raabe. 2. Aufl. Stuttgart 1978. – Horst Denkler: Wilhelm Raabe. Legende – Leben – Literatur. Tübingen 1989. – Sigrid Thielking (Hrsg.): Raabe-Rapporte. Literaturwissenschaftliche und literaturdidaktische Zugänge zum Werk Wilhelm Raabes. Wiesbaden 2002. – Søren R. Fauth u. a. (Hrsg.): „Die besten Bissen vom Kuchen". Wilhelm Raabes Erzählwerk. Göttingen 2009.

in ihnen werde der Blick auf die Verhältnisse der Moderne durch eine penetrante Neigung zur Idylle vernebelt, werde Kleine-Leute-Leben zum Glück im Winkel verklärt. Hinzu kam, daß Raabe den negativen Part im „Hungerpastor" mit einem Juden besetzt hatte, so wie vor ihm Gustav Freytag in „Soll und Haben"; da lag der Verdacht des Antisemitismus nahe – ob zu Recht oder zu Unrecht, kann hier nicht diskutiert werden.[134]

Dafür fand das *Spätwerk* nun immer größere Beachtung; zumal die neuere germanistische Forschung wollte an ihm eine *sozialgeschichtliche Sensibilität* und eine *erzähltechnische Kühnheit* entdecken, die in vielem bereits auf die Moderne vorauswiesen, die jedenfalls in der Gründerzeit ihresgleichen suchten. Es umfaßt aber eben den Teil des Werks, bei dem Raabe zu seinen Lebzeiten mehr und mehr die Leser abhanden kamen. So erfolgreich er mit seinem Frühwerk war – mit seinen späten Romanen, mit Werken wie *„Der Schüdderump"* (1870), *„Pfisters Mühle"* (1884), *„Stopfkuchen"* (1891) und *„Die Akten des Vogelsangs"* (1896) konnte er die Zeitgenossen kaum noch erreichen; in seinen letzten Jahren hatte er sogar Mühe, für seine neuen Arbeiten überhaupt noch einen Verleger zu finden. Das war für ihn um so bedrückender, als er anders als das Gros der Realisten, als der Schulrat Stifter, der Richter Storm, der Staatsschreiber Keller und der Journalist Fontane neben dem Schreiben keinen bürgerlichen Beruf ausübte; als einziger von ihnen hatte er von Anfang an ausschließlich auf die Existenz als *freier Schriftsteller* gesetzt. Daß er sich und seine Familie weiterhin mit dem Schreiben durchbringen konnte, verdankte er vor allem dem anhaltenden Erfolg seiner frühen Romane.

Trotz alledem hat er aber mit seinem literarischen Projekt Kurs gehalten. Das Frühwerk war ein für allemal als „Jugendquark" abgetan; nun setzte er seinen ganzen Ehrgeiz darein, dem *„germanischen Spießbürgertum"*[135] die Augen für die Realitäten der Gründerjahre zu öffnen,

134 Ulrich Kittstein: Vom Zwang poetischer Ordnungen. Die Rolle der jüdischen Figuren in Gustav Freytags „Soll und Haben" und Wilhelm Raabes „Der Hungerpastor". In: Ulrich Kittstein, Stefanie Kugler (Hrsg.): Poetische Ordnungen. Zur Erzählprosa des deutschen Realismus. Würzburg 2007, S. 61–92.

135 Wilhelm Raabe: Abu Telfan. In: ders.: Werke. Hrsg. v. Karl Hoppe. 4 Bde. München 1962. Bd. 2, S. 44.

wie er ihm nun überhaupt keinen Blick in die Abgründe des Menschen und der geschichtlichen Welt mehr ersparte. Damit schrieb er aber eben mehr und mehr an den Erwartungen des Publikums vorbei, das seit den triumphalen Tagen des Deutsch-Französischen Kriegs und der Reichsgründung ganz auf Optimismus, auf Fortschritt, Aufschwung und Erfolg geeicht war und das sich seine positive Grundstimmung nicht vermiesen lassen wollte. Daß sich ausgerechnet Raabe aufmachte, Wermut in den Wein der *neuen deutschen Selbstgewißheit und Selbstzufriedenheit* zu schütten, war für es um so enttäuschender, als er ein ausgewiesener Nationalliberaler war; denn er war bereits 1859 dem „Deutschen Nationalverein" beigetreten und 1866 gar als Mitbegründer einer „Deutschen Partei" hervorgetreten, die eben jene Einigung Deutschlands unter der Führung Preußens gefordert hatte, die 1871 Wirklichkeit geworden war. Von alledem schien er nun nichts mehr wissen zu wollen.

Die Mühle als Schauplatz des Romans

Zu den Werken, in denen Raabe den Deutschen der Gründerzeit den Spiegel vorhielt und für die er nur mit Mühe noch einen Verleger und ein Publikum fand, gehört nun eben auch „Pfisters Mühle"[136] – ein neuerlicher halber Mißerfolg, obwohl er sich hier mehr als in den späten Arbeiten darum bemühte, die aufgezeigten Probleme am Ende doch noch in eine positive Perspektive zu rücken. Der Titel bezeichnet zugleich den Schauplatz und das zentrale Motiv des Romans: die Wassermühle der alten Müllersippe der Pfister. Er leistet aber noch mehr. Das erkennt man, wenn man sich in Erinnerung ruft, daß der Wassermühle seit den Zeiten der Romantik im kulturellen Gedächtnis eine ganz besondere Aura zugewachsen war; daß sie hier nicht nur für eine überkommene, inzwischen überholte Form industrieller Produktion, sondern auch für das einstand, was Raabe *„das alte romantische Land"* (RPM 9), „der Vorwelt Wunder" (RPM 10) oder schlechtweg „die gute alte Zeit" (RPM 26) nennt. Auch die Welt der Mühlenromantik wird durch den Titel mit aufgerufen.

136 Horst Denkler: Nachwort. In: Wilhelm Raabe: Pfisters Mühle. Stuttgart 1980, S. 225–251. – Ingo Meyers: Im „Banne der Wirklichkeit"? Studien zum Problem des deutschen Realismus und seinen narrativ-symbolistischen Strategien. Würzburg 2009, S. 522–540.

Daß sich gerade die Wassermühle den Ruf eines besonders romantischen Orts erwarb, ist unschwer zu verstehen. Die meisten dieser Mühlen befanden sich außerhalb geschlossener Ortschaften, an abgelegenen Plätzen irgendwo in der Wildnis oder im freien Feld, und führten dort ein Leben für sich, ein einsames, für Außenstehende nur schwer einsehbares, geheimnisvoll naturverbundenes Leben; sie schienen zugleich in und außerhalb der Welt zu sein. In diesem Sinne spielen Mühlen bereits in den Volksliedern und Sagen, auf die die Romantik so viel gab, eine prominente Rolle; davon zeugt etwa eine ganze Reihe von Liedern und Balladen in *„Des Knaben Wunderhorn“*. Was die Romantiker selbst aus dem Motiv zu machen verstanden, zeigt zum Beispiel der berühmte Liederzyklus *„Die schöne Müllerin“* (1823) von *Franz Schubert* (1797–1828) nach *„Gedichten aus den hinterlassenen Papieren eines reisenden Waldhornisten“* (1821–1824) von *Wilhelm Müller* (1794–1827). Manche dieser Volks- und Kunstlieder, etwa „In einem kühlen Grunde, da geht ein Mühlenrad“ oder „Das Wandern ist des Müllers Lust“, sind bis heute unvergessen, wie sich Mühlen als Feriendomizile und Ausflugslokale vielerorts auch heute noch großer Beliebtheit erfreuen – die letzten Ausläufer der Mühlenromantik reichen bis in die Gegenwart hinein.

An solch einem markanten, mit Symbolik aufgeladenen Ort des kulturellen Gedächtnisses also wird in „Pfisters Mühle“ demonstriert, was aus Deutschland, seinen Menschen und seiner Kultur in der Gründerzeit wird, wird jener *„Wirbel des Übergangs der deutschen Nation aus einem Bauernvolk in einen Industriestaat“* (RPM 122) vergegenwärtigt, der mit „dem Kriege mit den Franzosen und dem allgemeinen Aufschwung“ (PM 59) begann und durch den, wie Raabe beobachtet haben will, „das ganze deutsche Volk ein anderes geworden“ ist (RPM 46), wird insbesondere erkundet, was in all dem Wandel aus der *Poesie* wird, für die die Mühle steht, welche Herausforderungen in der Moderne auf die Literatur zukommen.

Die Mühle als Inbegriff der Poesie

So wird Pfisters Mühle – die Mühle, wie sie war, bevor um sie herum die Moderne ausbrach – von Raabe denn auch auf eine Weise geschildert, durch die sie zum Inbegriff des Poetischen wird, einschließlich der Vorstellungen, die das 19. Jahrhundert mit dem Begriff der Nationalliteratur verknüpfte. In einer alten deutschen Kulturlandschaft gelegen und seit jeher im Besitz der gleichen Müllersippe, hat sie sich in allem

Wechsel der Zeiten als ein Ort bewährt, an dem sich *das Angenehme mit dem Nützlichen*, das „dulce" mit dem „utile" verbindet, wie der römische Dichter *Horaz* das Wesen der Poesie umschreibt. Denn die Mühle hat nicht nur die gesamte Umgebung mit dem Grundnahrungsmittel Mehl versorgt; sie war auch ein weithin berühmtes Ausflugslokal, in dessen Biergarten es sich die Menschen gutgehen ließen, vor allem die Bewohner einer nahen Universitätsstadt. Stadt und Land, Groß und Klein, Hoch und Niedrig, Gebildet und Ungebildet – das wird mehrfach unterstrichen – kamen in ihr zusammen und erfreuten sich gemeinsam eines „allgemeinen Behagens". So war sie ein Ort, an dem das *Volk* sich selbst begegnete, an dem es *bei sich selbst zu Hause* war und sich mit sich selbst einig fühlte, nicht anders als bei den Eidgenössischen Sänger- und Schützenfesten, von denen *Gottfried Keller* so gerne erzählt. Dank der großen Zahl studentischer Besucher, die nach dem Studium in alle Provinzen Deutschlands ausschwärmten, erwarb sie sich damit einen Ruf, „soweit die deutsche Zunge klingt" (RPM 14).

Die Mühle als Opfer der Modernisierung

Über diesen „verzauberten Grund und Boden" (RPM 46) bricht also nun „die Zeit" herein, „die sich augenblicklich die neue (nennt)" (RPM 89). Die Pfisters müssen erfahren, „daß jeder, der im neunzehnten Jahrhundert einen Garten und eine Mühle an dem lieblichen Wasser liegen hat, auf mancherlei Überraschungen gefaßt sein muß" (RPM 69). Am Oberlauf des Mühlenbachs, in einem Ort namens Krickerode, wird eine *Fabrik* errichtet, eine Zuckerfabrik, die mit ihrem *Abwasser* den Mühlenbach vergiftet und mit ihrem *Abgas* die Luft verpestet. „Aus dem lebendigen, klaren Fluß", dem „Inbegriff alles Frischen und Reinlichen", wird „ein träge schleichendes, schleimiges, weißbläuliches Etwas", „das wahrhaftig niemand mehr als Bild des Lebens und des Reinen dienen (kann)" (RPM 57). Zugleich müssen die Bewohner der Mühle erleben, „wie alles so sehr übel (riecht), wenn seit dem Kriege mit den Franzosen und dem allgemeinen Aufschwung der Herbst (kommt)" (RPM 59) – der Herbst, die Zeit der Zuckerrübenernte, die Hochsaison der Zuckerfabriken.

Wie das letzte Zitat erkennen läßt, tut Raabe alles dafür, damit der Leser die giftige Brühe und den ekelerregenden Gestank, die über die Mühle gekommen sind, unmittelbar mit Deutschland und seiner jüngsten politischen und ökonomischen Entwicklung in Verbindung bringt. Es sind *„Ergießungen Germanias"*, wie sie in Gestalt der Abwässer von Krickerode „Germanias grünem Rhein, blauer Donau, blaugrünem Neckar (und) gelber Weser“ an die Seite treten (RPM 124), ist „die üble Luft dieser (neuen) Welt“ (RPM 38), was der Mühlenidylle die Lebensluft nimmt. Dabei vergißt Raabe auch nicht den Anteil der modernen Wissenschaft, der *„germanischen Zukunftsgelehrtheit“* (RPM 43), die „in ihrer Verbindung mit der Industrie“ nun einmal „nicht zum besten duftet“ (RPM 65). Raabes vormalige Gesinnungsgenossen, die Nationalliberalen und „Fortschrittler“, werden derlei nur ungern vernommen haben.

Es kommt, wie es kommen muß: die Ausflügler meiden mehr und mehr die verseuchte Mühle, und so auch die Bauern, die ihr nicht mehr ihr Getreide zubringen mögen – der *Ruin der Mühle*. Vater Pfister, der letzte Müller und Mühlenwirt, versucht zwar noch das Blatt zu wenden und strengt einen *Prozeß* gegen die Zuckerfabrik an, den er nach einem endlos scheinenden Weg durch sämtliche Instanzen der wohlgeordneten neuen Reichsgerichtsbarkeit dann in der Tat auch gewinnt. Aber da ist es für ihn selbst schon zu spät; daß er über viele Jahre hin den unaufhaltsam scheinenden Niedergang seines kleinen Königreichs mit ansehen mußte, hat seinen Lebenswillen untergraben, er stirbt an gebrochenem Herzen. Sein Sohn und Erbe Eberhard, der sich ohnehin inzwischen auf die neue Reichshauptstadt Berlin umorientiert hat, verkauft die Mühle, und der neue Besitzer läßt sie abreißen, um an ihrer Stelle eine weitere Zuckerfabrik zu errichten. Denn in der Moderne hat Zucker Konjunktur, kann doch „die Menschheit ihre Welt nicht süß genug haben“ (RPM 93). Pfisters Mühle ist Vergangenheit, das „alte romantische Land“ ist Geschichte.

Das Thema Umwelt

Wie wir sehen, ist das Thema Umwelt keineswegs erst eine Erfindung der letzten Jahrzehnte, nimmt es bereits in der Literatur des 19. Jahrhunderts breiten Raum ein. Davon zeugt etwa schon, was *Immermann* in den *„Epigonen“* über die Umgestaltung einer alten Kulturlandschaft durch Hermanns Oheim, den Großunternehmer, schreibt, oder auch die Schilderung der „Baumschlächterei“ von Seldwyla in *Kellers „Verlorenem Lachen“*. Da handelt es sich allerdings jeweils nur um Seitenmotive; hier, in Raabes Gründerzeitroman, rücken die Umweltprobleme in den Mittelpunkt der Handlung. Von der Industrialisierung reden heißt eben immer auch von Umweltzerstörung reden, jedenfalls für die Literatur; im *„Kommunistischen*

Manifest" ist davon kein Wort zu lesen, was viel über dessen Begriffe von Fortschritt sagt.

Daß sich gerade die *Literatur* so früh und so energisch des Themas Umwelt angenommen hat, liegt vor allem daran, daß sie seit der Aufklärung des 18. Jahrhunderts ein besonders enges Verhältnis zur Natur gepflegt hat, sich selbst als *Sachwalterin der Natur* sah, der äußeren Natur, die den Menschen umgibt, ebensowohl wie der Natur des Menschen selbst, der „Humanität". Das Schicksal der Literatur schien seither untrennbar mit dem der Natur verknüpft. *Raabe* jedenfalls ist sich sicher, daß eine *„Unterjochung der Naturkräfte"*, wie sie in der Gründerzeit zu beobachten ist, *für die Literatur nicht ohne Folgen* bleiben kann. Und so fragt er sich besorgt, ob er „die Poesie" wie die Pfisters „ihre Mühle im romantischen Walde" demnächst ebenfalls „in die Hand der Tagesspekulanten übergehen" sehen werde (RPM 142).

Die Erzählform des Romans

In die Geschichte vom Untergang der Mühle ist ein *doppelter Entwicklungs- und Bildungsroman* eingewoben, die Geschichte der beiden „Jungen aus der Mühle" (RPM 45/46) Eberhard Pfister und Adam A. Asche. Eberhard ist der bereits erwähnte einzige Sohn und Erbe Vater Pfisters, Adam ein angenommener Ziehsohn des Hauses, der mit Eberhard zusammen Kindheit und Jugend in der Mühle verbracht hat.

Eberhard Pfister scheint zunächst die dominante Figur, denn er fungiert als der *Ich-Erzähler*, durch den uns die Schicksale der Mühle nahegebracht werden. Raabe hat ja dem Roman, wie bereits der Untertitel anzeigt, die Form eines „Sommerferienhefts" gegeben, eines Tagebuchs, in dem er seinen Erzähler Eberhard festhalten läßt, was er während einiger letzter Wochen in der Mühle erlebt. In diesen Bericht werden dann in zahllosen *Rückblenden* am Leitfaden von Eberhards Erinnerungen ebensowohl die Geschichte der Mühle wie die der „Jungen aus der Mühle" eingebracht – ein aufwendiges Zeitregime, das dem Leser einiges abverlangt.

Nach und nach entpuppt sich dann freilich Adam als die interessantere Figur, als der eigentliche Held des Romans. Raabe hat solche erzähltechnischen Konstruktionen geliebt. Immer wieder gibt es bei ihm einen Ich-Erzähler, der mal von der Peripherie der Handlung her und mal aus ihrem Zentrum heraus berichtet und aus dessen *Perspektive*, durch dessen Bewußtsein hindurch – meist das Bewußtsein *eines* zwar sensiblen und nachdenklichen, im übrigen aber eher *durchschnittlichen Zeitgenossen* – der Blick *auf eine* sehr viel schwerer zu fassende, durch und durch *ungewöhnliche Figur* gerichtet wird, die wie für den Erzähler, so auch für den Leser zunächst ein Rätsel ist und es womöglich bis zum Ende bleibt. So ist es etwa auch in *„Stopfkuchen“* und in den *„Akten des Vogelsangs“*.

Hierdurch entsteht beim Leser eine Unsicherheit, die ihn gleich auf doppelte, ja dreifache Weise in Spannung versetzt: er fragt sich nicht nur, wie jener schwer greifbare Mensch beschaffen sein mag – er fragt sich auch, was die Auskünfte der Erzählfigur über ihn und sein Leben in ihrer Begrenztheit wert sein mögen, ja wie es dem Erzählen überhaupt gelingen könne, ein solches Menschenleben begreiflich zu machen. Der Blick fällt also zuletzt auf das Erzählen selbst, auf seine Möglichkeiten und Grenzen; die Literatur wird sich indirekt selbst zum Thema, wird selbstreferentiell. Solche *Selbstreferentialität* gilt weithin als ein charakteristisches Merkmal moderner Literatur, ebensowohl wie ein Zeitregime, das so aufwendig gestaltet ist, und ein Perspektivismus, der so konsequent durchgehalten wird wie hier bei Raabe. Jedenfalls trifft man in der Literatur des 20. Jahrhunderts immer wieder auf ähnliche erzähltechnische Konstruktionen. Hier sei nur an *Thomas Mann* und dessen Roman *„Doktor Faustus“* (1947) erinnert, wo sich ebenfalls ein Ich-Erzähler mit den Zügen eines unscheinbaren Durchschnittsmenschen – Serenus Zeitblom – mit der Darstellung eines Ausnahmemenschen – des dämonisch-genialen Künstlers Adrian Leverkühn – abmüht.

Der Weg von Eberhard Pfister

Da ist also zunächst Eberhard, der letzte der Pfister, und damit eigentlich zur Nachfolge in der Mühle bestimmt. Sein Vater hat ihn jedoch schon zu Zeiten, als die Mühle noch florierte, auf eine höhere Schule gehen lassen, hat mithin dafür gesorgt, daß sich ihm eine andere Lebensperspektive eröffnete, so als habe er vorausgesehen, was kommen würde. Das ist typisch für *Vater Pfister*; er ist zwar ein Mann der „alten Zeit“, aber kein verstockter Konservativer, vielmehr ein Realist, der mit offenen Augen in die Welt blickt und die Zeichen der Zeit erkennt. Wenn er selbst auch den Verlust seines kleinen Königreichs im „alten romantischen Land“ nicht verwinden kann, selbst weder willens noch in der Lage ist, den Weg in die „neue Zeit“ mitzugehen, so tut er doch alles dafür, daß ihn sein Sohn beschreiten kann. Und dafür scheinen ihm eine höhere Schulbildung und ein Studium die besten Voraussetzungen.

Genauer gesagt verbindet sich für ihn mit einem solchen *Studium* die Hoffnung – und das ist denn doch noch mehr und anderes als das allbekannte Bildungspathos der Moderne – daß „eine regelrechte Beschäftigung mit den Wissenschaften" den „Phantasiemenschen" Eberhard „gegen (s)eine zukünftigen Erlebnisse abhärten" werde; er zielt damit auf das, was im Text eine *„abgehärtete Phantasie"* heißt (RPM 31). Man geht wohl nicht fehl, wenn man hierin zugleich das Ziel von Raabes Erzählen, den Inbegriff seines *Realismus* erblicken will. So wie die Dinge sich in der „neuen Zeit" entwickelt haben, kommt es darauf an, die Phantasie aus der romantischen Selbstverliebtheit, dem träumerischen Sich-in-sich-selbst-Ergehen herauszuholen und in die Schule der modernen Wissenschaft, die Schule der harten Fakten zu schicken, sie nicht etwa abzutöten, wohl aber in der Konfrontation mit den Realitäten „abzuhärten". Für Raabe ist die Literatur des Realismus eine Literatur der „abgehärteten Phantasie".

So wird Eberhard statt Müller ein Mann der Wissenschaft. Anders als Adam Asche, dem Vater Pfister ebenfalls ein Studium ermöglicht, verschreibt er sich jedoch nicht der eigentlichen „Tagesherrin", der „realen Wissenschaft" (RPM 80), den Naturwissenschaften, sondern der Philologie. Er wird Lehrer für alte und neue Sprachen und geht nach Berlin, wo er mit einer modernen Großstadtpflanze namens Emmy einen eigenen Hausstand begründet – nicht mehr auf eigenem Grund und Boden natürlich, nur mehr in einer „modernen, unsteten Mietswohnung" – und sich in dem unspektakulären Leben eines Gymnasialprofessors einrichtet.

Der Weg von Adam Asche

Dem Entwicklungs- und Bildungsgang von Eberhard Pfister wird nun der von Adam A. Asche als eine Parallel- und Kontrastgeschichte an die Seite gestellt. Adam ist der Sohn des *„Schönfärbers" Asche*, eines früh verstorbenen Freunds von Vater Pfister, der mit seinem Handwerksbetrieb in Zeiten der Industrialisierung bankrott gegangen ist – das Färben von Stoffen geht hier weithin aus den Händen des alten Handwerks der Schönfärberei in die der chemischen Industrie über – und der den Verlust der Selbständigkeit ebensowenig verwinden kann wie Vater Pfister später den Untergang der Mühle – ein erstes *Opfer der Modernisierung* aus der Vätergeneration. Vater Pfister nimmt Adam an Sohnes Statt an, und so tritt Adam als eine Art älterer Bruder in das Leben des Erzählers. Dieser lernt ihn als einen vielseitig interessierten, genialisch kauzigen, freilich auch ein wenig verbummelten Oberschüler kennen; es zeigt sich, daß er mindestens so sehr ein *„Phantasiemensch"* ist wie Eberhard, wenn nicht noch mehr.

Nach einigen unruhigen, unübersichtlichen Lehr- und Wanderjahren mausert er sich dann aber zu einem der *Gründer*, die den Gründerjahren ihren Namen gegeben haben. Darauf weist schon sein zweiter Vorname August hin; er wird ein „Mehrer des Reiches", wie man „Augustus" seit dem Mittelalter gerne übersetzt hat. Anders als Eberhard hat er sich auf eine der „realen Wissenschaften", auf die Chemie geworfen. „Wenn ein Mensch sich vor keinem Stank der Welt fürchtet", heißt es von ihm, „so ist er das" (RPM 54). Aus dieser Haltung heraus gelingt es ihm, ein neues Verfahren der chemischen Reinigung zu entwickeln und in Berlin in kurzer Zeit ein Imperium von Fabriken und chemischen Waschanstalten aus dem Boden zu stampfen, deren Abwässer nicht nur einen kleinen Mühlenbach, sondern die ganze Spree verunreinigen. Er wird einer der großen Chefs im neuen Reich. Demgemäß wird er bei Gelegenheit ausdrücklich mit dem Gründer aller Gründer, dem Reichsgründer Fürst *Bismarck* verglichen:

> Hier war der Charakter, den Durchlaucht Otto Fürst Bismarck, Kanzler des Deutschen Reiches, wenigstens so ungefähr im Sinne haben konnte, wenn er den Reichstag ersuchte, sich gütigst für einen andern Mann auf dem harten Stuhl zu sammeln. (RPM 76–77)

Wege in die „neue Zeit"

An den Lebensläufen von Eberhard Pfister und Adam Asche wird in zwei Varianten durchgespielt, was der Übergang von der „alten" zur „neuen Zeit", von einem „Bauernvolk" zu einem „Industriestaat" für den Einzelnen bedeutet, was er ihm abverlangt und wie er von ihm gemeistert werden kann. Daß sie ihn beide, jeder auf seine Weise, bestehen, liegt vor allem daran, daß sich ihnen dank eines Studiums die Möglichkeit eröffnet hat, die Welt der Väter hinter sich zu lassen. Die *Wissenschaft* ist das Entree zur „neuen Zeit", denn als letzte Quelle und Motor der Modernisierung ist sie die eigentliche „Herrin des Tages". Beide gehen sie freilich als Kinder des „alten romantischen Lands" und „Phantasiemenschen" in die Schule der Wissenschaft, und beide bleiben sie, wiederum jeder auf seine Weise, in ihrem neuen Leben dem treu, was sie in der Mühle, in Vater Pfisters „buntem, wimmelndem, fröhlichem Lebensgarten“ (RPM 113) erlebt und an Menschlichkeit erfahren haben, was ihnen hier an Lebensfreude und *Humanität* zuteilgeworden ist – auch das ist eine Voraussetzung dafür, daß sie in der „neuen Zeit“ Fuß fassen können.

Jeder von ihnen wendet sich aber eben einer anderen Seite der Wissenschaft zu, und in einer anderen Einstellung. *August* erkennt in ihr die Möglichkeit, die „neue Zeit“ bei den Hörnern zu packen und aktiv und an führender Stelle mitzugestalten; er bekennt:

> (…) ich halte es wirklich für die Pflicht der anständigeren Menschen, die Ströme dieser Welt nicht bloß den anderen zu überlassen“ (RPM 116–117),

einschließlich ihrer Abwässer. Er besitzt das, was in Kellers „Verlorenem Lachen“ „Gemeinsinn“ heißt. So wirft er sich auf die „reale Wissenschaft“ Chemie, wird er zu einem *Mann der Tat.*

Eberhard hingegen läßt sich von der „neuen Zeit“ eher mitnehmen, sucht sich einen Ort, wo er den „Strömen dieser Welt“ nicht gar so heftig ausgesetzt ist, von dem aus er sie allerdings sehr wohl im Auge behalten, aufs genaueste verfolgen und durchdenken kann, und nicht nur durchdenken, sondern auch durchfühlen und durchschmecken. Er wird ein *Mann des Worts*, der Literatur und der Philologie.

> Ich bin ein ungelehrter Müllerssohn und sonst im Leben ein einfacher Schulmeister, der sich bescheiden wegduckt und in den Winkel drückt mit seinem Griechischen und Lateinischen, wenn die Tagesherrin, die reale Wissenschaft, mit ihren philosophischen Ansprüchen und gelehrten Ausdrücken kommt. (RPM 80)

Ganz so klein wie in diesem Selbstbekenntnis müßte Eberhard freilich nicht über sich denken. Denn sind es wirklich nur die Asches, die Naturwissenschaftler, Techniker und Unternehmer, die „Gründer“, die „Macher“, die den Weg der Deutschen in die „neue Zeit“ gestalten? Hat nicht auch ein Mann des Worts wie Eberhard etwas dazu beizutragen, zum Beispiel indem er Pfisters Mühle mit literarischen Mitteln in einem „Sommerferienheft“ ein Denkmal setzt und damit das Maß in Erinnerung hält oder vielmehr allererst herausarbeitet, an dem sich die „neue Zeit“ messen lassen muß und das ihr zur Orientierung dienen kann?

Ein poetologischer Roman

Damit stehen wir einmal mehr vor der Frage, *was der Übergang von der „alten" zur „neuen Zeit" für Kunst und Literatur bedeutet*; welcher Raum ihnen noch bleibt, nachdem das „alte romantische Land" untergegangen ist, und wie sie ihn nutzen können; ob sie so weitermachen können wie bisher, oder ob sie sich ändern müssen, ja geradezu neu erfinden, wenn sie im geistigen Haushalt der Gesellschaft und des Einzelnen weiterhin eine Rolle spielen wollen. Es ist eine Frage, die den Leser durch den gesamten Roman hindurch begleitet, die so etwas wie sein geheimes Zentrum ist und die ihm letztlich den Charakter eines poetologischen Romans verleiht.[137] Besonders deutlich wird sie mit Hilfe einer Nebenfigur herausgearbeitet, der des Dichters Lippoldes; nicht umsonst ist dieser von allen Nebenfiguren der breiteste Raum vergönnt.

6.3 Die Frage nach der Zukunft von Poesie und Humanität

Der Dichter Lippoldes

Felix Lippoldes ist bereits ein alter Mann, als er in den Kreis von Pfisters Mühle tritt. Seine Erfolge als Dichter liegen weit hinter ihm; die Art von Literatur, die er gepflegt hat, ist aus der Mode gekommen, hat sich überlebt, er ist ein *Mann der Vergangenheit*. So ist er am Ende seines Lebens in das „alte romantische Land" zurückgekehrt, von dem er ausgegangen war und das immer die Basis seiner Arbeit geblieben ist. Hier führt er nun ein Leben in größter Armut und Einsamkeit. Nicht nur daß er das Schreiben aufgegeben hat – er hat auch jeden Halt verloren und sich dem Alkohol ergeben; an den dichterischen Enthusiasmus, den er vormals gepflegt hat, erinnert bei ihm nur noch das ständige Betrunkensein. Wäre da nicht seine einzige Tochter Albertine, die sich aufopferungsvoll um ihn kümmert, so müßte man das Schlimmste für ihn fürchten.

Begonnen hat er als ein brillanter Dozent der klassischen Philologie; er war mithin ein Dichter, der in besonderem Maße der klassischen

137 Hans-Jürgen Schrader: Gedichtete Dichtungstheorie im Werk Raabes. Exemplifiziert an „Alte Nester". In: Jahrbuch der Raabe-Gesellschaft 1989, S. 1–27.

Kunst verbunden war, und das heißt: der Welt der alten Griechen, dem Idealisch-Schönen und dem *„Idealen"* überhaupt. Seine Maxime war, „das Leben ‚groß aufzufassen'" (RPM 116) – übrigens das genaue Gegenteil der eigenen Kunstauffassung des Autors; denn für Raabe gilt wie für alle deutschen Realisten von Stifter bis Fontane das Wort vom „sanften Gesetz", gilt, daß „das Kleinste zum Größesten und das Größeste zum Kleinsten geworden" ist. Was wir an Hinweisen zu den Werken von Lippoldes erhalten, erlaubt es uns, ihn irgendwo *zwischen den Epigonen von Klassik und Romantik und den Weltschmerz-Dichtern des Vormärz* zu verorten, in dem „ruhelosen, unglückseligseligen (!) Zwischenreichsvolk" (RPM 88) der „Übergangsperiode" (Immermann) zwischen Klassik und Realismus. Zu den bekanntesten Werken von Lippoldes soll die Tragödie „Alarich in Athen" gehört haben – ein beziehungsreicher Titel, denn er benennt den *Einbruch germanischer Barbaren in die schöne Welt der Griechen.* Nicht anders kann und will Lippoldes den Überfall von Krickerode auf Pfisters Mühle, den letzten Lichtblick in seinem „unglückseligseligen" Leben, verstehen.

Der Untergang der Mühle als Weltuntergang

Das zeigt sich bei einem letzten Weihnachtsfest in Pfisters Mühle, bei dem sich alle noch einmal um Vater Pfister versammeln und bei dem Lippoldes seinen letzten großen Auftritt hat. Der Untergang von Pfisters Mühle ist für ihn nichts weniger als ein Menetekel des „Weltuntergangs", des Untergangs wenn schon nicht der Welt überhaupt, so doch all dessen, wofür es sich zu leben lohnte.

> Um jene späte Zeit stand Felix Lippoldes nicht etwa bloß auf einem Stuhl, sondern mitten auf dem Weihnachtstische in Pfisters Mühle, das graue Haar zerwühlt, das schäbige Röcklein halb von den Schultern gestreift, und deklamierte mit finsterem Pathos:
>
> „Einst kommt die Stunde – denkt nicht, sie sei ferne –,
> Da fallen vom Himmel die goldenen Sterne,
> Da wird gefegt das alte Haus,
> Da wird gekehrt der Plunder aus.
> Der liebe, der alte, vertraute Plunder,
> Viel tausend Geschlechter Zeichen und Wunder:
> Was sie sahen im Wachen, was sie spannen im Traum,
> Die Mutter, das Kind, die Zeit und der Raum!

Kein Spinnweb wird im Winkel vergessen,
Was der Körper hielt, was der Geist besessen,
Was das Herz gefühlt, was der Magen verdaut;
Und *Tod* heißt der Bräutigam, *Nichts* heißt die Braut!" (RPM 91)

Wie wir sehen, wird das Ende von Pfisters Mühle von Lippoldes in der Tat „groß aufgefaßt"; wenn es mit der Mühle aus ist, dann ist alles aus. An ihrem Schicksal wird für ihn offenbar, was Kern und Wesen der „neuen Zeit" ist: eine Verwissenschaftlichung der Welt, die gleichbedeutend mit ihrer Entzauberung ist. Von der *„Entzauberung der Welt"* wird wenig später auch *Max Weber*, der führende deutsche Wissenssoziologe an der Schwelle zum 20. Jahrhundert, sprechen. Die „Zeichen und Wunder", die die Menschen innerlich, „im Traum" ebensowohl wie „im Wachen", an ihre Welt banden, werden zu „altem Plunder", der im Namen des Fortschritts und der Effizienz „ausgekehrt" wird. Der „bunte Lebensgarten" verwandelt sich in einen Garten des Todes, ein Materialismus und Utilitarismus macht sich breit, der nichts anderes ist als der nackte *Nihilismus*.

„Wie schade wird das sein! Dann kehrt man dort
Den guten Kanzeleirat weg und seinen Stuhl,
Auf dem er fünfzig Jahr lang kalkulierte,
Vergeblich wartet mit der Suppe seine Alte,
Nicht lange doch; denn plötzlich füllt ein mächt'ges
Gestäub die Gasse, dringt in Tür und Fenster –
Der Kehrrichtstaub des Weltenuntergangs." (RPM 92)

Zwischen Vormärz und Expressionismus

Das sind Töne, wie wir sie bereits von der Weltschmerz-Dichtung des Vormärz her kennen und wie sie dann wieder in der Lyrik des Frühexpressionismus zu hören sein werden. Manches an der Rede von Lippoldes, an ihren Motiven und an der Art, wie diese ins Groteske gewendet werden, erinnert nämlich nicht nur an Verse wie die von *Heines „Almansor"*, sondern auch an frühexpressionistische Gedichte wie das berühmte *„Weltende"* (1911) von *Jakob van Hoddis* (1887–1942).

Dem Bürger fliegt vom spitzen Kopf der Hut,
In allen Lüften hallt es wie Geschrei,

Dachdecker stürzen ab und gehn entzwei
Und an den Küsten – liest man – steigt die Flut.[138]

Raabe konnte freilich nicht ahnen, daß es um 1910 wieder in Mode kommen würde, „das Leben ‚groß aufzufassen'". Für ihn ist die Position, die er an der Figur von Lippoldes festmacht – eine Position, die nur die Alternative „Himmel auf Erden" oder Apokalypse zu kennen scheint – Ausdruck eines *Rückfalls in den „Weltschmerz"* der ersten Jahrhunderthälfte, des Stecken-geblieben-Seins in einer Haltung, die keine Zukunft hat. Ihre Bindung an die Figur des altgewordenen Dichters erlaubt es ihm zugleich, sie verständlich zu machen und zu ihr auf Distanz zu gehen, und an beidem scheint ihm gleich viel gelegen.

Dem Pessimismus entkommen

Eine erste energische Einrede gegen sie wird natürlich Adam Asche zugeordnet. Letztlich ist aber der ganze Roman ein einziger Versuch, einem Pessimismus wie dem von Lippoldes zu entkommen, zu zeigen, daß Poesie und Humanität trotz allem auch in der „neuen Zeit" eine Chance haben. Dabei erweist sich die *Form*, die Raabe seinem Roman gegeben hat, als seine stärkste Waffe, die Einrichtung des Texts als eine Ich-Erzählung, in der das Geschehen im Medium des lebendigen Erinnerns zur Darstellung gebracht, durchgearbeitet und in neue Energie und Lebensmut umgesetzt wird. Das aber heißt, daß der Einrede Eberhard Pfisters gegen die Position von Lippoldes mindestens so große Bedeutung zukommt wie der Adam Asches; denn es ist Eberhard, der als Ich-Erzähler die Erinnerungs- und Trauerarbeit auf sich nimmt und zu einem Ende bringt, mit dem sich leben läßt.

Es mit den „Gegebenheiten des Moments" aufnehmen

Zunächst hat jedoch *Adam Asche* das Wort. Auch er ist bei dem letzten Weihnachtsfest in Pfisters Mühle zugegen, obwohl er schon längst in Berlin seine Karriere als Erfinder und Industriekapitän gestartet hat. Er ist freilich nicht allein der Familienfeier wegen angereist; er will sich auch um den verseuchten Mühlenbach kümmern, will Wasserproben nehmen, analysieren und auf dieser Basis ein Gutachten erstellen, das vor Gericht gegen die Zuckerfabrik verwendet werden kann. Er sagt zu Eberhard:

138 Gedichte des Expressionismus. Hrsg. v. Dietrich Bode. Stuttgart 1966, S. 67.

„Und du, Junge, bilde dir ja nicht ein, daß ich nach Pfisters Mühle herausgekommen sei, um mir Weltuntergangsgefühle aus deines Vaters verstänkerter Kneipidylle herauszudestillieren. Idylle hin, Idylle her; trotz Weihnachten, Ostern und Pfingsten in einer Wehmutsträne habe ich jetzt die Absicht, ruhig unter den Philistern auf gegebenem, bitter realem Erdboden so gemütlich als möglich mit zu schmatzen, zu schlucken, zu prosperieren und möglicherweise auch zu propagieren. Zum Henker, am liebsten wär mir's jetzt, ihr zwei Phantasienarren (Eberhard und Lippoldes) säßet mit Vater Pfister im Gotteshause, lobtet den Herrn und alle seine Werke und hättet mir allein diese gegenwärtige Auseinandersetzung mit den Lebens- und Kulturbedingungen des Moments überlassen." (RPM 101)

Zwar haben die „Lebens- und Kulturbedingungen des Moments" auch für Adam ihre „bitteren" Züge – am Ufer des umgekippten Gewässers sind sie ja auch gar nicht zu übersehen – und quittiert er diese „bittere" Seite wie andere mit einer „Wehmutsträne", doch ist er weit davon entfernt, deshalb in „Weltuntergangsgefühlen" zu versinken wie die „Phantasienarren" Lippoldes und Eberhard und die „Ströme dieser Welt" „den anderen zu überlassen". Solange er noch eine Möglichkeit sieht, es mit den „Gegebenheiten" des „Moments" aufzunehmen, sich aktiv mit ihnen „auseinanderzusetzen" und auf sie einzuwirken, wird er das versuchen, wozu er sie natürlich erst einmal zur Kenntnis genommen und als „Gegebenheiten" akzeptiert haben muß, so als sei er einer von den gewöhnlichen „Philistern".

„Das Ideale im Praktischen"

Gegenüber einer Erscheinung wie Adam Asche erweist sich, daß es sich die *Romantik* mit der *Opposition „Poetische" – „Philister"*, „Phantasiemenschen" – Spießer zu leicht gemacht hat; so sieht es jedenfalls der *Realismus* eines Raabe. Adam ist weder ohne Phantasie noch ohne Gefühl – im Gegenteil: er besitzt von beidem mindestens so viel wie die beiden „Phantasienarren" Lippoldes und Eberhard. Lippoldes und dessen Dichtung waren, wie er gelegentlich bekennt, „das Ideal (s)einer Jugend, das Pathos, die Tränen und das Herzklopfen (s)einer Knabennächte" (RPM 153). Nicht anders kennt ihn Vater Pfister, so daß er ihn geradezu einen „Kollegen in der Phantasie" von Lippoldes (RPM 92) nennt. Und wie hätte er sich ohne Phantasie, ohne Gefühl und Enthusiasmus zu einem Erfinder und Gründer heranbilden können! Er ist aber eben ein *„Phantasiemensch" „mit* *dem richtigen Blick und Griff fürs Praktische*", einer, der „das Ideale im Praktischen" (RPM 133) sucht und nicht so sehr in der Theorie und im Wort.

Was das heißt, zeigt sich besonders deutlich nach dem Ende von Lippoldes. Denn nach dem Weihnachtsfest auf Pfisters Mühle dauert es nicht mehr lange, bis diesen sein Schicksal ereilt: er kommt in dem Mühlbach zu Tode – ein weiteres Opfer der Modernisierung aus der Generation der Väter. Ob der Tod im Mühlbach ein Unfall war oder die Einlösung von Selbstmordgedanken, wie sie die Weltschmerz-Dichtung hegte, bleibt offen. Nun erfährt man, daß Lippoldes schon lange von Zuwendungen gelebt hat, die Adam ihm im stillen zukommen ließ. Ja mehr noch: Adam heiratet dessen Tochter Albertine, nimmt sie mit sich nach Berlin und baut ihr dort eine der typischen repräsentativen Fabrikantenvillen der Gründerzeit, die er „Lippoldesheim" nennt. Er heiratet also nicht in eine der großen alten Familien ein, wie es bei den Aufsteigern der Gründerzeit üblich war; er folgt der *Stimme des Herzens und des Gewissens* und bringt auch auf diese Weise „das Beste aus Pfisters Mühle" „mit nach Berlin" (RPM 173), bleibt auch so dem „Ideal seiner Jugend" und den „Traditionen von Pfisters Mühle" (RPM 186) treu.

Raabe entwirft in Adam Asche eine Figur, die von dem romantischen Bild des Philisters ebensoweit entfernt ist wie von dem Bild des *Bourgeois*, das Marx und Engels im „Kommunistischen Manifest" zeichnen. Daß sie keine bloße Wunschprojektion ist und insofern Raabes Willen zum Realismus nicht immer schon Lügen straft, mag man sich an einer Gestalt wie Friedrich Engels vor Augen führen, dem Industriellen aus Wuppertal, der so gar nicht seinen eigenen Begriffen vom Bourgeois entsprach und sein Kapital unter anderem für die Unterstützung von Mitstreitern wie dem ewig klammen Marx einsetzte.

Ein literarisches Denkmal der Mühle

Raabe jedenfalls braucht eine Figur wie Adam Asche, um seiner Diagnose der Gründerjahre, die von so vielen „bitteren" Momenten geprägt ist, eine Wendung ins Positive zu geben. Diese Wendung ruht freilich nicht auf den starken Schultern Adams allein; auch die schwächeren *Eberhard Pfisters* haben ihren Anteil daran. Denn nicht nur Asche baut Pfisters Mühle ein Denkmal, auch Eberhard, und gerade das seine ist in besonderem Maße dazu angetan, „das Beste aus Pfisters Mühle" „in das Gedächtnis des kommenden Menschengeschlechts mit hinüber(zu)nehmen" (RPM 138). Es ist eben das „Sommerferienheft", das er bei seinen letzten Tagen in der Mühle anlegt, ist der Roman, den der Leser in Händen hält.

Die *Literatur* hat ja ihre eigenen, besonderen Möglichkeiten, einem Stück Geschichte wie dem Leben und Treiben in der Mühle ein Denkmal zu setzen, Möglichkeiten, die über alles hinausgehen, was anderen Formen des Gedenkens gegeben ist. Sie kann von diesem untergegangenen Leben Bilder entwerfen, die selbst wieder Leben gewinnen, die in der Phantasie des Lesers wiederaufleben lassen, was an ihm des Erinnerns wert ist, so daß es in der Gegenwart neuerlich zur Wirkung gelangt, wenn natürlich auch in verwandelter, an je andere Verhältnisse angepaßter Gestalt. Und sie kann dies um so mehr, wenn sie sich wie hier bei Raabe eine Form gibt, durch die der Leser in den *Prozeß des Erinnerns* mit hineingenommen und an der Arbeit der Anpassung beteiligt wird. Denn wir haben es in „Pfisters Mühle", wie bereits mehrfach berührt, mit einer besonders ausgefeilten Form „personalen Erzählens" zu tun, mit einer Ich-Erzählung, bei der sich das Erzählen mit großer Konsequenz an eine personale Erzählinstanz, an das Bewußtsein eines fiktiven Erzählers bindet, die in einer scharf umrissenen, ebenso fiktiven „Erzählsituation" das Geschehen am Leitfaden ihres Erinnerns rekonstruiert.[139]

Die Entwicklung der Erzähltechnik im Realismus

Solche Formen „personalen Erzählens" hat erst die Literatur des Realismus entwickelt, wie uns überhaupt bei ihr erstmals die gesamte Palette der Erzähltechniken entgegentritt, die von der *modernen Erzähltheorie* verhandelt werden; nicht umsonst sind die Anfänge dieser Erzähltheorie in den letzten Jahrzehnten der Epoche des Realismus, bei späten Realisten wie dem Deutschen *Friedrich Spielhagen* (1829–1911) und dem englisch-amerikanischen Autor *Henry James* (1843–1916) zu finden. Wie wir uns bereits an anderer Stelle klargemacht haben, liegt das vor allem an dem exzessiven Gebrauch, den die Realisten von den Kunstmitteln der *Beschreibung* machen, daran, daß die erzählte Welt bei ihnen dank der „Dichte" der Beschreibung eine sinnlich-leibliche Präsenz und eine raumzeitliche Konsistenz

139 Nathalie Jückstock-Kießling: Ich-Erzählen. Anmerkungen zu Raabes Realismus. Göttingen 2004.

gewinnt, die es allererst sinnvoll scheinen läßt, nach einer „Perspektive“, einem „point of view“ (Henry James), einer „Fokalisierung“ zu fragen und von hier aus ein „personales“ von einem „auktorialen Erzählen“ zu unterscheiden.

Der Motor der Entwicklung waren die immer neuen Vorstöße in Richtung eines *„personalen Erzählens“*, wie sie zumal bei den jüngeren Realisten und hier wiederum besonders bei Raabe zu beobachten sind. Von dem aus, was dabei an neuen Erzählformen entstand, ließen sich dann andere als *„auktoriales Erzählen“* abgrenzen, als Formen, bei denen das Erzählen von einer anonymen Erzählinstanz ausgeht, der anders als einer fiktiven Erzählfigur vom ersten Satz an das volle Wissen über die Charaktere, die Schicksale und das Innenleben der erzählten Figuren zu Gebote steht. Bis weit ins 19. Jahrhundert hinein ist alles Erzählen mehr oder weniger auktorial; das gilt selbst für frühe Formen der Ich-Erzählung wie den Picaroroman des Barock. Erst dann entstehen Formen, in denen sich das Erzählen nicht nur phasenweise, sondern durchgängig an die Perspektive einer Figur bindet.

Ein erster wichtiger Grund dafür ist natürlich die *Individualisierung*, ist die Erwartung, die Welt durch die Literatur so dargestellt zu sehen, wie sie ein Individuum-Subjekt erfährt und in seinem persönlichen Horizont verarbeitet. Es verbindet sich damit aber noch mehr; es ist auch Ausdruck dessen, daß die Literatur auf dem Weg in die Moderne mit ihren *Wahrheitsansprüchen* immer zurückhaltender wird. In eben dem Maße, in dem sie ihre Wahrheiten nicht mehr als gesicherte Dogmen von der Religion, der Philosophie oder der Wissenschaft bezieht, sondern auf eigene Rechnung selbst erarbeitet, und das heißt: auf die eigene Rechnung eines bestimmten Autors, will sie diese nicht mehr als objektive oder gar als absolute Wahrheit verstanden wissen, sondern nur mehr als Ausdruck eines subjektiven Ringens um Wahrhaftigkeit. *An die Stelle des Ausgehens auf objektive Wahrheit tritt in der Moderne das Streben nach Authentizität.* Damit aber wollen sich auktoriale Gesten, will sich ein Erzählen nur noch schlecht vertragen, das von einer Erzählinstanz ausgeht, die in gottgleicher Allwissenheit über der erzählten Welt und ihren Figuren schwebt.

So hat sich im Realismus dann auch das auktoriale Erzählen selbst verändert; denn mit dem Aufkommen personaler Formen war seine Zeit keineswegs vorbei. Das deutlichste Zeichen dieses Wandels ist die Forderung nach *„epischer Objektivität“*: die auktoriale Erzählinstanz soll sich mit direkten Interventionen und wertenden Kommentaren zurückhalten und nach Möglichkeit auf die reine Erzählregie beschränken, soll die erzählte Welt für sich selbst sprechen, sich selbst kommentieren lassen. Dafür ist *Gottfried Keller* ein gutes Beispiel, der, wenn man von der ersten Fassung des „Grünen Heinrich“ absieht, bis zuletzt beim auktorialen Erzählen geblieben ist, der insofern im Spektrum der Möglichkeiten des realistischen Erzählens so etwas wie den Gegenpol zu Raabe bezeichnet und der sich eben überall um „epische Objektivität“ bemüht hat. Übrigens läßt sich auch ein personales Erzählen, wie Raabe es praktiziert, als ein Versuch verstehen, der Forderung „epischer Objektivität“ nachzukommen. Daß sich das Erzählen hier an die Perspektive einer Figur bindet und damit seine Aussagen als Ausdruck einer subjektiven Sichtweise vor den Leser bringt, bedeutet ja auch nichts anderes, als daß es die dargestellte Welt aus seiner Deutungshoheit entläßt, um sie für sich selbst sprechen zu lassen.

Die Erzählsituation in „Pfisters Mühle“

Personales Erzählen heißt bei Raabe zunächst, den Leser mit einer exakt definierten fiktiven Erzählsituation bekanntzumachen. Da ist Eberhard Pfister, der sich nach dem Tod des Vaters noch einmal in die inzwischen verkaufte und dem Abriß geweihte Mühle aufgemacht hat, um in ihr mit seiner frisch angetrauten Frau Emmy die Flitterwochen zu verbringen und dabei ebensowohl Abschied von der Welt seiner Kindheit zu nehmen wie diese Welt seiner Frau nahezubringen. Die letzten Wochen in der Mühle stehen mithin ganz unter dem Vorzeichen des *Erinnerns*. Das geschieht dann auf eine doppelte Weise: zum einen indem er über die letzten Tage in der Mühle und über die Erinnerungen, die ihm währenddessen kommen, Tagebuch führt, und zum andern indem er im Gespräch mit Emmy von der Mühle und ihren Bewohnern erzählt. Beides läßt Raabe ständig ineinandergreifen: Eberhard liest Emmy vor, was er aufgeschrieben hat, und schreibt auf, worüber er sich mit ihr austauscht. Daß auf solche Weise *das Monologische des Tagebuchs mit dem Dialogischen des Gesprächs verknüpft* wird, erlaubt es Raabe, mit den Erinnerungen Eberhards zugleich das Spannungsfeld zur Darstellung zu bringen, in dem sich Erinnern konstituiert: das Spannungsfeld von Selbstvergewisserung und Selbstdarstellung.

Literatur und Erinnerung

Mit dieser Erzählsituation hat Raabe optimale Voraussetzungen für die Untersuchung der Frage geschaffen, die das innerste Zentrum seines Romans bezeichnet, der Frage, was es überhaupt heißt, sich zu erinnern, dafür, zugleich zu ergründen und vorzuführen, woraus das Erinnern erwächst, wie es arbeitet und was es leistet, wo seine Gefahren liegen und wie man deren Herr werden kann – ein Fragenkomplex, der seine besondere Dringlichkeit vor dem Hintergrund einer *Moderne* erhält, die ganz auf die Zukunft ausgerichtet ist und das Vergangene nur allzugerne dem Vergessen überläßt.

Mit ihm ist für Raabe das Schicksal der Literatur aufs engste verbunden, denn Literatur ist für ihn zunächst und vor allem eine ausgezeichnete Form des Erinnerns. Schreiben heißt vor dem Vergessen bewahren, heißt festhalten, was der Zeit anheimfällt, ist insofern eine Art Einspruch gegen die Zeit, freilich einer, der ihr selbst keineswegs entkommt, ja letztlich geradezu auf sie baut, der nämlich das, was er der Vergänglichkeit entreißt, am Ende doch wieder in den Strom der Zeit entläßt – das Geschriebene will ja gelesen werden, will seinen Leser in die Zukunft begleiten. *Die Literatur baut Brücken zwischen Vergangenheit und Zukunft*; sie schafft Bilder der Erinnerung, die die Kraft haben, das Vergangene in der Gegenwart wiederaufleben und es so in die Zukunft hineinwirken zu lassen. Sollte die „neue Zeit" dafür wirklich keinen Bedarf mehr haben? Hat nicht gerade sie, die angesichts des Wirbels der Modernisierung, den sie entfacht hat, ständig in der Gefahr ist, sich selbst zu verlieren, einen solchen Brückenbauer besonders nötig?[140]

Leistung und Grenzen des Erinnerns

In ebendiesem Sinne schickt Raabe seinen Ich-Erzähler auf die Reise in die Welt seiner Kindheit, um ihn hier die „Bilder (s)eines Lebensbilderbuchs" (RPM 35) zusammentragen zu lassen, schickt er ihn genau in dem Moment in die Mühle seiner Väter, in der diese dabei ist, sich in ein bloßes „Bild in der Erinnerung", ein „liebes, vergnügliches, wehmütiges Bild" (RPM 12) zu verwandeln. Das Unternehmen beginnt mit der Frage: *„Wo bleiben alle die Bilder?"* (RPM 34–41), eine Frage, in der der Leser bald das zentrale Leitmotiv des Romans

140 Dirk Göttsche: Zeitreflexion und Zeitkritik im Werk Wilhelm Raabes. Würzburg 2000.

erkennt, denn es ist sie, mit der die Reise in die Vergangenheit immer wieder angestoßen, immer weiter vorangetrieben und schließlich auch beendet wird (RPM 68, 81, 110, 160, 175, 187). Es wird also nicht so sehr gefragt, woher die Bilder der Erinnerung kommen, als vielmehr, wohin sie gehen, wo sie abbleiben, und das heißt nicht nur, wie sie festzuhalten seien, sondern auch und mehr noch, warum man sie überhaupt festhalten solle, was mit ihnen anzufangen sei.

Daß Erinnern mehr ist als ein bloßer Zeitvertreib, ein Pausenfüller für die Stunden, in denen man nichts Besseres zu tun hat, wie zum Beispiel die Sommerferien, daß es vielmehr im Leben eines jeden Menschen von größter Bedeutung ist, wird an dem Ich-Erzähler Eberhard sogleich offenbar: in den Bildern der Erinnerung vergewissert er sich seiner Wurzeln und damit seiner *Identität*, soweit sie in seiner Herkunft gründet. Und das hat unmittelbar Folgen für die *Beziehungen*, in denen sich sein Leben gestaltet, zunächst für das Zusammenleben mit seiner jungen Frau und sodann auch für die anderen Beziehungen, die für sein Leben in Berlin von Bedeutung sind. Indem Eberhard seiner Emmy sein „Lebensbilderbuch" nahebringt und Emmy sich mit diesem auf ihre ganz persönliche Weise auseinandersetzt, lernen beide einander besser kennen und verstehen, vertieft sich ihre Beziehung. Zugleich festigt sich durch die Erinnerungsarbeit in der Mühle die Freundschaft mit Adam und Albertine Asche in Berlin, für die das Fundament in der Mühle gelegt wurde.

Erinnerung ist freilich nicht alles. Eberhard weiß, „daß es eine Täuschung des Menschen ist, wenn er glaubt, daß die Bilder der Welt um ihn her stehenbleiben" (RPM 45), ja mehr noch: er weiß auch, daß es „uns, die wir selbst vorübergehen, den Raum arg beschränken (würde) im Leben, wenn alle Bilder blieben" (RPM 35). Ein Übermaß an Erinnern kann das Leben beengen, ja geradezu ersticken; um zu leben, muß man auch vergessen können, muß man sich auch von der Vergangenheit lösen und zu neuen Ufern aufbrechen können. Das wird freilich schwierig, wenn sie sich erst einmal zur „guten alten Zeit" verklärt hat und womöglich so sehr die Züge eines verlorenen Paradieses angenommen hat, daß die „neue Zeit" ihr gegenüber nur noch abfallen kann.

Erinnern als Trauerarbeit

Obwohl sich Eberhard dieser Gefahr bewußt ist, ist er keineswegs gegen sie gefeit, und dies nicht nur, weil er nun einmal ein

„Phantasiemensch“, ein in besonderem Maße zum Erinnern aufgelegter, zum Nachdenken und Nachempfinden geneigter Mensch ist. In der Mühle seinen Erinnerungen nachzuhängen heißt, so wie die Dinge liegen, für ihn vor allem, Trauerarbeit leisten zu müssen, ist er hier doch nicht nur mit dem Schiffbruch der Mühle, sondern auch mit dem tragischen Tod des geliebten Vaters, dem schmählichen Ende des verehrten Dichters Lippoldes und dem Untergang anderer wackerer Männer der Vätergeneration konfrontiert, die den Weg in die „neue Zeit“ nicht finden konnten. So ist er hier in der Tat ständig in der *Gefahr, in „Wehmutstränen“ zu zerfließen*, wenn nicht vollends in „Weltuntergangsgefühle“ à la Lippoldes zu verfallen.

Rückkehr in das Leben

Was ihn letztlich dann doch davor bewahrt, ist zunächst das Zusammensein mit seiner frisch angetrauten Frau Emmy, in deren Gegenwart die Reize des Lebens und die positiven Perspektiven der Zukunft eine sinnliche Präsenz gewinnen, die die Übermacht der Erinnerung bricht. Es sind sodann aber auch wieder Bilder der Erinnerung, die ihm weiterhelfen, Bilder, die seine Gefühle und Gedanken in eine andere Richtung lenken als die eines „Weltuntergangs“: der Gedanke an den Vater, der ihm selbst den Weg aus der Mühle gewiesen hat, an den Tod von Lippoldes, der ja auch die Züge eines warnenden Exempels hat, an den Freund Asche mit seiner mitreißenden positiven Energie und daran, daß die „gute alte Zeit“ und das „alte romantische Land“ durchaus ihre „muffigen dunklen Winkel“ (RPM 26) hatten und daß ihm die „neue Zeit“ und die große Stadt Berlin doch auch schon einiges an erfreulichen, aufmunternden Erlebnissen beschert hat.

So erinnert er sich zum Beispiel daran, wie es ist, seine Emmy

> in den warmen Sonnenschein der menschenwimmelnden Straße und die nächste elegante Konditorei zu führen, sie dort zierlich Eis essen zu sehen und das Hin- und Herwogen der Tagesmoden draußen vor den glänzenden Riesenspiegelscheiben mit den Bildern in ihrer Modezeitung zu Hause vergleichen zu hören. (RPM 35)

> (...) Berlin ist eine große Stadt, und man kann es darin zu vielem bringen, wenn man die Augen offen und auch seine übrigen vier Sinne beisammen behält und nicht ganz ohne Grütze im Kopfe ist. Wir zwei haben die Welt und unsere hübschesten, feinsten und würdigsten und wertvollsten

> Hoffnungen in ausgesuchter Fülle noch vor uns; wir haben das volle Recht, die Mühle als nichts weiter als das uns nächstliegende Wunder der Vorwelt zu nehmen. (RPM 18)

> Ja, sie hatten beide ihre guten Tage hinter sich, der Müller und der Poet (Vater Pfister und Lippoldes). Die Quellen und Ströme ihres Daseins waren ihnen beiden abschmeckend, trübe und übelriechend geworden, und es war ihnen wenig damit geholfen, daß wir wußten, womit das zusammenhing und wie es durchaus nicht etwa geschah, weil die Welt aus ihrem Geleise geraten wäre. (RPM 114)

Den Alten mag es nicht mehr helfen, aber die Jungen wissen: *die Welt ist keineswegs aus den Fugen*, sie hat lediglich eine neue Richtung und ein anderes Tempo eingeschlagen – kein Grund, in „Weltuntergangsgefühle" zu verfallen.

Trauerarbeit und Humanität

Wenn eine „*Wehmut*", wie sie Eberhard beim Abschied von der Mühle ergreift, auch eine gefährliche, eine auflösende, schwächende, zerstörerische Seite hat – letztlich erweist sie sich bei ihm als eine Quelle der Stärke, als produktive Kraft, und dies um so mehr, je mehr sie ihn hat leiden lassen. Schließlich ist das Buch von Pfisters Mühle nichts anderes als eine Frucht seiner Trauerarbeit. Und so bezeugt sich in diesem, was solche Trauerarbeit zu leisten vermag. Es ist ein Doppeltes; zum einen wird Eberhard erst durch sie ganz dessen inne, was die Mühle war und was sie ihm und den anderen bedeutet, nimmt er erst über ihr die Mühle vollends in Besitz. Und zum anderen setzt sie sein Inneres auf eine Weise in Bewegung, durch die sich erst nach allen Seiten entfaltet, was an Kräften des „Gemüts" in ihm steckt, und nicht nur entfaltet, sondern festigt.

Erst im Erlebnis des Verlusts und in der Trauer über den Verlust verwandelt sich die Welt der Kindheit vollends in ein „Wunder der Vorwelt", in das „alte romantische Land", nimmt sie die Gestalt an, in der er sie unbeschadet dessen, was in der „schlechten Wirklichkeit" aus ihr wird (RPM 69), in sein zukünftiges Leben mit „hinübernehmen" und in der sie ihm Halt geben und zur Orientierung dienen kann. Denn es ist die Trauerarbeit, die aus den Erinnerungen „*das Beste aus Pfisters Mühle*" „*herausdestilliert*" und in ein Bild auskristallisieren läßt, das ihm zum unverlierbaren Besitz wird.

Und es ist sie, die in dem Hin und Her von „lieben, vergnüglichen" und „wehmütigen" Empfindungen die Kräfte des „Gemüts", insbesondere die *„Gefühlsader" entwickelt,* und mit ihr die sympathetischen Regungen, die die Quelle und die Basis der Humanität sind. Erst in der Trauer wird er dessen inne, wie intensiv er sich der Mühle, ihren Menschen und Dingen verbunden fühlt, und damit der Welt und dem Leben überhaupt – eine Erfahrung, deren Wert in Zeiten der Modernisierung, der Mobilisierung von allem und jedem und der fortschreitenden Individualisierung gar nicht überschätzt werden kann. Mag die Mühle, mögen „der Vorwelt Wunder" und *das „alte romantische Land"* in der „schlechten Wirklichkeit" auch vom Erdboden verschwunden sein – *als Bild „in der Poesie und Phantasie"* (RPM 69) werden sie sich auch in Zukunft als *ein Anker der Humanität* bewähren können.

Das Vermächtnis der Mühle

In ebendiese Richtung weist auch eine letzte große Rede von *Vater Pfister*, eine Art Abschiedsrede, in der das Vermächtnis von Pfisters Mühle niedergelegt ist und die den Ton für die letzten Seiten des Romans vorgibt. Am Ende seines Lebens hat sich auch dem alten Pfister erschlossen,

> „weshalb wir nicht mehr bestehen vor Krickerode. Und, Fräulein Albertine, meines seligen Freundes Schönfärber Asches Junge hat mir das letzte Verständnis dafür eröffnet. Denn das ist derjenige, von dem ich mir am festesten gedacht habe, daß er eher sein Herzblut hergeben werde, als die Wirtsstube und den Garten, die Wiesen, den Fluß und die Sonne von Pfisters Mühle! Denn ich habe ihn ja aufwachsen und hinbummeln sehen und auf meinem Konto gehabt von Kindsbeinen an, und es ist keiner gewesen, auch dein armer seliger Papa (Lippoldes) nicht, Kind (Albertine), der mit solchem Sinn fürs Ideale seine Beine unter meine Tische oder sich ganz der Länge nach auf die Bänke oder in die Gräserei gestreckt hat wie meines alten Kumpans Schönfärber Aschen nachgelassener Phantastikus, Adam Asche! Da *der* Partei genommen hat für die neue Welt und Mode und hergekommen ist und den Kopf nicht nur in die Wissenschaft, sondern auch in die doppelte Buchhaltung, das Fabrikwesen gesteckt und Krickerode nicht bloß für mich ausgespüret, sondern es in anderer Art für sich selber an euerm Berliner Mühlenbach aufgepflanzet hat, so gebe ich klein bei und sage: dann wird es wohl der liebe Gott für die nächsten Jahre und Zeiten so fürs beste halten. Fräulein Albertine, wer dieses strubbelköpfige Geschöpfe in seinem seligen Schlummer am Feldwege unterm Hagedorn

bekopfschüttelt und es nachher an der chemischen Wäsche gesehen hat und es heute in seinem Wesen und Treiben, Spaß und Ernst sieht, der muß sich bekennen, der richtige Mensch hat am Ende auch nicht die reine Luft, die grünen Bäume, die Blütenbüsche und das edle, klare Wasser von Quell, Bach und Fluß nötig, um ein rechter Mann zu sein.

Hast es dem Vater Pfister kurios beigebracht, Freund Adam, wie dem Menschen auf dieser Erde alles Wasser auf seine Mühle werden kann; (...) grade Leute von deinem Schlage würden wohl noch am ersten die Traditionen von Pfisters Mühle auch unter den höchsten Fabrikschornsteinen und an den verschlammtesten Wasserläufen aufrechterhalten (...)." (RPM 185–186)

Pfisters Mühle kann in der „schlechten Wirklichkeit" untergehen, wenn ihre „Traditionen" in „richtigen Menschen" weiterleben, die sie in die „neue Zeit" mit „hinübernehmen" und selbst an den Brennpunkten des modernen Lebens, „unter den höchsten Fabrikschornsteinen und an den verschlammtesten Wasserläufen" zur Geltung bringen.

An der Schwelle zur Moderne

War das, was Raabe an Blicken in die Verhältnisse der Gründerzeit wagte, für das breite Publikum der achtziger Jahre schon viel zu viel des Realismus, so war es für eine *neue Generation von Autoren*, die sich in diesen achtziger Jahren auf den Weg machte, noch viel zu wenig. Denn eben während Raabe an „Pfisters Mühle" arbeitete, betraten Autoren die Bühne der Literatur, die mit einem neuartigen Naturalismus und Symbolismus die Weichen für eine dezidiert moderne Literatur, für die Moderne des 20. Jahrhunderts stellten. Und für sie gehörten bald auch die *Realisten*, gehörte auch ein Raabe zu dem, was er das *„unglückseligselige Zwischenreichsvolk"* genannt hatte. Ja sie zielten gerade auf solche Realisten, wenn sie sich von der älteren Generation mit Worten wie diesen absetzten:

Gewandelt seit ihr *zwischen* den Geschlechtern,
Den Vätern fremd und fremd den eignen Söhnen.
Ihr schwanktet kläglich zwischen den Verfechtern
Von neuen Farben, neuen eignen Tönen,
Von neuem Zweifeln, Suchen, Lachen, Stöhnen,
Und zwischen des Ererbten starren Wächtern.[141]

141 Hofmannsthal: „Epigonen" (Anm. 28).

So forderten die Neuen, die Modernen nun eine Literatur, die sich rückhaltlos auf den „gegebenen, bitter realen“ Boden der „neuen Zeit“ stellen und sich ohne ein ständiges *Schielen nach dem „alten romantischen Land“* mit deren Verhältnissen auseinandersetzen würde. Auch wollten sie in Sachen Humanität nichts mehr von einem „Sinn fürs Ideale“ hören, wenn sie den Humanitätsdiskurs angesichts der modernen Verhältnisse nicht vollends als *„Humanitätsduselei“* verwarfen. Sie gingen damit ein hohes Risiko ein, aber es war gerade dieses Risiko, was sie suchten und ohne das ihnen eine wahrhaft moderne Literatur nicht möglich schien. Von ihnen wird im fünften, im letzten Band dieser Geschichte der deutschen Literatur zu handeln sein.

Anhang

Siglen

ADV = Ernst Moritz Arndt: Deutsche Volkwerdung. Hrsg. v. Carl Petersen u. Paul Hermann Ruth. Breslau 1934.

BW = Georg Büchner: Sämtliche Werke und Briefe. Hrsg. v. Werner R. Lehmann. 2 Bde. München 1972–1974.

FR = Johann Gottlieb Fichte: Reden an die Deutsche Nation. Hrsg. v. Reinhard Lauth. Hamburg 1978.

GN = Karl Gutzkow: Die Nihilisten. In: ders.: Ausgewählte Werke. Hrsg. v. Heinrich Hubert Houben. Bd. 6. Leipzig 1908, S. 233–343.

GS = Karl Ferdinand Gutzkow: Schriften. Hrsg. v. Adrian Hummel. 2 Bde. Frankfurt 1998.

GV = Joseph Görres: Die teutschen Volksbücher. In: ders.: Gesammelte Schriften. Hrsg. v. Wilhelm Schellberg. Bd. 3. Köln 1927, S. 88–96.

GW = Karl Gutzkow: Wally, die Zweiflerin. Hrsg. v. Günter Heintz. Stuttgart 1979.

HA = Goethes Werke. Hamburger Ausgabe. Hrsg. v. Erich Trunz. Bd. 1–3. 9. Aufl. Hamburg bzw. München 1969–1972. – Bd. 4–5. 7. Aufl. Hamburg 1966–1968. – Bd. 6–8. 8. Aufl. München 1973. – Bd. 9. 6. Aufl. Hamburg 1967. – Bd. 10. 5. Aufl. Hamburg 1972. – Bd. 11. 7. Aufl. Hamburg 1967. – Bd. 12. 7. Aufl. München 1973. – Bd. 13. 5. Aufl. Hamburg 1966. – Bd. 14. 3. Aufl. Hamburg 1966.

HS = Heinrich Heine: Sämtliche Schriften in zwölf Bänden. Hrsg. v. Klaus Briegleb. München Wien 1976.

IM = Karl Immermann: Münchhausen. In: ders.: Werke. Hrsg. v. Benno v. Wiese. Bd. 3. Frankfurt 1972.

IW = Immermanns Werke. Hrsg. v. Harry Maync. 5 Bde. Leipzig Wien o. J. (1906).

JDV = Friedrich Ludwig Jahn: Deutsches Volksthum. ND Hildesheim New York 1980.

KB = Kellers Briefe in einem Band. Hrsg. v. Peter Goldammer. 2. Aufl. Berlin Weimar 1982.

KLS = Gottfried Keller: Die Leute von Seldwyla. Mit einem Nachwort von Gerhard Kaiser. Frankfurt 1987.

MES = Karl Marx, Friedrich Engels. Studienausgabe. Hrsg. v. Iring Fetscher. 4 Bde. Frankfurt 1990.

MS = Adam Müller: Kritische, ästhetische und philosophische Schriften. Hrsg. v. Walter Schroeder u. Werner Siebert. 2 Bde. Neuwied Berlin 1967.

RPM = Wilhelm Raabe: Pfisters Mühle. Hrsg. v. Hans-Jürgen Schrader. Frankfurt 1985.

Literaturhinweise

Zur Geschichte des 19. Jahrhunderts

Dieter Langewiesche: Europa zwischen Restauration und Revolution. 1815–1849. München 2007.

Thomas Nipperdey: Deutsche Geschichte 1800–1866. München 1998.

Jürgen Osterhammel: Die Verwandlung der Welt. Eine Geschichte des 19. Jahrhunderts. München 2011

Zur Sozial- und Kulturgeschichte

Philippe Ariès, Georges Duby (Hrsg.): Geschichte des privaten Lebens. Bd. 4: Von der Revolution zum Großen Krieg. Frankfurt 1992.

Sabina Becker: Bürgerlicher Realismus. Literatur und Kultur im bürgerlichen Zeitalter 1848–1900. Tübingen Basel 2003.

Handbuch der deutschen Bildungsgeschichte. Bd. 3: 1800–1870. Hrsg. v. Karl-Ernst Jeismann u. Peter Lundgreen. München 1987. – Bd. 4: 1870–1914. Hrsg. v. Christa Berg. München 1991.

Jürgen Kocka (Hrsg.): Bürgertum im 19. Jahrhundert. Deutschland im europäischen Vergleich. München 1988.

Hans-Ulrich Wehler: Deutsche Gesellschaftsgeschichte. Bd. 2. Von der Reformära bis zur industriellen und politischen „Deutschen Doppelrevolution". 1815–1848/49. 4. Aufl. München 1996. – Bd. 3: Von der „Deutschen Doppelrevolution" bis zum Beginn des Ersten Weltkriegs. 1849–1914. München 1995.

Zur Ideengeschichte

Max Bucher u. a. (Hrsg.): Realismus und Gründerzeit. Manifeste und Dokumente zur deutschen Literatur 1848–1880. 2 Bde. Stuttgart 1981.

Karl Löwith: Von Hegel zu Nietzsche. Der revolutionäre Bruch im Denken des 19. Jahrhunderts. 8. Aufl. Hamburg 1981.

Zur Literaturgeschichte

Bernd Balzer: Einführung in die Literatur des Bürgerlichen Realismus. Darmstadt 2006.

Christian Begemann (Hrsg.): Realismus. Epochen – Autoren – Werke. Darmstadt 2007.

Gunter E. Grimm, Frank Rainer Max (Hrsg.): Deutsche Dichter. Bd. 5: Romantik, Biedermeier und Vormärz. Stuttgart 1989. – Bd. 6: Realismus, Naturalismus und Jugendstil. Stuttgart 1989.

Rolf Grimminger (Hrsg.): Hansers Sozialgeschichte der deutschen Literatur. Bd. 5: Zwischen Restauration und Revolution. München Wien 1998. – Bd. 6: Bürgerlicher Realismus und Gründerzeit. München Wien 1996.

Peter Sprengel: Geschichte der deutschsprachigen Literatur 1870–1900. München 1998.

Forschungsbericht

Hugo Aust: Realismus. Lehrbuch Germanistik. Stuttgart Weimar 2006.

Personenregister

böhlau

AUCH ALS eBOOK!

GOTTFRIED WILLEMS

GESCHICHTE DER DEUTSCHEN LITERATUR BAND 2

AUFKLÄRUNG

(UTB 3654 M)

Der zweite Band dieser auf fünf Bände angelegten deutschen Literaturgeschichte gibt den Studierenden Gelegenheit, sich in die Welt der Aufklärung einzulesen und diese als eine kulturelle Bewegung kennenzulernen, die der Literatur entscheidende Schritte in die Moderne ermöglicht hat. Die kultur- und ideengeschichtlichen Rahmenbedingungen der deutschen Literatur des 18. Jahrhunderts werden systematisch von ihren englischen und französischen Voraussetzungen aus entwickelt, wie sie bei Pope, Boswell, Voltaire und Rousseau greifbar werden und sich in Werken wie denen von Lessing und Wieland bezeugen. Besondere Aufmerksamkeit gilt dem geschichtlichen Wandel des literarischen Lebens, des Literaturbegriffs und des Systems der literarischen Gattungen.
Die Reihe der fünf Einführungen bildet einen kompetenten und zuverlässigen Leitfaden durch die Geschichte der deutschen Literatur vom 16. bis zum 20. Jahrhundert. Jeder Band stellt eine Großepoche vor und ist für sich allein verständlich.
Alle Titel liegen auch als Epub für eReader und Kindle vor. Anmerkungen, Registereinträge und Weblinks sind in diesem zitierfähigen eBook interaktiv.

2012. 313 S. BR. 150 X 215 MM | PRINT-ISBN 978-3-8252-3654-0

BÖHLAU VERLAG, URSULAPLATZ 1, D-50668 KÖLN, T:+49 221 913 90-0
INFO@BOEHLAU-VERLAG.COM, WWW.BOEHLAU-VERLAG.COM | WIEN KÖLN WEIMAR

böhlau

THEO BUCK

GOETHES MONODRAMA „PROSERPINA“

EINE GESAMTDEUTUNG

Die Geschichte von Proserpina, die Pluto in die Unterwelt entführte, wo sie als Königin an seiner Seite um ihr irdisches Leben betrogen wurde, hat seit der Antike zahlreiche Künstler fasziniert. So auch Goethe, der ihr ein Monodrama gewidmet und dieses sogar zweimal selbst inszeniert hat. Dennoch wurde sein Werk von der Forschung bislang weitgehend ignoriert. Der bekannte Literaturwissenschaftler Theo Buck eröffnet mit der vorliegenden Gesamtdeutung einen einfühlsamen Zugang zu dem wenig bekannten Werk. Er macht deutlich, dass Goethe hier das Gelingen existenzieller Selbstbehauptung auf die Bühne hebt. Seine Proserpina führt aus ihrer tragischen Verzweiflung heraus einen engagierten Kampf um eine menschenwürdige Existenz. Damit zeichnet Goethe sie als beispielhafte Persönlichkeit und leidenden Menschen mit vorbildhaften Zügen.

2012. 115 S. 21 S/W-ABB. BR. 135 X 210 MM | ISBN 978-3-412-20867-7